南开大学建校100周年纪念丛书

总主编 刘景泉

"新·公·能"

——南开校训与中华优秀传统

张鸿 著

南開大學出版社

天 津

图书在版编目(CIP)数据

“新·公·能”：南开校训与中华优秀传统 / 张鸿著. —天津：南开大学出版社，2019.8
(南开大学建校 100 周年纪念丛书)
ISBN 978-7-310-05874-7

Ⅰ. ①新… Ⅱ. ①张… Ⅲ. ①南开大学—校园文化 Ⅳ. ①G649.282.1

中国版本图书馆 CIP 数据核字(2019)第 179423 号

南开大学出版社出版发行
出版人:刘运峰
地址:天津市南开区卫津路 94 号　　邮政编码:300071
营销部电话:(022)23508339　23500755
营销部传真:(022)23508542　　邮购部电话:(022)23502200
*
北京隆晖伟业彩色印刷有限公司印刷
全国各地新华书店经销
*
2019 年 8 月第 1 版　　2019 年 8 月第 1 次印刷
230×170 毫米　16 开本　22.25 印张　4 插页　374 千字
定价:80.00 元

如遇图书印装质量问题,请与本社营销部联系调换,电话:(022)23507125

序言：中国思想史论域的南开校训研究

这部学术专著特意为庆祝南开大学建校百年而作，动笔于2009年春天，定稿于2019年春天，核心学术观点可以概括为以下两段文字。

其一，从1905年严修主持设定“尚公、尚武、尚实”学训，到1934年张伯苓主持设定“允公允能，日新月异”校训，经历了30年的从实践中来、到实践中去的思考、选择、完善、提炼的过程。这个思想过程及其思想成果表明，南开校父严修和南开创校校长张伯苓有资格跻身思想家的行列，无论在中国教育思想史上，还是在中国政治思想史上，都值得大书一笔。

其二，南开校训不仅是中华民族“新·公·能”优秀传统的一种现代表述方式，还是中国思想史上一个重大思想命题。这个思想命题以首创性的表述方式和专属性的使用方式，将继承性与创新性、古典性与现代性、思想性与审美性、独特性与普遍性、规范性与理想性完美地结合在一起，从而使南开校训成为一个堪称完美的现代中国校训。

在历史研究中，那些终成大业的新生事物是最有魅力也最有价值的分析对象。这类新生事物的创造者都能做到勇于创新，敢于探索，与时俱进，故其事业虽微必大，虽弱必强，虽难必成。这种现象集中体现了历史变革的基本法则和社会发展的主要趋势。因此，深入分析这类新生事物及一系列相关的历史现象，可以察兴亡之因，究盛衰之理，通古今之变。南开大学就是这样一个价值独特的分析对象。

1929年7月12日，张伯苓校长应邀在法国巴黎高等师范学院发表了题为《中国之国民教育问题》的演讲。在致辞中，主持人高度评价张伯苓对中国教育的卓越贡献，称赞他“将优秀的民族传统与国家的切实之需联系了起来”。将民族优秀传统与国家现实需要紧密结合，这的确是南开学校创办人的初衷夙愿及持之以恒的办学理念。正是由于这个原因，他们设定的南开校训将中华优秀传统与中国现代精神结合为一体，从而使南开人拥有了一个完美无瑕的校训。

南开校训是中国固有的精神传统、私学传统、学训传统的优秀成分在特定的时代和特定的学校相互交集及其现代转型的产物。“允公允能，日新月异”校训以“日新”精神为灵魂，以“公能”素质为佐辅，具有鲜明的时代性和极强的思想性。本书旨在从思想观念、学校教育、校训形式、大学理念的历史传统及其现代转型的角度，探究南开校训与优秀传统的关系，考察“允公允能，日新月异”命题的历史根脉、精神传承、创制过程、核心要义，进而评判其历史价值和现实价值。

现代中国的思想文化、学校教育、大学理念及大学校训是变革社会、改造传统、文明互鉴、中西合璧的产物。南开大学及其校训便是典型例证之一。就像人类胚胎的发育过程浓缩了漫长的从单细胞动物、哺乳动物、人科动物到现代人类的演化历程一样，南开大学的创办经历了世传家学、家塾散馆、中等学校、综合大学的演化过程，恰好是数千年中国学校教育演化历程的缩影；南开校训的形成过程，恰好是数千年中国校训从家训、师训、塾训、学训到现代校训演化历程的缩影；南开校训“允公允能，日新月异”，恰好是中西合璧大学理念的一种独特的汉语展示方式；南开校训倡导的“新·公·能”精神，恰好是一种契合现代社会需要的中华优秀传统核心要素的“南开表达”。在现代中国大学发展史上，能将传统与现代结合到这种程度的唯有南开大学一家。

“允公允能，日新月异”是南开学校独创的校训和南开精神精练的表达。“允公允能，日新月异”可以浓缩为“新·公·能”；“新·公·能”是南开校训三个相依相成的意义之源；“新·公·能”三位一体是源远流长的中华优秀传统的核心要素；“允公允能，日新月异”的提出是中国历史上一个重大的思想现象。无论在形式上，还是在内容上，南开校训都将传统与现代、传承与创新、借鉴与变革统一于一体。这就意味着“新·公·能”既是南开校史研究的重要课题，又是中国思想史研究的重要课题，还是中华优秀传统研究的重要课题。

南开校训为校训研究提供了一个具有特殊价值的对象。从中华优秀传统核心要素的角度，系统考察南开创办者承继传统、扬弃传统、改造传统、创新传统的历史动因、时代背景、具体过程及思想贡献，不仅可以将校训研究的学术视野拓展到广泛的领域，而且有助于客观、全面、准确地认识影响现代中国校训的各种历史因素和现实因素。

校训既是一种教育现象，又是一种思想现象。但是，即使注重考察教育理念及大学精神的校训研究，包括以往的南开校训研究，也没有推出将校训作为重大思想现象来研究的学术成果。这是需要改进的。“允公允能，日新月异”是一个思想性极强的现代中国校训。它没有像众多中国校训一样，或抄袭儒经，或套用典故，或引据名言，或堆砌辞藻，而是承继中华传统、借鉴外来文化、革除社会弊端、锐意教育创新、张扬现代理念、引领时代潮流，从而将人类优秀文化、华夏优秀传统与中国现代精神高度结合在一起，提出契合新的历史时代的新的思想命题。南开校训具有鲜明的思想性、创新性、实践性，是创办者群体长期思考、选择、完善、提炼的精神成果，在中国思想史上有其独特的贡献。因此，南开校训研究的视域和论域理应有别于通常的校训研究。

通观华夏五千年文明史，就会发现“新·公·能”既是南开校训的缩写，又是优秀传统的概括。中华民族“新·公·能”优秀传统形成于华夏文明开创时代，“日新”“维新”的提法都产生于这个时代。自西周以来，中国又经历了两次重大的社会变革。第一次发生在春秋战国时期，经过数百年持续不断推出重大改革，缔造了一整套经济模式、社会模式、政治模式及文化模式相互匹配的新的文明形态，为中国古代文明定型并走向鼎盛奠定了坚实的根基，而推动这一伟大变革的社会思潮恰恰可以用“新·公·能”来概括。第二次从近代开始直到今天，经过持续100多年的社会革命，中国发生了翻天覆地的变化，中国现代文明的经济模式、政治模式、社会模式及文化模式逐步形成。如果仔细考察一下推动这一重大社会变革的思想潮流，就会发现可以用“自新复兴”“救亡图存”“师夷长技”描述其一般特征。具体说来，有三大思潮彼此相互交织在一起，即以创新中国文明为目的的社会革命思潮、以挽救民族危亡为志向的爱国主义思潮、以引进先进文化为核心的学习西方思潮。具有这个特征的思想潮流显然可以概括为“新·公·能”。作为“新·公·能”思潮的产物及载体，“允公允能，日新月异”命题的明确提出是中国思想史上一个重要的里程碑。这个命题及张伯苓校长为论证南开校训而明确提出的“读《孝经》不如读公经”命题，是中国思想史上两个具有原创性的思想命题。如果将视域和论域仅仅局限于教育研究、大学研究、校史研究、校训研究，是无法全面评估这个重大思想现象的历史价值及现代意义的。

“新·公·能”研究是中华传统研究、中国思想研究和南开校史研究共同面对的重大课题，而将南开校史研究、中国思想研究和中华传统研究联结为一体的是一种具有普遍意义的历久弥新的历史经验、思想精华和优秀传统。这种历史经验、思想精华和优秀传统的含义极其宏富，唯有概括为“新·公·能”三位一体才能客观、全面、准确地予以表述。因此，我们应当把“新·公·能”研究视为对中国历史上一种重大思想现象及中华优秀传统的研究，综合借鉴和运用历史研究、教育研究、思想研究、文化研究及校史研究的范式、方法、视角及成果，把中华优秀传统研究与南开校训研究有机地结合在一起。具体做法之一便是在通观各种相关历史现象的基础上，探究南开校训的历史渊源及形成原因，展示南开精神的核心要素及主要表现，并借助这一个案研究，拓展校训研究的视野和路径，积极探索弘扬中华优秀传统的正确方法与有效途径。

有鉴于此，本书以南开校训与中华优秀传统的关系为研究视角，以南开校训及相关的精神现象和教育现象为主要研究对象，将“允公允能，日新月异”摆放到广阔的历史时空中去考察，论域涉及中国古代思想、中国近代思想和中国现代思想及古今中外的教育思想，贯通与之密切相关的教育研究、政治研究、社会研究、文化研究，并将历史传统研究与大学校训研究有机地结合在一起。考察的内容包括：中华优秀传统提供的思想资源；中国现代社会思潮及社会革命熔铸的现代价值；中国高等教育现代转型衍生的新型大学理念；南开学校创办者群体的精神世界；南开大学创办初期的办学理念及教育实践；南开校训的形成、诠释及其思想要义；南开大学以校训为核心的学训体系；南开精神的内核和特质；践履“新·公·能”的典范；等等。因此，本书定位为中国思想史论域的南开校训研究。

目 录

第一章 “允公允能，日新月异”校训的要义与精髓

深入研究南开校训与中华优秀传统的关系，全面评估其历史价值和现代意义，充分发挥南开校训在中国优秀传统教育中的作用，必须首先简明地解读“允公允能，日新月异”校训的要义与精髓，然后以要义与精髓的主要内容和思想特征为线索，追溯其悠久的历史渊源，探寻其凭借的文化资源，揭示其产生的时代背景，分析其提出的主观动因，考察其形成的历史过程，判定其优秀的精神品质，揭示其特殊的思想贡献，进而证明这是一个堪称完美的现代中国校训。

本章旨在说明：“允公允能，日新月异”是南开人独创的校训和南开精神的重要载体。人们通常将其简称为“公能”校训，而更准确的提法应当是“新·公·能”校训或“公能日新”校训，即将“日新”精神及“公能”素质结合为一体的校训。“新·公·能”共同构成南开校训的要义，而“日新月异”是南开校训的精髓。南开校训的最大特色就是张扬与时俱进的时代精神，完全契合现代大学理念，将优秀的民族传统与国家的切实需要紧密联系在一起。

第一节 “允公允能，日新月异”可以浓缩为“新·公·能”

“允公允能”的提法为南开人首创，堪称前无古人；其句式采自古典文献，可谓语有所本。“允”字是理解“新·公·能”校训的关键词语之一。因此，有必要首先从句式设定、文字训诂、校训用途、校训阐释等诸多角度，考察“允公允能，日新月异”的句式、意蕴和用法，进而体会并揭示其要义和精髓。

一、“允”字句式与“亦公亦能亦新”的一般准则

从“允”字句式看，“允公允能，日新月异”旨在提出一个一般性的准则，即“既公，又能，且新”，亦即“亦公亦能亦新”，“新·公·能”三位一体，相依相成。

“允公允能”采用了源远流长的“允某允某”句式。在现存文献中，“允某允某”句式最早出现在《诗经》。春秋时期的鲁僖公整修泮宫（鲁国国学），征伐淮夷，《诗经·鲁颂·泮水》称颂他的文治武功，使用了“允文允武”的提法和句式。与“允文允武”句式相同的有“允圣允神”“允威允德”“允德允功”“允哲允谋”“允武允成”“允忠允孝”“允孝允悌”“允廉允孝”，等等。属于同类句式的还有“允仁且刚”“允孝且友”“允仁而信”。古代人常常以“允文允武”歌功颂德，诸如“克明克哲，允文允武”“允文允武，多艺多才”“允文允武，乃圣乃神”“大圣大仁，允文允武”“本仁祖义，允文允武”“克明克哲，允武允文”“允文允武，克明克乂”“允文允武，克宽克仁”“允文允武，克长克君”“允文允武，作君作师”等等。

与“允某允某”类似的句式有“克某克某”“大某大某”“有某有某”“乃某乃某”“曰某曰某”“惟某惟某”。例如，《尚书·尧典》的“乃武乃文”、《诗经·齐风·南山》毛亨传的“有文有武”、《晋书·夏侯湛传》的“曰文曰武”、《魏书·裴延儁传》的“克文克武”、庾信《周上柱国齐王宪神道碑》的“惟文惟武”等，都与《诗经·泮水》的“允文允武”是同义词。这几种句式虽略有差异，却都旨在标示文武兼备。“允公允能”显然属于这一类的句式。

上述句式又可大体分为三类。第一类有“克某”“大某”等，其句式首字为实字实义。“克”字的本义是以肩任物，其主要义项有肩、任、胜、能、可等。在经典训诂中，“克，能也”的提法最为常见。“克某”句式之“克”是指能够做到，故“克文克武”的意思是“既能文，又能武”。“大”与“小”相对，“大”字可以用于表示程度达到极点，故“大圣大仁”即“圣仁兼备，达到极致”。

第二类有“乃某”“曰某”等，其句式首字为虚字虚义。“乃”字可以用作代词、副词、连词、助词，而“乃某”句式之“乃”是无义的助词。如《尚书·大禹谟》：“乃圣乃神，乃武乃文。”这里的“乃”字属于古人所说的“言之助”“语之助”，不必强求实义解。“曰”字本义为言说，又常常用作发语词，或置于句首，或置于句中。如《尚书·尧典》：“曰若稽古帝尧。”此句之“曰”是一个助词，不必作实义解。这就是说，“乃武乃文”“曰文曰武”的意思都

是“既武且文，文武兼备”。

第三类有“允某”“有某”“惟某”等，其句式首字既可以理解为实字实义，又可理解为虚字虚义。“有”与“无”相对，其本义为拥有，故“有文有武”可以解读为“既有文，又有武”。“有”字又往往用作名词、动词、形容词的词头。如《尚书·君陈》“克施有政”之“有政”，即政事，这里的“有”字属于无义的助词。对同一“有某”句式的解读往往因人因时而异，如《诗经·大雅·大明》“天监在下，有命既集”的“有命”，有人或有时被解读为“天命”，有人或有时被解读为“有天命”，因个人的理解或语境的不同而有所不同。这就是说，“有文有武”既可以解读为“既有文，又有武”，又可以解读为“既文，又武”。《玉篇·心部》：“惟，有也。”《说文解字·心部》段玉裁注：“惟，经传多用为发语之词。”“惟”字既有“有”之义，又可用作助词，而置于“惟某”句式之首的“惟”字往往属于“发语之词”。因此，“惟文惟武”与“有文有武”一样，既可以视同“克文克武”，又可以视同“乃文乃武”。“允某”与“有某”“惟某”有相似之处。这就是说，“允某”“有某”“惟某”句式的首字均可视为发语词，不必强求实义解。

许多经学家将《诗经》中的某些“允”字视为“发语词”（“语词”），即语气助词。例如，王引之《经传释词》卷一：“允，发语词也。《诗·时迈》曰：‘允王惟后。’言王惟后也。允，语词耳。”王引之《经义述闻·通说下·语词误解以实义》：“《大雅·大明》曰：‘聿怀多福。’《春秋繁露·郊祭篇》作‘允怀多福’。是‘允’为语词也。”陈奂《诗毛氏传疏》也将《小雅·采芑》“显允方叔”、《周颂·小毖》“肇允彼桃虫”和《周颂·般》“允犹翕河”中的“允”字视为“语词”[①]。如果将“允公允能”的“允”字也视为发语词，那么应作虚字解，不作实义解，其句式为“既……，又……”。《诗经·鲁颂·泮水》孔颖达疏用“既有文德，又有武功”解读“允文允武”[②]，这是符合古汉语语法的。然而“允文允武”之“允”亦可作实字实义解。孔颖达就同时采用了实字与虚字两种训诂方式。实际上，“克文克武”“有文有武”“乃文乃武”“曰文曰武”“惟文惟武”等都是同义词；“克某克某”“大某大某”“有某有某”“乃某乃某”“曰某曰某”“惟某惟某”句式也往往用在同一段话中，并颂扬同一个人的功德。这就是说，无论将“允”视为语气助词，还是将“允”视为实字实义，“允文允武”都属于典型的“既……，又……”句式，其一般

① 以上引文均引自宗福邦、陈世铙、萧海波主编：《故训汇纂》“允”字条，商务印书馆 2003 年版，第 173 页。

② 《毛诗正义》卷二十《鲁颂·泮水》。

意义是指古语所说的“既文且武”或“亦文亦武”，亦即“允文允武，斯其兼之”。依此类推，“允公允能”的一般性解读是“既公且能”或“亦公亦能”，亦即又公又能，公能兼备。

“日新月异”是一个自古就有的成语，旨在表达一种与时俱进的精神、行为或态势。从《四库全书》保存的诸多用例看，古人往往以“日新月异”形容生生之机、时势之变，评说风俗演化、制度更革，赞扬功德日兴、学问日长，描述事物增华、技艺进步，诸如客观存在的“时势之变，日新月异”①和主观努力的“奋志进修，日新月异”②。

“日新月异”的意义之源可以追溯到有关商周君道的记忆。据《礼记·大学》记述，“汤之盘铭曰：‘苟日新，日日新，又日新。’《康诰》曰：‘作新民。’《诗》曰：‘周虽旧邦，其命维新。’”③这一类含有“新”字的帝王诫铭和政治命题均旨在规范治国为君之道，敦促执政者爱民勤政，励精图治，因应大势，趋时通变，谋求革新，积小成大，乃至每日每月都取得新的进展，使人民生生不已，国家日益强盛。这种思想本身就包含了要求统治者谋进取、有公心、能治国，不断完善自己的品德、才能，增益治国理政的功效，进而使国家和人民也面目一新。在“日新月异”一词中，“新”与“异”是同义词，“日”与“月”旨在渲染“新”与“异”的速率。因此，“日新月异”可以概括为一个“新”字。

显而易见，“允公允能，日新月异”以“既公，又能，且新”句式，将“公”“能”“新”相提并论，联袂一体，其最具一般性的意义是“亦公亦能亦新”。“公”“能”“新”虽各有功用，并列为三，却相依相成，缺一不可。“新”既是三大要义之一，又是校训精髓所在，“日新月异”可以涵盖“公”与“能”。因此，将“允公允能，日新月异”概括为“新·公·能”更为准确，也更为允当。换言之，南开校训的简称应为“新·公·能”或“公能日新”。

二、“允”字本义与“实公实能实新”的实然状态

从“允”字本义看，“允公允能，日新月异”可以用于评价一种实然状态，即令人信服地达到了既“公”又“能”且“新”，切切实实地做到了“亦公亦能亦新”，堪称“实公实能实新”。

“允”字的本义是“信”。《尔雅·训诂》：“允、孚、亶、展、谌、诚、亮、

---

①《陶庵全集》卷三《科举论后语》。

②《陶庵全集》卷二《陆翼王思诚录序》。

③《礼记》卷四二《大学》。

询，信也。”又：“展、谌、允、慎、亶，诚也。”邢昺疏：“皆谓诚实不欺也。”又疏：“皆谓至诚，转相训也。”[①]《说文解字·儿部》：“允，信也。从儿，目声。”段玉裁注：“《释诂》《毛传》皆曰：‘允，信也。’……大徐作‘从儿，目声’。目非声也。今依《韵会》所据小徐本。目，用也。任贤勿贰是曰允。此会意字。”[②]在语言实践中，“允”字最常见的词义是信实、诚然、果真、确能、令人信服。在文献训诂中，以“信”“诚”“实”“至诚”解释“允”字之义及“允某”词汇和“允某允某”句式的例证不胜枚举。

古代著名经学家多有用“信”来解释“允文允武”之“允”。例如，《诗经·鲁颂·泮水》：“允文允武，昭假烈祖。”毛亨传：“假，至也。”郑玄笺：“僖公信文矣，为修泮宫也；信武矣，为伐淮夷也。其聪明乃至于美祖之德，谓遵伯禽之法。”孔颖达疏：“信有文矣，信有武矣，文则能修泮宫，武则能伐淮夷。既有文德，又有武功，其明道乃至于功烈美祖，谓遵伯禽之法，其道同于伯禽也。”[③]所谓“伯禽之法”亦即周公姬旦设定及其子鲁公伯禽恪守的治国为君之道。在毛亨、郑玄、孔颖达看来，鲁僖公切实做到了文德与武功兼备，堪称践履周公之道、恪守伯禽之法的典范，故《泮水》称颂他“允文允武，昭假烈祖”。苏辙称鲁僖公“信文且武”[④]。吕祖谦径直用“信文信武”解释“允文允武”[⑤]。朱公迁亦称：“鲁侯信有文武之德。”[⑥]在其他文献的训诂中，这样解读“允文允武”的也很常见。例如，张衡《东京赋》：“好乐无荒，允文允武。”薛综注：“允，信也。无荒，言不好荒淫之乐。信，与文王武王等其功德也。”刘良注：“言好游乐而不荒淫，信文武之道。”[⑦]这里所说的“信”亦即“信实”，旨在评价一种诚然、确实、果真的实然境域。

在古代文献中，以“信实”训诂“允”字句式和词语的例证还有很多。例如，《尚书·尧典》：“允恭克让，光被四表，格于上下。”孔安国传：“允，信。克，能。光，充。格，至也。”孔颖达疏：“恭言信，让言克，交互其文耳，皆言信实能为也。”[⑧]“允恭克让”亦即确实能够做到“恭”与“让”，在这里“允”与“克”是同义词，均可描述一种实然的境域。又如，《尚书·太

---

①《尔雅注疏》卷一《释诂第一》。

②《说文解字注》八篇下《儿部》。

③《毛诗正义》卷二十《鲁颂·泮水》。

④《诗集传》卷一九《鲁颂》。

⑤《吕氏家塾读诗记》卷三一《鲁颂》。

⑥《诗经疏义会通》卷二十《鲁颂四之四》。

⑦《六臣注文选》卷三，张衡《东京赋》薛综注、刘良注。

⑧《尚书正义》卷一《尧典》。

甲上》：“克终允德。”孔安国传：“言能思念其祖，终其信德。”[①]《孔子家语·弟子行》：“孝恭慈仁，允德图义。”王肃注：“允，信也。图，谋也。”[②]“允迪厥德”“功允德孚”谓之“允德”，故“允德，信有德也。”[③]又如，《诗经·周颂·时迈》称颂周武王之德，有“允王惟后”和“允王保之”之句，有的论诗者认为“允”是语气助词，而有的论诗者则称：“王能尽为君之道也，故曰允。”[④]在“信实能为”的意义上，“允”与“克”可以相互替换，“克公克谨”“克公克勤”亦属于同类句式，而“允文允武”与“克文克武”则是同义词。于是“允文允武”“克文克武”“乃文乃武”等，既可以解读为“既文又武”“又文又武”，又可以解读为“信文信武”“能文能武”“实文实武”。“非苟言之，亦允蹈之”，知与行合一，言与行一致，不仅知道了，说到了，而且诚心诚意地遵循了，切切实实地恪守了，令人信服地做到了，故堪称“允蹈”，亦可谓“允迪”。由此可见，“允公允能，日新月异”可以理解为切实步入“新·公·能”的境域，堪称践履“新·公·能”的楷模。

三、校训用途与“应公应能应新”的应然状态

从校训用途看，“允公允能，日新月异”通常用于指示一种应然状态，即理应既“公”又“能”且“新”，亦即“应公应能应新”，唯有做到“实公实能实新”才符合既定标准。

任何一种评价光辉楷模、优秀素质、高尚人格的话语都会被人们转而用于指示应然状态和设定理想境域，古今中外，概莫能外。典型例证莫过于古人用“允文允武”“克明克哲”“乃圣乃神”歌功颂德，奉之为王者楷模、哲人素质、圣贤人格，进而将其转用为道德标尺，要求为政者及社会大众都向“圣贤”看齐，乃至步入“圣域”。正是由于类似的缘由，自创生之日起，“允公允能，日新月异”就被南开人用于指示一种应然状态。

实际上，“允”字本身就蕴含应然之义，可以用于指示应然状态和理想境域。“允”字有当、合之义，如适当、符合称之为“允合”或“允当”，符合标准称之为“允嘉”，勇于担当称之为“允膺”。《玉篇·儿部》：“允，当也。”古人往往用“允”字表达应当、合该之义。例如，《尚书·皋陶谟》：“允迪厥德，谟明弼谐。”孔安国传：“言人君当信蹈行古人之德，谋广聪明以辅谐其

① 《尚书正义》卷八《太甲上》。

② 《孔子家语·弟子行》。

③ 参见《书传》卷七《商书·太甲中》《尚书全解》卷一六《太甲中》《尚书详解》卷一二《太甲中》。

④ 《毛诗李黄集解》卷三七《三颂·时迈》。

政。”[①]这里所说的“允迪”是指应当践履，合该遵循。又如，《周易·升卦》初六爻辞：“允升，大吉。”王弼注：“允，当也。……当升之时，升必大得，是以‘大吉’也。”这里所说的“允升”意为应当升，合该升，升则合乎道理，符合标准，取得成效，达到理想，故《象》曰：“‘允升大吉’，上合志也。”[②]这一类用法往往旨在表述一种应然的准则、必要的规范和理想的境域。因此，“允公允能，日新月异”亦蕴含理应“新·公·能”、合该“新·公·能”、必须“新·公·能”之义，并将“新·公·能”设定为应当积极追求并逐步实现的理想境域。

校训是学校制定的办学目标和师生准则，大多以箴言、警句的形式表述，既是学校办学的理念、法则和取向，又是教诲学生的训诫、典则和规范，并主要用于师长训育，还往往成为许多师生的座右铭。指示应然目标，提出明确规范，设定理想境域，激励师生奋进，也是校训的主要功能。“允公允能，日新月异”是作为校训使用的，这就对全体师生提出了应然的标准、恪守的规范、遵循的准则、践履的途径、发展的方向，涉及学校事业、科学研究和人才培养等各个方面。在南开校训的实际运用中，无论一般性的“亦公亦能亦新”，还是评价性的“实公实能实新”和倡导性的“应公应能应新”，其用例都很常见。这样的校训必然将“至公至能至新”设定为最高理想。

四、校训诠释与“至公至能至新”的最高理想

从校训诠释看，“允公允能，日新月异”还用于标示一种最高理想，即倡导大“公”大“能”大“新”，追求最高道德，养成最佳能力，创造最新境域，达到“至公至能至新”。

张伯苓校长强调：“允公，是大公，而不是什么小公，小公只不过是本位主义而已，算不得什么公了。惟其允公，才能高瞻远瞩，正己教人，发扬集体的爱国思想，消灭自私的本位主义。”这就是说，“允公”旨在追求作为道德的最高境域的“大公”。这种“公”不是维护小山头、小团体、小圈圈的“公”，更不是规范私德、效忠个人的“忠孝节义”“礼义廉耻”，而是担当天下兴亡、捍卫国家利益、维护社会正义、追求人类理想的“大公”。简言之，“公”是“德”之大者，“允公”是“公”之极致。张伯苓校长又强调：“允能者，是要做到最能，要建设现代化国家，要有现代化的科学才能，而南开大学的教育

---

① 《尚书正义》卷四《皋陶谟》。

② 《周易正义》卷五《升卦》。

目的，就在于培养具有现代化才能的学生，不仅要具备现代化的理论才能，而且具有实际工作能力。”这就是说，“允能”旨在追求堪称智慧与才干的最高境域的“最能”。这种“能”不仅是解决小问题的知识和技能，而且是在现代条件下敢做大事、能做大事、做好大事的知识储备、理论水平和实践能力。张伯苓校长还强调：“所谓日新月异，不但每个人要能接受新事物，而且要能成为新事物的创造者；不但要能赶上新时代，而且要走在时代的前列。”[①]这就是说，“日新月异”旨在追求作为与时俱进的最高境域的“走在时代的前列”，亦即“最新”“全新”“至新”。这就意味着倡导“大公”“最能”“至新”的“新·公·能”亦可解读为“至公至能至新”。

“允”字本无“大”“最”之训。如果拘泥于字义，那么“允公”不能径直解读为“大公”，“允能”不能径直解读为“最能”。但是，“允”字蕴含“大”“至”之义。《尔雅·训诂》：“允，诚也。”邢昺疏：“允，谓至诚。”[②]允是诚信之极致，乃大诚大信，至诚至信。与此相应，以“允”字构成的句式和词语，往往蕴含“大”“至”之义。例如，在相提并论时，“大圣大仁”与“允文允武”属于同类句式，“大圣大仁”亦即“允圣允仁”，反之，“允文允武”亦即“大文大武”。这就意味着，当人们用“大圣大仁，允文允武”称颂楷模时，“允”字有“至大”“至极”的意蕴。这一类的例证还有不少，如“允合”“允当”“允嘉”有“完全符合”的意蕴；“允蹈”“允迪”有“践履之极致”的意蕴；“功允德孚”有“功大德大”的意蕴，等等。类似的语言现象还有“乃圣乃神”与“大圣大神”。一般说来，“乃”与“允”是“语之助”，不必强求实义解，而“乃圣乃神”显然是“大圣大神”的同义词，于是这一类用法的“乃”也有“大”“至”的语感。在经典训诂中，不难找到其他相关佐证。《尚书·大禹谟》：“帝德广运，乃圣乃神，乃武乃文。”孔安国传：“‘广’谓所覆者大，‘运’谓所及者远。圣无所不通，神妙无方，文经天地，武定祸乱。”这里的“乃圣乃神，乃武乃文”旨在颂扬“圣”“神”“武”“文”的最高境域，有极其完美、不可言喻、无与伦比的意蕴。“允文允武”“乃武乃文”的句式和意蕴类似于“大圣大神”“大仁大义”“大智大勇”。实际上，“允某允某”“乃某乃某”“克某克某”“大某大某”之类的句式都蕴含“至”“大”“最”“极”之义，旨在称颂某种功德或某种素质符合最高标准，达到极致，堪称完美。这一类语言现象正是汉语之魅力所在。由此可见，张伯苓校长以“大公”诠

---

① 中国人民政治协商会议天津市委员会文史资料工作委员会：《天津文史资料选辑》（第八辑），天津人民出版社 1980 年版，第 97 页。

②《尔雅注疏》卷一《释诂第一》。

释“允公”，以“最能”诠释“允能”，将“至公至能至新”设定为最高理想，不仅可以避免误解误读，也符合汉语的习惯。这样的诠释是颇有道理的。

校训是学校设定的训育之词。“允公允能，日新月异”这一训词的句式设定、文字训诂、校训用途、校训阐释表明，南开校训提出“亦公亦能亦新”的一般准则，倡导“应公应能应新”的应然状态，赞扬“实公实能实新”的实然状态，追求“至公至能至新”的最高理想。这就意味着“新·公·能”是“允公允能，日新月异”的浓缩。因此，“新·公·能”既是全面解读南开校训的精要的主要依据，也是探究其与中华优秀传统关系的主要着眼点。

第二节　“新·公·能”是南开校训相依相成的意义之源

用“允公允能，日新月异”句式，将“公”“能”“新”联袂，使“新·公·能”一体，这也是南开人的首创。“新·公·能”校训慎择约举，言简意赅，以独特的形式，将优秀传统与现代精神结合在一起。这里主要从以下三个层面考察“新·公·能”校训的要义。

一、“新”“公”“能”为南开校训的三大要义

“新”“公”“能”是南开校训相对独立、并列为三的意义之源。“新”“公”“能”三大要义各有侧重，分别代表三种极其重要的人格素质及其理想境域。因此，在各种论说南开校训的文章中，人们往往分别解读“新”“公”“能”，然后做出进一步的申说。这是全面理解“新·公·能”的入门之法，也是深入体悟“新·公·能”的必由之路。

“新”侧重务实、求是、进取、创新的精神素质，倡导继往开来、与时俱进、革故鼎新、推陈出新、主动求变、敢为人先，涉及解放思想、实事求是、独立思考、追求真理、自强不息、刚毅卓绝、勇于变革、善于创新、积极探索、锐意进取、求真务实、脚踏实地、不断开拓、奋发图强、谋求发展、克服险阻、勇攀高峰，等等。

“公”侧重思想境界和道德品质，倡导以天下为己任、为人民服务的社会责任感，涉及志存高远、高瞻远瞩、爱国乐群、服务社会、以德为先、砥身励行、弘扬公理、维护正义、勇于任事、敢于担当、胸怀博大、海纳百川、克己奉公、顾全大局、公而忘私、敬业勤勉、忠诚团结、奉公守法、舍生取义、见义勇为、处事公正、道德高尚、为人正直、待人以信、任事以诚、严

以责己、宽以待人、言行一致、表里如一、艰苦朴素、不畏艰险、刚毅坚强、不屈不挠、振兴中华、造福人类等等。

“能”侧重学业与事业，倡导“博涉多能”、“集千古之智”、德智体美劳全面发展，具备适应社会发展需要的知识水平、理论能力和实践能力，涉及兼容博纳、博学多才、会通百家、学贯中西、广纳新知、学力深厚、独树一帜、多有创造、好学力行、知行合一、学以致用、求真务实、尊重规律、努力实践、勤勉持重、脚踏实地、一丝不苟、精益求精、智圆行方、追求卓越，等等。

“新”“公”“能”是“允公允能，日新月异”校训的三大要义。因此，这三个字既是全面解读南开校训的主要依据，也是探究其与中华优秀传统的关系的重要线索。一般说来，人类历史上一切有关“新”“公”“能”的思想都与“新·公·能”校训的思想源泉及文化资源有密切关联性。在“新”的传统、“公”的传统、“能”的传统中，凡是堪称“优秀”“精华”的部分，都是“新·公·能”校训的历史渊源。从“新”的传统、“公”的传统、“能”的传统的历史性演变中，也可以深入考察“允公允能，日新月异”命题的思想贡献及现代意义，进而探索弘扬中华优秀传统的正确方法与有效途径。

二、“新”“公”“能”三大要义相依相成，不可或缺

在“新·公·能”校训中，三大要义彼此相通，故可以相互补充。“日新月异”主要是指担当和履行社会责任所必须具备的一种极其重要的素质；“允公”主要是指担当社会责任的志向；“允能”主要是指履行社会责任的能力。显而易见，改造社会、创新文明的“全新”，爱国乐群、造福人类的“大公”，富民强国、振兴中华的“最能”，三者之间具有内在的一致性，这就要求必须兼备“日新月异”的变革精神和进取精神，以及为公的志向和品德、实践为公的才干和能力及拓展大公和最能的取向和素质。因此，“新”不只是求新，还强调德性之新、能力之新，涉及人格之新、事业之新，乃至社会之新、国家之新、世界之新；“公”不只是德性，还强调公而有能、公而敢新；“能”不只是才能，还强调为公之能、敢新之能。“日新月异”必须靠“允公”和“允能”落到实处，“允公”必须靠“日新月异”和“允能”落到实处，“允能”旨在切实落实“日新月异”和“允公”，而“允公”和“允能”也必须“日新月异”。唯有“新·公·能”兼备，才完全符合南开校训的要求。

正是由于三大要义联袂一体，彼此相通，因此“新”“公”“能”又是相互规定、相互制导的关系。这一点又集中体现为“新”对“公”和“能”的

规定和制导。在“新·公·能”校训中，“公”特指“新公”；“能”特指“新能”；“允公允能”特指与新时代、新社会相匹配的“大公”和“最能”。

“公”与“能”都属于历史范畴，不同时代的“公”与“能”，不仅在内容上和尺度上有明显的差异，而且往往会有本质上的区别。以“公”为例，即使在中国古代，这个概念的内涵与外延也发生过历史性的演变。《尔雅·释诂》：“公，君也。”《广雅·释亲》：“公，父也。”这个字原本多用于称谓“君父”并逐渐演化为诸侯国君的尊称，如齐桓公、晋文公、秦穆公。《诗经》有“公田”“私田”之分。“公”是“君父”，“君父”是“公”，因而国事、家事是一回事，君利、国利有一致性，“公家之利”既可以用于指称国家利益，又可以用于指称君主利益。但是，自从有了旨在标示属于国家及国君的“公家”“公室”“公门”“公事”“公田”之类的用法，并用以区别属于私家个人的“私家”“私室”“私门”“私事”“私田”，“公”与“私”逐渐演化为两个相互对立的抽象概念。《管子》有“废私立公”之论，这一类的用法大约在春秋战国逐渐普及。在变法思潮及变法运动中，许多“法术之士”提出贵公论，打出“公天下”的旗帜，主张“天下公平”，于是天地大公无私、立君为天下公众、国家立法以维护公义、执政者必须维护国家及公众利益和君主必须尊重法制之公等政治观念日益深入人心，“公”也成为一个可以表述国家利益、公众利益、社会正义的概念，颇有“公德”的意味。但是，中国古代主流文化的“公”没有也不可能彻底摆脱君主制度、宗法制度、等级制度的核心价值的桎梏，始终与君主、纲常、礼教、忠孝纠结在一起。宋明理学旨在论证“三纲五常”及申说“天理人欲之辨”的“公私之辨”便是典型例证，这一类的“公私之辨”将“天理”亦即规范纲常伦理的“礼”作为判定“公”与“私”的尺度，理学家们所说的“公”及“公忠”的本质属性与现代价值观截然相反，与社会主义核心价值观更是格格不入。

张伯苓校长对传统道德体系的弊端深恶痛绝，主张取其精华，去其糟粕，进行根本性的改造。因此，他不仅选择了“公”，强调“‘公’字是最要紧的，公是最高的道德”，而且明确指出“允公”特指“大公”，不是一个效忠个人和维护小团体利益的道德范畴。在“日新月异”的规范和制导之下，“允公允能”之“公”是一个契合现代中国核心价值的道德范畴，与宋明理学“存天理，灭人欲”之“公”有天壤之别。显而易见，“允公”的设定充分体现了“日新月异”的精神及能力，是继承传统、扬弃传统、改造传统、创新传统的产物。

南开校训将“新”“公”“能”联袂，使“新·公·能”一体，使三大要义形成相互补充、相互规定、相互制导的关系，因而“新·公·能”并列而三，不可或缺。这就是说，在“新”“公”“能”三大要义中，去掉任何一个都不符合南开校训的本义。这一点又以不能脱离“允公”去解读“允能”最为典型。“允公”偏重德行，“允能”偏重才干。德才兼备，以德为先，“允能”必须契合“允公”的各种要求。

但是，“新”“公”“能”三大要义并非一种简单并列、平起平坐的关系，而是一种有主有辅、有重有轻的关系。如果假定必须将“新”“公”“能”三大要义省略一个，那么第一个可以舍弃的是“能”。如果假定必须在“公”与“新”二者之间再做出取舍，那么只能省略“公”，不可省略“新”。因为在“至公至能至新”的理想境域和“实公实能实新”的实然状态中，“全新”“实新”可以包纳“大公”“实公”，“大公”“实公”可以包纳“最能”“实能”。简言之，“允能”必须在“允公”制导之下，“允公允能”必须在“日新月异”制导之下。

“日新月异”既是一种宇宙观和社会观，也是一种方法论和价值观。其中，革新创新的价值观属性极其鲜明。对人类社会而言，实事求是、推陈出新、革故鼎新、开拓创新是莫大的功利，而对革新创新者而言，实事求是、推陈出新、革故鼎新、开拓创新则往往与个人功利相矛盾。在利害面前，每一个人都会有两种思考方式，即功利的思考方式与无私的思考方式，而革新创新必须将无私的思考方式置于首位。团队性的重大创新和族群性的社会革命必须借助无私的思考方式实现，担当破旧立新的事业需要大无畏的勇气和不怕牺牲的精神，完成重大创新需要团结协作的精神和顾全大局的魄力，面对功过成败需要百折不挠的韧性和自我检讨精神，等等。这些人格素质都与“允公”直接相关。成就大的创新需要很强的能力，因而革新创新的方法论属性也极其鲜明，并与“允能”直接相关。因此，“日新月异”更具一般意义，而“允公允能”则是“日新月异”最重要的具体特征。换言之，“日新月异”是一般法则，“允公允能”是具体表征。从“日新月异”可以引申出“新·公·能”的要义与精髓。这就意味着一个“新”字是可以涵盖“新·公·能”的要义与精髓的。

三、“新”的含义最丰富也最完整

“新·公·能”校训之“新”不仅制导“公”与“能”，而且涵盖“公”与“能”，因而含义最丰富也最完整。在中国历史上，很早便有以“新”字涵盖各种宝贵的人格素质及其理想境域的现象。相关的事例亦属常见。这种现象是汉语之魅力所注定的。汤之盘铭便是典型例证。

汤之盘铭曰：“苟日新，日日新，又日新。”这个帝王诫铭说来说去，只是一个“新”字。然而，这个“新”字包含向往“新”的志向、追求“新”的品德、践履“新”的方法、实现“新”的途径、创造“新”能力，等等，涵盖与此相关的各种精神意志的、道德品质的、知识才能的、身体力行的素质，涉及为君之道的一切要素，堪称为君之道的精髓与灵魂。在经典注疏中，不难找到这一类的论说。例如，《易传》以“天行健”论“君德”，历代儒者往往将为君之道概括为“刚健”二字，并据此评说汤之盘铭的要义和精髓。杨简判定汤之盘铭的要旨，一言以蔽之，“刚健足矣”[①]。王宗传认为汤之盘铭“非圣人不足以尽之”[②]。许多儒者还指出：汤之盘铭涉及德与行的方方面面，要达到“苟日新，日日新，又日新”的境域，必须敬始慎终，不遗余力，将其贯彻于每时每刻和一言一行，“允迪厥德不已”[③]。程颐甚至用“君子无所不用其极”来论说如何践履汤之盘铭的“大学之道”[④]。这种解读方式充分展示了汤之盘铭的“新”字的语言魅力。

与汤之盘铭的“新”类似，“新·公·能”校训之“新”的含义也堪称宏富。这个“新”字要求每个人不仅“能接受新事物”“能成为新事物的创造者”“能赶上新时代”，而且“要走在时代的前列”。不能兼备“新·公·能”的人格素质并始终践履“新·公·能”的应然准则，一个人是无法永远走在时代前列，并达到“实公实能实新”的实然状态，乃至步入“至公至能至新”理想境域的。“允公允能”是“日新月异”所必须具备的素质。因此，将“走在时代的前列”设定为奋斗目标的“日新月异”，不仅要求人们具有以天下为己任的抱负及品德，具有担负起天下兴亡的智慧及本领，具有创新知识、发展学术、改造社会、创建文明所必需的各种精神素质及能力资质，而且期待人们不断提升这些精神素质及能力资质，使自己永远做到与时俱进。由此可见，“日新月异”涵盖走在时代前列所必须具备的各种精神的及能力的素质，而“允公允能”则明确具体地标示了这些素质的基本构成和主要特征，因而“日新月异”是“新·公·能”校训的精髓之所在。

上述历史上和现实中的思想现象表明，全面考察概括为“新·公·能”的中华优秀传统，其关键是考察与“日新月异”密切相关的各种思想现象。

---

① 《杨氏易传》卷十《大畜》。

② 《童溪易传》卷一四《恒卦》。

③ 《尚书精义》卷七。

④ 《程氏经说》卷六《明道先生改正大学》。

“日新月异”之“新”是中华优秀传统的精髓和灵魂。“新·公·能”校训的主要贡献是继承并发展了中华优秀传统的精髓和灵魂。在中国思想史上,“允公允能，日新月异”是第一个以清晰明确的文字表述“新·公·能”优秀传统的思想命题。这个命题的提出本身就具有极其重大的思想意义。

第三节 “日新月异”是南开校训的精髓和灵魂

张伯苓校长曾明确指出:“日新月异，自强不息，为我南开师生特有之精神。”[①]一些中国大学校训研究者也认为“(南开校歌中的‘月异日新’及后来南开校训中的‘日新月异’)这4个字所蕴含的不断进取精神，实际上是南开精神的特质。”[②]这个判断是正确的。在产生于同一时代的中国现代校训中，张扬“日新月异”的进取精神、变革精神、创造精神的唯有南开校训。南开精神孕育了南开校训，南开校训播扬了南开精神。这恰恰是南开校训的独特之处，也是南开校训之所以成为一个精彩的思想命题的根本原因。

“新·公·能”校训既是继往开来，弘扬中华优秀传统的产物，又是与时俱进，改造陈旧文化传统的产物。其难能可贵之处恰恰在于张扬“日新月异”。如果去掉了“日新月异”，南开校训不仅会失去半壁，折损要义，而且会华彩锐减，趋于平淡。这就是说,“新”堪称为文之魂魄，点睛之妙笔，含义之精要。甚至可以说，正是对“日新月异”的体认与践履，推出了独具慧眼、别具一格的南开校训，从而将特定时代精神、中华优秀传统、现代大学理念、人才核心素质、南开办学经验及南开学校文化有机地结合为一体，提炼成一个高度凝练、要素完整、内涵丰富、意义深远的思想命题。将“新”判定为“新·公·能”的精髓和灵魂的理据主要有以下几个。

一、总体设计体现了教育理念之新

“新·公·能”校训的总体设计令人叹服。没有新思想、新观念，便不会创造“新·公·能”校训。

中国古代的“大学之道”旨在培养各级统治者及恪守尊卑法则的社会角色，亦即“大人”“君子”之类的圣君贤臣、忠孝节义。在“家国同构”和“家

---

① 张伯苓:《四十年南开学校之回顾》,《南开四十周年纪念校庆特刊》,1944年10月。

② 陈功江:《精神符号与个性彰显——民国时期知名大学校训》,华中科技大学出版社 2011 年版，第160页。

国一体”的历史背景下，为了灌输君主制度、宗法制度、等级制度的核心价值观，这一类的“大学之道”必然夸大伦理教育和道德教化的作用，甚至将智慧、知识和才能也归入伦理道德的范畴，其主要特征是：倡导普遍适用于宗法家国的“修、齐、治、平”，夸饰“明明德”和“止于至善”，传授规范君臣、父子、夫妇、昆弟、朋友的“天下之达道”及与之匹配的知、仁、勇等“天下之达德”，灌输“以孝为本”的“忠孝节义”和“仁义礼智”，讲究“天行健”与“地势坤”之类论证及设定“君德”与“臣道”的“天地之道”“大人之道”和“君子之道”。

南开校训设定者的思想成就及历史贡献就在于，他们在缔造中华新文明、开创中华新教育的历史背景下，跳出中国古代主流教育理念及学校文化的窠臼，摒弃“学而优则仕”的教育目的，扬弃“厚德载物”的“君子之道”，超越“止于至善”的“大学之道”，改造“修身为本”的“学问之道”和“传道、授业、解惑”的“为师之道”，革除传统的伦理型教育方针和培养目标的弊端，提出了与现代学校教育相匹配的新的大学理念。这一点又集中体现于“新”的张扬、“公”的拣择和“能”的凸显以及将“新·公·能”联袂一体。

二、“公”的拣择体现了道德观念之新

令人感佩的是“新·公·能”校训尤为强调“公”。没有新思想、新观念，便不会拣择这个“公”字。

南开校训继承中国学校以德为先的传统，重视以德树人。但是，南开校训的设定者没有套用儒典，剿袭旧说，也没有像许多校训一样罗列诸多德目，而是在中华传统文化中拣择了与现代道德体系建设和现代大学精神契合度最高的“公”字，将倡导公德和养成公德摆在大学教育及学生的思想品德教育的首要位置。

中国传统教育观念极度重视道德教育，尤为讲究“以孝为本”及“忠孝节义”，将完善个人的、君主的及全社会的德性作为治学与教育的最终目的。典型例证莫过于《大学》的“大学之道”和朱熹为岳麓书院题写的“忠孝廉义”学规。宋元以来，“四书”，即《大学》《中庸》《论语》《孟子》被帝制朝廷奉为经中之经，修习纲常伦理在政治及教育中的地位与作用被夸大到无以复加的地步，导致“以理杀人”“假道学”和“空言心性”成为相当普遍的社会现象和学术现象。《三字经》《弟子规》之类的蒙学读本也是这一类教育思想的产物。这种极度重视灌输伦理道德的教育方法，导致效忠君父、光宗耀祖成为全社会的道德信条，乃至人们普遍将私德凌驾于公德之上，从而迟滞

了中国古代社会的发展，注定了中国古代文明的衰亡。令人感叹的是，这种极度重视伦理道德的道德学说及教育思想，不仅无法有效地解决现实中的道德问题，反而造成了道德的沦丧、学风的颓废、人才的平庸、国家的衰落和帝制的覆灭。近代以来，中国革命的先驱者首先把批判的矛头对准了吃人的礼教，并大力提倡新文化、新道德、新学术、新教育，这是势在必行、理所当然的。

“以德为先”“以德树人”是教育的一般法则，其普遍意义，毋庸置疑。问题的关键是以什么样的“德”为先和以什么样的“德”树人以及如何“以德树人”。中华现代文明的缔造有赖于与之相匹配的现代道德体系的形成，这是历史法则所注定的。南开校训的设定者之所以将“允公”置于首位，正是源于对历史教训的深刻反思、对社会现实的深入思考和对历史法则的深切体悟。1934 年 12 月 4 日，张伯苓校长在四川宜昌应邀向各校学生作了题为《吾人应有之认识与努力》的演讲。他明确指出：“‘自私’，实在是中国民族最大的劣根性。”造成这种劣根性的主要原因是“先王以孝治天下”，利用“忠”“孝”观念维系人民，改良国政。由此造成的群体性的自私自利是导致国家积弱、国难当头的重要文化原因。要想救亡图存，富民强国，“第一件最要紧的事情，就是先养成大家‘为公’的精神，使全国的风气，都由‘私’转到‘公’，先公而后私。”他明确提出：“我看我们中国人最需要一个‘公’字。我们都应当读‘公经’。”[①]由此可见，倡导“允公”的现实意义之一就是革除传统道德体系的弊端，矫正传统学校教育的偏弊，将公德置于私德之上，以爱国乐群的“公”取代效忠君父的“孝”，通过造就一大批崇尚“为公”精神的现代精英，改变中国的道德观念和社会风气，从根本上铲除民族的劣根性。有公德者必有私德，有私德者未必有公德。南开校训将公德置于私德之上，这就避免了传统道德体系中的许多弊端。在那个时代，唯有具备“日新月异”精神的人才有可能旗帜鲜明地提出这样的教育理念。最值得称道的是，张伯苓校长为论证南开校训而明确提出的“读《孝经》不如读公经”命题是中国思想史上又一个具有原创性的新命题。他的这个思想依然具有重大的现实意义。

旧传统遗留的旧的习惯势力是极其强韧的，这就决定了现代道德体系及教育理念的确立任重道远。在帝制寿终正寝之后，一些人依然张扬旧的道德观念及教育思想，他们一再请求定孔教为国教，提议尊孔读经。这一类主张

① 张伯苓：《吾人应有之认识与努力》，《南开校友》第 1 卷第 8 期、第 9 期，1936 年 6 月 15 日。

也见诸政府行为，如复辟帝制的袁世凯、叛国投敌的伪满洲国皇帝溥仪及蒋介石统治集团都大搞尊孔祀圣，推行中小学恢复读经。将三民主义儒学化的蒋介石统治集团甚至将“忠孝”设定为全国学校统一的校训，还美其名曰“新生活运动”。在中国现代化进程中，这一类打着“新”的旗号而乞灵于“古时方”的政客及学者亦可谓司空见惯。

南开人的“允公”校训与蒋介石的“忠孝”校训产生于同一时代。南开校训正式形成于1934年。当时的国民政府正在试图统一全国校训。蒋介石主张将孙中山提出的“忠孝仁爱信义和平”八德及国民党党员守则“订为青年守则一致信守”，“以‘礼、义、廉、耻’四字为共通的校训”[①]。1931年7月，教育部通令全国学校悬挂“忠孝仁爱信义和平”蓝底白字匾额。1938年9月，教育部训令全国学校一律以“忠孝仁爱信义和平”为校训。同年，蒋介石正式下令统一全国校训为“礼义廉耻”。“千校一词”的“国定校训”至此正式形成。但是，许多学校并未执行蒋介石及教育部的训令，依然沿用原有的校训或创制自己的校训，南开便是其中之一。秉持“日新月异”信念并崇尚“公经”的教育家绝不会盲从沿袭陈旧思想并崇尚《孝经》的政府训令。在“新”与“旧”的较量中，南开人的精神及做法值得大书特书。即使在今天，这种精神及做法依然有重大的现实意义。

“允公”的精彩之处还在于与现代学校精神高度契合。诞生于19世纪的德国洪堡大学被誉为“现代大学之母”。这所大学颠覆中世纪大学只注重传授知识的传统模式，倡导“学术自由”和“教学与科研相统一”，并以著名校友马克思的名言“哲学家不仅要解释世界，更重要的是要改造世界”为校训。这种办学理念引导学生钻研学问、改进学术、创新知识、学以致用、服务社会，将改造世界作为治学的最终目的。随着社会的发展，开展研究、创新知识、服务社会、改造世界的现代大学精神广泛传播，日益普及，演化成为一种时代精神。一些知名大学还将“为公众服务”和“创新知识”的意思写入校训，强调大学应通过原创性的研究服务于社会大众。南开校训不仅以“允公”将社会责任摆在第一位，还以“允能”和“日新月异”与“允公”相匹配，从而将社会责任、实践能力和创新精神有机地结合在一起。“新·公·能”校训恰恰是现代大学精神的一种中国表达方式。它既是中国的，又是世界的。在南开校训提出之时，能做到这一点的大学校训并不多见。

---

① 教育年鉴编纂委员会：《第二次中国教育年鉴》（4）第六编第四章，台湾文海出版社1986年版，第55页。

三、“能”的凸显体现了人才观念之新

值得称道的是“新·公·能”校训尤为注重“能”。没有新思想、新观念，便不会凸显这个“能”字。

中国古代占主流地位的“大学之道”“学问之道”专注于道德人格的设定和培育，将修习和践履纲常礼教置于学校教育的中心及重心，就连“经世之学”也必须从属于或落脚于道德信条，因而不可能将追求真理、增益智慧、获得客观知识和培养实践能力置于应有的地位。《大学》《中庸》《孟子》甚至认为求知的最终目的也是为了更好地体认和践履伦理道德。由于《大学》《中庸》《孟子》长期被奉为“儒经”和“帝典”，求实、求真、求是、求知在中国传统学校文化的大语境中被日益德性化，受教育者普遍缺乏求实精神、科学素养、客观知识和实践能力。这一类偏弊是导致中国古代社会发展迟滞并终至落伍衰亡的主要原因之一。

步入20世纪以来，受传统文化影响，中国的学校大多以德性词汇设定校训，就连许多知名大学校训也套用儒典，未脱窠臼。但是，也有一些校训重视能力培养，如两江优级师范学堂（南京大学前身）的校训为“嚼得菜根，做得大事”，北洋大学（天津大学前身）的校训为“实事求是”。这在当时可谓别具一格，相当精彩。

与众多知名大学校训不同，南开校训没有沿袭一味夸饰德性的传统，更没有抄袭或套用儒典，而是矫正中国传统学校文化的偏弊，兼采古今中外教育理念的优长，面向现代社会对人才素质的需求，创造性地将“允能”与“允公”并列，以注重全面发展和能力培养为教育宗旨，凸显培养知识求索的能力、学术创新的能力、社会实践的能力和改造社会的能力在现代大学教育中的地位。在中国教育思想史上，这是值得大书一笔的。

四、“新”的张扬，开风气之先

最值得称道的是“新·公·能”校训特意张扬“新”，将“日新月异”置于不可或缺的地位，提倡以革新和创新为龙头的“允公允能”教育理念。如果比较一下，20世纪40年代以前产生的国内知名大学的校训，就会发现张扬“日新月异”的南开校训独树一帜，别具一格。在当时，张扬与时俱进的大学校训独此一家，可谓难能可贵，开风气之先。与时俱进，高瞻远瞩，先见之明，这恰恰是思想新、观念新的集中体现。在中国教育思想史上，这也是值得大书一笔的。

一谈到育人与人才，人们都会想到品学兼优、德才兼备、德艺双馨、有德有才、又红又专之类的词汇。“允公允能”是德才兼备的一种具体表述形式。如果仅仅讲“允公允能”，并无大的特异之处，也就不足为奇了。南开校训的特异之处恰恰体现在“日新月异”这四个字上。“日新月异”旨在激励师生勇于改革，善于创新，积小成大，永不停步，并把培养具备“日新月异”的精神及能力的高素质人才列为办学的主要目标。在中国社会大变革的历史背景下，继承与时俱进的优秀传统，弘扬追求变革的时代精神，这种办学理念既能贯通古今，又可历久弥新。这正是南开校训设定者的过人之处。

创新始终是人类社会发展的核心动力。在演化速率越来越快的现代社会，创新能力直接关系到一个个体、一个单位、一个族群、一个社会、一个国家的竞争力及生存与发展能力。在各行各业，创新能力也是衡量人才特别是高素质人才的主要标准。新中国之所以能够迅速发展到今天这个程度，也是因为涌现出许多具有革命精神并脚踏实地改造中国的领导人，各行各业都拥有一大批富于革新精神及创新能力的骨干人才，还得益于人民大众创造性的劳动。无论当年救亡图存，还是如今实现民族复兴大业，中国必须缔造中华新文明，必须走创新大国之路。这就要求中国大学必须肩负起“造建国之才”的历史使命，大规模地向国家和社会输送具有创新能力的毕业生，包括成批量的拔尖创新人才。创新能力的核心要素是创新精神，创新精神是创新能力的思想基础。因此，创新精神及创新能力的培养是大学的主要教育目标之一。南开的创办者很早便将“新”字写入校训，他们不仅明确地将创新精神及创新能力的培养列入教育目标，而且为国家培养了以周恩来为代表的一大批杰出人才，为振兴中华做出了重大贡献。这种思想及做法可以用独具慧眼、难能可贵来评价，其重大历史价值及现实意义也是不言而喻的。

近年来，许多大学的校训增加了与“新”相关的内容，如浙江大学以“求是创新”校训取代“求是”校训，重组后的武汉大学以“自强、弘毅、求是、拓新”校训替代原来的“自强、求是”校训，重组的上海大学以“自强不息，求实创新”为校训，扬州大学确立了“求是、求实、求新、求精”的校训，广西师范大学、北京理工大学、南京农业大学、广西大学、西安电子科技大学、华北电力大学等一批高校采用了“团结、勤奋、求实、创新”的校训。《大学校训新论》一书的附录列举了截至2012年所有经教育部批准名为“大学”的高校及本科普通高校的校训，在364所大学中，有170所大学的校训含“新”字，还有许多校训含“新”的同义词或“新”的意蕴；在841所本科普通高等学校中，有370所学校的校训含“新”字，还有许多校训含“新”

的同义词或"新"的意蕴。在其他类型学校的校训中，采用"新"字或"新"的同义词的现象也极为常见。在教育领域，"创新"的普遍意义和特殊价值获得普遍认同。南开大学创办者的先见之明本身就是"日新月异"精神的产物和体现。

随着创新驱动成为国家发展战略，国家发展计划和社会大众舆论也普遍关注改革学校教育及加强创新创业教育问题，主张最大限度地调动学生创新创业的激情、能力和实际应用水平，在各种有关教育的文件、谈话、著述及新闻报道中，"创新"也是出现频率最高的词汇之一，乃至"大众创业，万众创新"成为热词。这种现象从一个侧面证明了南开校训设定者的高瞻远瞩。

五、"新·公·能"校训高度契合现代大学精神的真谛

真、善、美的统一是人类教育永恒的目标。然而，历史上形形色色的教育思想往往有所偏失。许多学者指出：中国古代教育思想"主德""求善"，而西方古代教育思想"主知""求真"。这一类的评说虽不够准确，有将复杂的历史现象简单化之嫌，却也不无道理，揭示了中西方学校文化的优势倾向。中国大学校训与西方大学校训的差异也为优势倾向有所不同提供了证据。一般说来，中国大学校训大多偏爱修德箴言，许多校训甚至只涉及德性；西方大学校训大多偏爱求知理念，许多校训将"真理""知识"写入其中。夸大主观德性的作用与夸大客观知识的作用，都会导致偏弊，而中国古代"大学之道"及"学问之道"的弊端及恶果便是典型例证。

正如众多有识之士所指出的：甲午战争之败，并非海军之败，也非陆军之败，而是国家之败。国家之败又败于制度，败于文化，败于教育，而当时的制度、文化、教育又可以归结为"帝制""礼教"与"儒学"这三个关键词。以严修、张伯苓为代表的一批仁人志士，目睹甲午之败，积极救亡图存，深感"自强之道，端在教育"，于是确立"痛矫国弊，育才救国"[①]的理念，积极兴办新型学校。正是由于深切地感知到国弊之所在，致力于"治民族之大病"，他们倡导将社会变革、社会责任和社会实践结合在一起，将求真、求善、求美统一在一起，培养一代符合现代社会需要的新人，实现民富国强，进而缔造中华新文明。他们后来又设定了"新·公·能"校训，并切实予以贯彻。这一办学方针及教育理念高度契合现代教育理念及现代大学精神的真谛。在现代中国大学的校训中，能做到这一点的并没有应然的那么多。

---

① 张伯苓：《四十年南开学校之回顾》，《南开四十周年纪念校庆特刊》，1944年10月。

南开校训还有一个令人称道之处，即尤为适用于现代大学的教学科研和人才培养。现代大学既是国家基础研究和知识创新的重要基地，又是培养创新人才的主要教育基地，以追求并传播真理、创新并传授知识和培育并造就服务社会的人才为核心任务。因此，在以德树人的前提下，现代大学的教育工作尤为注重能力的培养，特别是独立人格、批判思维、创新意识和实践能力的培养。现代大学的科研工作旨在分析、甄别、批判、修正、改造、完善、发展现有知识体系，以保持对经济、政治、社会、文化的前瞻性和引领性，因而必须积极探索新的领域，研究新的事物，发现新的知识，寻求新的方法，提出新的理论，解决新的问题，为推动社会进步提供优良的学术资源。正如许多学者所指出的：大学之所以称之为大学，在于崇尚独立精神，倡导批判思维，追求知识创新。大学的教师和学生都应具备这样的志向、素质和能力。显而易见，“新·公·能”校训可以涵盖现代大学精神的各个层面，全面指导和规范现代大学的教学、科研及事业发展。能够做到这一点的大学校训并不多见。

六、“新·公·能”校训要求办学理念及教育目标必须与时俱进

历史事实证明：南开校训所表达的教育理念具有超越时代的特质，可以永远成为时代精神的载体。为什么会这样呢？原因有二：一是“新·公·能”是人类社会最优秀的历史传统和卓越人才最重要的人格特征，这种教育宗旨具有普遍意义，因而可以常用常新，永远适用；二是“新·公·能”要求教育宗旨必须求新求变，以符合历史潮流，体现时代精神，满足现实需要，因而可以与时俱进，永不落伍。正是由于南开校训的教育宗旨将超越时代的普遍意义与契合时代的求新求变结合为一体，因此其所阐释的基本原理和普遍价值的实际运用可以做到以当时的历史条件为转移，始终保持与时俱进的诉求、能力和态势。

办学理念及教育目标必须与时俱进，这是“新·公·能”校训的题中之义。南开大学的历代办学者都在践履校训方面有所作为，他们因应时势，诠释校训，注入新的理念，提出新的目标，使之常用常新，永不落伍。这里仅列举三个典型事例。

1949 年 10 月 1 日，中华人民共和国成立。1949 年 12 月 3 日，张伯苓校长与重庆南开中学初中毕业生萧琦谈南开校训的“公能”二字，他说：“允公

允能，公能就是共产主义！”[①]不久，张伯苓校长告别重庆，北上返津。在与重庆南开师生话别的演讲中，他特意谈到南开校训与新民主主义教育的关系，这一段文字是：

南开教育，特重“公”“能”。惟“公”故能牺牲小我，完成大我。惟“能”方克事无不举，举无不成。今新民主主义教育，目的乃“为人民服务”，而欲为人民服务，自必须要有服务之本领，则“公”“能”训练，与新教育之主旨，亦相符合。现当社会组织、教育制度全面改造之时，希望将此“公”“能”二字，加以新的诠释，并求彻底实施，藉以提高学生之政治水准及文化程度，此其二。[②]

在这篇演讲中，张伯苓校长指出：南开校训契合新中国的教育主旨，“公”亦即为人民服务的精神；“能”即为人民服务的能力。这个见解是正确的。“允公允能”与“为人民服务”的核心理念高度一致，只要加以新的诠释，南开校训便可适应新的形势和需要。张伯苓校长的这一段校训阐释，体现了南开校训的核心理念和南开精神的宝贵特质。

2014 年 8 月 8 日，时任南开大学校长龚克在《人民日报》发表题为《心怀大公，走在时代前列》的文章，对“公”做出新的诠释。这篇文章的全文如下：

南开的校训别具一格，曰：“允公允能，日新月异。”

南开校训特别之处，显见于其原创性。此校训非出自古训，而是出自南开为救国而办学的实践，出自以爱国教育家张伯苓为代表的南开人对中国传统教育优秀思想的传承和对西方现代教育先进理念的吸纳。“允公允能”，其句式是传统的，如《诗经》之“允文允武”，但内容却是原创的。它既传承了“明明德于天下”的传统“大学之道”，又包含了强调经世致用、注重能力培养的现代教育理念，创造性地把“公”和“能”结合在一起，鲜明地写在自己的办学旗帜上，实属难能可贵。

南开校训特别之处，尤在于其社会性。它以“公”字当头，充分反映出南开人以救国兴国为己任的强烈社会责任感。张伯苓讲，“‘公’字最最要紧，公是最高的道德”。他特别强调：“允公，是大公，而不是什么小公。”什么是“大公”？就是天下兴亡！南开大学开办之初，设立文、

① 《重庆南开校友通讯》第 18 期，1949 年 12 月 3 日。

② 《张伯苓告别重庆南开师生时的演讲》，重庆南开中学档案馆藏。

理、商三科，理念即在“文以治国，理以强国，商以富国”，这明白无误地诠释了“公”的内涵。以周恩来为代表的一大批杰出校友，更是生动展现出南开人立志为公、振兴中华的社会理想和价值追求。

南开校训特别之处，又在于其实践性。“公能”校训不仅在价值层面宣示南开人要以国家民族利益为至高追求，而且在实践层面要求通过发展自身能力，将其付诸改造社会、振兴民族之实践。张伯苓指出，“允能者，是要做到最能，要建设现代化国家，要有现代化的科学才能”。针对“愚、弱、贫、散、私”之民族大病，张伯苓制定实施五项训练方针——重视体育，提倡科学，团体组织，道德训练，培养救国力量，以“造建国之人才”。因此，“公能”校训是价值追求和实践力行的统一体，“爱国爱群之公德”必须通过“服务社会之能力”去实现。

南开校训特别之处，还在于其时新性即与时俱进之品质。“允公允能，日新月异”，要求“每个人不但要能接受新事物，而且还要能成为新事物的创造者；不但要赶上新时代，而且还要能走在时代的前列”。在今日之世界，“公”就是要维护和弘扬国际公平正义，实现世界持久和平与人类持续发展。在今日之中国，“公”就是要实现中华民族伟大复兴，把祖国建设成为富强民主文明和谐的社会主义现代化国家。在今日之南开，坚持和发展“允公允能，日新月异”的教育理念，就是要坚持德育为先、能力为重、全面发展，培养学生在民族复兴大业中实现个人价值的社会责任感，培养学生脚踏实地将理想付诸行动的实践能力，培养学生在实践中自强不息锐意进取的创新精神。为此，南开教师要从自身做起，率先践行“公能”校训。

我常常想，为什么南开人在80年前提出的校训，能与当下国家教育改革发展的要求如此之契合呢？这决不是巧合，其奥妙就在于“公能”校训体现了教育的本体性，它抓住了“立德树人”这一教育的根本任务，适应了人的发展与社会需求相一致这一教育的本质要求。

当前，我们正大力推动“三个转变”，即在办学观念上，从“学科为本”转变为“学生为本”；在教育内容上，从“传授知识”转变为“发展素质”；在培养模式上，从“以教为主”转变为“以学为主、教学相长”，以构建新时期南开特色的公能素质教育体系，努力走在全面深化教育综合改革的前列，这是南开人应有的文化自觉和历史担当。①

① 龚克：《心怀大公，走在时代前列》，《人民日报》2014年8月8日。

在这篇文章中，龚克校长认为南开校训具有原创性、社会性、实践性、时新性，体现了教育的本体性，而且本着“日新月异”的思想，提出：“在今日之世界，‘公’就是维护和弘扬国际公平正义。在今日中国，‘公’就是要实现中华民族伟大复兴。在今日之南开，坚持‘允公允能，日新月异’，就是要培养学生实现民族复兴大业的社会责任感、实践能力、创新精神。”在挽救民族危亡的时代，南开人的“允公”侧重强调救亡图存，富民强国；在实现民族复兴的时代，南开人的“允公”开始注重维护和弘扬国际公平正义。这样的诠释不仅符合“日新月异”的校训，也是“新·公·能”校训的“日新月异”。

在2018级本科新生开学典礼上，现任南开大学校长曹雪涛作了题为《何为“大学之义”“治学之义”“人生之义”》的讲话。他指出：

> 在我看来，南开虽出身私立，但抱定“文以治国、理以强国、商以富国”之志，将“知中国服务中国”传承百年，铸就了她爱国奉献、淑世为公的价值情怀；南开是由一群不服输的中国人建立起来的，扎根泥土、共克时艰，铸就了她刚毅坚卓、“越难越开”的气度风骨；南开始终恪守精良的学术与学风，将唯真求实作为安身立命之本，陶冶了她“不唯上、常惟新、求卓越”的品格禀赋；南开格外注重环境培育和文化滋养，师生校友凝心聚力，沉淀了她团结奋进、和衷共济的精神风貌。因此，我们完全有理由、有资本、有底气为能进入这样一所优秀而伟大的学校而感到骄傲和自豪。

曹雪涛校长进一步指出：

> 百年南开，公能日新。在数十万南开校友中，有国家最高科技奖获得者，有“两弹一星”元勋，有文化大师、科学巨擘，也有政界翘楚、商界领袖……如今的南开人，始终传承着“公能基因”，不断书写着令世人瞩目的新成就。……
>
> 同学们，你们无需艳羡上述事迹，更不必认为那些师长前辈“遥不可及”。因为，只要不畏难、肯担当、求卓越、勇创新，他们充满收获的今天就是你们可以预期的明天！

曹雪涛校长给新生们提出了三个思考题。他说：

> 问题之一：大学的要义是什么？同学们经过多年寒窗苦读，在竞争

激烈的高考中脱颖而出，来到南开，说明你们具有了很强的学习能力。但是，同学们是否认真思考过读大学的真正价值是什么？是小学、中学的延续吗？是只为知识的获取、技能的习得吗？是为获得高薪体面工作的“敲门砖”吗？古语有云“形而上者谓之道，形而下者谓之器”，你们要思考是来南开“寻道”，还是仅满足于“求器”？在我看来，大学是一个铸造灵魂，树立信仰的地方，如果你在这里培养塑造了健全自主、独立创新、崇德向善的人格，则必将受用终身！百年来，南开这所学校锤炼出“公能日新”的育人理念和“爱国、敬业、创新、乐群”的光荣传统。希望你们在这里受到熏陶、浸润，明德铸魂、学以成人！

问题之二：治学的要义是什么？我以为关键在于求真与创新，其中尤以创新为要。创新是无论国家民族还是集体个人持续发展的不竭动力，“日新月异”本是南开文化的重要组成。希望同学们能以创新的思维对待学习和工作，不甘平庸、敢为人先，学会质疑、善于思考、勇攀高峰、追求卓越，坚守创新报国之志，锤炼创新发展之能，永葆创新探索之心。同学们，你们所处的时代是中华民族历史上一个伟大的时代，是一个呼唤创新精神的时代，更是你们成就梦想、走向卓越、开创未来的时代。你们的明天就是国家和民族的未来，创新精神和创新能力的养成将让新时代的南开人更多地担负起民族大义和时代重任！

问题之三：人生的要义是什么？在南开，你们要成为什么样的人？我想当是周恩来、杨石先、陈省身、郭永怀、杨敬年、申泮文、刘东生等前辈学长那样的人。他们胸怀家国天下，为民族独立、人民解放、国家富强、世界和平、人类进步奉献一生。也一如今天奋斗在各条战线、各个岗位上的优秀校友们一样，为爱中华复兴中华的宏伟目标，贡献智慧、挥洒汗水，用鲜血和生命铸就南开爱国奉献的传统。他们的身上有着南开人共有的精、气、神，那正是热爱国家、服务社会的奉献精神，自强不息、愈挫愈进的奋斗精神，严谨求实、民主创新的科学精神，诚信敬业、公而忘私的重德精神，文理相济、博学乐群的人文精神。概括起来，这便是我们引以为傲的南开精神。

这里，我想引用 87 年前的开学季，《南开双周》杂志所刊登的《南开精神》一文，与大家共勉。文中说：所谓南开精神，一是不知道有“不可能”；二是能团队合作；三是脚踏实地去做，不说空话；四是拿得起放得下；五是迎着头干；六是只知有大家，不知有自己；七是尽情地玩，尽情地工作；八是没有虚伪的谄笑；九是赤裸裸的心在天真的面部表现出来；十是顶！这十条是南开人务实肯干、迎难而上、锲而不舍精神风貌的体现，也是每一名新时代南开人在面对困难、应对挑战、开疆拓土、奋力发展中必须时刻铭记并努力践行的可贵品质！

最后，曹雪涛校长代表全校教职员工向新生们做出郑重承诺：

> 我们将恪守师德、扎实工作、锐意改革、完善服务，全心全意为同学们实现人生价值引路。愿大家继承和发扬南开传统，志存高远，拼搏进取，努力成为不负国家和时代期望的真正南开人！①

上述三则事例表明：最值得称道的莫过于“新·公·能”校训意味着也为自身设定了“日新月异”的要求，体现了完全彻底的“日新”精神。别具一格的“新·公·能”校训开创了南开大学的优秀传统，同时又对南开人继承和弘扬南开传统的方法提出了要求，指明了路径，即创新是最好的继承，发展是最好的弘扬，就连具有原创性的“允公允能”及其最初的诠释也不能奉为教条，在继承其具有普遍意义的一般法则的同时，必须根据具体情况，予以重新诠释，因应新的条件，注入新的内容，以符合新时代的要求，走在时代前列。创造性地把联袂一体的“新·公·能”写在自己的办学旗帜上，以不断提示自己要“日新月异”，这恰恰是对中华优秀传统最好的继承和最好的弘扬。

近年来，“弘扬传统”成为备受关注的话题。但是，人们往往忘记甚至不知道在人类历史上“传统的质变（社会形态的质变、文化基因的质变及核心价值观的质变等）及传统之不传（含无法传承、很难传承和不应传承等）”乃是一种司空见惯的重大历史现象，也是一种势在必然的重大历史法则。他们更没有注意到与时俱进地批判传统、扬弃传统、改造传统、创新传统才是中华民族优秀传统中的核心传统。自华夏族群缔造国家、开创文明以来，中华文明之所以生生不已，从未中断，其根本原因就在于每到面临生死存亡的重大历史时刻，炎黄子孙中都能涌现出一大批大力弘扬批判传统、扬弃传统、改造传统、创新传统的中华优秀传统的卓越人才并引领和驱动时代潮流，包括南开校父严修、南开创校校长张伯苓、南开杰出校友周恩来等在内的一大批著名历史人物都是这一类卓越人才的典型代表。中华民族的伟大复兴正是革命与改革，亦即革除旧传统、开创新传统的产物。“新·公·能”校训也是批判传统、扬弃传统、改造传统、创新传统的产物和典范。有了“允公允

① 曹雪涛：《何为“大学之义”“治学之义”“人生之义”》，《南开大学报》2018年10月15日。

能”，便不易导致偏弊；有了“日新月异”，便永远不会落伍。由此可见，“日新月异”是南开校训的精髓和灵魂。

“新·公·能”的真谛在于一个“新”字。“新”与“旧”是反义词，与“旧”不同乃是“新”的特有属性，唯有与旧事物存在明显差异，方可称之为“新”。南开校训“日新月异”之“新”，旨在强调每日每月都要与“旧”有所不同；想要实现“日新月异”，就必须与时俱进，要想与时俱进，就必须自我更革；实现自我更革、与时俱进的关键措施是致力于创新、革新、更新；创新、革新、更新的特有属性是扬弃、改造、颠覆旧事物，包括一切旧传统；唯有不断地创新、革新、更新，才能走在时代的前列，引领时代的潮流，以改造社会、改造中国、改造世界的方式，为社群、民族、国家、世界谋福祉；要做到这一点就必须大力弘扬“新·公·能”优秀传统，使自己具备“新”的精神、“公”的品质、“能”的素质，从而将“新·公·能”熔铸于一体，乃至步入至新、大公、最能的境域。这个“新”字既是中华优秀传统的真谛，也是南开校训的真谛。因此，在考察“新·公·能”的历史渊源及思想资源的时候，“日新月异”之“新”是关键词中的关键词。

第四节 “允公允能，日新月异”与社会主义核心价值观

令南开人引以为傲的是：南开校训的核心要素具有超越行业领域、超越族群国度、超越历史时代的普遍意义和永恒价值。具体表现之一是南开校训契合社会主义核心价值观。这一点不仅获得有识之士的充分肯定，还获得国家领导人的充分肯定。

一、南开校训契合社会主义核心价值观

在贯彻中共中央《关于培育和践行社会主义核心价值观的意见》的过程中，南开大学充分发掘南开校训的思想价值，将宣讲校训理念和弘扬南开精神，作为培育和践行社会主义核心价值观的重要途径之一，并采取行之有效的措施，落实于办学实践，获得了有目共睹的实效。

2014 年 10 月 9 日，《人民日报》发表一篇对时任南开大学党委书记的访谈，题为《“公能”校训：核心价值观的南开表达——专访南开大学党委书记薛进文》。这篇访谈的全文如下：

培育和践行社会主义核心价值观，是高校落实立德树人根本任务的一项重要工作。社会主义核心价值观要得到高校师生的广泛认同和自觉践行，必须融入大学文化建设之中，使之贴近校史校情，引起师生共鸣，而校训就是其重要载体。

记者：请您介绍一下南开大学的校训，以及其与社会主义核心价值观的契合之处。

薛进文：南开大学的校训，是在1934年纪念南开学校建校30周年时，由校长张伯苓宣布的，意在培养学生既有“爱国爱群之公德”，又有“服务社会之能力”。“允公允能，日新月异”的八字校训亦被南开人称为“公能”校训。

诞生于五四运动时代大潮之中的南开大学，开办至今已95年。在长期办学实践中，南开形成了心系国家、服务社会的爱国道路，允公允能、日新月异的公能品格，充满朝气、面向未来的青春精神。这些都凝结于“允公允能，日新月异”的校训之中。老校长张伯苓指出：“允公，是大公，而不是什么小公，小公只不过是本位主义而已”；“允能者，是要做到最能，要建设现代化国家，要有现代化的科学才能”；“日新月异”则是“每个人不但要能接受新事物，而且还要能成为新事物的创造者；不但要赶上新时代，而且还要能走在时代的前列”。这个解读在现在看来也是非常具有现实意义的。即便如此，我们也应当看到，校训在提出时毕竟是当时那个时代的产物，要想获得持久的生命力，必须随着时代的发展被不断赋予新的时代内涵。例如，张伯苓提出南开以“允公允能”为校训，主要是他认为当时中华民族普遍存在着愚、弱、贫、散、私“五病”，惟“公”才能化私、化散、爱护团体，惟“能”才能去贫、去弱、团结合作。因此，“公能”校训虽然在今天具有穿越时空的现实意义，但当时却是针对中华民族这“五病”提出来的。新中国成立后，经过60多年的发展，中华民族的整体面貌已经焕然一新，“公能”校训的内涵解读也随着时代和社会的进步而不断与时俱进。

记者：将社会主义核心价值观融入校训及学校各项工作之中，学校有哪些做法？

薛进文：中央《关于培育和践行社会主义核心价值观的意见》将“三个倡导”的24个字确定为社会主义核心价值观的基本内容之后，我们经过认真学习，提出：如果把“公”理解为致力富强、民主、文明、和谐的家国情怀，追求自由、平等、公正、法治的社会理想，涵养爱国、敬业、诚信、友善的人生操守，把“能”理解为修身报国、服务社会、践行“公”之价值观的能力，把“日新月异”理解为追求和践行“公能”过程中要与时俱进、开拓创新，那么“公能”校训便可谓社会主义核心价值观的“南开表达”。找到这个契合点，便可把校训的传承、发展与践行作为载体，将社会主义核心价值观融入新时期南开的办学实践和师生的校园生活，使之成为指导学校办学、规范师生品行的圭臬。

基于上述认识，南开积极挖掘自身办学传统与文化特质，以“公能”校训为载体，把社会主义核心价值观的培育和践行融入南开的教育改革发展、大学精神培育、校园文化建设之中，使之更加贴近本校实际。

在学校发展战略层面，我们把实施南开特色的“公能”素质教育确定为办学基本战略，制定了《南开大学素质教育实施纲要》，着力培养“以德为先、能力为重、全面发展、勇于创新”的栋梁之材，努力使在校生和毕业生成为模范践行社会主义核心价值观的表率。

记者：可否请您再结合具体实践介绍一下？

薛进文：在具体实施操作层面，我们按照习近平总书记提出的“在落细、落小、落实上下功夫”的要求，通过课堂教学、校园文化、社会实践“三位一体”的育人模式，通过讲校史、唱校歌、诵校训、戴校徽、鸣校钟、参观周恩来邓颖超纪念馆，以及评选“伯苓班”“周恩来班”“周恩来奖学金”等庄严仪式和重要活动，把“公能”校训所表达的社会主义核心价值观新内涵、新追求，渗透到全员、全方位、全过程的教书育人实践中，使之在“爱国、敬业、创新、乐群”的浓郁校园文化氛围中，内化为南开人面向新时代的精神追求，外化为师生们实现中国梦的自觉行动。

南开“公能”校训提出至今，整整80个年头过去了。这个校训，既承载着百年前南开先贤教育救国的理想和追求，也体现着新世纪南开师生对民族复兴价值引领的理解和认同。习近平总书记曾指出：“只要中华民族一代接着一代追求美好崇高的道德境界，我们的民族就永远充满希望。”为此，我坚信，一代又一代南开人对“公能”校训的传承、发展和践行，必将为早日实现中华民族伟大复兴的中国梦，交出不负前人的合格答卷。①

---

① 赵婀娜：《“公能”校训：核心价值观的南开表达——专访南开大学党委书记薛进文》，《人民日报》2014年10月9日。

薛进文书记这一穿越时代、与时俱进、面向未来的校训内涵解读，充分体现了“新·公·能”校训的宝贵品质和现实意义。由于南开校训与社会主义核心价值观相互契合，因而学校可以南开校训为重要载体，通过传承、阐释、宣讲、践履、弘扬南开校训和南开精神，将社会主义核心价值观融入新时期南开大学的办学实践和师生的校园生活，使之成为指导学校办学、规范师生品行的圭臬。

2017 年 1 月 13 日，时任南开大学党委书记魏大鹏在《中国教育报》发表题为《将校训精神与社会主义核心价值观教育深度融合》的文章，全文如下：

> 在全国高校思想政治工作会议上，习近平总书记要求做到四个“坚持不懈”，在强调坚持不懈培育和弘扬社会主义核心价值观时，还特别提到了“允公允能，日新月异”的南开大学校训。
>
> 南开大学把“公能”校训作为社会主义核心价值观的“南开表达”，升华为指导学校办学、规范师生品行的基本遵循。
>
> 在办学战略层面，学校实施南开特色的“公能”素质教育，把“以德为先、能力为重、全面发展、勇于创新”作为核心育人理念，通过德、智、体、美四育融合、协调发展，努力培养以杰出校友周恩来为楷模的“爱国、敬业、创新、乐群”栋梁之材。
>
> 在实施操作层面，学校探索“五位一体”的全方位育人模式，充分发挥课堂教学的主渠道作用、社会实践的养成作用、校园文化的熏陶作用、网络舆论的引导作用、教师队伍的示范作用，引导学生在深刻理解“公能”校训及社会主义核心价值观内涵的基础上，努力在勤学、修德、明辨、笃实的践行上下功夫，实现价值追求与实践的高度统一。
>
> 以贯彻落实全国高校思想政治工作会议精神为契机，南开大学将继续推进“公能”素质教育与社会主义核心价值观教育的深度融合，着力在以下三个方面实现突破：
>
> 一是完善与课堂教学相互促进的第二课堂体系。深化教育教学综合改革，创新实践教学方法，加大实验、实习、实践比重。积极争取社会各方面支持，整合实践教学资源，拓展实践教学形式，建设一批相对稳定的实践教学基地。着力培育学生理论骨干和理论社团，加强对学生理论社团的引导支持，鼓励思想政治理论课教师担任指导老师。
>
> 二是强化专业学院的责任意识和育人主体功能。学校不断完善学院

德育工作考评体系，把德育开展情况纳入学院领导班子及成员考核评议内容，要求学院党政联席会议定期研究本学院育人工作如何开展；要求院级党团组织和学生会、研究生会切实发挥作用，合力推进体现学科和专业特点的“公能”素质教育；要求深入挖掘专业课程和院史、学科史中的德育资源，培育一批学院特色鲜明、专业针对性强的德育工作示范项目；要求推动学校德育工作力量下沉、资源下移，建立稳定的经费保障机制和激励保障机制。

三是激发学生在“公能”素质教育中的能动性。加强党团组织建设，充分发挥基层党支部战斗堡垒和学生党员先锋模范作用，充分发挥共青团组织在教育培养青年中的重要作用。重视强化学生代表大会、研究生代表大会在团结带领同学进行自我教育、自我管理、自我服务方面的重要功能。鼓励支持学生会、研究生会、班级和社团等开展自我教育，通过自主管理、自主实践、自主锻炼、自主评价，促进学生的自我完善和全面发展。①

魏大鹏书记指出培育和践履社会主义核心价值观，是当代中国高校落实立德树人根本任务的一项重要工作。在办学战略层面，学校实施南开特色的“公能”素质教育；在实施操作层面，学校探索“五位一体”的全方位育人模式，努力培养模范践履社会主义核心价值观的优秀人才。

二、国家领导人对南开校训和南开精神的高度评价

2016 年 12 月 7 日，在全国高校思想政治工作会议上，习近平总书记指出：南开大学“允公允能，日新月异”的校训，同社会主义核心价值观的内在要求是一致的。这种契合性体现了南开校训的现代价值。总书记的高度评价意味着充分肯定了南开校训的宝贵品质和现实意义。

2019 年 1 月 17 日上午，习近平总书记视察南开大学，参观了百年校史主题展览，察看了化学学院和元素有机化学国家重点实验室，详细了解南开大学历史沿革、学科建设、人才队伍、科研创新等情况，对南开百年来的办学理念和办学成绩给予充分肯定，寄语南开师生把学习的具体目标同民族复兴的宏大目标结合起来，为之而奋斗。

新华社新闻稿的标题是《习近平寄语南开师生：只有把小我融入大我，才会有海一样的胸怀，山一样的崇高》，全文如下：

---

① 魏大鹏：《将校训精神与社会主义核心价值观教育深度融合》，《中国教育报》2017年1月13日。

17日上午，习近平在天津南开大学参观了百年校史主题展览，察看了化学学院和元素有机化学国家重点实验室，并同部分师生代表亲切交流。习近平对大家说，爱国主义是中华民族的民族心、民族魂。南开大学具有光荣的爱国主义传统，这是南开的魂。当年开办南开大学，就是为了中华民族站起来去培养人才的。我们现在迎来了从站起来、富起来到强起来的阶段，我们要把学习的具体目标同民族复兴的宏大目标结合起来，为之而奋斗。只有把小我融入大我，才会有海一样的胸怀，山一样的崇高。希望你们脚踏实地，在新的起点作出你们这一代人的历史贡献，成为南开大学新的骄傲。

2019年1月20日《人民日报》刊发的《一项历史性工程——习近平总书记调研京津冀协同发展并主持召开座谈会纪实》中说：

他们的名字叫爱国者。

百年南开史，浓缩了中华民族的精神与气节。在南开大学校史展览馆，习近平总书记放慢了脚步，他驻足在一幅幅照片、一份份史料前，端详着、思考着。

“国旗三易”的悲愤一幕，孕育了南开。师生奔赴沙场，烽火淬砺了南开。抗战爆发，日军轰炸南开，叫嚣着：“就是要炸掉天津的抗日基地，去其史、灭其魂。”

“勿志为达官贵人，而志为爱国志士。”

“吾人为新南开所抱之志愿，不外‘知中国’‘服务中国’二语。”

习近平总书记轻声念诵，细细揣摩：“说得好！”

“学校是立德树人的地方。树什么人？这很重要。爱国主义是中华民族的民族心、民族魂。”他询问身旁的教师，思想政治课怎么上？学生们感兴趣吗？“要讲得鲜活一些。培养社会主义建设者和接班人，首先要培养学生的爱国情怀。”

他勉励学生：“只有把小我融入大我，才会有海一样的胸怀、山一样的崇高。你们心中总要怀有一个远大的目标，为中华民族伟大复兴作出你们这一代人的历史贡献。”

冬日的南开校园，石先楼前，新开湖畔。听闻总书记来了，“爱我中华”“振兴中华”的嘹亮呼喊如波涛涌动。歌声雄壮、掌声雷动，许多师生热泪盈眶。

考察路上，习近平总书记念念不忘在南开的一幕幕。

“中国人民筚路蓝缕、艰苦创业，为有牺牲多壮志，才有今天的成绩。今年我们要庆祝新中国成立70周年。最好的庆祝，就是不忘初心，牢记使命宗旨，担好我们肩上的历史责任。我们的历史责任就是‘两个一百年’奋斗目标，就是中华民族伟大复兴。南开大学张伯苓老校长有‘三问’——你是中国人吗？你爱中国吗？你愿意中国好吗？这既是历史之问，也是时代之问、未来之问。我们就要把这个事情做好。”①

国家领导人的高度评价，充分肯定了南开校训和南开精神的历史价值和现代价值及南开大学百年办学育人的成就。

2019年4月15日，《光明日报》刊登了南开大学党委书记杨庆山的文章《爱国奋斗 铸魂育人 谱写一流大学建设新篇章》，文章有三个部分，即：（1）激扬爱国奋斗志向，落实立德树人根本任务；（2）砥砺爱国奋斗情怀，建设党和人民满意的教师队伍；（3）展现爱国奋斗作为，加快“双一流”建设.文章论及南开校训和南开精神及南开校史校歌校情在激扬爱国奋斗志向、砥砺爱国奋斗情怀方面的重要作用，相关内容摘录如下：

……教育引导学生把爱国情、强国志、报国行自觉融入坚持和发展中国特色社会主义事业、建设社会主义现代化强国、实现中华民族伟大复兴的奋斗之中，是新时代高等教育义不容辞的责任；熔铸高校爱国之魂、激扬青年奋斗志向，更是新时代落实立德树人根本任务的题中应有之义。一直以来，南开大学牢牢抓住立德树人根本任务，围绕爱国主义教育进行了不懈探索。学校注重发挥南开校史校训校歌校情的资教育人作用，以“允公允能、日新月异”校训凝魂聚气，实施德智体美劳五育并进的“公能”素质教育，打造点线面结合、人事物融汇的爱国主义教育基地，全员全过程全方位厚植爱国主义情怀，让光荣的爱国主义传统成为“南开的魂”。

……

……大学精神是大学在自身发展中形成的独特气质，蕴含在办学传统、办学理念、办学目标、办学模式、办学举措之中。每所大学都有自身的精神底蕴，要办好世界一流大学，必须坚持赓续文脉、弘扬传统，在守正中创新，在创新中守正，让大学精神与时代精神、民族精神同频

① 杜尚泽，张晓松：《一项历史性工程——习近平总书记调研京津冀协同发展并主持召开座谈会纪实》，《人民日报》2019年1月20日。

> 共振。举例而言，南开大学办学之初就提出了“文以治国，理以强国，商以富国”的办学理念和“知中国，服务中国”的办学宗旨，在百年办学实践中，走出了心系国家、服务社会的爱国道路，铸就了“允公允能、日新月异”的“公能”品格，焕发出充满朝气、面向未来的青春精神。在“双一流”建设的新征程上，学校将进一步发扬南开的大学精神，使之成为一流大学建设的强大内生动力。[①]

“允公允能，日新月异”校训既是中华优秀传统的南开表达，又是社会主义核心价值观的南开表达，它凝集中国古代文明的历史传统的精要成分，适应近代以来中华民族开创中国新文明的时代潮流，契合中国现代文明的核心价值观，堪称继承和弘扬中华民族优秀传统的典范。在现代中国学校校训中，能够与社会主义核心价值观相提并论的唯有南开校训。这是足以令南开人引以为傲的。

① 杨庆山：《爱国奋斗 铸魂育人 谱写一流大学建设新篇章》，《光明日报》2019 年 4 月 15 日。

第二章　“新·公·能”是中华民族优秀传统的核心要素

南开“允公允能，日新月异”校训所承载的“新·公·能”精神是中华民族优秀传统的核心要素。中华优秀传统，特指中华民族历史传统中依然理应在现代中国大力弘扬的那一部分。优秀传统之所以优秀，是因为既具有传统的共性，又具有优秀传统的个性。考察优秀传统区别于一般意义的传统的特有历史属性，可以为判定中华优秀传统提供重要依据，而南开校训完全符合中华优秀传统的判定标准。

第一节　“新·公·能”传统的历史渊源及形成过程

这里所说的“新·公·能”传统，是指新、公、能三位一体的历史传统。其中，“新”主要指与变革、革新、创新密切相关的精神、诉求、品德、能力；“公”主要指与公益、公正、公平、公德密切相关的精神、诉求、品德、能力；“能”主要指与能力、才干、睿智密切相关的精神、诉求、品德、能力。将求新、为公、尚能紧密结合在一起的历史传统就是“新·公·能”传统。

一、“新·公·能”传统的历史根源

“新·公·能”传统的根源可以追溯到人类社会诞生之时。自从有了人类社会，人群中便有一些将创新精神、创新能力、创新成果集于一身并造福于社会群体的个体。这一类人往往成为一个社会群体的精英乃至首领，他们的素质和数量在很大程度上决定了一个群体的生存状况和发展能力。一般说来，无论变革之新、利群之公、创业之能，还是三者结合为一体的“新·公·能”，都是人类社会存续与发展的必要条件。这一类的精神、诉求、品德、能力以及与之相匹配的信念、取向、德目、资质是任何一个族群、任何一个时代所

不可或缺的。因此，“新·公·能”传统为人类社会所共有，与人类社会相始终，并伴随族群的分化而形成具有族群特色的表述方式，伴随社会的发展而注入与特定历史时代相匹配的具体内容。

“新”“公”“能”及“新·公·能”是中华民族对人类社会优秀传统的汉语表述方式。在这种民族形式之中，包含一些具有民族特色和时代特点的内容。依据现存文献可以大体判定：汉字“新”“能”“公”的字义都有一个演化过程。“新”“能”很早就可以用于表述相关的精神、诉求、品德、能力。到春秋战国时期，主要用“公”字表述爱国、利群、公平、正义、无私的用法也固定下来，当时的一些理论学说具有鲜明的“新·公·能”三位一体的特征。中国古代特色的“新·公·能”传统随之具备了理论形态，从而铸就了渊源久远、世代传承的历史传统。

“新·公·能”中华优秀传统的民族文化之源可以追溯到华夏族群开始形成的时期。从考古发现及历史传说看，在距今五六千年前，亦即在传说中的“三皇五帝”时代，中华民族的始祖群体开启了创建华夏文明的历史进程，并逐步融会成华夏族群。创建文明是一个伟大的社会变革进程，而社会变革往往激发人类的创新精神和创新能力，催生具备“新·公·能”的社会群体，甚至形成“新·公·能”的社会思潮。在华夏族群的古史传说中，以“三皇五帝”为代表的一批英雄人物被赋予鲜明的“新·公·能”特征。其中，有关“黄帝”的传说堪称典型代表。①

在华夏族群的古史传说中，黄帝居于极其特殊的历史地位。他在华夏族群的集体历史记忆中留下了不可磨灭的形象，主要体现在三个方面：一是早期华夏国家普遍将黄帝奉为国统及祖源②，夏、商、周、秦四大王朝的王族、

① 中国古代主流文化认为，“上古帝皇之世”便有“帝王之号”和“帝王之制”。《墨子》《商君书》《韩非子》认为国家及帝王是人类社会发展到一定程度的产物。司马迁著《史记》将帝王及帝王之制的历史起点设定在“五帝”时期。中国现代学者大多将尧、舜、禹之时视为处于部落联盟阶段并实行原始民主制的原始社会末期，将夏启视为中国国家的起点，将秦始皇视为帝制的起点。但是，现代考古学的一系列重大发现及研究，特别是红山文化、良渚文化及山西陶寺遗址、陕西石峁遗址、河南王成岗遗址等，提示我们：“国家雏形”“国家形式”“国家实体”极有可能很早就在中国大地产生了。著名考古学家唐兰认为，夏禹之前两千多年的大汶口文化已经创造文字，建立国家。近年来，认为夏朝不是中国最早的国家的学者越来越多。如果这个观点得到确认，中华文明起源史和中国早期国家史将被改写。

②《国语·鲁语上》有一段记述：“故有虞氏禘黄帝而祖颛顼，郊尧而宗舜。夏后氏禘黄帝而祖颛顼，郊鲧而宗禹。商人禘舜而祖契，郊冥而宗汤。周人禘喾而郊稷，祖文王而宗武王。”禘、祖、郊、宗是宣示国统及祖源的国之祀典，其中禘是祭祀天地的大祭。《礼记·祭法》亦有类似的记载。《史记·五帝本纪》将帝颛顼、帝喾、帝尧、帝舜、帝禹记为黄帝直系后裔，这也体现了一种影响极其广泛的国统认同及祖源认同。这一类的国统认同及祖源认同是否属于真实的“历史认同”尚待研究，但至少可以判定为有所虚构的“文化认同”。

春秋大多数诸侯、战国七雄的君主都将黄帝奉为父系或母系始祖。[①]二是先秦诸子普遍将黄帝视为统治形式演变过程中的一个关键性的起点人物，并将黄帝事迹及其“帝道”用作政论的重要理据。三是司马迁的《史记》将黄帝列为中国第一位帝王及帝王之制的历史起点，并将黄帝以降的历代帝王视为黄帝的后裔。[②]

近年来的考古发现表明，在中华大地，国家雏形、国家形式或国家实体极有可能产生于距今五六千年的某一时间节点，华夏族群早期历史的实际情况极有可能是这样的：在传说中的黄帝之时，开始由“小国林立”演变为“大国政治”；与黄帝族群有密切政治关系及婚姻关系的一批族群长期在华夏大地居于主导地位，在唐尧、虞舜之时形成“中央君权”，到夏禹之时进而演变成规模庞大的王制国家。无论实际情况如何，“黄帝”显然是某个重大历史节点的标志性人物。[③]

按照《史记·五帝本纪》的说法，黄帝混一华夏，君临天下，他的精神、诉求、品德、能力完全符合“新·公·能”标准：一是天资聪明，禀赋优越，即“生而神灵，弱而能言，幼而徇齐，长而敦敏，成而聪明”；二是拨乱反正，缔造盛世，即“修德振兵”，先后“与炎帝战于阪泉之野”，“与蚩尤战于涿鹿之野”进而“天下有不顺者，黄帝从而征之，平者去之”；三是勤政爱民，造

---

① 参见《史记》的《夏本纪》《殷本纪》《周本纪》《秦本纪》及《吴太伯世家》《燕召公世家》《陈杞世家》《宋微子世家》《楚世家》《越王勾践世家》《赵世家》《魏世家》《韩世家》《田敬仲完世家》等。

② 这种记述属于司马迁的学术观点，未必符合历史事实。“帝王”及“帝王之制”都是古代人常用的概念，系指一个“君天下”的国家的最高统治者及其设定的制度，涵盖五帝、夏后、商王、周王（天子、天王）和秦汉以降的皇帝及其设定的制度。中国古代没有“帝制”一词，更没有“帝王之制”始于秦朝的说法，古人普遍认为五帝三王是最早的帝王，并将五帝三王的制度称作帝王之制。因此，现代学术界所说的“帝制”属于古人所说的“帝王之制”的一种历史类型。

③ 在《古代的国家——起源和统治形式》（北京大学出版社 1998 年版）一书中，德国政治学家罗曼·霍尔佐克分析了早期国家从小国林立到国家联盟，再到大国政治，再到王国帝国的发展过程。在《尧舜为中国中央君权滥觞考》一文中，梁启超提出“中央君权”这个概念。可能是尧都遗存的陶寺遗址为梁启超的观点提供了重要佐证。“中央君权”显然是在国家联盟及大国政治的基础上逐步建立起来的，比大国政治高一个层次。《史记·夏本纪》以夏禹为夏朝的开国君主，司马迁将历代夏王都称为“帝”，诸如“帝禹”“帝启”“帝太康”以及“帝桀”等。如果依据考古发现提供的史料，摒弃尧、舜、禹处于原始社会的说法，那么夏禹就理应是夏朝的第一位帝王。从《史记·夏本纪》的记载看，夏王靠王制和征战维系对诸侯的统治，诸侯时服时叛，中央王权并不稳定，属于典型的“王制霸权国家”。在当时的世界上，夏朝的国家规模名列前茅，比许多王国的规模大得多，故亦可称之为“王制霸权帝国”。据此还可以推断：在夏朝以前，华夏早期国家理应经历过了数百年乃至上千年的演化历程。从现存记载看，“黄帝”“尧”“禹”极有可能分别代表着国家政治形态某一种重大变化的历史节点。在本文中，笔者依然将“黄帝”等视为一种并不可靠的传说，并考察通常有所虚构的“文化认同”。同时，不排除司马迁的记载保存了真实的历史信息及华夏先民的“历史认同”的可能性。

福百姓，即“治五气，艺五种，抚万民，度四方”，巡行天下，“披山通道，未尝宁居”，“时播百谷草木，淳化鸟兽虫蛾”；四是缔造国家，创制文化，即“置左右大监，监于万国，万国和”，“举风后、力牧、常先、大鸿以治民”①。在传说中，黄帝的重大创制还包括创造文字、订立制度、构筑宫室、发明铜冶、制作舟车等。这就将黄帝描绘成一个拨乱反正、平定天下、变革社会、创新文化、为公利群、造福百姓的英雄人物，而他之所以能够成就如此博大的功业，是因为同时具备改造社会、创制文化、服务社会、关爱群生的精神、诉求、品德、能力。在《史记·五帝本纪》记载各种传说故事中，成就了博大功业的颛顼、帝喾、帝尧、帝舜及皋陶、夏禹、殷契、后稷、大费等一批远古英雄人物的精神、诉求、品德、能力也都符合“新·公·能”的标准。

传说毕竟不是信史，关于“三皇五帝”的传说显然经过后人的整理、修饰、添加，甚至会有篡改历史的成分，诸如某些儒者所说的“尧舜禅让”之类。但是，这些传说并非无稽之谈，一些内容保留了实实在在的历史信息。这些传说提示我们：从文化现象的角度看，华夏族群的祖源认同和华夏早期国家的国统认同可以追溯到“黄帝”时期。在华夏先民看来，他们共同的祖先“黄帝”及一批先王都是具备“新·公·能”特征的英雄人物，他们革新政治、创新文化、发展经济、开疆拓土，提升了华夏族群的政治地位和综合竞争力。由此可见，华夏先民普遍将“新·公·能”视为一种宝贵的人类素质和卓越的政治人格，他们认为践履“新·公·能”是造就博大功业的主要因素，这是一种理应世代承继的优秀传统。

“三皇五帝”的传承统绪是华夏族群有关祖源的历史记忆中的基干部分，“三皇五帝”也是华夏先民树立的第一批帝王楷模和人格典范，因而“三皇五帝”堪称华夏族群共同崇拜的文化典型。在华夏先民的心目中，这一批远古的英雄人物是族群最早的贤能之人，而他们共同的优秀素质是聪明睿智，不畏险阻，节行超逸，为公利群，与时俱进，勇于创新。由此可见，推崇“三皇五帝”的华夏先民很早便具有颂扬、传承、弘扬“新·公·能”的文化自觉。

二、“新·公·能”政治思想的理论化

人们通常将夏朝视为中华大地的第一个国家。夏、商、西周时期形成的文献大多散失，仅存孑遗，因而很难对华夏早期国家的“新·公·能”传统

①《史记》卷一《五帝本纪》。

进行系统的实证研究。但是，依据现存的早期文献及后世的相关记载，可以从考察与“新”“公”“能”密切相关的精神现象入手，进而考察将三者有机结合在一起的精神现象。

今人最容易观察到的早期华夏国家的“新·公·能”理念都发生在政治领域，并主要借助与政治变革息息相关的历史现象和历史人物而展示出来。其主要原因有三：其一，政治变革是一种影响广泛而深刻的社会创新过程，“新·公·能”理念又是推动政治变革的主要精神力量，因而每当发生政治变革，都会涌现出倡导并践履“新·公·能”理念的个体和群体，政治变革的程度越大，这个群体的规模及这种精神的影响就会越大。其二，国家权力有与生俱来的公共属性，政治发展的核心内容是国家权力公共属性的强化，国家权力的运行也可以在很大程度上体现“公”并直接影响“公”的实现程度，因而统治阶级对国家权力公共属性的体认和广大国民的国家认同是“公”的重要表现形式之一。其三，现存华夏早期文献都与国家政治及其变革息息相关。夏、商、西周之时的人们所能观察到乃至经历过的最大的政治变革，是家国兴亡和改朝换代。现存这个时期的历史信息也大多与推动王朝更替或中兴的著名帝王密切相关，这些帝王对政治现象的认识很早便达到理论化的高度。正是由于这个原因，现存华夏早期文献都是政治文献，《尚书》及《诗经》的《商颂》《周颂》便是典型例证。实际上，现存绝大多数先秦文献都属于政治文献范畴，先秦诸子的著作都是典型例证。华夏先民的“新·公·能”传统集中体现为一种源远流长的政治传统及与之密切相关的思想传统。这就决定了先秦“新·公·能”理念研究属于政治思想史研究的范畴。

“新·公·能”理念的真谛是一个“新”字。在现存文献中，以“新”字标示的这一类思想可以追溯到有关商周君道的记忆，即《礼记·大学》记述的“汤之盘铭曰：‘苟日新，日日新，又日新。’《康诰》曰：‘作新民。’《诗》曰：‘周虽旧邦，其命惟新’”[①]。可以提供参考的思想材料还有传世本《商书》中《仲虺之诰》的“德日新，万邦惟怀。志自满，九族乃离”；《咸有一德》的“终始惟一，时乃日新”。这一类含有“新”字的帝王诫铭和政治命题均旨在规范治国为君之道，敦促执政者趋时通变，谋求革新，励精图治，爱民勤政，发挥才干，安抚天下。其中，“汤之盘铭”的作者成汤是商朝的开国帝王；《康诰》的作者姬旦曾一度执掌王权，是西周的重要宰辅。成汤、姬旦

① 《礼记》卷四二《大学》。

都属于发动改朝换代的“革命”并取得成功的“王者”，[①]他们在革新政治、创新制度方面都颇有作为。

依据现存比较可靠的文献，可以大体判定：成汤是一个具备“新·公·能”理念的政治家和思想家。这一点又集中体现于张扬自新、创新、革新精神的汤之盘铭及成汤对为君治国之道的体认、阐释和践履中。

“苟日新，日日新，又日新”是一个典型的倡导不断改进、不断完善、与时俱进、日新月异的思想命题。成汤将其铭于盥洗之器，用作自警之辞。这个器铭形式的座右铭，以人们需要经常盥洗脸面发肤、旧貌换新颜设譬，提醒君王不要骄傲自满，故步自封，因循守旧，藏污纳垢，而应坚持不懈地完善道德修养，荡涤旧染污俗，增益聪明才智，提升治国能力，关爱天下百姓。“日新”一词旨在强调求新的自觉之高；“日日新”一词旨在强调更新的速率之快；“又日新”旨在强调更新的持续之久。如果能够做到日新而不断自新，在自新方面时常取得新的进展，乃至持之以恒地自新、创新、革新，达到“日日新”、永远“新”的境域，便能积小成大，使国家日益强盛，诸侯日益归附，人民生生不已。这种思想已经被成汤用作座右铭，显然来自一种历史悠久的政治传统。

在王朝更替过程中，成汤及其辅臣对国家权力的公共属性也有了更为深刻的认识。据《史记·殷本纪》记载，身为诸侯的汤恩威并用，获得众多诸侯的拥戴。一些诸侯甚至称赞他：“汤德至矣，及禽兽。”他统率属国兴兵伐夏，主要口实就是夏桀违背设君之道，荒淫暴虐，民不聊生。登上帝王之位的成汤发布《汤诰》，其重要内容之一是告诫诸侯“毋不有功于民，勤力迺事。予乃大罚殛女，毋予怨”[②]。他号召诸侯效仿古代的禹、皋陶、后稷等人，继承并弘扬“有功乎民”的政治传统。这一类的思想是与“公”息息相关的。

据《史记·殷本纪》记载，成汤称：“人视水见形，视民知治不。”伊尹称：“明哉！言能听，道乃进。君国子民，为善者皆在王官。勉哉！勉哉！”成汤及其辅臣具有崭新的治国理念和卓越的政治才能，积极参与政治变革，并取得重大政治成就，因而完全符合“能”的标准，而这种“能”与变革政治的“新”和利群爱民的“公”有密切相关性。成汤及其辅臣显然具有“新·公·能”三位一体的素质。

在商周之际，“新·公·能”理念的进一步发展集中体现为华夏先民对国

---

① 关于周公姬旦是否曾经称王，历史有不同记载，学界也有不同意见。但是，周公一度掌握西周王权，其葬礼也尊以王礼。因此，成汤和姬旦都属于古人所说的“王者”范畴。

②《史记》卷三《殷本纪》。

家权力公共属性的认识更加深刻。典型的例证莫过于古公亶父用清晰的语言表述了“立君为民”思想。据《史记·周本纪》记载，西周先公立国于豳，传世九代，至古公亶父。古公亶父是周文王的祖父，被追尊为“太王”，他励精图治，受到人民的拥戴。戎狄进攻，“欲得地与民”，而“民皆怒，欲战”，却敌强我弱，毫无胜算。面对这种情境，古公亶父的态度是：“有民立君，将以利之。今戎狄所为攻战，以吾地与民。民之在我，与其在彼，何异。民欲以我故战，杀人父子而君之，予不忍为。”于是他主动放弃君主之位，率领私属迁徙到岐山一带，而“豳人举国扶老携弱，尽复归古公于岐下。及他旁国闻古公仁，亦多归之”[①]。在古公亶父看来，在国家三要素人口、领土、政权中，政权（权威、君主）处于相对较轻的位置。人民重于君主，为了民众的利益，他应当放弃君主之位。“立君为民”命题的明确提出是人类对国家权力公共属性认识的一次重大飞跃。

从《周书》《诗经》保存的思想材料看，在周取代商的王朝更替中，“立君为民”思想和“革命”及“维新”思想都达到了理论化的高度，诸如《泰誓》的“天佑下民，作之君，作之师”，《多士》的“殷革夏命”，《诗经·大雅·文王》的“天命靡常”等。这表明，至迟到西周初期，“新·公·能”已经升华为政治理论。

三、“新·公·能”政治理论的创新发展

政治发展是推动社会发展的主要动力之一，弘扬“新·公·能”对推动政治发展至关重要，因而在政治变革中这种精神现象更为引人注目。正因如此，“新·公·能”政治理论的形成、传播和发展是考察这种历史传统的主要视角，而春秋战国的政治变革及先秦诸子的理论创新为考察“新·公·能”中华优秀传统提供了丰富的历史素材。

历史的经验一再告诉人们：如果政治制度无法适应不断发展变化的现实，就会衰退，乃至灭亡。周朝的衰亡便是典型例证之一。从《史记·周本纪》的记载看，“成康之治”仅四十余年。西周很快便国势不振，盛极而衰，先是“王道微缺”，进而“王室遂衰”。周厉王重用“好利”之臣，强行将山泽之利收归王室，引发众怒，被迫出奔。周宣王即位伊始便“不修籍于千亩”，晚年又“料民于太原”，均因遭到大臣劝阻而未见成效。诸王“革典”“好利”的目的是改革礼制、法制、田制、军赋等重大制度，以强化天子权威，增加财

---

① 《史记》卷四《周本纪》。

政收入，调整利益分配。但是，由于措施不当，阻力强大，改革未见成效，反而引发动乱。周幽王酿成内乱，周平王被迫放弃镐京及西部领地，迁居东都雒邑，史家谓之“东周”。

“周辙不西”“王纲解纽”“周礼废阙”堪称系统性、结构性的政治制度及政治理念危机。在主观与客观、内部与外部各种因素的作用下，西周王制构建的“家国天下”秩序逐步瓦解，一场国家政治的结构性改革也随之拉开序幕。正是这一历时数百年的社会形态及政治体制的重大变革历程，使东周成为一个创新思想深入人心、创新能力充分释放的历史时期。历史的大变革、政治的大动荡、社会的大调整、思想的大裂变，相继推出一批又一批具有英雄气质的杰出人才，他们的历史贡献彪炳史册。在这个群体身上，我们不仅看到了卓越的执政能力和思想能力，而且看到了华夏族群超凡的与时俱进和自我纠错能力。

春秋时期一个重大制度创新便是郡县制度的产生。夏、商、西周王制属于典型的“家国天下”，“家邦”“家国”“宗邦”“宗国”“邦家”“国家”之类的国家概念及“家君”“宗君”“君父”之类的君主称谓都是这一政治传统所铸就的文化符号。这种国家体制最重要的制度伦理便是“亲亲”和“尊尊”，其政权组织原则是自上而下地全面推行分封制度。这种将“亲”与“尊”置于“能”与“贤”之上的政治制度和政治观念，是与将“家”与“国”、“私”与“公”混淆在一起的宗法等级君主政体相匹配的。与实行宗法等级君主政体的王制相比较，实行中央集权君主政体的帝制将“家”与“国”、“私”与“公”有所区分。这种从“家国”向“国家”演化的主要标志，就是政治性较强的郡县制度逐步取代了宗法性极强的分封制度，从而强化了国家体制的“公”的属性。

在春秋时期，齐桓公和管仲是最先推行比较系统的革新措施的政治家和思想家。自姜尚受封立国之初，齐国便有任用贤能的政治传统。据《国语·齐语》记载，齐桓公把任贤作为一项基本政策，命令乡长“进贤”，并惩处“敝贤”行为，他推行官长推荐、称职录用、贤能晋升的政策，“孝慈”“聪慧”“拳勇”等人才循着这条途径可以逐步晋升为“上卿之赞”。这种现象显然与郡县制度的发展有密切关系。齐桓公任命非亲非旧的贤能管仲为相，整顿行政系统，改革社会结构，调整经济关系。据《管子》及《国语·齐语》等记载，管仲致力于“修旧法”，对旧制采取择善而从、有所创新的态度。齐国“作内政而寓军令”，将行政组织与军事组织合一，令士、农、工、商分别居住，又实行“案田而税”，形成“相地而衰征，则民不移”的稳定局面，进而称霸诸侯，成为春秋时期第一个霸权国家。

从现存文献看，先后跻身霸权国家的秦、楚和晋都属于最早产生郡县制度的国家。秦国是靠着贤能与功勋立国的，有不拘一格、任用贤才的政治传统。秦穆公的重臣百里奚、蹇叔、邳豹、公孙枝、由余都不是秦国人。晋文公即位前，晋国已有“作爰（辕）田”“作州兵”等重要改革，郡县制度也不断发展。据《国语·晋语四》记载，晋文公“举善援能”“赋职任功”“明贤良”“赏功劳”，提拔大批外姓能臣，实行“轻关易道，通商宽农，懋穑劝分，省用足财”等政策。楚国很早便有强化王权的政治传统。楚庄王任用出身微贱的孙叔敖为相，抑制贵族，整饬内政，兴修水利，发展生产，使国势日强。

与选拔贤能从政策到制度的政治发展过程相匹配的主要理论创新之一便是将“能”置于前所未有的重要地位。针对用人“唯亲”“唯旧”的腐朽制度和落后观念，许多政治家、思想家提出重视人才的主张。据《左传·文公六年》记载，晋国的处阳父认为“使能，国之利也”①。据《国语·楚语下》记载，楚国的王孙圉认为有才能的大臣是国之宝，其价值胜过“白珩”宝玉。在这方面，《论语·子路》的“举贤才”和《墨子·尚贤》的“尚贤”影响更大。这一类主张对推动政治变革特别是推动任贤使能制度的发展具有积极的作用，与“公”和“新”也有内在的联系。因此，尚贤、举贤、任贤理论的提出是“新·公·能”政治理论取得进一步发展的重要标志。

面对“社稷无常奉，君臣无常位”式的政治大动荡，春秋时期的人们开始思考与改革制度相关的理论问题。针对守旧者以“先王之道”“先王之制”否定和阻滞政治变革，有的人提出了“先王何常之有”②的论点。一些思想家则依据天道尚变的哲理，论说事物的变化和政治的变革，《国语》《左传》记载了许多相关事例。孔丘提出损益礼制的主张，即“殷因于夏礼，所损益，可知也；周因于殷礼，所损益，可知也；其或继周者，虽百世，可知也”③。在政治上，孔丘主张“损益”，肯定“猛政”，强调“足食足兵”的重要性，赞成以立法的方式改革国家治理方式，还颂扬秦穆公和齐桓公之“霸”。这种思想显然是商鞅“更礼”“变法”之论的先导。

在春秋时期，“公”的理论集中体现为“天下为公”理论的发展和公德意识的凸显。一批思想家明确提出了道义、国家、社稷、民众高于君主的思想是“天下为公”理论发展的主要标志。晋国的丕郑否定臣下不能违背君主命

---

①《左传·文公六年》。

②《左传·昭公二十六年》。

③《论语·为政》。

令的传统观念，明确提出君主与臣下都是为治义而设的命题。他说：“吾闻事君者，从其义，不阿其惑。惑则误民，民误失德，是弃民也。民之有君，以治义也。义以生利，利以丰民，若之何其民之与处而弃之也？”[①]晏婴反对臣下为君主殉葬的传统观念，明确提出君主与臣下都是为社稷而设命题。他说：“君民者，岂以陵民，社稷是主。臣君者，岂为其口实，社稷是养。故君为社稷死，则死之；为社稷亡，则亡之。若为己死而为己亡，非其私昵，谁敢任之？”[②]在面对“利于民而不利于君”的政治抉择的时候，邾文公明确提出君主为民利而设命题。他指出：“苟利于民，孤之利也。天生民而树之君，以利之也。民既利矣，孤必与焉。”[③]

春秋之时，许多人开始摆脱私德至上的忠君、孝父、亲亲、贵贵观念的桎梏。有的人主张国家的利益高于个人的利益，只要有利于国家和人民，可以不顾及君主，即“为仁与为国不同，为仁者，爱亲之谓仁；为国者，利国之谓仁。故长民者无亲，众以为亲。苟众利而百姓和，岂能惮君？”[④]有的人甚至认为，如果君主的行为不利于国家，这就是不仁；如果为国家铲除昏庸的君主，这就是仁，因而“杀无道而立有道，仁也”[⑤]。这一类思想都将维护国家利益和民众利益置于君主之上，亦即将公德置于私德之上。

四、“新·公·能”政治理论体系的构建

明确地将“新·公·能”统一于一体的政治理论体系产生于战国初期。这一理论体系既是弘扬中华民族“新·公·能”历史传统的产物，又是总结春秋以来变革政治的历史经验的产物。这一理论体系推动社会变革持续向纵深发展，发挥了积极的历史作用。

马克思有一个真知灼见，即对一个时代来说，“主要的困难不是答案，而是问题”，“问题就是公开的、无畏的、左右一切人的时代声音。问题就是时代的口号，是它表现自己精神状态的最实际的呼声”[⑥]。在春秋战国，左右一切人的时代的声音、口号、精神是“社会变革”，亦即商鞅所说的“更礼”与“变法”。为回答这个时代问题，先秦诸子都给出了自己的答案，百家争鸣

①《国语·晋语一》。

②《左传·襄公二十五年》。

③《左传·文公十三年》。

④《国语·晋语一》。

⑤《国语·晋语三》。

⑥《马克思恩格斯全集》第40卷，人民出版社1982年版，第289—290页。

亦即不同答案之争。

总的来说，先秦诸子大多提出了变革政治、强化王权、维护公益、崇尚贤能的主张，并做出了各自的理论贡献。但是，在改革的方向、方略、方法方面，诸子的看法有重大分歧，基本取向可以分为"回到先王"与"与时俱进"两大类型。

主张"回到先王"的依然占多数，大多属于儒者范畴，孟轲及《孟子》堪称典型代表。《孟子》一书的理论特征是：以篡改历史事实的方式，伪造尧、舜、禹、汤、文、武的理想政治模式，声称"尧舜之道，孝悌而已矣"[①]；将春秋以降视为一无是处的乱世，诸如多有"乱臣贼子"[②]和"春秋无义战"[③]之类；以古非今，将"王"与"霸"截然对立，彻底否定"五霸"，认为"五霸者，三王之罪人也。今之诸侯，五霸之罪人也"[④]；抨击当时各国政治变革的主要措施，主张严惩倡导耕战的"善战者"和"辟草莱，任土地者"[⑤]；夸大"仁义""仁政"的作用，甚至宣称只要施行仁政及伦理教化，就可以使民众用木棍战胜强敌，所谓"王如施仁政于民，省刑罚，薄税敛，深耕易耨。壮者以暇日修其孝悌忠信，入以事其父兄，出以事其长上，可使制梃以挞秦楚之坚甲利兵"[⑥]。简言之，孟轲主张回到五帝三王之世，重建实行宗法等级君主政体的王制及五等之制和孝悌之治。他将极度美化古代与彻底否定当今结合在一起，堪称复古主义历史观的极致。即使在主张"法先王"的儒者群体中，孟轲的主张也属于最极端的一类。同属于"儒者"的孔丘与孟轲显然并不属于同一个政治思想流派。

慎到、商鞅、孟轲同处于变法运动风起云涌的时代，然而，慎到、商鞅的思想特征与孟轲形成鲜明的对照。

慎到、商鞅被后人归入"法家"。这一类思想家普遍认为"圣人者，明于治乱之道，习于人事之终始者也。其治人民也，期于利民而止"。因此，圣人之治的重要特征是"不慕古，不留今，与时变，与俗化"[⑦]。这批"法术之士"主张与时俱进，直面现实，推行变法，改革政治，将宗法性极强的宗法

① 《孟子》卷一二《告子下》。

② 《孟子》卷六《滕文公下》。

③ 《孟子》卷一四《尽心下》。

④ 《孟子》卷一二《告子下》。

⑤ 《孟子》卷七《离娄上》。

⑥ 《孟子》卷一《梁惠王上》。

⑦ 《管子》卷一五《正世》。

等级君主政体变革为政治性凸显的中央集权君主政体，并主要凭借法制手段治理国家。他们将国家与法的问题明确地置于政治思维的核心地位，其政治理论属于纯正的“政治学说”，其学术思路也契合“政治学”。这种政治思维方式必然推出将“新”“公”“能”紧密地扭结为一体的政治理论体系。《慎子》和《商君书》都是典型例证。

慎到、商鞅都具有与时俱进、日新月异的变革精神，他们反对因循守旧，抱残守缺，主张政治制度、治理方式和政治方略必须随着时代的变革而变革，随着社会的发展而发展，随着政治情势的变化而变化。慎到说：“治国无其法则乱，守法而不变则衰。”[①]针对“法古无过，循礼无邪”和“利不百，不变法；功不十，不易器”的说法，商鞅明确提出“当时而立法，因事而制礼”的主张，其依据是“汤武之王也，不循古而兴。殷夏之灭也，不易礼而亡”“三代不同礼而王，五霸不同法而霸”。由此可见，“治世不一道，便国不必法古”[②]。

慎到、商鞅的主要理论贡献是强化了“公”的理论地位，提出了系统的强化国家体制之公、国家治理之公和政治道德之公的政治理论，主要有以下几个层次的基本思路：

1.“立公去私”为最高价值标准。在先秦众多“法术之士”的理论体系中，“公”与“私”相对而言，是一个兼容哲学、政治、法律、道德含义的范畴。慎到有一段名言，其文曰：

> 夫投钩以分财，投策以分马，非钩策为均也，使得美者不知所以德，使得恶者不知所以怨，此所以塞怨望也。故蓍龟所以立公识也，权衡所以立公正也，书契所以立公信也，法制礼籍所以立公义也。凡立公所以弃私也。[③]

慎到所说“公”是一种普遍适用的公共标准及相关事物的一般规定性，因而一切“立公”的行为都旨在“去私”，体现“天道”“道”本质属性的“公”是最高价值标准。

2. 国家高于君主。慎到、商鞅等“法术之士”的贵公论将国家及公众利益称为“公”。在现存文献中，《慎子》最先明确提出“立君为天下”的命题：

① 《慎子·佚文》。

② 《商君书》卷一《更法》。

③ 《慎子·威德》。

古者立天子而贵之者，非以利一人也。曰：天下无一贵，则理无由通。通理以为天下也，故立天子以为天下，非立天下以为天子也。立国君以为国，非立国以为君也。立官长以为官，非立官以为官长也。[①]

这就是说，为了履行国家职能，维护社会正义，必须设立君主制度及政权体系。但是，天子、国君、官长只是国家职能的执行者，立君设官是手段，维护社会秩序、国家公益和公平正义是目的，这就在理论上把天下与天子、国家与国君、政府与官长区别开来，将前者置于相对重要的地位。商鞅所说的“为天下位天下”也是“立君为天下”的一种表述方式。

3. 公利高于私利。慎到、商鞅等人称维护国家利益为“公”，谋取个人利益（包括君主的个人利益）为“私”。商鞅坚决主张维护国家利益之公：

公私之分明，则小人不疾贤，而不肖者不妒功。故尧舜之位天下也，非私天下之利也，为天下位天下也，论贤举能而传焉，非疏父子、亲越人也，明于治乱之道也。故三王以义亲，五伯以法正诸侯，皆非私天下之利也。[②]

商鞅认为君主应当“为天下”，不应“私天下”，依据这个理念，他对徇私乱法的君主进行激烈的抨击，称：“今乱世之君臣，区区然皆欲擅一国之利而管一官之重，以便其私，此国之所以危也。”[③]在商鞅看来，国家重于君主和官吏，君主和官吏不能因为私欲而危害国家的利益。如果君主和官吏利用权势地位谋取个人利益，就违背了为维护国家利益和公众利益而设置君主和官吏的本意，这样的君主和官吏属于“乱世之君臣”。

4. 立法为公。慎到、商鞅等“法术之士”称设立国家法制为“立公”，并倡导“以法治国”。他们主张国家政治要以法为本，将一切政治规范法律化，诸如施政有功罪、赏罚之分，“定赏分财必由法”[④]；官场有职守、权限之分，大小群僚“职不得过官”[⑤]。他们最先在理论上提出法与公的问题，主张立法为公，国家法制必须体现公、维护公，代表国家利益和公众利益。慎到指出，立法是为了确立公的标准，法令行则私道废，“法之功，莫大使私不行”，

---

①《慎子·威德》。

②《商君书》卷三《修权》。

③《商君书》卷三《修权》。

④《慎子·威德》。

⑤《慎子·知忠》。

就连君主也不应“立法而行私”[①]。

5. 公法高于私情。慎到、商鞅等认为公高于私，法也高于私，因而君主不仅立法要公，司法也要公。他们主张法制至上，法律一经制定，就具有绝对权威，君主必须“缘法而治”[②]，做到有法必依，执法必严，公而无私，不能“舍法而以身治”[③]，否则，“立法而行私，是与法争，其乱甚于无法”[④]。他们强调法的公开性、严肃性，认为“民一于君，事断于法，是国之大道也”[⑤]，法令行则私道废，行法、守法才能切实保证公的实现。他们主张在既定法律面前，人人平等，君主应“事断于法”[⑥]，“刑无等级”[⑦]，反对君主“释法任私”[⑧]。这一类思想颇有“罪刑法定主义”的意味。

6. 公德高于私德。慎到、商鞅等“法术之士”认为道与法的本质属性是一个“公”字。道是宇宙的本原，万物的法则，法的依据，法是道的人事化、社会化；道包容万物，法包容一切人事；道对宇宙万物一视同仁，法对世间万事一视同仁；国家的各种治理手段都是从法中派生出来的，构建法制及实行法治功德至厚。因此，“德生于刑”，“利天下之民者”[⑨]莫大于以法为治。《商君书》明确以“王道”概括法治学说，认为古代圣王的共同特点是与时俱进，厉行法治。法治也是霸道的核心，行霸道虽不能“比德于殷周”，却是王天下的手段，“一国行之，境内独治；二国行之，兵者少寝；天下行之，至德复立”[⑩]。厉行法治是实现理想中的“王道”及“至德”的必由之路。法律是最高的价值尺度，君主、官吏、民众都必须遵守法律。在一切决断于法的意义上，“有道之国，治不听君，民不从官”。决断的主体可以分为“君断”“里断”“家断”“心断”等。“家断”则不必惊动四邻；“里断”则不必告到官府，更无须“君断”。因此，“治则家断，乱则君断，治国者贵下断”。事断于法的最佳境界是人人皆能“心断”，事事皆能“日断”。如果是非曲直都可以在社会的基层组织依法解决，便不必延误时日，这就实现了“日断”，而“日

①《艺文类聚》卷五四引《慎子》。

②《商君书》卷五《君臣》。

③《慎子·君仁》。

④《艺文类聚》卷五四引《慎子》。

⑤《慎子·逸文》。

⑥《慎子·逸文》。

⑦《商君书》卷四《赏刑》。

⑧《商君书》卷三《修权》。

⑨《商君书》卷二《开塞》。

⑩《商君书》卷二《开塞》。

治者王”[①]。所谓“心断”是指每个人都通晓国法，依法行事，做到自觉地遵守法律，恪守公德。在商鞅看来，倡导忠孝不如倡导法治，忠臣孝子也必须遵守国家法律，将公德置于私德之上。只有人人守法，讲究公德，才能使国家及社会步入理想境域。

以李悝、商鞅、慎到为典型代表的一批“法术之士”不仅言，而且行。他们主持变法运动，与时俱进，深化改革，推行“以法治国”的政治，在强化国家体制的公共性、国家治理的公平性方面取得了重大成效。其中一项措施就是推行以郡县制度为基础性制度的中央集权政体，强化“能”与“功”在委任官吏和晋升爵位方面的作用，按照能力和功劳重新分配地位、权力和俸禄，从而为出身微贱的人才步入上层社会开辟了重要途径。

李悝主张“为国之道，食有劳而禄有功，使有能而赏必行、罚必当”。要贯彻这种用人的基本原则，必须“夺淫民之禄，以来四方之士”[②]，废除世卿世禄制度和禄位世袭制度，拓宽延揽人才的范围，依据能力和功劳提拔有为之士。商鞅变法的主要措施就是全面推行县制亦即郡县制度，废除世卿世禄制度，奖励农耕，依据功劳赐予爵位和赏赐，从而将任贤使能制度化。

先秦一批“法术之士”堪称倡导并践履“新·公·能”的英雄人物，他们聆听时代声音，回应时代呼唤，认真研究那个时代的重大问题和迫切问题，积极寻求变革社会、改革政治的有效途径，因而真正把握住时代的脉络，在实现理论创新、推动政治改革方面做出了卓越贡献。尽管他们的某些主张有明显的时代局限性，但其把社会变革及国家之公、法制之公、任能之公置于核心地位的政治理论体系具有宝贵的理论价值和重要的实践意义。他们推动的变法运动为中国古代政治文明奠定了新的制度基础，汉唐盛世就是这一套新制度的产物。

第二节 中华民族“日新月异”精神传统的历史特征

“日新”精神是中华民族优秀素质的核心要素。在古老的中国大地，“日新”精神的薪火相传缔造了无与伦比的古代文明，集聚了四面八方的众多族群，形成了源远流长的历史传统。无论在鸿蒙开辟、文明定型之时，还是在

---

①《商君书》卷二《说民》。

②《说苑》卷七《理政》。

民族危亡、重新崛起之时，“日新”精神传统都是推动社会变革及政治发展的主要思想动因。客观、全面地考察中华民族的历史传统，可以发现在成就中华民族的各种历史传统中，内涵丰富、作用积极、超越时代、意义普遍的“日新”精神传统居于首要位置。本节以社会变革、政治发展及其思想动因为主要例证，分析中华民族传承“日新”精神的历史过程，揭示中华民族“日新”精神传统的历史特征。

一、“日新”精神传统与中华民族的历史相始终

“日新”精神传统的第一个重要历史特征是与中华民族自强不息的发展历程相始终。从始祖族群创制文化、开辟文明，到春秋战国更礼变法、推动进步，再到秦汉、隋唐，创新制度、缔造盛世，直到近代以来，变革社会、再造中华，“日新”精神传统始终发挥着极其重要的作用，并围绕这个世代传承的主题而形成不同变体的时间链条，堪称中华民族历史最悠久的优秀传统之一。

“日新”即“日新月异”。“日新”是一个产生于三代的汉语词汇。在现存文献中，“日新”一词始见于《商书》的《仲虺之诰》和《咸有一德》。据说汤之盘铭也使用了这个词汇。“日新月异”则是一个始见于宋朝文献的张扬“日新”精神的成语。“新”与“异”是同义词，“日”与“月”旨在渲染“新”与“异”的速率，借以表达一种不断创新、与时俱进的精神、行为、态势、成效。古人往往以“日新月异”形容生生之机、时势之变，评说风俗演化、制度更革，赞扬功德日兴、学问日长，描述事物增华、技艺进步，诸如客观存在的“时势之变，日新月异”[①]和主观努力的“奋志进修，日新月异”[②]。

“日新月异”之“异”与“新”是同义词。《说文解字 · 异部》：“異（异），分也。从廾，从畀。畀，予也。凡异之属皆从异。”段玉裁注：“分之则有彼此之异。竦手而予人则离异矣。”[③]在“日新月异”一词中，“新”即创新之新，侧重表示新面貌、新事物、新始基的开创，而“异”即新异之异，侧重表示与旧面貌、旧事物、旧始基的差别。“日新月异”即不断地取得新进展，创造新事物，开辟新始基，使旧貌换新颜，乃至改天换地。这个词旨在强调新陈代谢、去故图新、推陈出新、除旧布新的必要性和紧迫性。因此，“日新月异”可以概括为一个“新”字。

---

① 黄淳耀：《陶庵全集》卷三《科举论后语》。

② 黄淳耀：《陶庵全集》卷二《陆翼王思诚录序》。

③《说文解字注》卷三。

"新"字的核心词义是弃旧创新。"新"字的本义是采伐树木。《说文解字·斤部》:"新,取木也。从斤,新声。"段玉裁注:"取木者,新之本义,引申之为凡始基之称。《采芑》传曰:'田一岁曰菑,二岁曰新田。'其一端也。当作从斤、木,辛声,非从新声也。"[①]从字形和本义看,以利器砍伐树木之"新"原本就蕴含披荆斩棘、筚路蓝缕、改造事物、开辟肇始之义。新,是破除旧的,创造新的,形成未来发展的起点,奠定未来发展的基础,因而可以引申出始基之义。段玉裁以《诗经·小雅·采芑》"新田"一词的毛亨传为例证,阐释了"新"字的这个引申义。《诗经·小雅·采芑》:"薄言采芑,于彼新田,于此菑亩。"毛亨传:"田一曰菑,二岁曰新田,三岁曰畬。"孔颖达疏:"《释地》文:'菑者,灾也。'畬,和柔之意。故孙炎曰:'菑,始灾杀其草木也。新田,新成柔田也。畬,和也,田舒缓也。'"[②]焚烧荒野,除其草木,开辟农田,精心垦殖,使之成为易于耕种的熟地,促使同一块土地的用途发生本质性的转化,这是典型的推陈出新、除旧布新、开新创始。新与故、陈、旧是反义词,乃是对故、陈、旧的否定。新,即图谋新发展,创造新事物,开辟新始基,创造新天地。"新"字的造字方式、核心词义及其在古汉语体系的重要地位是华夏族很早就注意到创新精神的重要性的证据之一。

"日新"精神是中华民族优秀素质的核心要素和历史传统的首要部分。考古发现表明,中华民族的始祖族群是世界上最富改造自然和改造社会的创新能力的原始族群之一。这个族群最先发明了农业,又最先步入农耕社会。在中国,农耕与定居现象可以追溯至距今约12000年前,南方多处稻田遗存便是证据。大约同一时期,黄土高原出现粟作农业。距今七八千年的裴李岗文化及稍晚的磁山文化均有相当发达的农业。大致同一时期的诸多文化遗址都是农耕与定居的聚落,北方种黍稷,南方种稻谷,农业是主要生产部门,农业经济居于主导地位。一些遗址的聚落规模相当可观,如河北武安磁山、河南舞阳贾湖村、陕西临潼白家村等。在仰韶文化时期,农耕与定居是华夏先民普遍的生活方式,这种历史现象已经可以用"农业化"来形容。上述发现印证了有关三皇传说中的一些重要历史内容,揭示了华夏先民创新文化、发明农耕、构筑居室的历史过程。农耕与定居是国家产生的先兆和第一块基石,世界上最早的国家都属于农耕文明范畴。正是由于华夏族群拥有当时世界上最先进的农业技术及农耕经济,中国得以跻身四大文明古国之列。著名考古

① 《说文解字注》卷一四。

② 《毛诗正义》卷十《小雅·采芑》。

学家唐兰认为大汶口文化已经建立国家。距今6000年左右的陕西高陵杨官寨遗址的中心聚落有长近2000米、宽10余米、深达4米的环壕拱卫。由此可见，中华文明发生的年代有可能比5000年还要久远。上述历史现象表明，中华民族“日新”精神传统的源头可以追溯到传说中的三皇时期，乃是华夏始祖族群的重要精神特质。

华夏族群奉黄帝为人文始祖。先秦诸子普遍将黄帝视为统治形式演变过程中的一个关键性的起点人物。《史记》也将黄帝列为中国第一位帝王。据《史记·五帝本纪》记载，黄帝“修德振兵”，先“与炎帝战于阪泉之野”，又“与蚩尤战于涿鹿之野”，进而“天下有不顺者，黄帝从而征之，平者去之”。[①]他混一华夏，缔造国家，君临天下，创新文化，造福百姓。据说，黄帝的重大创制包括创造文字、订立制度、构筑宫室、发明铜冶、制作舟车等。颛顼、帝喾、尧、舜等一批上古君主“合和万国”，进一步提升了华夏国家的文明程度。

考古发现表明，华夏早期国家产生于传说中的五帝时期的可能性极大。在距今5000年前，华夏族群步入铜石并用时代，农耕经济、贫富分化、大型城防、金属冶炼、文字雏形等国家产生的主要条件大体具备。一些学者认为红山文化遗址是现知中国第一个王国留下的遗迹。这种观点是否成立尚待进一步的研究，而红山文化、良渚文化及龙山文化显然都是“五千年”这个节点的重要证据。在距今5000年左右的浙江余杭良渚文化遗址，发现了宽度百米的古城遗址、大型玉器墓葬、综合性水利工程。在龙山文化时期，为数众多的城址引人注目，一些大型高层次的中心城址分布于华夏广大地区。其中，山西临汾陶寺遗址有都城、宫城、宫殿、王宫墓葬、天文设施等，且与文献记载的“尧都平阳”地望相吻合。河南登封王城岗遗址则与文献记载的“禹都阳城”地望吻合。始建于距今4300年前的陕西神木石峁遗址属于龙山文化晚期至夏代早期的文化遗存。这些文化遗存表明，当时华夏国家的政治发展超越了小国寡民的初始阶段。

五帝时期堪称中华民族开创文明的历史时期。无论历史传说，还是文化遗存，都表明这是一个不断创新文化、发展社会、蒸蒸日上、开辟文明的时代，给人留下的深刻印象就是与时俱进，不断变革，日益繁荣，日新月异。在中华民族的众多始祖中，一个以“华夏”自诩的族群由于具有卓越的科技创新、文化创新、制度创新能力，取得优势族群的地位，长期支配中原地区，

---

①《史记》卷一《五帝本纪》。

并持续向周边拓展，传播文明成果，形成了“中国”的核心、“汉族”的基干和“中华民族”的主体。夏朝的创建者就来自这个族群。

经过夏、商、西周的持续开拓，经过春秋战国的伟大变革，又经过秦汉、隋唐的进一步发展，中华民族缔造了世界上唯一一个堪称幅员辽阔、人口众多、繁荣强盛、万世一系的古代文明，并将数千年历史传统的精要部分传承至今。这显然是“日新”精神薪火相传、“日新”传统发扬光大的产物。作为中华民族优秀传统的首要部分，“日新”精神传统与中华民族自强不息的发展历程相始终，这种历史特征是许多具有特定历史时代局限性的历史传统所不具备的。

二、“日新”精神传统是提升中华文明程度的主要思想动因

“日新”精神传统的第二个重要历史特征是成为提升中华民族文明程度的主要思想动力。无论中国古代文明的滥觞、初创、定型和鼎盛，还是现代中华民族的重新崛起，“日新”精神传统都是主要思想动力，堪称超越时代、意义普遍、作用积极、影响重大的优秀历史传统。

夏、商、西周构成中国古代历史一个时代性的分析单元，在政治制度上属于华夏王制时代，在政治思想上属于华夏元典时代。即使将夏朝的建立作为华夏国家的起点，也可以断定在夏、商、西周，“日新”精神传统是提升华夏文明程度的主要思想动因之一。

在夏、商，“王天下”的政治体制不断发展，中国的统一程度不断增强。到西周，形成了制度严整、规模空前的“王天下”国家形式，这种国家形式具有了中央集权的一些特征[①]，王权至上、天子一统的政治观念也日益深入人心。政治体制及相关政治思想的发展是社会变革、政治发展的主要内容和重要标志。西周的社会变革、政治发展进一步强化了中华民族的统一性，主要表现为华夏国家群体的祖源认同具有同一性，推动了族群认同和国统认同的趋同；华夏国家群体大力发展农耕经济，推动了经济模式的趋同；华夏国家群体的制度大体统一于周礼，推动了社会模式和政体模式的趋同；华夏国家群体的政治思想深受《诗》《书》《易》《礼》等华夏元典的影响，推动了思想观念的趋同；华夏国家群体的文字体系具有同一性，推动了文化模式的趋同。这标志着“中国认同”初步形成。中国认同亦即中华民族认同。中国认

---

① 许多学者指出：中国的大一统局面和初步集权的王朝形成于西周。参见齐文心、王贵民：《中华文化通志·历史文化沿革典·商西周文化志》，上海人民出版社1998年版，第334页；吕文郁：《中华文化通志·历史文化沿革典·春秋战国文化志》，上海人民出版社1998年版，第9页。

同的初步形成是华夏文明程度不断提升的产物，华夏文明程度的不断提升又反过来强化了中国认同。

在现存文献中，“日新”一词的意义之源可以追溯到有关商周君道的记忆。据《礼记·大学》记述，“汤之盘铭曰：‘苟日新，日日新，又日新。’《康诰》曰：‘作新民。’《诗》曰：‘周虽旧邦，其命惟新。’”[①]这一类含有“新”字的帝王诫铭和政治命题均旨在规范治国为君之道，敦促执政者爱民勤政，励精图治，因应大势，趋时通变，谋求革新，积小成大，乃至每日每月都取得新的进展，使人民生生不已，国家日益强盛。这种思想本身就包含了要求统治者谋进取、有公心、能治国，不断完善自己的品德和才能，增益治国理政的功效，进而使国家和人民面目一新。这些历史现象表明，“日新”精神很早就成为推动政治发展的思想动力并成为政治思想的重要内容。

分析三代政治家、思想家政治变革思想和行为的可靠素材来自传世本《尚书》保留的华夏元典文本。现存《夏书》和《商书》可能是后世依据口耳相传的故事整理成文的。现存《周书》的多数篇章来自真实可靠的西周档案文献，有些文句可与金文和《诗经》比照。学术界称《大诰》《康诰》《酒诰》《召诰》《洛诰》《梓材》《多士》《多方》为周初八诰或周书八诰，其中前五篇又称周书五诰，均出自周初原始档案文献。《牧誓》《金縢》《无逸》《君奭》《立政》等篇则可能经由周朝后世史官的追记、加工或译写。据学者研究，《逸周书》中的一些篇章，如《世俘》《商誓》《度邑》《皇门》《尝麦》《祭公》《芮良夫》等，可能属于或基本属于西周文献。《尚书》的诸多典制、训诰、誓词、册命是王制时代政治文献的孑遗，其核心内容是帝王之制及帝王之道，后世各种政治理论及学派分化的思想渊源都可以追溯到这些篇章，因而为研究王制时代的统治思想及中国政治思想的源头提供了可靠的史料依据。

春秋以前是中国古代文明的开创时代，创新精神是这个时代的时代精神。典型例证便是《尚书》堪称开辟文明之书、王朝革命之书、改革中兴之书、更礼改制之书，内容涉及传说中的唐尧、虞舜、夏禹创新文化、变革政治的故事，夏启、商汤和周武王发动革命、刷新政治的故事，商王盘庚和武丁勇于变革、实现中兴的故事，周公姬旦参与革命、统一国家、革新政治、制定周礼的故事等。其中，在“周虽旧邦，其命惟新”的历史过程中，以周公姬旦为核心和典型代表的西周统治者，不仅以制定周礼为主要途径和措施，刷新王朝政治，改进王权体制，完善国家治理，还提出了论证汤武革命、政治

---

① 《礼记》卷四二《大学》。

维新、更礼改制、治国理政的政治理论体系，因而堪称中国古典政治理论的开山鼻祖。夏启、商汤、盘庚、武丁、周文王、周武王、周公等著名政治家显然具备“日新”精神，并成为“日新”政治传统的缔造者和传承人。

在中国历史上，有三次意义重大、影响深远的社会变革历程：一是春秋以前的开创华夏文明的社会变革历程，二是春秋战国至隋唐的中国古代文明定型并走向鼎盛的社会变革历程，三是近代以来的中华民族重新崛起的社会变革历程。这三大社会变革历程都大幅度提升了中华民族的文明程度。依据丰富的史料可以证明，在三大社会变革历程中，“日新”精神传统始终发挥着积极的历史作用，甚至堪称根本性的精神动力。“日新”精神传统具有跨越时代的普遍意义和积极作用，这种历史特征是许多具有时代局限性及或多或少具有消极作用的历史传统所不具备的。

三、综合素质卓越的人才是“日新”精神传统的主要载体

“日新”精神传统的第三个重要历史特征是以综合素质卓越的人才为主要载体。一般说来，综合素质卓越的人才必然具备“日新”精神，并成为传承“日新”精神、弘扬“日新”传统的中坚力量。这个群体的代表人物遍及社会生活的各个领域。在社会演化的关键节点，这个群体中的优秀政治人才为推动社会变革及政治发展发挥了关键性的积极作用。

社会变革是政治发展的必由之路，而人才是创新的根本力量和决定因素。扬弃旧思想和旧制度，创造新思想和新制度，需要志于创新、勇于创新、善于创新的政治人才。把握形势、顺应时势、与时俱进、锐意变革是这一类人才必须具备的精神和能力。这就决定了张扬“日新”精神、弘扬“日新”传统的中坚力量是中华民族群体中的优秀分子。春秋以前的一批著名政治家都堪称素质卓越。春秋战国的历史提供了更多的典型例证。

西周的王朝体制曾经一度创造辉煌。然而，王权一统的中央集权国家形式与逐级分封的宗法等级君主政体有内在的矛盾冲突，社会发展和政治演化很快导致西周的基本制度发生动摇。《卫盉》《五礼卫鼎》《九年卫鼎》《格伯簋》等一批青铜器铭表明，周共王以来，土地交换的现象日益增多，田里不鬻的田制发生动摇。田制是国家重大制度之一，涉及生产关系、社会结构、国家礼制、赋役征收、诸侯贡献等，因而田制的动摇亦即王制的动摇。改革国家制度的问题已经提上日程。

然而，任何一种体制特别是曾经取得成功的体制都是有惯性的，总在不断自我强化，甚至形成路径依赖。从史籍的简略记述看，西周诸王意识到改

革体制的必要性并曾付诸实施。《国语·周语下》称“厉始革典”[1]，即周厉王开始改革重大制度。据《史记·周本纪》记载，周厉王重用“好专利”之臣，强行将山泽之利收归王室，引发众怒，被迫出奔。其子周宣王欲革除旧制，“不修籍于千亩”，又“料民于太原”[2]，因大臣劝阻，未见成效。周幽王也重用“好利”之臣。诸王“革典”和“好利”涉及典章制度、财政赋税和利益分配。由于措施不当，阻力强大，改革未见成效，反而引发动乱。周平王在位半个世纪有余却不思变革，主导政治革新的机会从周王手中溜走。郑、鲁、卫等姬姓大国的政治地位较高，国家实力较强，足以图谋霸业，皆因沿袭周礼，固守旧制，封君太重，大臣专政，嫡庶相争，内乱不已，而丧失先机。由此可见，体制僵化和路径依赖乃是社会变革、政治发展的主要思想障碍，而缺乏“日新”精神是导致思想障碍的关键因素。

应对“礼崩乐坏”的挑战和机遇，反而加快了社会变革和政治发展的进程。到春秋中期，楚、晋、齐、秦相继崛起，称霸一方。四国原本都是小国。东周以来，四国直面挑战，励精图治，抓住机遇，与时俱进，得天时、地利、人和，迅速成长为大国，故《史记·十二诸侯年表》称:“齐、晋、秦、楚其在成周甚微，封或百里或五十里。晋阻三河，齐负东海，楚介江淮，秦因雍州之固，四海迭兴，更为霸主，文武所褒大封，皆威而服焉。”[3]革新政治是这些国家取得成功的主要原因。楚国是郡县制最早萌芽的地区之一，也是最早建立地区霸权的国家。齐国最先启动了比较系统的社会政治改革，在管仲的辅佐下，齐桓公成为“春秋五霸”之首。曲沃并晋之后，晋武公列为诸侯。其子晋献公剪除公族，任用贤臣，为晋文公革新政治、称霸一方奠定了实力基础。秦国也是最早产生郡县制度的国家之一。后发优势与锐意革新相结合，推动秦国的政治地位不断上升，到秦穆公时发展为称霸一方的大国。楚、齐、晋、秦恰好代表四种华夏文化类型。依照传统史学的叙说方式，齐国与周王室长期通婚，属于以“甥舅之国”霸“中国”类型；晋国是周武王的后裔，属于以“伯叔之亲”霸“中国”类型；楚国立国于蛮苗之地，属于“夷狄之国”霸“中国”类型；秦国发迹于戎狄之地，属于“夷狄之国”霸“西戎”类型。实际上，齐文化融合了东夷、商、周文化，楚文化融合了蛮苗、商、周文化，晋文化融合了周、商、戎狄文化，秦文化融合了戎狄、商、周文化，这四国的文化都属于华夏文化中有地域特色的分支。楚、齐、晋、秦的政治

① 《国语·周语下》。

② 《史记》卷四《周本纪》。

③ 《史记》卷一四《十二诸侯年表》。

发展程度大幅度超越西周时期，主要表现是政治制度开始超越王制范畴，郡县制度逐步形成，中央集权君主政体已见雏形。如果摒弃传统的族群偏见，超越传统史学的价值尺度，就会发现楚、齐、晋、秦都是华夏国家群体的重要成员，都属于华夏大国范畴。其中，秦国赖以发祥的地域、族群、路径与周人的相似性最大。

楚、晋、齐、秦四国之所以取得成功，是因为其统治集团集聚了一批军政素质卓越的人才，如齐桓公的重臣管仲、鲍叔、隰朋、高傒，晋文公的重臣咎犯、赵衰，秦穆公的重臣百里奚、蹇叔、邳豹、公孙枝、由余，楚庄王重臣伍举、苏从等。在这些政治人才的推动下，各国都推出了一些改革举措。其中，管仲提出了比较系统的改革思想。这些保存于《管子》若干篇章的政治思想乃是战国时期变法运动的理论先导。在一定意义上可以说，统治集团的变革精神和政治能力是导致楚、晋、齐、秦相继崛起的主要精神因素。

值得一提的是：孔子盛赞秦穆公之霸。齐景公曾问孔子：“昔秦穆公国小处辟，其霸何也？”孔子说：“秦，国虽小，其志大；处虽辟，行中正。身举五羖，爵之大夫，起缧绁之中，与语三日，授之以政。以此取之，虽王可也，其霸小矣。”[①]在孔子看来，秦穆公的治国理政理念契合“王道”的标准。对管仲“尊王攘夷”的功绩，孔子也大加赞赏。他说：“桓公九合诸侯，不以兵车，管仲之力也。如其仁！如其仁！”又说：“管仲相桓公，霸诸侯，一匡天下，民到于今受其赐。微管仲，吾其被发左衽矣。”[②]孔子还赞赏主张立法救世、推行猛政、改革赋税的郑国执政子产，称其为“古之遗爱也”[③]和“惠人”[④]。孔子赞同子产政宽难、政猛易的思路，他说：“善哉！政宽则民慢，慢则纠之以猛。猛则民残，残则施之以宽。宽以济猛，猛以济宽，政是以和。”[⑤]在他看来，子产“有君子之道四焉：其行已也恭，其事上也敬，其养民也惠，其使民也义”[⑥]。由此可见，孔子不仅将管仲、秦穆公、子产视为军政素质优秀的人才，而且赞赏改革体制、强化法制的改革措施。这与将五霸视为“罪人”的孟轲形成鲜明的对照。

战国初期，变法运动兴起，“日新”精神得到充分体现，成为推动改革取

---

①《史记》卷四七《孔子世家》。

②《论语·宪问上》。

③《左传·昭公二十年》。

④《论语·宪问上》。

⑤《左传·昭公二十年》。

⑥《论语·公冶下》。

得重大成效的思想动因。一批改革家之所以成为弄潮的英雄和时代的宠儿，是因为他们具备以“日新”精神为核心要素的卓越的综合素质。著名代表人物有主持魏国变法的魏文侯及李悝、主持韩国变法的韩昭侯及申不害、主持齐国变法的齐威王及邹忌、主持楚国变法的楚悼王及吴起、主持秦国变法的秦孝公及商鞅、主持赵国变法的赵武灵王等。这批改革家的信条可以概括为：“不慕古，不留今，与时变，与俗化。”[①]他们直面现实，实事求是，与时俱进，谋求变革，博采众说，讲究实效，做事干练，身体力行，大多兼具思想家和政治家的风采，堪称综合素质卓越的优秀人才。各国变法的目标、取向和主要内容大体相同，改革的措施一经推出，国家立即就会出现新气象，甚至可以说每一场变法运动都造就了一个强势国家。其中，秦孝公及商鞅主持的变法最全面、最系统、最彻底。秦国能够在“大争之世”笑到最后，正是得益于此。这种历史现象展示着古今之变的大趋势。

在战国时期的改革家中，商鞅堪称首屈一指。商鞅总结历史经验，面对现实需求，主张“更礼”“变法”，富国强兵。针对“法古无过，循礼无邪”的说法，他依据“汤武不循古而王，夏殷不易礼而亡”，“三代不同礼而王，五伯不同法而霸”，论证“治世不一道，便国不法古”[②]。秦孝公信用商鞅，厉行变法，全面革新统治体系，改造政治关系、经济关系、家庭关系、道德关系，并以法制的形式固定下来。在经历了一个从“百姓苦之”到“百姓便之”[③]的实践过程之后，新法获得多数臣民的拥护，于是“法大用，秦人治”[④]。“商鞅相孝公，为秦开帝业。”[⑤]商鞅变法使秦国的综合国力大幅度提高，很快跃居战国首强，为秦国奠定了帝业的基础。

秦国变法的成效获得许多著名思想家的赞誉。例如，秦昭襄王时，荀子到过秦国，曾与秦相范雎谈论秦国政治。他认为有效的政治制度是秦国强盛的根源。说：“其固塞险，形势便，山林川谷美，天材之利多，是形胜也。入境，观其风俗，其百姓朴，其声乐不流污，其服不挑，甚畏有司而顺，古之民也。及都邑官府，其百吏肃然莫不恭俭、敦敬、忠信而不楛，古之吏也。入其国，观其士大夫，出于其门，入于公门，出于公门，归于其家，无有私事也。不比周，不朋党，倜然莫不明通而公也，古之士大夫也。观其朝廷，

---

①《管子》卷一五《正世》。

②《史记》卷六八《商君列传》。

③《史记》卷五《秦本纪》。

④《史记》卷五《秦本纪》

⑤《论衡》卷二八《书解》。

其闲听决百事不留，恬然如无治者，古之朝也。”秦国政治“佚而治，约而详，不烦而功”，堪称“治之至”，“故四世有胜，非幸也，数也”。[①]当时各国的治理体系以秦国最优，政治状况也以秦国最好，这是符合历史事实的。

秦汉以来，在社会的各个领域和各个阶层都不断涌现富有创新精神、高尚品德和卓越才能的人。这些中华民族的优秀分子为推动社会变革、政治发展做出了重大贡献。他们是弘扬“日新”精神传统的骨干力量。

四、弘扬“日新”精神传统的政治理论不断发展

“日新”精神传统的第四个重要历史特征是弘扬“日新”精神传统的政治理论不断发展。一般说来，在中华民族形成与发展的各个历史阶段，政治理论创新都有赖于“日新”精神传统的弘扬，而新创的政治理论都必然包含弘扬“日新”精神传统的内容。这既是社会变革、政治发展的需要，又是社会变革、政治发展的产物。

自三代以来，论证“革命”（王朝更替）和“革典”（体制改革）的必然性和必要性便是政治理论的基本问题之一。就主要内容而言，《夏书》《商书》《周书》堪称革命之书和中兴之书，亦即创业之书和革新之书。“汤武革命”命题及理论便形成于这个时期。从西周后期诸王革典，到春秋时期应对“礼崩乐坏”的变革，再到战国时期的变法运动，关于改制、修律、更令之举的记载不绝于史册。先秦诸子也大多将政治变革问题置于重要地位。与社会大变革相契合，“革命”和“革典”“更礼”和“变法”的理论不断发展完善，逐步形成一整套论证“日新”精神传统的政治理论。

春秋战国时期，王制瓦解，礼崩乐坏，实行政治改革势在必然。人们普遍认识到“社稷无常奉，君臣无常位，自古以然。故《诗》曰：‘高岸为谷，深谷为陵。’三后之姓，于今为庶”。[②]一些人甚至指出“先王何常之有”[③]。随着政治变革不断推进，关于革命、更礼、变法、改制的政治理论也日益发展。思想家们大多认为，天道尚变，世移事异，盛极必衰，新陈代谢，因而革故鼎新、新故相除乃是自然与社会的一般法则，政治变革也是不以人的意志为转移的必然现象。《老子》《论语》《墨子》《易传》等一批经典文献都有相关的理论阐释。其中，《易传》的通变思想影响深远。

《易传》的作者认为天是易与不易、动与不动的统一，自身蕴含改、化、

①《荀子》卷一一《强国》。

②《左传·昭公三十二年》。

③《左传·昭公二十六年》。

变、革的因素。六十四卦及各卦诸爻都有乾坤、阴阳、刚柔、动静、进退的定位与变化，可据以判断事物的吉凶祸福，包括政治的变化、损益、鼎革、改易。《周易 · 革卦》充分肯定革命的必然性和必要性，将革命归因于天地兴革，称："天地革而四时成，汤武革命顺乎天而应乎人。革之时，大矣哉！"[①]诸卦《彖传》反复强调与时俱进，称："损刚益柔有时，损益盈虚与时偕行。"[②]又称："时止则止，时行则行。动静不失其时，其道光明。"[③]应变首先表现为顺时，善观时变，选择时机，待时而动。

《周易 · 系辞上》说："形而上者谓之道，形而下者谓之器。化而裁之谓之变，推而行之谓之通。"因此，必须善于应变，平时居安思危，防微杜渐，待到穷极之时就要勇于变通，主动实行自我调整和自我更新，即"化而裁之谓之变，推而行之谓之通，举而措之天下之民谓之事业"[④]。研究变的最终目的是指导政治。

《周易 · 系辞下》认为操持改革的人必须知微见著，见机而作，把握时机，与事物的变化相适应。《周易 · 系辞下》有一句影响深远的名言："穷则变，变则通，通则久。"[⑤]物极必反，事穷必变，变无不通，政治亦然，唯有穷则思变，通变救弊，革除弊端，才能繁荣兴旺，变则长久。

以管仲、李悝、慎到、商鞅、吕不韦、韩非为代表的一批具有变革精神的政治家、思想家，主张适应时势，变革政治，将因时立法、随时而治、及时变革等列为最重要的政治原则，他们在思想上抨击抱残守缺的陈词滥调，在行动上不惧怕抛弃传统，还提出系统的指导思想与行动的政治理论，以下五个思路及论点获得广泛认同，影响深远。

一是顺应天道，立法为公。倡导改革的思想家普遍认为自然、社会、人生都必须遵循天地之道，政治亦然。天道有两大特点：一是尚变，二是无私。天地阴阳变化，盛极必衰，这是自然法则；天地包容万物，大公无私，这也是自然法则，因而定制、立法及施政必须遵从自然规律，不仅要随时变法，而且要立法为公。《慎子》《管子》《吕氏春秋》《韩非子》多有相关论证，如《管子 · 重令》："天道之数，至则反，盛则衰。"[⑥]《管子 · 侈靡》强调"化

---

①《周易 · 革卦》。

②《周易 · 损卦》。

③《周易 · 艮卦》。

④《周易 · 系辞上》。

⑤《周易 · 系辞下》。

⑥《管子》卷五《重令》。

变者也，天地之极也。”[①]《管子·版法解》强调天道对万物一视同仁，立法也应法天合德，公而无私。

二是社会变迁，法随时变。倡导改革的思想家普遍认为人类社会不断发展，每个时代的风俗、习惯、民情都有各自的特点，政治方略、政治制度必须随着时代的变迁而变迁，随着社会的发展而发展，随着政治情势的变化而变化。因此，要敢于“变古易常”，若一味固执历史经验，拒绝政治变革，因循守旧，抱残守缺，则犹如守株待兔，刻舟求剑，愚不可及。这种思想是各种变法改制主张的重要理论依据之一。

《商君书·画策》指出：社会进化必然导致政治变化，在渔猎时代的“昊英之世”，人类社会自然存在；在农耕时代的“神农之世”，治理国家不必动用刑政和甲兵；到“黄帝之世”，人类纷争不已，于是必须制定“君臣上下之义，父子兄弟之礼，夫妇妃匹之合，内行刀锯，外用甲兵”[②]。《商君书·更法》指出：世道变化，政治也要顺应其变化，历代圣王都“各当时而立法，因事而制礼；礼法以时而定；制令各顺其宜”[③]。《管子·正世》强调法制、政令必须“随时而变，因俗而动”[④]。《吕氏春秋·察今》指出：就像每次渡河都必须重新测量水深，以确定恰当的渡河办法，法制必须因时因俗，不拘泥于一定之规。“法随时而变”，历朝历代没有一贯不变之法，“因时变法者”才是“贤主”。因此，“世易时移，变法宜矣。”[⑤]《韩非子·五蠹》指出，“古今异俗，新古异备”，因而“欲以先王之政，治当世之民，皆守株之类也。”正确的做法是：“世异则事异，事异则备变”，“不期修古，不法常可，论世之事，因为之备”。[⑥]

三是既要守法，也要变法。倡导改革的思想家指出：在既定时代和既定体制下，政治也必须不断调整，对变与不变要具体分析，可常则常，应变则变。这就需要将守法与变法恰当地结合在一起。慎子强调：“治国无其法则乱，守法而不变则衰。”[⑦]《吕氏春秋·察今》主张将严格守法与适时变法统一起来，“故治国无法则乱，守法而弗变则悖。悖乱不可以持国”[⑧]。《韩非子·南

①《管子》卷一二《侈靡》。
②《商君书》卷四《画策》。
③《商君书》卷一《更法》。
④《管子》卷一五《正世》。
⑤《吕氏春秋》卷一五《察今》。
⑥《韩非子》卷一九《五蠹》。
⑦《慎子·佚文》。
⑧《吕氏春秋》卷一五《察今》。

面》：“不知治者，必曰：‘无变古，毋易常。’变与不变，圣人不听，正治而已。”[①]

四是圣王改制，有损有益。当时反对改革的人多有法古复古之论，而倡导改革的思想家针锋相对，将历代圣王奉为适应形势、变法改制的楷模。《商君书·更法》指出：伏羲、神农之治“教而不诛”。黄帝、尧、舜之治“诛而不怒”。周文王、周武王之治兼用礼制、法令、甲兵，有教、有诛、有怒。“三代不同礼而王，五霸不同法而霸。”五帝、三王、五霸都有变法改制之举。由此可见，“治世不一道，便国不必法古”[②]。一切执政者都应效法圣王，及时变法改制。

五是改革则兴，守旧必亡。倡导改革的思想家都从历史的经验教训的角度，论说变法改制的重要性。《商君书·更法》指出：“汤、武之王也，不循古而兴，殷夏之灭也，不易礼而亡。”[③]《吕氏春秋·察今》用“先王之法不可法”和“法其所以为法”，论证效法先王的关键不是照搬旧法，而应效法先王的立法原则。先王因时立法，而古今殊俗，所以不能照搬先王之法。先王立法的原则是察己知人，察今知古，因俗制宜，因地制宜，与时俱进，随时而变，故先王之法“若良医，病万变，药亦万变”。因此，正确的做法是：“择先王之成法，而法其所以为法。”[④]

以商鞅为代表的一批“法术之士”还有一个极其重大的理论贡献。他们弘扬将变革之“新”、利群之“公”、创业之“能”结合为一体的“新·公·能”中华优秀传统，以立君为天下、立法为公、以法治国、任贤使能等政治命题为核心，提出了一套完整系统的国家与法的理论。[⑤]在《古代的国家——起源和统治形式》一书中，德国政治学家罗曼·霍尔佐克指出：这套理论是世界上现存“第一套真正的国家理论”，树立起“建立在法律面前人人平等原则基础之上的法律概念”，“而法这个新颖的、颇有现代意味的概念，显然已构成内政上各种要求的核心”，“在西方，我们是从公元十六世纪起才看到这种理论的”。在他看来，不能简单地将法家学说与马基雅维利主义相提并论，他们的主张“在两个根本点上是不同的，第一，法家将全部增强国家权力的活动

---

①《韩非子》卷五《南面》。

②《商君书》卷一《更法》。

③《商君书》卷一《更法》。

④《吕氏春秋》卷一五《察今》。

⑤ 参见张鸿、张分田：《“新·公·能”中华优秀传统的历史渊源及发展脉络》，《天津社会科学》2016年第2期。

都用来服务于建立和平和秩序，第二，即使为了达到这个目的，他们也并不要求建立一个权力无限的国家，而是建立一个法制国家。一直过了很长时间，西方研究国家理论的专家们在法制国家的问题上才达到了这一水平。”[①]在系统研究世界各地的古代国家的基础上，霍尔佐克依据现代政治学的尺度做出判断，他的说法符合历史事实。历史过程也告诉我们：法家学说及变法运动最能体现春秋战国政治变革的基本特征。正是各国的变法运动缔造了中华帝制，奠定了汉唐盛世的制度基础。

五、每当危难之时“日新”精神传统都会被大幅度激活

“日新”精神传统的第五个重要历史特征是每当危难之时“日新”精神传统都会被大幅度激活。即使帝制时代，“日新”精神传统也为抵制法古守旧思想，推动体制变革提供了思想动力。近代以来，正是由于“日新”精神传统的发扬光大，中华民族走向了革命之路、改革之路、复兴之路。

汉代以来，儒家学说成为官方学说及主流学术的主要载体。这种政治理论体系的主要特征有四点：一是“祖述尧舜，宪章文武”，倡导复古，维护祖制，不利于实行重大政治改革；二是崇拜圣人，恪守经书，精于模拟，巧于训解，拙于创新，不利于新观念、新思想、新理论的产生；三是重德轻法，不利于推进法治国家的建设；四是维护三纲五常，讲究忠孝节义，重私德，轻公德，重德轻能，重文轻武，不利于形成积极进取、英气勃发的社会文化。正是由于儒家学说长期居于统治思想的地位，从两汉至明清的两千年间，政治思想领域再也没有出现重大的理论突破。

但是，综合素质卓越的人才依然是“日新”精神传统的主要载体，五经的部分内容为弘扬“日新”精神传统提供了经典依据，先秦诸子的变革思想也是人们张扬“日新”精神传统的理论依据。因此，每当危难之时，“日新”精神传统都会被大幅度激活，在社会变革、政治发展方面发挥积极的作用。历代著名改革家都是典型例证。其中，推动文化融合的北魏孝文帝、改革皇帝制度的隋文帝、支持王安石变法的宋神宗、推行“摊丁入亩”的清雍正帝则是积极推动改革的著名皇帝。北宋的王安石和明朝的张居正都兼具政治家和思想家的特征。

汉唐以来，在推动体制改革的皇帝中，成效最大的是隋文帝。作为开国

---

① [德]罗曼·霍尔佐克著，赵蓉恒译：《古代的国家——起源和统治形式》，北京大学出版社 1998 年版，第 274—278 页。

皇帝，隋文帝属于“革命”和“拨乱反正”之君范畴，因而重视革故鼎新思想的阐释和运用，并采取措施积极革除弊政，除旧布新。隋文帝反复强调革新政治的必要性，主张：“帝王作法，沿革不同，取适于时，故有损益。”[①]他强调：“五帝异乐，三王殊礼，皆随事而有损益，因情而立节文。”[②]临终时还嘱咐太子：“自古哲王，因人作法，前帝后帝，沿革随时。律令格式，或有不便于事者，宜依前敕修改，务当政要。”[③]这种理论的基本思路是：随着时代的变迁，即使最完美的制度、法令也会有所调整，或增补一些内容，或减少一些内容。只要符合现实政治的需要，一切既定的制度、法令、方针、政策都可以更改。只要不损害基本原则，某些具体制度或规范的调整会使政治更为完善。正是在这个思想的指导下，即位伊始，隋文帝便颁布《新令》，完善北魏以来的均田制，负担徭役的最低年龄由18岁改为21岁，最高年龄由60岁改为50岁，服役日数由每年30天改为20天，还将多余的公田和无主的空地分配给无地、少地的农民耕种，严禁官吏、贵族侵夺民田。他废除北周模仿《周礼》设置的繁杂的六官制度，确立系统简要、分工明确的三省六部制度。依据“存要去闲，并小为大”[④]的原则，隋文帝将原来的州、郡、县三级体制改为两级体制，同时裁并了一批州县，解决了南北朝以来“民少官多，十羊九牧”的弊政。隋文帝废除地方行政长官自辟僚属的制度，规定九品以上的地方官员一律由中央任命，还健全了州县官吏的选拔、考课、职权、述职等制度。与之相匹配，隋文帝废除魏晋以来的九品中正制，设立秀才科，开创科举制度，不论门第出身，以考试经义举士。隋文帝依据“刑用轻典”[⑤]的原则更定新律，史称“自是刑网简要，疏而不失”[⑥]。在中国法制史上，《开皇律》具有划时代的意义，唐律直接以隋律为蓝本，并对后世法典有深远的影响。隋文帝确立以黄色为皇帝朝服的制度也为历代王朝所沿袭，“黄袍加身”遂成为皇帝登极的代称。隋文帝一系列的制度改革解决了前代帝制的许多弊端，奠定了隋唐帝制的基本规模，为中国古代文明步入鼎盛提供了制度保证。在一定意义上甚至可以说，没有隋文帝的改革，就没有隋唐盛世。

---

①《隋书》卷二五《刑法志》。

②《隋书》卷二《高祖纪下》。

③《隋书》卷二《高祖纪下》。

④《隋书》卷四六《杨尚希传》。

⑤《隋书》卷一《高祖纪上》。

⑥《隋书》卷二五《刑法志》。

北宋的王安石是一位补偏救弊、挽救衰亡的政治改革家，他不仅是变法的践行者，还是变法的论证者。他认为，天道、阴阳、五行以变、化、因、革、从革等形式变化，“有阴有阳，新故相除者，天也。有除有辨，新故相除者，人也”①。人类应效法天道，遵循新陈代谢的自然法则，自觉地革故鼎新。他指出：“世必有革，革不必世”②，先王之法即使尽善尽美，随着时代变化也会变成弊法，因而将理想政治“归之太古，非愚即诬”③。王安石反对模仿古礼和固守祖宗成法，认为在新时代固守古礼会导致“迹同而实异”，礼也就变成了“非礼之礼”，“则其为天下之害莫大矣”④。然而，正是由于王安石力求仿照《周礼》托故改制，致使新法多有不切实际之处，无法摆脱失败的命运。王安石的思想、实践及其悲剧为认识儒家政治改革理论的局限性提供了重要的历史依据。

明清之际的王夫之是一位主张以政治变革挽救衰世的思想家。他自称是一个观变者，其著述包含丰富的变革思想。例如，王夫之主张“事随势迁而法必变”⑤。他根据理势合一的哲学观，指出：“时异而事异，势异而理亦异矣”⑥，“洪荒无揖让之道，尧、舜无吊伐之道，汉、唐无今日之道，则今日无他日之道多矣”⑦，治国之法不能一成不变。他还指出：任何具体的制度都会有缺陷，“法无有不得者也，亦无有不失者也”，历代制度皆有利弊得失，“法弊而必更，不可复矣”⑧。王夫之倡导“大变”，却又主张恪守儒家的纲常礼法，因而未能从儒家学说的局限性中跳出来。

历史事实表明，汉武帝尊崇儒学所造成的恶果影响深远。王莽、王安石、张居正变法的失败及王夫之等人改革理论的局限性，均与儒家学说的特质有直接的关系。历代统治者的思想控制和主流学术对思想创新有很大的制约作用，限制了中华民族的思想创新能力。从汉唐至明清，虽然也出现过一些优秀的政治家和思想家，而无论政治实践，还是政治理论，都没有取得重大的突破性进展。宋元以来，四书之学占据了统治地位，《孟子》备受推崇，而中国古代文明却从鼎盛走向衰落。在应对民族内争或外敌入侵方面，深受理学

① 转引自杨简：《龟山集》卷三《字说辨》。
② 王安石：《周官新义》附《考工记》卷上。
③《王文公文集》卷二八《太古》。
④《王文公文集》卷二八《非礼之礼》。
⑤ 王夫之：《读通鉴论》卷五《成帝》。
⑥ 王夫之：《宋论》卷一五。
⑦ 王夫之：《周易外传》卷五《系辞上传第十二章》。
⑧ 王夫之：《读通鉴论》卷二一《高宗》。

学风濡染的中原政权的精英群体始终处于弱势的一方，就连与时俱进、改革变法、富国强兵的欲望、能力和进程都受到四书之学的严重抑制。当西欧的精英们致力于创新文化、发展科学、变革社会的时候，中国的精英们几乎众口一词地在大讲“为天地立心，为生民立命”的天人性命之旨，把“为往圣继绝学”“回到尧舜去”“回到孔孟去”“同植纲常，同扶名教，同宗孔孟”及“狠斗私心一闪念”的道德修养当作“为万世开太平”的灵丹妙药。精神世界的优劣之势如此明显，中国古代文明不衰不亡待何？

近代以来，中华民族面临国家危亡的政治困境，导致政治困境的主要原因是文化困境。面对山河破碎的危局，中华民族“日新”精神传统再一次被大幅度激活，汇聚成将救亡图存、师夷长技、自新复兴有机地结合在一起的三大思潮，即以挽救民族危亡为志向的爱国主义思潮、以引进先进文化为核心的学习西方思潮和以创新中华文明为目的的社会革命思潮。爱国主义是为公的集中体现；学习西方是益能的主要途径；社会革命是求新的必由之路，这就将与时俱进的图新、谋国为公的革新、智能具足的创新集合为一体，进而使“日新”精神传统与“贵公”精神传统和“尚能”精神传统扭结在一起。这种以图新、革新、创新为纽带，将“日新”“贵公”“尚能”集于一身、合为一体的优秀素质及其历史传统堪称“新·公·能”三位一体。正是靠着千千万万具备“新·公·能”素质的优秀子孙的流血牺牲、拼搏创新，中华民族才得以重新崛起。

六、南开校训是弘扬“日新月异”精神的重要思想命题

必须指出的是：南开校训“允公允能，日新月异”就是在中华民族重新崛起的历史背景下产生的。南开校父严修和南开创校校长张伯苓及一批创校元勋都是具备“日新”精神及“公能”素质的卓越人才，都是变革社会、教育救国的倡导者和先驱者。他们创办的学校始终具有求新、为公、尚能的特征，他们提出的校训以凝练的语句将“日新”精神及“公能”素质整合于一体。正是由于这个原因，他们确定的南开校训将中华优秀传统与中国现代精神结合为一体，堪称现代中国的最佳校训之一。南开校训既是对优秀传统的继承和弘扬，又是对时代精神的概括和张扬，还具有矫正传统文化弊端和张扬中华新文化的现实意义，是一个弘扬“日新月异”精神的重要思想命题。在中国思想史上，具有“日新”精神及“公能”素质整合于一体的属性及特征的思想命题乃是第一次出现。它的问世是中国思想史上的一件大事。

第三节 南开校训是中华优秀传统核心要素的结晶

南开“允公允能，日新月异”校训不仅完全符合中华优秀传统的历史特征及判定标准，而且是中华优秀传统核心要素的结晶及其现代表达方式。为了论证这个观点，本节着重讨论中华优秀传统的历史特征及判定标准。

一、传统、文化与历史传统

自中国历史步入现代以来，“传统”始终是一个备受关注的重大学术问题和政治问题。改革开放初期，“批判传统”一度成为影响极其广泛的热点话题。在带有一定盲目性“反思热”中，一些人甚至把“传统”变成一个负面词汇。近年来，“弘扬传统”变成影响极其广泛的热点话题。在颇具盲目性的“国学热”中，许多人甚至把“传统”和与“传统”密切相关的“传统文化”“文化传统”等一批中性词汇统统变成了正面词汇。在各类学术著述和宣传文章中，“弘扬传统文化”的错误提法可谓司空见惯，许多人将“弘扬儒学”“弘扬国学”“弘扬传统文化”与“弘扬中华优秀传统文化”混为一谈，一些人甚至在这些提法之间画上等号。为数众多的学者滥用“国学”及“国学教育”的提法。“国学热”的盲目性及众多高校建立“国学院”都与这一类错误做法有直接的因果关系。许多不明底细的人受到这些错误做法的误导，也将“传统”及“传统文化”当作褒义词使用，从而导致的盲目弘扬传统文化的现象可谓司空见惯。

中华优秀传统研究既是中国历史研究的重要课题，也是中国思想文化研究的重要课题。客观、全面、系统地考察中华优秀传统的历史属性及评判标准，有必要首先辨析传统、文化、传统文化、文化传统、历史传统等一系列重要分析概念的相互关系。

传统是文化的特性之一。文化与传统的关系，概言之，即文化的传承形成传统，亦称文化传统。一般说来，对特定时期的特定群体有现实意义的文化要素会在那个时期的那个群体形成传统，对人类社会有普遍意义的文化要素会形成与人类社会相始终的传统。文化的形成与传承及其演化是一个历史过程，因而文化属于历史现象范畴，文化传统属于历史传统范畴。

“文化”是文化学及文化史研究设定研究对象的主要分析概念。迄今为止，中外学者提出的文化定义有数百种之多，可谓众说纷纭，莫衷一是。在文化学及文化史的学术研究中，“文化”一词的具体用法可以分为三大类型：第一种类型涵盖并泛指一切人类创造物，包括以物质产品形式存在的创造物（物质文化）和以精神产品形式存在的创造物（精神文化），亦即许多学者所说的“广义的文化”或“多义兼容的文化”；第二种类型是特指以精神产品形式存在的人类创造物，将与精神文化相区别的物质文化排除在外，亦即许多学者所说的“中义的文化”或“狭义的文化”；第三种类型是不同文化学派依据各自的研究旨趣而设定的研究对象，如传播学派、历史地理学派、文化史观学派、功能学派、结构学派、符号学派均设定各自的文化定义，这些定义或多或少地将某些人类创造物排除在文化现象之外。

一般说来，第一种类型的用法更贴近西语“文化”（culture）的本义，也更符合大多数人的实际用法。只要大致翻检一下当下各种有关文化的文章，就可以发现“文化”一词的指称对象波及一切人类创造物。与此相应，只要是人类创造物都会有人称之为文化。导致这种现象的原因其实很简单：历史上没有任何一种物质文化不是精神文化的产品，典型例证是袁隆平院士主持的超级稻育种及其知识产权，堪称以科学精神及科研成果改造自然的典范。许多物质形态的人类创造物被注入了价值观念，典型例证是北京故宫建筑及其布局是依照儒家的帝王观念及等级观念而设计的，堪称帝王的文化符号。就连某些人群对自然现象的评说也属于价值观念范畴，典型例证是《周易》的“天尊地卑”及“天行健”和“地势坤”，其实质是将等级观念注入天地，然后反过来用“天人合一”及各种自然现象论证等级制度符合“自然之理”。由此可见，物质文化与精神文化的区别是相对的，前者大多属于内隐的文化，后者大多属于外显的文化，这两类文化往往相互依存，相互转化，典型例证是中国的皇帝制度将儒学的制度化和制度的儒学化结合为一体。“文化的实质性含义是‘人类化’”。[①]无论是纯粹的人类精神现象，还是人类化的“第二自然”现象，凡是人类超越本能的创造性的活动及其产品都属于文化范畴，每一种人类创造物都是一种具体的文化。简言之，“文化”一词可以涵盖一切人类创造物。因此，最合理的文化定义是：人类创造物的统称和泛称。

人类创造文化的根本目的是为了生存与发展，凡是对一定时期的人类生活有重要意义的文化创造都会出现世代传承现象，于是“传统”成为文化学及文化史研究的重要分析概念之一。与现代汉语“文化”的主要词义来自西语“文化”一词一样，现代汉语“传统”的主要词义也来自西语“传统”一

① 冯天瑜、何晓明、周积明：《中华文化史》，上海人民出版社1990年版，第26页。

词。西语“传统”（tradition）是指事物的世代传承，并含有围绕一个或若干被世代传承的主题而形成不同变体的时间链条的意蕴。因此，西语“传统”又是西语“文化”（culture）的一个组成部分和一种存在形态，含有“文化传统”及“传统文化”的意蕴。换言之，传统是一种与文化伴生的历史现象。文化、传统、历史是全面认识传统的三个关键词。

古代汉语既有“文化”一词，也有“传统”一词，而词义都与西语有重大差异。在古代汉语中，“文化”是指一种统治方式，“传统”主要指地位及名号世代承祧统绪，二者不存在联袂组词的可能性，因而没有也不可能有“传统文化”和“文化传统”的提法。严格地说，文化学及文化史研究所使用的文化、传统、传统文化、文化传统都属于汉译并有所改造的外来语。

一种文化一旦发生世代传承现象，便可称之为“传统文化”或“文化传统”。从实际内容看，传承过的文化就是传统文化，文化的传承就是文化传统，因而传统文化与文化传统可以作同义词使用。从汉语习惯看，传统文化与文化传统有语感的差别，“传统文化”一词以“传统”为“文化”的定语，强调“文化”的某种存在形态或历史类型，有将传统文化与当代文化相区别的意味，通常被理解为曾经有过的文化，可以指称历史上各种具体的文化现象，包括传统的各种变体，而“文化传统”一词以“文化”为“传统”的定语，强调“文化”的传承属性，乃至有将古今文化贯通一体的意味，通常被理解为现今依然传承乃至将来也会传承的文化的核心或精要的部分，这就有意无意地将许多失传的文化现象和一些看似不重要的文化现象排除在外。从学术辨析看，许多学者主张将“传统文化”与“文化传统”区别开来；许多学者将传统文化定性为“死的”，将文化传统定性为“活的”；许多有关中国文化传统的宏论甚至将“保守文化传统”与“守望精神家园”相提并论。

传统是相对稳定的社会结构、社会形态及生活方式的产物。一般说来，人类群体传统与人类相始终；社会形态传统与特定的社会形态相始终；生活方式传统与特定的生活方式相始终。因此，唯有那些适用于任何时代的人类社会的人类群体传统可以永远传承，而那些仅仅适用于特定社会形态的社会形态传统和仅仅适用于特定生活方式的生活方式传统不可能超越特定的社会形态和特定的生活方式而永远传承。

显而易见，传统文化研究的关键是文化传统研究，即通过研究历史上形形色色的具体文化现象及其成因和演化历程，抽绎那些核心及精要的内容，认识传统文化中最具根本性和稳定性的东西，判断其本质属性，鉴识其优劣善恶，评估其历史价值，论说其现代意义，以期充分利用传统文化所提供的资源，为构建现代社会的新文化和新传统服务。因此，鉴识传统文化和文化传统是中国思想文化史研究的关键之关键。

文化传统的主要属性就是历史性。通观各种文化现象的生成及文化传统的演化，可以发现文化具有与生俱来的保守性、开拓性、革命性。保守性主要表现为文化现象及文化传统具有的稳定性。凡是对一个时代、一个地域、一个群体具有现实意义的文化，总会被人们以复制仿造、修习体认、遵守践履等方式予以传承。一种文化一旦长期世代传承便会形成文化传统。开拓性主要表现为改进文化所导致的文化现象及文化传统的流动性。人类从来不满足于既有的生存状况，而实现发展的最便捷的方式之一是改进文化，这种开拓性的行为势必导致文化现象及文化传统处于变动不居的流动状态。任何文化传统都不会一成不变，因而文化传统的流动性是绝对的，稳定性是相对的。革命性主要表现为创新文化所导致的文化现象及文化传统的变异性。文化创新可以使某一种文化体系提升整体素质以保持活力，更加契合某一群体生存与发展的需要。文化创新活动具有革命性，人类的创造性活动势必推动文化的新陈代谢，甚至会颠覆一种文化传统，典型例证是社会形态的变革所导致的社会关系、生活方式及核心价值观的质变。文化具有不断创制、与时俱进、推陈出新、除旧布新的特质，这种特质甚至可以用喜新厌旧来形容。创造新的文化，变革不适用的文化传统，甚至创建新的文化传统，乃是人类社会最具普遍意义和积极作用的文化传统。这就注定了一切文化传统都具有历史性，包括生成的历史性、传承的历史性、变异的历史性和消亡的历史性。正是由于文化传统的这种属性，没有任何一种文化传统的具体形式的变体可以与人类社会相始终。

文化研究者往往关注文化传统的稳定性，甚至用“文化之根” 或“文化基因”等词汇夸大文化传统的历史价值及现代意义。实际上，文化的本质是创新，这是由人类社会的生存与发展的实际需要所决定的。正是由于这个缘故，文化传统总是表现为某一主题的不同变体的时间链条，文化传统的断裂和消亡也是司空见惯的历史现象。从文化传统的总体演化过程看，决定文化创制的是文化的革命性，没有创新就没有新文化及新传统，其实文化的本源就是人类始祖重大创新的产物并导致人类与动物相区别，第一个人类个体才是包括中华民族在内的全人类的文化之根；决定文化传承的是文化的保守性，没有传承就无法形成文化传统进而保持社会形态的相对稳定；决定文化改进的是文化的开拓性，文化传承通常伴随着或多或少的改进，人类从来没有一成不变的传统。历史事实告诉我们：持续不断的文化改进和文化创新，迟早会导致文化传统在某一节点发生质变。在社会形态发生变革的时期，社会关系、生活方式、核心价值观都会发生翻天覆地的变化，并以新的文化传统取代旧的文化传统，在这种情况下，文化的革命性又成为至关重要的决定性因素。这就是说，与其将文化传统视为一种永恒不变的根、魂或基因，不如将文化传统视为一个淘汰旧文化、剪除劣根性、改变老观念、转换新基因的自我更新的历史过程。文化传统是一种极其复杂的人类现象和社会历史现象，如果将其与相对简单的植株生长、江河川流或生物进化及遗传基因相互类比，很容易误导人们的历史认识。

在具有一定盲目性的“文化热”的驱动下，为数众多的中国学者有意无意地接受了西方主流学术的文化决定论，文化、传统文化、文化传统等词汇均被他们滥用，许多用法在形式逻辑上就是行不通的。典型例证之一便是将这些词汇当作褒义词使用，“弘扬中国传统文化”和“保卫中国文化传统”等违背形式逻辑的提法可谓司空见惯。实际上，文化与传统都是中性词，中国传统文化和中国文化传统也都是中性词。传统文化和文化传统既有好的，也有不好的。许多传统文化和文化传统甚至将精华与糟粕杂糅在一起。即使在一定历史时期堪称优秀的传统文化，在现代社会也可能丧失予以弘扬的必要性。我们必须清醒地认识到：传统文化是一个大筐，势必良莠杂陈，鱼龙混杂。文化传统的复杂性则更胜一筹。

文化传统亦即历史传统，历史传统亦即文化传统。历史是人类社会的过去时，凡是已经发生的都是历史，包括当下的现实社会。作为过去与现在的总合，历史还将深刻地影响未来。一般说来，人类的文化是历史的，人类的历史是文化的，文化与历史都属于历史范畴，历史性是文化传统和历史传统的共同属性。“历史”是一个典型的中性词，人们大多不会滥用。在文化决定论泛滥一时的大背景下，在“文化”及“传统文化”和“文化传统”等分析概念已经被滥用的情况下，用“历史传统”解读“传统”并定义“文化传统”，既有利于客观、全面、准确地认识文化传统，又可以避免学术判断出现形式逻辑的混乱。

二、中华优秀传统特有的历史属性

哪些文化传统属于中华优秀传统？这是学术界争论的焦点之一。许多学者采用罗列古代名言的方式“弘扬传统文化”，一些学者甚至将“儒学”视为中华优秀传统的代表，于是众多曲解历史、伪造文化的说法误导了人们的历史认识。当务之急是依据中华优秀传统特有的历史属性，为科学鉴别、正确判定、恰当表述和标示中华优秀传统提供理论依据和主要尺度。

文化传统是一种历史现象。无论文化，还是传统，都有优劣之别、精华糟粕之别、先进落后之别，那些与社会形态及其核心价值观密切相关的文化和传统还会有善恶之别。优秀传统必须具备优质、精华、良善、先进的特质。因此，优秀传统是具备特有历史属性的历史现象，而这些特有历史属性共同构成判定优秀传统的标准。一般说来，优秀传统所特有的历史属性可以概括为历史现象的实在性、承继关系的真实性、历史作用的积极性、现实意义的可靠性、文化价值的普遍性的总和。唯有同时具备这五种历史属性，才是名副其实的优秀传统。

优秀传统必须具有历史现象的实在性及历史传统的实在价值。实在性，即人们陈述某种历史传统的主要事实依据确实曾经在历史上客观存在过。历史现象的实在性决定了历史传统的实在价值，亦即传统的历史源头和传统的变体及变体所构成的时间链条是客观存在的，其价值是实实在在的。一般说来，实在性及实在价值是判定优秀传统必备的标准之一，唯有曾经客观存在的传统才是名副其实的历史传统，唯有名副其实的历史传统才有资格参与优秀传统的评判。

与实在的传统相对立的是虚构的传统。虚构的传统，即人们陈述某种历史传统的主要事实依据是历史上不曾存在的，因而所谓的历史传统或多或少具有虚构性。文化及文化研究都是极其复杂的精神现象，而历史记载及历史评说往往深受文化因素的影响，特别是人们的认识能力、价值取向和主观意图的影响。既然历史记载及历史评说存在实在的与虚构的之别，那么传统也可以判分为实在的传统与虚构的传统两大类，传统的价值也有实在的与虚构的区别。凡是虚构主要事实而构建的传统可以一票否决，都没有资格入围优秀传统。在鉴别和评判传统时，我们必须坚持打假，对虚构传统的做法毫不留情。

虚构传统的典型例证是许多现代崇儒者所谓的“孔孟民主”传统，其主要事实依据纯属虚构。在中国古代，“孔子尊君”，这是朝廷之定见、儒者之定论和世人之定评。“孟子尊道”，而无害于尊君，孟轲之学有功于名教，这是众多儒者及帝王将相的定评。帝制及礼教覆灭之后，又冒出来的一种前无古人的新说法，即“孔孟民主”，其主要依据是孔孟大儒讲究天人相通、立君为民、民惟邦本、天下为公、民贵君轻。还有众多现代崇儒者声称孔丘主张社会主义或自由主义。然而，只要大体考察一下《论语》和《孟子》所论证和维护的制度法则，就会发现其君权天赋、王权至上、尊者专制、卑者服从的政体设计完全符合“君主专制制度”的定义。只要大体考察一下历史过程，就会发现从三代至明清，天人相通、立君为民、民惟邦本、天下为公、民贵君轻始终是统治思想及官方学说和主流学术的重要组成部分，甚至堪称帝王之制的根本法则。①由此可见，所谓“孔孟民主”传统的源头叙事及主要变体叙事都是虚构的，堪称主观臆断，子虚乌有。

优秀传统必须具有承继关系的真实性及历史传统的真实价值。真实性，即对一种历史传统的承继关系的陈述是真实的。承继关系的真实性决定了历史传统的真实价值。一般说来，真实性及真实价值是判定优秀传统必备的标准之一，唯有真实的传统才是名副其实的历史传统，唯有名副其实的历史传统才有资格参与优秀传统的评判。

与真实的传统相对立的是伪造的传统。伪造的传统，即对一种历史传统的承继关系的陈述是伪造的。人类常常为了某种特定的目的而伪造某种世系的、技艺的、学术的、思想的传承关系，这也是一种司空见惯的文化现象，这种文化现象还往往经过世代传承而成为一种传统。既然承继关系有真实与伪造之别，那么传统也可以判分为真实的传统与伪造的传统两大类，传统的价值也有真实的和虚伪的区别。凡是承继关系出于伪造的传统可以一票否决，都没有资格入围优秀传统。在鉴别和评判传统时，我们必须正本清源，揭露伪造传统的虚妄。

伪造传统的典型例证是一些现代崇儒者所谓的“中华道统”，其主要内容纯属捏造。现存《文子》有“道统”一词。最先明确以“道统”论说儒学传统的是朱熹，而道统论的思维方式为儒学传统所固有。历史上出现过两种儒学传统，一种是客观存在的历史过程所形成的儒学变体的时间链条，另一种是历代儒者伪造的传承圣王之道及圣人之学的儒家道统。伪造道统的历史过程主要经历了四个阶段：第一个阶段旨在伪造儒家道统的源头，主要造假者是以孟轲为代表的先秦儒者。他们“祖述尧舜，宪章文武”②，编造完美无缺的上古的圣王之道、盛世景观及圣王统绪，渲染孔丘传承圣王之道的特殊贡献，虚构了儒家道统的雏形。第二个阶段旨在伪造儒家宗师的道统地位，主要造假者是以董仲舒为代表的汉代儒者，主要推动者是汉代皇帝。汉儒神化孔丘，声称孔子感天之灵而生，赞天地之化育，删定六经，为汉家制法，因而孔子堪称功比尧、舜、文、武的“素王”，孔丘之学堪称“圣学”。经朝

① 参见张分田：《中国学术界一个集体性的重大历史事实误判》，《史学月刊》2016年第9期。

②《礼记》卷三一《中庸》。

廷认可，孔丘在儒家道统的特殊地位得以确定。第三个阶段旨在伪造儒家道统的传承统绪，主要造假者是以韩愈、朱熹为代表的一批儒者。汉魏以来，孟轲的地位持续提升。许多儒者尊孟轲为"亚圣"，"孔孟之道"一词也成为儒学的别称。韩愈编造了一个道的传承统绪，即尧、舜、禹、汤、文、武、周公、孔、孟。于是儒家道统论初具规模。朱熹不仅彻底否定春秋以来的政治发展，而且大幅贬低孟轲以后的儒学发展，他借助编造孔孟道统的传承统绪，抬高周敦颐、程颢、程颐、张载在儒学传统中的地位，完成了虚构的儒家道统论。朱熹声称：远古之时，圣王合一，尧、舜、禹、汤、文、武、周公道统相传；春秋以降，圣王分离，孔丘开创圣学，颜渊、曾参、子思、孟轲承继道统；孟轲之后，一千余年，道统失传；荀况、毛苌、董仲舒、扬雄、诸葛亮、王通、韩愈，虽然有补于世教，却未能传承"斯道之统"；"周子唱之，二程子、张子推广之，而圣学复明，道统复续"[①]。宋理宗以来，朱熹伪造的道统获得朝廷的认可，皇帝们坚信四书五经堪称"道统在是，治统亦在是"[②]。上述事实表明，所谓道统其实是关于儒学传统的一种主观臆断，即使作为儒学传统，道统也可以定性为虚构与伪造。第四个阶段旨在伪造"现代新儒学"以便将儒家道统接续到现代中国，主要造假者是一批现代崇儒者。他们主张"回到孔孟去"，在现代中国"弘扬儒学"。为了达到特定目的，他们或者声称孔孟道统亦即民主传统，必须恢复"中华道统"，或者主张为儒学添加民主思想，重建"中华道统"。显而易见，所谓"中华道统"将虚构历史事实和伪造承继关系结合为一体，既不具有实在性，也不具有真实性，属于典型的伪传统。

优秀传统必须具有历史作用的积极性及正面价值。积极性，即一种历史传统在历史上所发挥的作用是积极的，堪称经过历史检验的优秀传统。历史作用的积极性决定了历史传统的正面价值。一般说来，积极性及正面价值是判定优秀传统必备的标准之一，唯有历史作用积极的历史传统才有资格参与优秀传统的评判。

与积极性相对立的是消极性。消极性，即一种历史传统在历史上所发挥的作用是消极的。既然历史作用有积极的与消极的之别，那么传统也可以判分为积极的传统与消极的传统两大类，传统的价值也有正面的和负面的区别。凡是历史作用消极的传统可以一票否决，都没有资格入围优秀传统。在鉴别

---

① 朱熹、吕祖谦：《近思录》卷一四《总论圣贤》。

②《圣祖仁皇帝御制文集》初集卷一九《日讲四书解义序》。

和评判传统时，我们必须全面评估历史作用，避免将糟粕当作精华。

消极传统的典型例证是儒学传统的核心价值观部分。在中国古代史上，儒学传统是一种影响极其广泛、深刻、久远的历史传统，其具体的历史作用也相当复杂。一般说来，至迟自帝制与儒学相互匹配以来，文化是儒学化的文化，国家是儒学化的国家，社会是儒学化的社会，儒学的主要历史作用可以概括为三点：一是参与构建极富特色的中国古代文明，成为其文化体系的主体部分；二是维护帝制皇权的政治统治，成为支撑国家与社会的等级结构的主要精神力量；三是阻滞政治发展及现代观念的形成，成为导致中国落后于西方的主要精神因素。在一定意义上甚至可以说，中国古代的帝王之制成于儒学，败于儒学。儒学的消极作用主要来自其尊者专制、卑者服从、纲常名教、永恒不变的核心价值观。依据现代价值观评判，儒学传统堪称消极的传统乃至恶质的传统。正是由于这个原因，中华民族伟大复兴的首要步骤就是推翻帝制、颠覆礼教、让孔学儒典靠边站，进而实现中华民族核心价值观的现代化和中国社会的现代化。由此可见，就整体而言，特别是就本质属性及核心价值观而言，必须将儒学传统排除在中华优秀传统之外。

优秀传统必须具有现实意义的可靠性及继续传承的应然性。可靠性，即一种历史传统在现代社会可以继续发挥切实有效的积极作用，理应大力弘扬并传承下去。现实意义的可靠性决定了继续传承的应然性。一般说来，现代意义的可靠性及继续传承的应然性是判定优秀传统必备的标准之一，唯有现实意义积极可靠、理应大力弘扬的历史传统才有资格参与优秀传统的评判。

与可靠性相对立的是不可靠性。不可靠性，即一种历史传统或者无法在现代社会继续传承，或者不应弘扬于现代社会，或者在现代社会的实际作用是消极的，或者被赋予的现实意义是不可靠的。既然现实意义有可靠的与不可靠的之别，那么传统也可以判分为可靠的传统与不可靠的传统两大类，传统的现实意义也有可靠的与不可靠的区别。凡是现实意义不可靠的传统可以一票否决，都没有资格入围优秀传统。在鉴别和评判传统时，我们必须全面审视传承一种历史传统的应然性，包括可能性和必要性，切忌简单化地将传统一律视为好东西，甚至夸大传统文化的现代意义。

不可靠传统的典型例证是儒学传统。许多现代崇儒者夸大儒学的现代意义，主张在现代中国恢复儒学传统，甚至将其说成是中华民族伟大复兴的必由之路。这种错误主张必然遭到一批学者的批驳。例如，针对杜维明倡导用儒学解决现代中国乃至当代世界的发展问题，著名历史学家谭其骧提出质疑，他指出：“二千多年来，历史上崇儒的时代很多，但崇儒起过什么作用呢？我看没有。……因此我否认儒学能够起到起衰救弊、导致太平的作用。”在他看来，“儒家思想是历史上的一种思想，我们只能把它摆在思想史中去研究，历史地对待”[①]。

谭其骧的质疑提示我们：许多主张“弘扬儒学”的人不仅有意无意地忽略了儒学传统在现代社会的可靠性问题，而且有意无意地忽略了儒学传统在古代社会的可靠性问题。他们没有注意到或有意掩盖了一个重大历史事实，即儒学也是可以亡国的，中国古代文明就亡于理学化的儒学。

作为一种“新儒学”，宋明理学兴起于宋元，盛行于明清，其一般特征是“同植纲常，同扶名教，同宗孔孟”[②]。他们主张回到孔孟去，承继“道统”，复兴“绝学”，重建“圣学”，以弘扬孔孟之道、推崇四书之学、阐释天人法则、发挥心性之旨、扶植纲常名教、再造王道盛世的方式为国家及民众开万世之太平。张载的一段名言可以概括理学家所服膺的治学理念，即“为天地立心，为生民立命，为往圣继绝学，为万世开太平”[③]。宋元以降，理学长期处于统治思想的地位，无论在朝，还是在野，读书治学者大多是理学传人；无论皇帝、朝臣、地方官，还是基层社会的族长、乡绅，各级政治权力和社会权力的主导者也大多是理学传人。到明清，整个社会高度理学化，越是处于等级结构上层的社会成员，理学化的程度也就越高。然而，历史事实告诉我们：自从理学兴起，无论应对民族内争，还是抵御外敌入侵，深受理学学风濡染的中原政权精英群体始终处于弱势的一方，就连与时俱进、改革变法、富国强兵的欲望和能力都受到精神因素的严重抑制。在皇帝、官僚、士子集体修习孔孟之道、四书之学、性命之旨的读书声中，中国落伍了，中国古代文明衰亡了。中华民族的重新崛起应当归功于儒学的边缘化。群体性的觉醒推动了国家精神要素的全面改造。中华民族伟大复兴靠的不是儒学，这是一个基本的历史事实。夸大儒学的现代意义，指望儒学为当今世界及中国解决它独尊两千多年都未能解决的诸多社会问题，显然是缺乏历史依据和现实依据的。

优秀传统往往具有历史时代的超越性及文化价值的普遍性。超越性，即贯通古今，造福当代，光大未来，不仅在古代社会堪称优秀传统，在当代社会堪称优秀传统，而且在未来社会依然堪称优秀传统，因而可以传承久远并始终发挥积极作用。历史时代的超越性决定了文化价值的普遍性。凡是具有

---

① 谭其骧：《儒家思想与未来社会有关联吗？》，复旦大学历史系编辑：《儒家思想与未来社会》，上海人民出版社 1991 年版，第 14—15 页。

② 黄宗羲：《宋元学案》卷五八《象山学案》。

③《张载集·语录中》。

历史时代的超越性及文化价值的普遍性的历史传统都是当之无愧的优秀传统。这一类传统也必然同时具备历史现象的实在性、承继关系的真实性、历史作用的积极性、现实意义的可靠性。甚至可以说，中华民族优秀传统特指这一类历史传统。

一般说来，方法类的历史传统，特别是科学、技术、工艺、技艺的历史传统大多没有善恶之别，只要人们的生活依然需要，就会持续传承，因而大多具有时代的超越性和价值的普遍性。例如，用火曾经是人类最伟大的科技发明之一，对人类体质的进化和人类社会的进步发挥过关键性的推动作用。随着科技的日益发展，与用火相关的科学技术日益进步，用火的方法也越来越丰富。但是，即使是最简单的用火方法，也有可能在现代社会找到用武之地，不会被高科技手段统统取代，在救险逃生时，就连钻木取火也有现实意义的可靠性。又如，独立思考、实事求是、与时俱进、勇于创新是人类的优秀传统，可以常用常新，与人类社会相始终。

社会政治制度及其价值体系的历史传统，特别是与一种社会形态的核心价值观息息相关的历史传统，大多有时代的局限性，许多传统只在特定社会形态的特定历史阶段具有合理性。例如，在原始社会，当父系社会取代母系社会之后，母系社会的一些历史传统逐渐消亡，特别是与父系社会基本法则及核心价值观格格不入的那一部分，于是与父家长制相匹配的男尊女卑成为主流文化的核心价值观。许多历史传统只在特定的社会形态具有合理性。例如，在西欧地区，当资本主义社会取代封建社会之后，与封建主义核心价值观密切相关的历史传统，有的逐渐退出历史舞台，有的被日益边缘化，有的发生了质的变化，典型例证莫过于自由、平等、民主的新观念和新传统逐渐成为占主流地位的历史传统。现代欧洲的文化体系与中世纪欧洲的文化体系有本质性的差异，而变化最大的是社会政治制度及其核心价值观。核心价值观的变化会导致一种文化体系的质变。这种文化体系的质变类似于生物物种的质变。生命科学研究成果告诉我们：人类与黑猩猩的基因差异不到 2%。看似小差异，实属大区别。98%以上的基因相同决定了人类与黑猩猩大体相似，而不到 2%的基因差异决定了人与猿分属两类物种。从猿到人的演化过程发生了决定物种本质的遗传基因变化。猿人、古人、智人之间的基因差异更小，而体质依然有质的区别。一种文化体系的质变与此颇为相似，即大部分文化要素依然保留，而至关重要的旧的核心文化要素（旧的核心价值观）被新的核心文化要素（新的核心价值观）所取代。这就是说，在社会形态发生重大变化的时候，历史传统中的核心文化要素反而会丧失历史的合理性而退出历史舞台或被边缘化。

与西欧历史传统演变历程相似的是中国的儒学传统。在王权帝制时代，五经四书的尊卑有别、贵贱有等、尊者专制、卑者服从的核心价值观占据统治地位长达数千年之久，构成当时中华民族历史传统的核心文化要素。正是由于这个原因，儒学成为帝制时代的官方学说及主流学术。中国现代社会与中国古代社会的根本区别恰恰在于以民主、自由、平等、法治的核心价值观取代了尊者专制、贱者服从的核心价值观。儒学的核心价值观及其纲常名教等重要载体显然不具有历史时代的超越性及文化价值的普遍性。正是由于这个原因，儒学传统在现代中国既不具有现实意义的可靠性，也不具有历史时代的超越性，在未来的中国也不可能具有这样的历史属性。

杜维明等“现代新儒家”意识到儒学传统所面临的时代困境。为了论证在现代中国和未来中国“弘扬儒学”的应然性，他们提出“返本开新”和“创造性转化”的路径，声称可以从儒学之“本”开出民主之“新”，或者可以将儒学转化成倡导民主的“新儒学”。但是，“本”中原本无“新”何以“开新”？“创造性转化”的提法本身就意味着儒学传统原本没有新观念，转化出的新观念不是儒学传统固有的，所谓“创造性转化”不过是为儒学贴上现代符号。这一类的“返本开新”和“创造性转化”显然纯属历史造假和文化造假，即使为儒学传统添加了民主思想，或为民主思想贴上了儒学符号，也实属虚构的传统、伪造的传统和不可靠的传统。儒学的核心价值观无法超越特定的历史时代，也不具有文化价值的普遍意义，因而现代崇儒者的“返本开新，创造性转化”显然是一个伪命题。试想：剔除了尊者专制核心价值观的儒学还是儒学吗？[①]

一般说来，具有特定的时代性的历史传统往往良莠杂存，那些过时的成分可以归入劣质传统乃至丑恶传统的范畴，将精华与糟粕混交为一体的儒学传统便是典型例证。因此，在现代中国，优秀传统至少要具备现实意义的可靠性和历史时代的超越性。凡是在古代中国、现代中国、未来中国都具有普遍意义的历史传统才是毫无瑕疵的中华优秀传统。如果一种历史传统普遍适用于古今中外，其文化价值就更为珍贵了。简言之，中华优秀传统理应具备曾经的积极性、当下的积极性和未来的积极性。

有一种历史传统可以毋庸置疑地判定为中华优秀传统，即中华民族改造传统、创新传统的历史传统。中华民族之所以生生不息，正是得益于这样的

① 参见张分田：《“返本开新”刍议》，《天津社会科学》2018 年第 1 期。

历史传统。中华民族重新崛起的过程实际上就是一个改造旧传统、创造新传统的过程。中国革命及改革开放是对历史传统及传统文化进行创造性转化和创新性发展的成功范例，其基本途径是：否定旧文明，缔造新文明；转变旧观念，引进新观念；批判旧文化，倡导新文化；超越旧经验，总结新经验；摒弃旧理论，创造新理论；扬弃旧传统，构建新传统。中华民族新的历史传统是颠覆君主专制及孔孟之道，借鉴世界先进文化，开创中华新文明及新文化和新理论的产物，因而同时具备实在性、真实性、积极性、可靠性、超越性这五项优秀传统必须具备的标准。

跨越历史时空、超越特定群体是优秀传统必备的历史属性，也是优秀传统之所以成为优秀传统的根本原因。因此，中华优秀传统必须兼备五项标准。即使确实属于中华优秀传统文化，只要不具备五大标准，也不能归入中华优秀传统范畴。这就是说，凡是篡改历史和造假文化而虚构的历史传统，凡是历史作用消极负面的历史传统，凡是仅属于特定社会形态和历史时代的历史传统，凡是与现代社会法则及其核心价值观抵触的历史传统，凡是在未来社会不能或不应传承的历史传统，都不属于严格意义上的中华民族优秀传统范畴。

综上所述，客观真实、积极可靠和意义普遍是判定优秀传统的三个关键词。符合这三个关键词的中华优秀传统不胜枚举，如自强不息的拼搏精神，实事求是的科学精神，与时俱进的创新精神，以人为本的人文精神，志不求易、事不避难的担当精神，集千古之智的开放态度，立德、立功、立言的人生抱负，宁静以致远的沉稳心态、吃苦耐劳的生活态度、任劳任怨的牺牲精神、勤俭节约的朴素作风，等。

三、不应为中华优秀传统贴上局限性较大的符号

如何正确地表述中华优秀传统？这是一种严肃的学术课题。笔者认为，关键是要恰当区分优秀传统与传统载体的关系。一种传统可以有许多变体，这些变体都是传统载体，而传统载体大多有一定的局限性，未必可以与中华优秀传统画上等号，如道教包含科学成分，许多科技发明出自道士之手，而道教不是科学，古代科学技术大多也不是道教发明的，因而“道教”无法标示中华民族的科技传统。一般说来，凡是用有局限性的传统载体标示中华优秀传统的做法都是不恰当的。

以“儒学”符号为例，儒家学派上承春秋以前的统治思想及主流文化，下开战国以降的统治思想及主流文化，因而成为中华民族主体民族——汉族

的历史传统的重要构成和主要载体。于是许多学者想当然地用"儒家"及"儒学"标示中华优秀传统，这种做法是错误的。

第一，"儒家"及"儒学"无法标示中华民族优秀传统。中华民族由为数众多的民族汇聚而成，迄今依然有56个民族之多，各民族的信仰及传统有明显差异，而儒学传统主要是汉族传统。因此，中华民族优秀传统不应用"儒家"及"儒学"标示。

第二，"儒家"及"儒学"无法标示汉族优秀传统。在儒家学派形成之前，华夏族群有数千年的文明史，历史传统源远流长，儒者不是优秀传统的开创者。汉族形成以来，民族群体内部始终存在为数众多的意识形态类型、宗教信仰类型和思想理论类型，儒学传统仅仅是汉族传统中影响最大的一种。汉族传统的许多优秀成分不以儒学为载体，儒学所承载的优秀成分也大多不专属于儒学，如以人为本、与时俱进、天下为公等。在现代中国，汉族的大多数秉持现代价值观或信仰各种宗教，他们不信奉儒学，甚至不了解儒学。因此，汉族的优秀传统不应用"儒家"及"儒学"来标示。

第三，"儒家"及"儒学"无法标示儒学中的一些优秀传统。众所周知，儒家学派，门户繁多，流派丛杂，变化纷纭，概括儒学的特征并非易事，因而用"儒家"及"儒学"做出的全称判断几乎都是错误的，如"儒家反霸道"的全称判断会导致将孔丘、荀况、陆贾、董仲舒、桓谭、王通、李觏、司马光、陈亮、陆九渊等历代名儒排除在"儒家"之外。[①]儒学中的一些优秀传统，如天人相分、天道自然、实事求是、批判虚妄、厚今薄古、改制变法等，只属于儒家的少数流派或一些个体，而主流儒学是否定、排斥或贬低这些优秀成分的。唯有明确地指出这些优秀传统专属于哪一种儒学或哪一些儒者，才可以避免误导人们的历史认识。因此，那些仅由部分儒者传承的优秀传统不应笼统地用"儒家"及"儒学"标示。

第四，"儒家"及"儒学"无法标示儒学传统中具有普遍意义的成分。社会价值体系的历史传统的载体往往将精华与糟粕杂糅，儒家及儒学是典型例证。例如，自强不息是人类社会及中华民族优秀传统，而"自强不息"的汉语表达方式最先见于《周易·乾卦》的"天行健，君子以自强不息"。依据现代科学成果衡量，"天行健"不是正确的知识，而是古代儒者将等级观念强加给天地万物等各种自然现象的产物。依据现代社会观念衡量，"天行健"不是

---

① 参见张分田：《"儒家讲王道，法家讲霸道"的说法违背史实》，《天津师范大学学报（社会科学版）》2015年第6期。

正确的思想，而是古代儒者论证并宣扬等级制度一般规定性的理论依据。[①]又如，《孟子》的“民贵君轻”包含着具有普遍意义的政治法则。但是，这种思想以实行王权至上、尊者专制为前提，始终是帝王之制的统治思想和根本法则，也并非儒家所独有。[②]唯有明确地指出这些具有普遍意义的成分是如何存在于儒学中的，以及如何将其与儒学的本质属性区别开来，才可以避免误导人们的历史认识。因此，就连出自儒者文献、具有普遍意义的优秀传统，通常也不宜用“儒家”及“儒学”标示。

第五，“儒家”及“儒学”无法标示现代中国的核心价值观。近代以来，中华民族历史传统的核心要素发生质变，民主、自由、平等、法治逐渐成为大多数人的核心价值观。典型例证是古代的“以民为本”与现代的“以民为本”有本质的差异。在中国思想史上，社会主义的“以民为本”是对马克思主义的一种民族表达方式，其民主、自由、平等、法治的核心价值观与儒家的“以民为本”的尊者专制核心价值观没有继承关系。近年来，许多人倡导以“弘扬儒学”的方式弘扬社会主义核心价值观，一些人甚至主张“儒化马克思主义”，并将其说成是马克思主义中国化的必由之路。然而，马克思主义的核心价值观与儒家学说的核心价值观相互对立，无法兼容。《共产党宣言》的主题和主旨就是批判旧传统，创建新传统，即“共产主义革命就是同传统的所有制关系实行最彻底的决裂；毫不奇怪，它在自己的发展进程中要同传统的观念实行最彻底的决裂”[③]。由此可见，只有那些既不了解马克思主义的本质，也不了解儒家学说本质的人，才会提出“马克思主义儒学化”的愚蠢主张。因此，用“儒家”及“儒学”标示社会主义核心价值观的做法是荒谬绝伦的。

四、标示中华优秀传统的十项原则

作为中华民族一些历史传统的变体，儒家学说长期处于帝王之制的统治思想、官方学说及主流学术的地位，这就势必导致中华优秀传统的一些成分注入了儒家或儒学的一些类型，儒家或儒学的一些类型因而成为中华优秀传统一些成分的载体。但是，儒家及儒学的本质属性只能用“专制”二字判定，这种变体不仅将精华与糟粕杂糅为一体，而且最终导致中国古代文明的衰

① 参见张分田：《“天行健”及“地势坤”不是中华优秀传统文化》，《天津师范大学学报（社会科学版）》2015年第1期。

② 参见张分田：《中国学术界一个集体性的重大历史事实误判》，《史学月刊》2016年第9期。

③ 马克思、恩格斯：《共产党宣言》，中央编译出版社2005年版，第45页。

亡，让儒学的边缘化甚至成为推动中华民族重新崛起的关键性措施和主要精神因素。因此，儒学无法与中华优秀传统直接画上等号，更没有资格代表中华优秀传统。依据上述思考，以“儒家”及“儒学”为例，笔者归纳了标示中华优秀传统的十项原则。

第一项基本原则：凡是与人类社会相始终的优秀传统，一律不应以“儒家”及“儒学”标示。例如，重视礼仪是与人类社会同时产生并为世界各民族所共有的优秀传统。世界上哪一个民族没有自己的礼仪体系？因此，我们切忌夜郎自大，将“礼仪之邦”视为仅仅属于中国的和儒家的。

第二项基本原则：凡是具有世界性的优秀传统，一律不应以“儒家”及“儒学”标示。例如，从全球视野看，“以民为本”是世界各地的早期国家普遍存在的思想现象，并被政治学界称作“国家伦理”，“民惟邦本”是这种思想的汉语表达方式，中国也不是最早提出这一类思想的国度。因此，我们切忌夜郎自大，将“以民为本”视为仅仅属于中国的和儒家的。①

第三项基本原则：凡是中华民族所共同拥有的优秀传统，一律不应以“儒家”及“儒学”标示。例如，生活在中国大地的各个民族都有尊敬父母的优秀传统，这一类亲子规范也是世界各民族的优秀传统。实际上，“孝”是一个历史范畴，无论在世界历史上，还是在中国历史上，将亲子之孝、宗法之孝、政治之孝扭结为一体的“儒家之孝”都是糟粕较多的一种，也是专制属性最强的一种。②因此，我们切忌夜郎自大，将“孝”视为仅仅属于中国的和儒家的。

第四项基本原则：凡是儒学产生以前形成的优秀传统，一律不应以“儒家”及“儒学”标示。例如，“和而不同”出自《论语》并标明“子曰”。然而，这种思想至迟在西周末年便产生了。《国语·郑语》记载的伯阳父论顺“和”弃“同”，《左传·昭公二十六年》记载的晏婴的“和同”论，都是重要证据。显而易见，“和而不同”不是孔丘首创的。实际上，这一类思想也是世界性的，“和而不同”只是其汉语表达方式的一种。因此，我们切忌夜郎自大，将“和而不同”视为仅仅属于中国的和儒家的。

第五项基本原则：凡是先秦诸子共有的优秀传统，一律不应以“儒家”及“儒学”标示。例如，由“立君为民”命题引申出来的“民重君轻”命题包含一些具有普遍意义的成分，乃是华夏先民政治智慧的结晶。这种思想的产生时间不晚于商朝，到春秋战国已经广泛传播；先秦诸子大多阐释这一类

---

① 参见张分田：《华夏先民认识国家权力公共属性的思想进程》，《天津师范大学学报（社会科学版）》2016年第1期。

② 参见张分田：《价值重建时代传统“孝”文化之再检视》，《天津社会科学》2015年第1期。

思想并做出各自的理论贡献；汉唐以来，各种政治思想流派都认同并倡导这一类思想，乃至成为遍及君、臣、民三大政治等级的政治价值共识。[①]因此，我们切忌将“民重君轻”命题视为仅仅属于儒家的，更不要为其打上“儒家”及“儒学”乃至“孟轲”的标签。

第六项基本原则：凡是比儒学更好的优秀传统，一律不应以“儒家”及“儒学”标示。例如，“天人合一”中尊重自然规律、注意环境保护的内容具有普遍意义。然而，儒学的“天人合一”主要用于论证等级法则、三纲五常、君父专制的合理性和绝对性，而这一类思想纯属糟粕。相对而言，老聃、庄周的“天人合一”和柳宗元的“天道自然”要更好一些。因此，我们切忌将儒家的“天人合一”视为优秀传统，更不要为尊重自然规律的优秀传统打上“儒家”及“儒学”的标签。

第七项基本原则：凡是只属于部分儒者的优秀传统，一律不应以“儒家”及“儒学”标示。例如，“实事求是”一词出自《汉书》，用于描述西汉河间献王刘德的治学特点。以东汉王充为代表的一些儒者堪称传承实事求是传统的典范。但是，就总体而言，儒家学派及儒家学说是违背实事求是精神的。孔丘的“春秋笔法”堪称篡改历史的典型，唐代著名历史学家刘知几就曾一针见血地指出这一点。缺乏求真、务实、变革的精神是孟轲之学的大弊，如孟轲质疑武王伐纣、血流漂杵的历史记载，声称“以至仁伐至不仁”[②]可以兵不血刃；为了张扬“仁政”，抨击“霸政”，孟轲将春秋之时的历史涂成一片漆黑，彻底否定一批旨在推动社会变革的措施；为了论证“仁者无敌”，他竟然异想天开地声称：只要魏惠王推行仁政及教化，便可使百姓“制梃以挞秦、楚之坚甲利兵矣”[③]。继承“春秋笔法”及孟轲之学的儒者都违背了实事求是的精神。因此，我们切忌为实事求是的优秀传统打上“儒家”及“儒学”的标签。

第八项基本原则：后儒创造性发展的优秀传统不应以“儒家”及“儒学”标示。例如，明清之际的大儒王夫之论证与时俱进、改革更易的必要性和必然性，他批评群儒不察世易时移、及时变法的道理，言必称二帝三王，厚古薄今，泥古过高。在他看来，“洪荒无揖让之道，唐虞无吊伐之道，汉唐无今日之道，则今日无他年之道者多矣”[④]。据此，王夫之主张每一个时代均应

① 参见张分田：《民本思想与中国古代统治思想》上、下册，南开大学出版社 2009 年版。

②《孟子》卷一四《尽心下》。

③《孟子》卷一《梁惠王上》。

④ 王夫之：《周易外传》卷五《系辞上传第十二章》。

因时因地制宜，不应盲目崇拜、一味效仿任何一种在历史上曾经取得成效的方略、制度、法令、政策。这种思想与群儒之学有重大差异，却继承发扬了中华民族与时俱进、厚今薄古的优秀传统。因此，我们切忌为这一类优秀传统打上"儒家"及"儒学"的标签。

第九项基本原则：凡是引进外国文化形成的优秀传统，一律不应以"儒家"及"儒学"标示。例如，近代以来，中华民族引进了大量世界各民族的优秀文化，现代中国的科学与民主传统便是由此而形成的。然而，与历史上许多地区性优势民族一样，中国有一个将自信与自卑混交在一起的历史传统，即自诩为文明的中心并蔑视其他国家的文明。这种错误观念源远流长，根深蒂固。在先秦，中原族群自诩"中国"及"礼仪之邦"，将周边民族统统视为戎、狄、蛮、夷，斥之为流放于蛮荒之地的罪犯后裔，没有人性、不懂礼仪的禽兽，甚至贬低相继崛起的楚、秦等华夏同宗的文化及人格。佛教传入中国后，一些人编造"老子化胡成佛"之说，声称佛教是老子创造并传到国外的。早期西洋传教士对当时中国人的三大负面印象便是：只怕皇帝，只爱钱财，蔑视他国文明。蔑视他国文明的主要表现之一便是认为天下最好的文化都是中国圣人创造的，其他国家的居民都是极端野蛮无知的未开化民族。清朝的社会精英普遍相信"西学中源"论，就连试图将西欧文化与中国文化结合起来的康熙皇帝也不例外。自诩"天朝上国"的乾隆皇帝也只能留下笑柄。[①]步入现代以来，众多现代崇儒者声称《尚书》有"民约遗意"，《孟子》为"世界民主论之先驱"，还有一些人甚至认为五帝三王之时中国便有自由主义、民主主义、社会主义。近年来，这一类学风大有盛行的趋势。正如梁启超所指出的：这种做法犹如采撷隔墙桃李之繁葩，缀结于自家杉松之老干，混淆名实，自鸣得意。它极易导致不良后果，主要有二：一是那些牵强附会之说会遮蔽人们的眼光，从而"不复追求其真义之所存"；二是那些混淆名实之说会强化人们自满之习，"而障其择善服从文明"。正确的做法是："吾诚爱桃李也，惟当思所以移植之，而何必使与杉松淆其名实者。"[②]凡是名副其实的文化自信者，都不会为了美化民族传统，而将舶来的观念说成是中国所固有的乃至中国所输出的。因此，我们切忌为引进的和嫁接的新文化、新思想、新传统打上"儒家"及"儒学"的标签，更不应为中国传统文化包括儒家及儒学涂抹现代油彩，贴上现代符号，号称中国文化古已有之。

---

① 参见冯尔康：《清朝前期西洋传教士笔下中国人性格与中国政体》，《天津师范大学学报（社会科学版）》2016 年第 5 期。

② 梁启超：《清代学术概论》，上海人民出版社 1998 年版，第 88 页。

第十项基本原则：凡是现代中国人开创的优秀传统，一律不应以“儒家”及“儒学”标示。例如，中国特色社会主义理论在形成过程中借鉴了众多国外的和传统的文化资源，而其主体和精要是现代中国人在总结中国革命及改革开放经验的基础上提出的。中国现代化的途径及其理论甚至被一些西方学者称作“颠覆性的案例”，亦即古今中外亘古未有，无法用现成的理论解释。这一类现代中国人开创的前无古人的优秀传统还有很多。创新文化，改造传统，这是人类社会最宝贵的历史传统。越是能将这种优秀传统发扬光大的民族，其生机就越蓬勃，其前程就越光明，其传统就越久远。人类的一切创新都是在前人的基础上完成的，总会或多或少借鉴前人提供的文化资源。然而，无论是创造性转化的、创新性发展的，还是自主发明创造的，新的就是新的，没有必要为新事物贴旧符号，做出混淆名实、以假乱真、指鹿为马的蠢事。因此，我们切忌为中华民族的各种新文化、新思想、新传统打上“儒家”及“儒学”的标签。

五、“允公允能，日新月异”具有创新中华优秀传统的意义

历史事实告诉我们：以“日新”精神为精髓和灵魂的“新·公·能”是中华民族源远流长的历史传统的核心要素；中华民族世世代代都有传承“新·公·能”历史传统的卓越人才；中华民族的生生不息得益于“新·公·能”历史传统的积极作用；“新·公·能”历史传统是中华民族伟大复兴的精神动力；“新·公·能”历史传统与中华民族相伴始终。由此可见，“新·公·能”历史传统完全具备历史现象的实在性、承继关系的真实性、历史作用的积极性、现实意义的可靠性、历史时代的超越性。在各种被说成“根”“魂”“文化基因”的传统文化中，“新·公·能”属于本质优良的“根”，英气丰沛的“魂”，没有缺陷的“文化基因”。由此可见，依据中华优秀传统特有的历史属性及判定标准来衡量，“新·公·能”的历史传统完全符合中华优秀传统定义。

无论从字面上看，还是从阐释上看，南开“允公允能，日新月异”校训的显著特征就是明确地将“日新”精神及“公能”素质整合于一体，完整准确地表达“新·公·能”历史传统并赋予现代意义。因此，南开校训不仅完全符合中华优秀传统的定义，而且具有创新中华优秀传统的意义。南开及其校训是如何继承传统、扬弃传统、改造传统、创新传统的？为什么说南开校训是一个创新中华优秀传统的思想命题？这是以下各章的主要论题。

第三章 "新·公·能"的优秀传统与创校元勋的思想境域

为什么南开校训可以成为中国思想史上一个具有原创性的思想命题？最重要的主观因素是：南开学校堪称"伟人办学"，其创校元勋由一个思想境域达到"新·公·能"高度的群体构成，他们都是弘扬"新·公·能"中华优秀传统的代表人物。其中，南开校父严修、南开创校校长张伯苓不仅是摧毁旧教育、缔造新教育的改革家，而且是批判旧观念、提炼新理念的思想家，集改革家与思想家于一身。他们具备推动教育改革和引领教育思潮的胆识、魄力及献身精神和聪明才智，善于在行动中提炼思想，敢于将思想落实于行动，从而将思想的探索及创新与行动的探索及创新紧密地结合在一起。这就是说，一批弘扬"新·公·能"中华优秀传统的中华民族的优秀子孙，在群体性的探索和创新的过程中，创办了包括南开大学在内的南开学校体系，并在总结教育改革历史经验的基础上，提炼出了南开校训并使之成为中国思想史上一个具有原创性的思想命题。本章重点分析南开创校元勋们的思想境域。

第一节 "南开校父"严修：中国学校教育转型的先驱者

严修（1860—1929），字范孙，亦字梦扶，幼名玉珪，中国著名教育家。历任清朝翰林院编修、贵州学政、学部侍郎等职，曾建议清政府开设选用新型人才的经济特科，主持全国性的教育改革，力主废除科举制度，并创办了以南开学校体系为代表的一系列新式学校，是在中国现代化进程中积极变革旧式教育、大力兴办新式教育的先驱者。

一、钻研新学的科举士子

1860 年 4 月 2 日，严修出生在一个世代盐商的殷实之家。富裕的家庭为严修提供良好的教育条件，他 6 岁入私塾读书，聪颖好学，博闻强记；8 岁通律，9 岁作对子“有声皆在树，无处不惊秋”，老师的评价是“句真惊人”；10 岁师从沈季平读“四书”；14 岁，补郡庠生；17 岁师从举人张绅学习经史；18 岁应院试，补廪膳生。同年，严修结识了博通西学的陈奉周，经常跟他研讨切磋，“深获讲贯之益”。

1882 年，22 岁的严修乡试中举。次年，中进士，选为翰林院庶吉士。1886 年，授翰林院编修，成为直接为皇帝服务的文职官员，是年冬，补国史馆协修。1889 年，任会典馆详校官。翌年，任直隶省乡试试卷磨勘官。

在京供职 8 年期间，严修博览群书，学业大进。他听从老师张佩纶“经学可以从略，通经不足以致用；宜古宜今，有体有用，莫如读史”的教诲，将治学的重点由通经转入通史，注重时务。有人曾评价严修治学之道，“虽曾博览，但以实用为主，受张之诱导盖不鲜也”[①]。他认真研读《史记》《汉书》《国语》《法言》《通鉴》《文选》《绎史》《摭言》《经义述闻》《通鉴纪事本末》《文献通考》《国朝先正事略》《圣武记》《曾文正公文集》《张之洞奏疏》等，致力于“通古今之变，求经世致用”。在小学方面，严修以研读《说文解字》为主，兼及《尔雅》，以文字学立学术之根柢。在子学方面，严修偏爱《荀子》《列子》等，这些书的特点是：“荀为儒之变者，列为道之变者，荀一变而有韩非、李斯，列一变而有黄老、方士，乃刑名而通于黄老也。”[②]

难能可贵的是，在读经、科举的制导下成长起来的严修，从不抱残守缺，故步自封，而是以开放的心态，接受新事物，学习新知识，传播新思想。严修的一段论述可以反映他的治学特点和教育主张，其文曰：

> 总而计之，有当熟读者，有当常看者，有当博备于览者，有当精习者。详者九经、《语》《孟》《近思录》《史》《汉》《韩文选读》，当熟读者也。《通鉴》《明史》《十朝圣训》《经世文编》、西洋格致诸书及近事汇编、岁计政要之类，当常看者也。《通礼》《皇朝三通》《五礼通考》、西洋各式之图，各类之表，当备检者也。古文、算学、化学、洋文，当精习者也。准此为之，十年之后，规模亦略具矣。训诂之学、金石之学、校勘之学，虽不学可也。骈文、古近体诗，不学可也。极而言之，时文、试帖、律赋，不学亦可也。字则小楷最切用，求速求匀，能事毕矣，篆隶

① 严修自订，高凌雯补，严仁曾增编：《严修年谱》，齐鲁书社 1990 年版，第 26 页。

② 张怀安、成卫东主编：《大户人家》（教育家卷），上海社会科学院出版社 2007 年版，第 46 页。

不学亦可也。[①]

在他看来，旧学的许多教育内容，如训诂、金石、校勘、骈文、古近体诗，乃至时文、试贴、律诗，统统“可不学也”。他认真研读《数学理》《数理精蕴》《天文启蒙》等天文学、数学等著作，汲取现代科学知识。在京为官时，严修几乎每天晚上都与陶仲明、王荣卿等人研读和讨论自然科学书籍。任贵州学政时，他请留英学生祁祖彝教授自己英文，直至任满离黔，未尝一日荒废；与李葬田等相互切磋算学，“数年蓄疑，今稍豁然”。辞官居家时，他与张伯苓“互相探讨，至是乃益贯通”[②]。显而易见，严修注重实学，讲究实用，主张兼通中西之学，因而有别于大多数科举出身人。在那个时代的知识分子中，严修的主张契合时代潮流，颇有前瞻性。

二、体制内革新帝制国学的重要推手

1894 年，朝廷举行翰林院、詹事府在职官员的例行考试，严修名列二等，获得奖励。不久，他被任命为贵州学政，担任掌管一州教育行政的最高长官。这一年，严修先后三次受到光绪皇帝的召见，光绪皇帝叮嘱他当“振维新之典，革积衰之弊”[③]。严修南下就职途中，正值中日双方激战之时。从严修日记中可见其一路为战事的焦虑之情，如“十月十九日（11 月 16 日）……接省报，有初十旅顺失守之说。果而，则大沽势在危急，京东一带亦将震动，奈何奈何？私心祷祝，惟冀所传之诬耳，否则大局不堪设想”[④]。

战场失利的消息不断传来，严修知道大清帝国的海军已经岌岌可危了。悲痛震动之余，他开始沉思于实施补救之策。他认定“天下之治乱视乎人才”，选育人才要“敦品励学，讲求实用”。到任伊始，他便开始推行教育维新的措施。主要有以下几个方面：

一是转变学风。晚清时期，学校教育以科举为重心，教育内容空疏无用，教育管理松弛无序，造成学风士风颓败，舍本逐末、贪图近功、弄虚作假、营私舞弊之风盛行。严修上任伊始便发出《观风告示》《劝学示谕》《申明约束》等，以振刷士气、革新风俗。他告诫学子“读有用之书，试以有用之地，

---

① 天津图书馆编：《严修手稿》第 23 册，天津古籍出版社 2011 年版，第 18096 页。

② 陈中岳：《蟫香馆别记》，1933 年铅印本。

③ 严修自订，高凌雯补，严仁曾增编：《严修年谱》，齐鲁书社 1990 年版，第 38 页。

④ 陈鑫整理：《严修日记（1894—1898）》（上），天津古籍出版社 2017 年版，第 39 页。

以成其有用之材”[1]，要以天下为己任，探寻“军国富强之策，民物利病之原”[2]。他勤于政务，经常到各地视察学务，考察士风，考验州县生员，阐发治学要旨。针对“言不顾行，行不能顾言”，“所用非所学，所习非所用”的“方今士之弊”，严修提倡“讲求为学之本，推求读书之实用”，倡导理论联系实际，以“敦品励学，讲求实用”作为选科取士的标准，主张“浮薄傲戾者，名虽久著亦黜之”。考题除帖括之学外，增加时论内容和算学一科，以选拔通晓时务和科技的人才。他大力整饬考务，剔除“通关节”、“枪替”、勒索、贿赂，“枪棚、冒棚、赌棚、镖棚”等积弊旧习。他重视复试，杜绝舞弊，对考生不但笔试，还亲自面试，并深入乡里考察其品行，“以核其真伪”。在担任贵州学政三年间，严修“兴利革弊，为士子表率，启黔省一代读书新风。”严修任满离黔后，贵州学界立“去思碑”与“誓学碑”，称颂他为“经师兼为人师”[3]，“二百年无此文宗”[4]。

二是创办书局。贵州地处西南一隅，交通闭塞，书籍奇缺，士人知识陈旧，精神贫瘠。严修感叹：“好学能义之士，所在多有，惟见闻大陋，志趣不广。每于复试日，叩其所学，皆以不能得书为憾。盖黔省地居边远，运书甚难，虽出高价，且不可得也。”[5]为了尽快改变贵州“士无恒产，家鲜藏书，闻见不宏，志局亦陋”[6]的状况，1896 年 8 月，严修向光绪皇帝请旨设立官书局，得到批准，随即着手筹办。他首先把自己从天津带来的 14 大箱书籍都存于学舍，供学子阅读，并捐银 1000 两作为书局开办经费。严修专门筹措到一套活字版，翻印《数理精蕴》《几何原理》《算学启蒙》《泰西新史揽要》《时事新论》《海国图志》《适可斋纪行》等有关自然科技和社会政治的西学书籍，把新知送到穷乡僻壤。他还参照各省官书局书目和梁启超《西学书目表》，批量购书，转销全省。同时在全省各府、州、县建立图书发行的分支机构，以解决读书难的问题。书局的兴办为贵州学子读书创造了便利，也利于西学的传播和社会文明的提升。民国初年，贵州设公立图书馆，很大一部分书籍便

① 严修：《黔轺信草》，严修自订，高凌雯补，严仁曾增编：《严修年谱》，齐鲁书社 1990 年版，第 99—100 页。

② 陈鑫整理：《严修日记（1894—1898）》（上），天津古籍出版社 2017 年版，第 4 页。

③ 孙熙昌：《严学使范孙去思碑》，严修自订，高凌雯补，严仁曾增编：《严修年谱》，齐鲁书社 1990 年版，第 110 页。

④《蟫香馆使黔日记·徐世昌序》，陈鑫整理：《严修日记（1894—1898）》附录，天津古籍出版社 2017 年版，第 787 页。

⑤ 严修自订，高凌雯补，严仁曾增编：《严修年谱》，齐鲁书社 1990 年版，第 83 页。

⑥ 严修：《蟫香诗钞》（下册），1935 年。

来自官书局。

三是革新书院。明清以来，书院教育积弊丛生，教学内容以八股文、试帖诗为主要课程，对自然科学绝少涉及；教育目标不出科举应试一途，士子们追求功名，而"专究制艺，不务实学"①；学风、士风败坏，甚至许多人专为膏火（津贴）而来，学术志向早已荡然无存。书院陈旧的教育内容和教学方法桎梏着人们的思想，背离了"兴贤育才""黜华崇实"的教育目的。严修深感"近来时局，日新月异，泰西诸学，俱为当务之急。而夜郎旧习，仍持用夏空谈"②。他认为"方今时势，非自强不能自存，非人才不能自强，非讲学不能育才，非合众不能砺学"。为此，严修决心在贵州省城的学古书院，进行教育改革，培养学兼中西的人才。严修先后制定了《学古书院肄业条约》等书院学规，形成了一套较为完善的规章制度。他聘请学贯中西的雷廷珍和懂得西学的郭中广分别担任学古书院的山长与监院，聘请留英学生祁祖彝（字昕轩）为英文教习，又从全省选拔40余名高材生，试以西学，最后录取40名入学，课程中西学兼备，以经史和算学为主，另开设外语、物理、化学、地理、财务等课程。在当时，算学在贵州被视为"绝学"，"本省中求一粗通者，已不可得"。严修专门致信湖广总督张之洞，请他代为聘请懂微积分的算学教习。可惜由于贵州"地边且瘠"，虽出高薪亦无人愿来任教。学古书院正式开学后，仍无算学教师。于是严修便亲自执教，每日至书院，为学生答疑解惑，开启贵州数学教育之先河。正如雷廷珍在《誓学碑缘起》中所说，"而西学则自任其难，孤诣苦心，虽不能为外人道，而亲炙者饮醇醪矣"。严修还订立了算学月考制度，对成绩优秀者予以奖励。为了让学生了解维新思想，严修捐资为书院购进中西学图书80余种，供师生阅读，还订购梁启超主编的《时务报》等报刊，住校学生人手一份。他因捐资置购图籍或发放奖学金，任满还都时，不仅囊空如洗，还负债累累，落得"视学三年，负债八千"之赞叹。严修提倡师生之间、学生之间要自由讨论，互相切磋，对学古书院的生员，更是悉心教诲。他在日记中多有记载，诸如"麻哈周生恭寿，皆有志之士"，"兴义刘生显治字希陶，好古文。笔下有奇气，可望有成"，"欧阳生朝相，治算能知其理而达于词，将来终有成就"，"黄生禄贞，尝以己意造正弦表，绘自行车图，又以纸为地球，界画如法，其于格致学性尤近也"等。学古书院的改革，被视为开贵州新教育之滥觞，培养了一批社会栋梁。严修离

① 璩鑫主编：《中国近代教育史资料汇编·鸦片战争时期教育》，上海教育出版社1990年版，第300页。
② 严修：《上尹琅若师函》，1896年。

任不久，学古书院改为经世学堂，成为贵州第一所新式学校。

在教育实践中，严修逐渐认识到，“帖括之学，固陋闭塞，不足以应世变之穷”，科举制度已经“势处其穷，不得不变”。在他看来，变通书院、添设学堂虽为“更化之始基，自强之要义”，然终究是“道未有尽”。“书院学堂，所以教之者至矣，然以二十余行省之大，四百兆人民之众，其在书院学堂内者，未必所教皆属异才，其在书院学堂外者，未必散居遂无英俊，既多方以成就后学，尤必使有志之士，翕然奋兴，此非迅设专科，布告海内。”他认为，甲午战后朝廷虽然想过一些选才办法，但效果很不理想，种种举措“既无期限，又无责成，设稍存观望之心，即难免遗贤之虑，而且擢用者未及遍晓，则风气仍多未开也；去取者未一章程，则才俊不免沦散也”。严修主张大力推行教育改革，“为今之计，非有旷出非常之特举，不能奔走乎群才，非有家喻户晓之新章，不能作兴乎士气”①。

1897 年 12 月 16 日，在贵州学政即将任满之际，严修冒着极大的风险上书光绪皇帝，奏请开设经济特科。在奏折中，严修反复阐述的中心论题是：时政维新，急需人才，必须打破常规，振兴士气，选拔有真才实学的人才，改变社会风气。

严修建议，新科以“经济”为名，以别旧时之科举，凡是在内政、外交、算学、译学、格致、制造、测绘等有专长之人才，经推荐保送，不问身份、资历，均可参加考试，择优录用，与科举出身待遇相同。在奏折中，严修还对录取名额、考试周期、推荐保送制度、赴考旅费等环节进行了周详的设计。

严修这一主张，在科举之外打开了一条选拔具有西学知识和实际才能的人才之路，是自隋朝实行科举制以来，在人才选拔制度上的重大突破，对改革腐朽空疏的教育制度具有重大的现实意义，故梁启超称之为戊戌新政“最初之起点”。然而，此举引起顽固派的强烈不满，严修的老师兼上司、翰林院掌院学士徐桐甚至将他逐出师门。1898 年 4 月，严修卸任贵州学政回京后，遭到顽固派的打击报复，“翰林院差使悉被免去”，仅挂名编修。光绪皇帝开始实行戊戌变法，但仅百日即告失败。经济特科虽然尚未得以施行就被慈禧太后废止，却开启重大制度改革之先河。这件事足以证明，严修实事求是，思想解放，眼界开阔，见识卓越，敢于担当，勇于变革，为国家利益而不惜牺牲个人利益，是那个时代不可多得的卓越人才，他无愧为弘扬“新·公·能”中华优秀传统的光辉典范。

---

① 严修：《奏请设经济专科折》，陈学恂主编：《中国近代教育文选》，人民出版社 1983 年版，第 82 页。

1901年，清政府遭受庚子之变后，被迫重提改革，其中一项重大变革——彻底废除科举制度，正是源自严修等人对袁世凯的谏言。1905年，严修与卢靖（卢木斋）一同见谒直隶总督、北洋大臣袁世凯，力陈科举之弊，谓非罢废不足以言兴学。袁世凯接受严修的建议，与湖广总督张之洞、户部尚书赵尔巽等联名上奏《请立停科举推广学校并妥筹办法折》。8月，清政府宣布自翌年起废止科举制度，“此为先生（严修）痰呼之力”。卢靖堂弟卢弼在《严公墓碑》中也写道：“数百年锢蔽民智之举，一理廓清，最为愉快。”

从宏观历史过程看，彻底废除科举制度是创建中华新文明第一个取得全面性实效的直接关涉全局的重大步骤，摧毁了帝制及礼教的思想根基和社会基础，而南开校父严修发挥了关键性的历史作用。这是南开人为中华民族重新崛起而做出的第一个直接影响国家全局的重大历史贡献。无论在中国政治史上，还是在中国教育史上，严修都是应当大书一笔的伟人。

多年的思考与实践使严修更加深刻地认识到“中国欲图自强，非变法维新不可，而变法维新，又非从创办新教育不可”。育才救国不能在旧体制内修修补补，而是要重起炉灶，建立新体制，创办新学校。1904年，严修任直隶学校司（同年改为学务处）督办，综理全省学政。上任伊始，严修赴日本学习创办新教育的经验，重点考察日本学校的教学内容、教育方法、教材建设及教育行政管理，广泛听取日本教育界和学界的意见。归国后，他大力倡导新学，先后在直隶创办各级各类新式学堂多处，如天津模范小学、天河师范学堂、北洋师范学堂、直隶高等法政学堂、直隶女子师范学堂等，极大促进了直隶地区教育的现代化。借鉴日本地方教育模式，严修提出在直隶所属各府州县设立劝学所和劝学员，以普及教育。这一制度为全国首创，在直隶试行成功后被推广到全国。《清史稿》评价：“劝学所之设，创始于直隶学务处。时严修任学务处督办，提倡小学教育，设劝学所，为厅、州、县行政机关。仿警察分区办法，采日本地方教育行政及学校管理法，订定章程，颇著成效，三十二年，学部奏定劝学所章程，同行全国，即修呈订原章也。”①

1905年冬，清政府成立学部，任命严修为学部右侍郎。翌年，转学部左侍郎。因学部尚书荣庆协办大学士，还兼任户部尚书，事多顾不及，学部实际上由严修主持全面工作。在职期间，他多有创举。

在教育指导思想方面，1905年严修主持制定“忠君、尊孔、尚公、尚武、尚实”教育宗旨，这是中国第一个由政府明令颁布的教育宗旨，从此中国教

---

①《清史稿》卷一百七《选举志二》。

育初步实现了由传统向现代的转型，开始真正步入现代教育的发展轨道。1909年，严修主持拟订了八年教育计划，这是中国教育开始有国家计划的起点。

在教育行政机构方面，在京师设立督学局，统一管理教育；在各省设提学使司，管理全省学务，办理新式学堂；1907年，设立学部图书局，主管教科书及参考书编辑事宜；1909年，成立京师图书馆，收藏图书典籍。

在教育规章制度方面，1905年拟定学部官制及办事章程、各省学务纲要、教育会章程、外国留学章程、游学生考验章程等。1907年，奏定女学章程，修订大学堂章程，办理游学生考试，拟定视学章程。1908年，筹设大学分科，设经学、法政、文学、医科、格致、农科、工科、商科等学科，设立分科大学，培养专门人才，奏定各级学堂毕业生执照，此为中国新制学校毕业生颁发文凭之始。1909年，奏定变通中学堂课程，分文科、实科，各分主课、通习二类课程，此为中国学校文理分科之始。

在严修的擘画下，一套完整的新型教育体制及行政机构在全中国第一次建立起来。严修“在学部四年有馀，凡百设施，什九出先生之建言，而不见其专僭之迹；事无巨细，劳瘁不辞，勤恳逾于司官”[①]。

1909年12月，因在朝廷“事多掣肘”，严修辞官返乡，自此不复出仕，致力于兴办新式学校和社会公益事业。

三、体制外创办新式学校的著名教育家

在推行新式教育方面，创办南开系列学校是严修的重大贡献之一。1898年，在翰林院无法立足的严修请长假回家，将自家塾馆作为兴办新式教育的基地，在救国图强的道路上继续求索。在严修看来，时艰势危，当务之急在于培养合乎时代发展需要的新型人才。要达此目的，就需另起炉灶，认真学习西方先进的科学文化，采用现代的教育制度、教学内容和教育方法，创办教授新学的新式学校，普及国民教育，培养具有新道德与新能力的现代公民。他“改课程，讲西学”，对家塾进行改革，并为子弟们聘请了一位新学教师——张伯苓。改良后的严氏家馆已经不是只读四书五经的旧式私塾，而是教授现代科学知识的新式私学，开创了天津民办新式学校的最初形式。

严修还是中国现代女子教育的先行者之一。1902年，严修赴日本考察教育归来，在自己家里创办了严氏女塾，开设国文、英文、算术、日文、音乐、

① 严修自订，高凌雯补，严仁曾增编：《严修年谱·弁言》，齐鲁书社1990年版，第10页。

图画等课程，开创了天津女子新式学校教育的先河。他自己的女儿、儿媳以及亲戚朋友的女眷成为第一批学生。他的这一举动，被《大公报》赞为"女学振兴之起点"[①]。时隔 3 年后，严修又把女塾扩容为一所涵盖小学和中学的严氏女子学堂，不仅在天津开风气之先，也是全国较早的正规女子学校之一。任教教师均为当时天津教育界知名人士，张伯苓也在女子学堂任教。女学开设国文、英文、日文、数学、理化、史地、音乐、图画等课程，并将文化知识学习与职业教育结合起来，教授女生缝纫、织布等。在当时的社会环境下，这一举措无疑有益于妇女的经济独立和社会地位的提高。1905 年，严修还开办了"保姆讲习所"，这是全国最早培养幼儿师资的学校，为京津培养了第一批幼师人才。同年，他又参照日本的模式创办了严氏蒙养园（幼儿园），这是中国最早的私立幼儿园之一。

严修被尊为南开校父，是南开学校体系的奠基者。1904 年 10 月 16 日（农历九月初八），严修、张伯苓基于"痛矫时弊，育才救国"的办学目的，以严氏家塾和王氏家塾（王益孙家馆）为基础，成立"私立中学堂"，面向社会招生，这是天津第一所私立中学。

创办大学是严修的夙愿。在南开学校巩固始基之后，严修和张伯苓不忘初衷，积极筹划，尝试创办高等教育，以谋求学校事业的新发展。为了实现筹办南开大学的愿望，1918 年秋，严修赴美与先到的张伯苓等人一起考察美国教育，特别是美国的私立大学。回国后，严修偕张伯苓四处奔走，为南开大学筹募经费。严修本人也为南开大学捐款、捐地、捐书。1919 年 9 月，南开大学成立。1923 年，严修、张伯苓在严氏女学的基础上，创建南开女中。1927 年，创办南开小学。自此，一个层次完备的普通教育体系在天津形成。南开系列学校是严修教育事业的不朽丰碑，也是中国人以自己的力量创办私立学校最成功的范例之一。

严修在中国教育史上占有重要地位，他不仅为南开系列学校的发展呕心沥血，还以极大的热忱致力于发展天津教育事业和社会公益事业。1902 年，严修与林墨青、王竹林等士绅创立民立第一两等小学、民立第二两等小学，是当时直隶开创最早、办得最好的新式小学。1903 年，天津知府邀请严修出面，主持创办天津最早的官立小学。1904 年，在严修的努力推动下，天津又陆续设立了官立小学多所，筹设了工艺学堂一所和专为贫寒子弟而设的半日学堂 9 所，成绩斐然。至 1911 年，天津民立两等小学堂及初等小学堂已达

① 《大公报》（天津），1903 年 4 月 4 日。

67 所，公立两等小学堂及初等小学堂 12 所。天津成为当时北方小学教育最发达的地区。

除兴办各级新式学校之外，严修极力推广社会教育，热心革除封建旧习并身体力行。清末，他率先剪去辫子，极力反对嫖娼、纳妾、吸烟、赌博、妇女缠足等社会不良习染，他写的《放足歌》传诵一时。1902 年，为提倡妇婴保健事业，严修倡办北洋女医院（今南开区水阁医院），由我国最早的女留学生金雅梅任院长。1908 年，金雅梅创办北洋女医院附设长芦女医学堂，这是天津第一所女子护士学校。1916 年，严修等人接办长芦女医学堂。

在体制外创办新式学校的过程中，严修创造了一系列的“第一”，许多做法和创意堪称开风气之先。在当时的中国，能够做到这种程度且取得显著成就的教育家为数不多。在《张伯苓先生传》中，胡适写道：“范孙先生是中国旧道德传统和学识渊博最可敬佩的代表人物。他是一位学者、藏书家、诗人、哲学家、最具公德心的爱国志士。他对教育的信念，对于新时代、新学识的虚心接受和他在天津地方直隶全省（即河北省）的道德名望，给年轻的张伯苓在创立远大的教育事业上有莫大的助力。”[①]胡适称严修为“哲学家”，这个评价是正确的。“哲学家”亦即“思想家”。人们总是将严修归入教育家一类，这没有错，而很少有人将严修归入思想家一类，这是不恰当的。在同一时代的著名教育家中，如果综合评说历史贡献之大小、办学建树之多少及大有作为的领域的全面程度，没有人能与严修比肩而立。取得如此成就的人，不可能不是识见卓越的思想家。没有完整系统、符合潮流、切合实际、有所创新的指导思想，就不可能成就如此恢宏的事业。

四、“严先生是封建社会的一个好人”

“清而有味”，“是封建社会的一个好人”，这是周恩来总理对南开校父的评价。那个时代的“好人”“完人”“最可敬佩的人”，这是人们评价严修时的常见提法。

严修一生为中国现代教育体系的建立做出了不可磨灭的贡献，他的道德风范也同样令人钦佩。张伯苓评价他说“其忧时悲世之怀，完全出乎至诚。凡与之交者，莫不为之感动”[②]；陈宝泉称赞他为“教育界之道德家”[③]；傅斯年视他为“清正”的代表；《大公报》赞誉他“不愧为旧世纪一代完人”……

---

① 胡适：《张伯苓先生传》，《胡适传记菁华》下，东方出版社 2014 年版，第 406 页。

② 张伯苓：《四十年南开学校之回顾》，《南开四十周年纪念校庆特刊》，1944 年 10 月。

③ 陈宝泉：《严范孙先生事略》，宋蕴璞辑：《天津志略》，台北成文出版社 1969 年版，第 294 页。

做出如此评价的名人还可以列举很多。严修堪称践履“新·公·能”精神的典范。这里仅举几点以为例证，虽挂一漏万，却可大略见其风骨。

严修热心社会公益事业。他的祖父严家瑞、父亲严克宽有侠义之气，在天津出资开办育婴、恤嫠、娠济、牛痘局、书院等，颇负盛名。严修继承其父祖遗风，忧国忧民，乐善好施，每逢荒年灾月，不仅在家舍粥，还筹款救灾，稳定社会；开办义学，资助贫困子弟读书。1919 年，为筹建南开大学，花甲之年的严修不顾身体疲弱和刚刚经历的丧子之痛，偕张伯苓四处奔走，募集资金。严修本人也捐款、捐地，以个人财力、物力给予学校很大支持。1919 年，他捐购书款 2000 美元，又捐中文典籍 30 余种数百册。1920 年，捐地折款 18000 元。1922 年捐地 5 亩多。1924 年又以《二十四史》《九通》等数十种古籍赠与南开大学图书馆。他还曾向天津图书馆的前身直隶图书馆一次性捐赠家藏珍籍 1200 余部 50000 余卷，奠定了直隶图书馆的馆藏基础。

严修与袁世凯的“君子之交”是展现其高尚人格的生动资料。1898 年，严修任贵州学政期满离黔，往天津小站拜会老友徐世昌，适遇袁世凯。严、袁二人志气相投，一见如故。后来，袁世凯任直隶总督，对严修颇为倚重，请其总理学务。他曾说：“兵事自任之，学则听严先生所为，予供指挥而已。”[①]1908 年，光绪皇帝和慈禧太后相继离世，摄政王载沣夺袁世凯之权，命其开缺养病。一时之间，众人唯恐避之不及，“旧识无敢与通音讯者”。时任学部侍郎的严修“为衰朝惜异才”[②]，据理力争，上疏朝廷，“讼言进退大臣，应请明示功罪，不宜轻于斥弃”。袁世凯离京时，人皆畏祸，严修亲自送他至车站。武昌起义后，袁世凯复出组阁，民国建立更是一跃成为总统，他三番五次力邀严修出任财政总长、教育总长等职，均被拒绝。《大公报》曾在严修逝世后发表社评说：“袁世凯炙手可热之时，北洋旧部鸡犬皆仙，独严以半师半友之资格，皎然自持，屡征不起，且从不为袁氏荐一人。”[③]后来，筹安会鼓吹恢复帝制，袁世凯积极筹备登基。严修决定亲自赴京，力谏帝制不可为。家人惶惶不安，恐有不测，而严修毫不畏惧，决意“为大局弭乱源，为故人尽忠言”[④]。袁世凯不听谏阻，一意孤行。严修态度坚决，决意不参与其事。待到袁世凯的皇帝梦破灭，被迫宣布退位，严修又第一时间前往看

① 陈宝泉：《严范孙先生事略》，宋蕴璞辑：《天津志略》，台北成文出版社 1969 年版，第 295 页。

② 陈中岳：《蟫香馆别记》，1933 年铅印本。

③《大公报》（天津），1929 年 3 月 16 日。

④ 卢弼：《故清光禄大夫学部左侍郎严公墓碑》，严修自订，高凌雯补，严仁曾增编：《严修年谱》，齐鲁书社 1990 年版，第 488 页。

望，与之长谈。袁世凯曾深深悔恨地说：“吾今日始知淡于功名、富贵、官爵、利禄者，乃真国士也……严范孙与我交数十年，亦未尝言及官阶升迁……有国士在前，而不能听从其谏劝，吾甚耻之。”[①]临死之前，袁世凯“思及严修”，感慨地称其为“生平直友”。袁世凯亡故后，严修赴京吊唁，并至河南彰德袁宅祭奠，以全朋友之交。正如一些研究者所言，“总观严修之待袁世凯可谓不因私谊乱国本，不以成败绝故交，严格区分大节与个人恩义。严修两次进谏（一谏摄政王留袁，一谏袁氏莫称帝）都可说冒着杀头风险，大义当前，奋不顾身，绝非退隐、自爱所能概括。严修一生‘尚公’，他自己一心为公、遗世独立，所作所为不夹杂半点个人得失……试观当时中国，如此者能有几人？”[②]

严修知人善任，爱惜人才。他与张伯苓共同开创教育事业便是典型事例。一个翰林选择军校的毕业生当塾师，培养自己的子侄，后来托以学校校长重任，这在当时绝无仅有。然而，严修不拘一格，慧眼识才，视张伯苓为其创办新式教育的主要助手和伙伴，对他的教育实践活动给予充分的信任与巨大的支持。在严氏家塾，张伯苓盘起发辫卷起长袍与学生进行体育活动，这在当时是惊世骇俗的举动，自然引起封建卫道士们的强烈攻击。他们大骂“张伯苓小子不得好死”。严修不为流言所动，不仅不予节制，还给张伯苓加薪，予之莫大的支持。创办南开大学后，张伯苓从实际出发，主张以建设实用学科为重点，为国家培养急需人才。一些名流讥讽他是把科学从崇高地位拖到尘埃，“只配做一个职业中学校长”。严修不为所动，依然全力支持张伯苓继续办学，南开大学终于成为中外驰名、特色鲜明的高等学府，培养出难以计数的栋梁之材，张伯苓也成为极有成就的大教育家。严修的这一历史贡献是少有人能与比拟的。张伯苓也始终庆幸自己遇到严修，他多次说“真万幸遇到严先生，让我去教家塾。严先生之清与明，给我极大的教训”，“我们学校真幸会由严先生发起，我个人真万幸，在严先生指导之下作事”。[③]

严修与周恩来的忘年之交也是一典型事例。1913 年，素有“为中华之崛起而读书”之志的周恩来考入南开中学，其品格与才能，得到严修的赏识，赞之为“宰相之才”。当校方得知周恩来家境困难时，便为他提供抄写和刻蜡版等勤工俭学的工作，后来又免掉他的学杂费。周恩来是南开当时唯一的免

① 张一麐：《袁幕杂谈》，转引自刘成禺：《洪宪纪事诗本事簿注》卷一，山西古籍出版社 1997 年版，第 66 页。

② 陈鑫：《教育界之道德家》，《天津日报》2017 年 9 月 6 日。

③ 张伯苓：《南开的目的与南开的精神》，《南大半月刊》第 15 期，1934 年 10 月 17 日。

费生。在一次全校作文比赛中，周恩来获得第一名，严修亲笔题写了一面“含英咀华”的锦旗作为奖品。1917年，周恩来即将毕业，严修有意将女儿许配给他，然而周恩来觉得自己还年轻，应专心读书，便委婉谢绝了老先生的好意。这门亲事虽然未成，却丝毫没有影响师生二人的关系，严修依然对自己的得意门生关爱有加。1919年，周恩来入南开大学后便将主要精力投入领导天津爱国学生运动，主编《天津学生联合会报》，组织创建了觉悟社。1920年1月29日，周恩来等学生领袖领导天津各校学生数千人到直隶公署请愿，被反动当局逮捕。经多方营救，反动当局被迫于7月17日释放全体代表。周恩来在狱中就有了去欧洲学习的打算，他出狱后，严修与张伯苓议定，设立“范孙奖学金”资助周恩来出国留学。为此，严修特地给驻英公使顾维钧写了介绍信，还专门在严家账上为周恩来立了户头，每半年支款一次，均托人负责转寄。周恩来后来曾动情地说：“我在欧洲时，有人对严老先生说，不要帮助周恩来了，他参加了共产党。老先生说‘人各有志’，这话是颇有见识的。他是清朝的官，能说出这种话，我对他很感激。”1949年前后，周恩来曾多次向张伯苓要严修的照片，并亲自嘱托严修侄孙严仁曾及相关人员编写严修年谱、整理严修日记。

严修以其高尚的道德情操备受世人尊敬与赞誉。1929年3月14日，严修去世，天津《大公报》刊发社评《悼严范孙先生》，谓其逝世“诚为学界之大不幸”，“就过去人物言之，严氏之持身处世，殆不愧为旧世纪一代完人”。南开大学召开追悼会，张伯苓校长高度评价了严修的办学功绩，并尊其为校父。他说：“严先生道德学问，万流共仰，个人追随颇久，深受其人格之熏陶，南开之有今日，严先生之力尤多。”①1934年南开学校成立30年庆祝大会上，校长张伯苓亦表示：“（南开建校以来）惟严老先生功绩最大，现严先生虽已逝世，仍当秉承其意旨办理。”②

周恩来总理对严修怀有特殊的感情。1950年，周总理在中南海宴请张伯苓等人时，借桌上的一碗清汤寓意深刻地说：“严先生就像这汤，清而有味。”③1959年，周总理视察天津时对校友们说道：“严老先生是封建社会的好人。”④他还指示要好好研究严修的教育思想。

---

① 喻传鉴：《七十年来之校长张伯苓先生》，喻传鉴编：《张伯苓先生七旬寿辰纪念册》，1945年。

②《大公报》（天津），1934年10月18日。

③ 中共中央统战部统战理念研究中心等编：《相遇贵相知——中国共产党领导人与党外人士交朋友的故事》（第4辑），辽宁教育出版社1992年版，第20页。

④ 中共天津市委党史研究室等编：《周恩来与天津》，天津人民出版社1998年版，第165页。

2010年4月2日，南开大学隆重举行纪念严范孙先生诞辰150周年大会，校党委书记薛进文代表学校，深切缅怀了严修为中国近代文化教育事业做出的卓越贡献。他指出：严范孙先生为南开学校尤其是南开大学的规划创建、劝募集资倾注了毕生心血；他以自己的爱国思想、教育理念，深刻地影响了早期南开的发展，推动南开形成了优良的教育传统。所有这些，对南开教育事业而言，都是关键性和决定性的。正是从这个意义上说，没有严范孙就没有南开。

第二节 南开创校校长张伯苓：中国现代教育的鼻祖

张伯苓（1876—1951），名寿春，字伯苓，后以字行，天津人，祖籍山东，著名教育家、思想家。张伯苓是南开创校校长，主持创办了包括南开大学在内的南开学校体系，是在中国现代化进程中积极变革旧式教育、大力兴办新式教育的先驱者，被人们誉为“中国现代教育的鼻祖”。

很多人知道张伯苓是一位教育家，不知道张伯苓还是一位思想家。他主持制定的南开校训“允公允能，日新月异”及他为阐释南开校训而提出的“读《孝经》不如读公经”，都是中国思想史上具有独创性的命题。张伯苓之所以能取得这样的思想成就，是因为他是大力弘扬和切实践履“新·公·能”中华优秀传统的典型代表。

一、中国最早一批接受新学教育的人

1876年4月5日，张伯苓出生在一个家道中落的私塾教师之家。5岁时，其父张久庵自给张伯苓开蒙，教他读四书与《百家姓》《千字文》等。久庵先生循循善诱，把经书中的义理与为人处世联系起来，启迪张伯苓领悟内容真谛。这种教育方法对张伯苓有深刻的影响。后来他经常称赞其父“教授重启发，贵笃践”，“深合现代教育原理”[①]。久庵先生还对张伯苓进行励志教育，告勉他要自立自强，做事要脚踏实地，不可好高骛远。张伯苓回忆说：“当余尚梳小辫时，先父曾有言：‘人愈倒霉，愈当勤剃头、勤打扮。’这就是说总当洁净光滑，表示精神。”艰难困苦磨炼了张伯苓的意志，养成了他坚韧勤奋、自强不息的性格。

---

① 喻传鉴：《七十年来之校长张伯苓先生》，喻传鉴编：《张伯苓先生七旬寿辰纪念册》，1945年。

张伯苓随父读书的时间并不长，先是到同族本家的塾馆附学，不久入刘先生所设义学读书。这两处塾师的教育方法与久庵先生大不相同，每天只让学生死记硬背，脱离实际。这种传统的教学方式，违背教育规律，戕害儿童天性，丝毫不能引起张伯苓读书的兴趣。对旧教育之弊端的切身体验，后来成为他锐意颠覆旧教育的精神动力。张伯苓校长时常向学生谈起早年死记硬背的索然无味，教导他们生动活泼地学习。

在义学时，一些纨绔子弟和社会上的无赖少年经常欺侮义学学生。张伯苓总是路见不平拔刀相助，颇有豪侠之气。张久庵先生对他也不深责，常说："不可为此挫伤他的正义之气。"张伯苓从小养成不怨天尤人，不怕困难，顽强奋斗的精神。张伯苓在教育事业上百折不挠，迎难而上，与他的这种精神品质有很大关系。

1889年，13岁的张伯苓考入由严复担任总教习的天津北洋水师学堂。严复先后毕业于福建船政学堂和英国皇家海军学院。作为中国第一批官费留欧学生，他是中国近代史上向西方国家寻找真理的"先进的中国人"之一。严复主张向西方学习，改革政治制度，革新教育学术，倡导科学技术。他翻译《天演论》，创办《国闻报》，系统地介绍西方民主和科学，宣传维新变法思想，是清末极具影响的启蒙思想家和教育家。严复的思想对张伯苓有深刻的影响。

北洋水师学堂学制5年，主要为北洋水师培养海军人才，储备技术力量，分为驾驶和管轮两科，分别主修轮船驾驶和轮机管理。张伯苓入驾驶班学习。"这个水师学堂请的是洋教授，教的是新学，开洋船，使洋枪、洋炮，用的是洋文，念的是洋书，总之，这叫做上洋学。当时一般人的思想是不大开通的。清政府为了吸引学生起见，所有的学员，不但免费管吃管住，而且每月还津贴白银四两五钱。"[①]北洋水师学堂有中外籍教习授课，英文是主科，开设的课程有地理、代数、几何、水学、热学、天文学、气候学、绘图、测量及枪炮操演、鱼雷、机械仪器使用等。每个星期，五天学习西学，两天学习中文经籍。课程修满后学生要上船实习，以期理论联系实际。北洋水师学堂开设体育课，内容有击剑、刺棍、木棒、拳击、哑铃、算术竞走、三足竞走、跳远、跳高、跳栏、足球、游泳、平台、木马、单杠、双杠等。此外，每天傍晚还有洋教习负责训练外国水师操法。学堂有较齐备的仪器和机械，供学生实验，另有观星台一座，以备学习天文者登高测望。北洋水师学堂的学生们"一日之间，中学、西学、文事、武事，置晷分时，兼程并课，数更寒燠，未

① 张锡祚：《先父张伯苓先生传略》，南开大学出版社2016年版，第10页。

尝或辍”①。张伯苓在这里学到了现代科学文化知识，成为中国最早一批接受西方思想和科学知识的知识分子。

张伯苓胸怀救国大志，在学校五年，每次考试都名列第一。他最擅长爬桅杆，连严复都知道“张小辫”的大名。张伯苓在北洋水师学堂接受了西学的系统教育和专业训练，受到了西方民主科学思想的启蒙。张伯苓既体验过重视礼教和经学的旧式教育，又接受过重视实证、讲究实用、探究规律的新式教育，中西两种学问和两种教育的对比，为他后来致力于颠覆旧式教育、发展新式教育，奠定了思想基础。

二、开风气之先的塾馆教师

1894年，中日甲午海战，清政府在战场上连连失利。前方吃紧，朝廷急调北洋水师学堂学生增援，18岁的张伯苓也参加了此役。北洋舰队的第一艘军舰刚刚出海，就被日舰击沉。张伯苓平生第一次遭受强烈刺激。这年10月，他以最优等第一名的成绩毕业于北洋水师学堂第五期驾驶班。按照规定，驾驶班的学生完成课堂学业后，还要派上船舰实习。但是，甲午一战，北洋海军几乎覆没，甚至没有留下一艘军舰供水师学堂的毕业生实习。不得已，张伯苓只好回家待命。

为时不久，清政府与日本签订了丧权辱国的《马关条约》，其中一条就是允许日本军队驻扎威海卫。1898年，帝国主义列强掀起了瓜分中国的狂潮，英国继德、俄、日之后强租威海卫。同年7月，在通济轮上服役的张伯苓随船送清政府官员去威海办理接收和移交手续，目睹了“国帜三易”的屈辱场面：接收时先降下日本太阳旗，后升起清朝黄龙旗；仅过一日，降下黄龙旗，改悬英国米字旗。国耻锥心，年轻的张伯苓再次深受刺激，他深深感到“国家积弱至此，苟不自强，奚以图存，而自强之道，端在教育”，从而立志“创办新教育，造就新人才”。后来，他经常谈到这一思想转变的过程。他说：

> 二十几年前，我在北洋水师学校，亲见旅顺、大连为日本割去，青岛为德人夺去。当我到刘公岛的时候，我看见两个人：一个是英国兵，一个是中国兵。那英兵身体魁伟，穿戴得很庄严，面上露着轻看中国人的样儿。但是吾们中国兵则大不然。他穿的衣服还不是现在的灰军衣，乃是一件很破的衣服，胸前有一个“勇”字，面色憔悴，两肩高耸。这

① 李鸿章：《奏天津水师学堂请奖折》（1884年12月21日），《李鸿章全集》第3册，海南出版社1997年版，第1552页。

> 两个兵若是一比较，实有天地的分别。我当时觉得羞耻和痛心，所以我自受这次极大的刺激，直到现在还在我脑海里很清楚的。我当时立志要改造我们的中国人，但是我并非要练陆军、海军同外国相周旋。我以为改造国民的方法，就是办教育。①

张伯苓退出海军后回到家中。其时，适逢严修返津，改革家塾，急需西学教师。历史提供了一个契机。10月29日，38岁的严修聘请22岁的张伯苓到家塾任教。这是张伯苓与严修的历史性相遇，他们同受国难严重之刺激，共发教育救国之宏愿，从而开启了携手兴学强国的共同事业。

张伯苓在北洋水师学堂接受过西学的专业训练，精通英语、地理、化学、几何、代数、平弧三角法等。这些专业知识在严氏家馆找到了用武之地。更为难能可贵的是，张伯苓与严修一样具有不蹈旧规、勇于创新的锐气和勇气。严氏家塾的西学由张伯苓主持，所授课程有英文、数学和物理化学等自然科学的基本知识。张伯苓使用的英文课本是一种名叫《科学读本》的小册子。这种教材的选择就很有新意，因为这样可以使孩子们在学习语言的同时接受一些科学教育。英语另教文法；数学则教几何、代数、三角，最后教到立体几何；物理则由力学、光学教到电磁学。

张伯苓还兼教体育。那时，体育器械还不多见，于是张伯苓因陋就简，依照自己在水师学堂学习时使用过的体操用具，绘制哑铃和木棒图样，请匠人制作。他教学生跳高时，没有跳高架，就用椅子架一根长鸡毛帚代替跳高架。没有木马，就让学生曲身、两手撑膝排成一列，然后鱼贯腾越。张伯苓后来有一段回忆，提及这个时期的体育教育。他说：提起体育来，想当年我和几个年轻的人，在严先生的书房中，用两个凳子，中间架起一条鸡毛帚，大家跳来跳去，想升高一些，就在两边凳子上再加上两本书，这就是我们最初的体育。②这些健身怡情的体育游戏也成为南开学校普及体育活动之嚆矢。

张伯苓不仅精于西学，而且谙于教法。与板着面孔，手持戒尺，用师道尊严约束学生的老式私塾先生完全不同，张伯苓不要求学生死记硬背，注意在游戏中进行教学，启发学生的主动性、积极性和创新精神。他用很多时间和学生在一起活动，教学生下围棋、打旗语、摄影，一起踢足球，骑自行车，玩 whist（桥牌前身的一种游戏），与学生建立起一种新型的师生关系。这些举措在今天看来虽属平常，而在当时的中国却为先进。胡适在《教育家张伯

---

①《南开周刊》第1卷第5、6号，1925年10月17日。

②《新华日报》（重庆），1942年8月26日。

苓》一文中写道：“伯苓当时的教授法已极新颖，堪称为现代教育而无愧色。……注重科学和体育，师生共同学习，共同游戏，张氏于此实为中国现代教育的鼻祖之一。”[①]张伯苓确实无愧于“中国现代教育的鼻祖之一”的评价。

三、南开系列学校的巍巍大校长

张伯苓校长与严修共同创办了南开中学、南开大学、南开女中和南开小学。严修逝世后，他又创办了重庆南开中学，接办自贡蜀光中学，使南开教育体系更加完整。张伯苓担任南开校长40余年，在将近半个世纪的岁月里，他始终秉持教育救国的强烈信念，潜心教育，擘画经营，虽历尽艰辛，却矢志不渝。在南开系列学校的事业发展中，张校长可谓居功至伟。

张伯苓校长是忧国忧民、爱国乐群的典范。在民族危亡的时刻，张伯苓表现出忧国忧民的家国情怀与威武不屈的民族气节。1900年，八国联军在天津建立督统衙门，让张伯苓充任翻译，他凛然不就。天津教育家林默青称赞他“颇有热肠，能持正气”，“盖贫而能守者”。1937年七七事变爆发，天津局势危急。当时，张校长正在江西庐山参加蒋介石召集的国是谈话会。他在会上发言说：“南开凝聚了我一生之心血，战端一开，难以保全。”“保不住就不保了，决不能向日本人屈服！打烂了南开可以再重建，国家一旦灭亡了，还谈什么教育！”[②]听者无不为之动容。1937年7月29日、30日，日寇连续两天对南开大学进行狂轰滥炸，南开大学成为全民族抗战爆发以来第一所被日寇化为焦土的中国高等学府。同时，南开中学、南开女中、南开小学亦遭炸毁。南开系列学校的天津部分遭到全面破坏。南开大学被炸后，张伯苓接受记者采访，他说：“敌人此次轰炸南开，被毁者南开之物质，而南开之精神，将因此挫折而愈益奋励。”[③]南开为抗战做出巨大牺牲，也成为全民族抗战的一大激励。值得一提的是，在1937淞沪会战中，张伯苓校长的四子张锡祜，作为空军飞行员开赴前线作战，遭遇雷雨，飞机失事，以身殉职，年仅26岁。张校长听闻儿子牺牲的噩耗后，默然许久，缓缓说道：“吾早以此子许国，今日之事，自在意中，求仁得仁，复何恸为！”[④]张伯苓校长的爱国壮举，令人动容！令人感佩！抗战胜利后，南开校友向张伯苓汇报：“在被立案惩处的汉

---

① 胡适：《教育家张伯苓》，姜义华主编：《胡适学术文集·教育》，中华书局1998年版，第289页。

② 贺伟：《抗战之声从这里发出》，《党史纵横》2017年第4期。

③《中央日报》（南京），1937年7月31日。

④ 喻传鉴：《七十年来之校长张伯苓先生》，喻传鉴编：《张伯苓先生七旬寿辰纪念册》，1945年。

奸之中，没有一个是战前的南开学校毕业生。”张校长笑答：“这比接受任何勋章都让我高兴。”

强烈的爱国情感是张伯苓一生致力于教育事业的根本动力。他常说“何以为人，则第一当知爱国”①，“公德心之大者，为爱国家，为爱世界”②。他把爱国作为教育学生做人的第一要义，并把培育爱国精神、锻炼爱国能力贯彻到学校教学、管理、生活的各个方面。1935 年 9 月 17 日，面对时局板荡，张校长忧心忡忡，在新学年始业式上，他向全校学生提出了三个振聋发聩的问题：

你是中国人吗？
你爱中国吗？
你愿意中国好吗？③

以此激昂学生们的爱国之志。张校长主张把爱国的精神与爱国的能力结合起来。他说：“爱国可以出乎热情，救国必须依靠力量。”④为此，在南开的教育实践中，张校长既努力调动青年学生的爱国热情、救国责任，也将培养学生的“现代能力”作为爱国主义教育的重要内容。在张校长的身体力行和积极倡导下，爱国主义精神成为南开精神的核心。

张伯苓校长是一心为公、公而忘私的典范。他甘于清贫，淡泊名利。1898 年，他怀抱教育救国理想，毅然弃武从教，从事受时人鄙薄的教书工作。他说：“我自己是一个办教育的，办教育自然也就是教书，教书不能发财，办教育也就不能发财。”⑤南开学校创立之初，他就和校父严修立下誓言：“终身办教育，不做官。”⑥民国初年，大总统黎元洪请他任教育总长，被谢绝；1926 年，南开中学董事长颜惠庆在北京组阁，聘他为教育总长，又被谢绝；东北易帜后，张学良入关主持北方政局，邀他任天津市长，再次被谢绝。为了教育救国的信念，张校长放弃了做官升迁、坐拥富贵的机会，不忘初衷，矢志不渝，为南开教育事业鞠躬尽瘁，死而后已。他晚年曾深情地说：“教育是我青年时期的志愿，是我中年的生命，是我老年的安慰，使我老而不颓唐，仍

① 《校风》第 18 期，1916 年 1 月 24 日。
② 《校风》第 18 期，1916 年 1 月 24 日。
③ 张伯苓：《认识环境，努力干去》，《南开校友》第 1 卷第 1、2 期合刊，1935 年 10 月 15 日。
④ 张伯苓：《四十年南开学校之回顾》，《南开四十周年纪念校庆特刊》，1944 年 10 月。
⑤ 文明国编：《张伯苓自述》，时代出版传媒股份有限公司、安徽文艺出版社 2013 年版，第 11 页。
⑥ 张锡祚：《先父张伯苓先生传略》，南开大学出版社 2016 年版，第 81 页。

然鼓勇前进的还是教育。”[①]

张校长公私分明，廉洁奉公。他从不枉花学校一分钱，即使公事花钱也是省之又省。他不肯坐汽车，而是用人力车，还非他专用，所有南开同仁都可以和他分享。有几个调皮的学生将人力车后挡板弄坏了，他也不肯更换新车，总是凑合着使用。在天津市内开会时，张校长经常以步代车。一次散会后，服务员询问他的车号是多少，他随口答道：“11 号。”服务员找来找去也没发现 11 号车，等他看到张伯苓已经走远的背影，这才领悟“11 号”就是步行的意思。他出差公干，通常都是坐三等车厢，住的是便宜的旅馆。学生宁恩承回忆说：“该旅馆价格便宜，每日一元。先生去时，每次带一盒臭虫药，一包茶叶。北京旅馆的臭虫很多，永远欢迎客人。臭虫药是必需的防敌设备。另外张先生自带一包茶叶，因为旅馆的茶叶实在太劣，太要不得，这一包茶叶是张先生惟一的奢侈品。”[②]南开是私立学校，经费主要靠募捐。张伯苓校长为南开挣下千百万产业，却两袖清风，从没有把一分钱塞入自己腰包。他的家在南开中学后面一个羊皮市场里。有一次张学良去拜访他，汽车在附近转了好长时间，才在一个晒满了羊皮、散发着恶臭的胡同里找到了只有三间民房的张宅。张学良不禁感叹：“偌大大学校长居此陋室，非我始料！”[③]他担任南开系列学校校长，但只领一份工资。学校董事会曾提议给他加薪，被他以学校经费困难为由谢绝了。张校长去世时，人们清理他的遗产发现，他没有田产，没有存款，为子孙留德不留财。

张伯苓校长是勇于创新、与时俱进的典范，他的教育实践就是不断创新的实践。他多次出访日本，考察欧美，以开放包容、积极进取的心态，向西方学习先进的教育思想和理念。他一再强调必须打破“复古”与“保守”。在他看来，国家积贫积弱，备受凌辱，重要原因在于中国“数千年之闭关自守无何所事”，而欧洲文明在不断进化。欲富国强民，必须打破保守，保持进取精神。他反复强调创办南开学校，“目的是要救国。方法是以教育来改造中国。改造什么？改造他的道德，改造他的知识，改造他的体魄”[④]。他见识深远，极力纠正教育中的积弊与时弊。他重视体育，认为教育里没有了体育，教育

---

① 《大公报》（天津），1948 年 10 月 18 日。

② 宁恩承：《中国现代伟大的教育家张伯苓先生》，《张伯苓先生百年诞辰纪念册》，台湾南开校友会 1975 年。

③ 祝瀛洲：《忆恩师南开学校校长张伯苓先生》，中国人民政治协商会议天津市南开区文史委员会、人民政府文化办公室编：《南开春秋文史丛刊》总第 3 辑，1989 年。

④ 张伯苓：《四十年南开学校之回顾》，《南开四十周年纪念校庆特刊》，1944 年 10 月。

就不完全，不认识体育的人，不应当校长。从1909年起，他一直担任各届全国运动会的总裁判，并热心倡导奥林匹克运动，被誉为“中国奥运先驱”。他重视话剧对启民智、进民德的作用。早在1908年，当西方话剧刚刚传入中国的时候，他就组建南开新剧团，带领师生编演话剧，声震华北，名扬国内。南开的话剧团被胡适称为“中国顶好的剧团”。张校长一生办学经历坎坷，却始终以开拓进取精神坚持到底。1944年，南开校友大会上，他发表讲话：

> 苓四十年来，个人做事宗旨，始终抱定“创”与“长”两字，惟“创”故年年求发展，惟“长”故时时求进步。虽在内忧外患重重压迫之中，而南开学校始终不断在扩充在进步。此种不断创造日求长进之精神，遂以造成今日之南开。……我全国学友在校时饱受此精神上之熏陶，出校后希望仍本此“创”“长”二字，为个人做人做事之楷模。①

张伯苓校长是能力超群、追求卓越的典范。他勤勉好学，多才多艺，精于西学，善于演讲。严修时常与他探讨算学，感到豁然贯通。八国联军入侵天津时，他以流利的英语与洋人周旋，保护了学生及家人的安全。他声若洪钟，口若悬河，演讲从不用稿，又极具感染力。张校长具有卓越的管理才能。有人评价他最大的两个本事，一是能募款，二是会用人。能募款，为南开事业发展争取经费保障。会用人，使南开学校的管理以精干高效著称于世。张伯苓校长具有高超的领导艺术。他诚恳待人，亲切和善，善于凝心聚力。经济学教授何廉回忆：

> 1926年7月中旬，我刚到达天津不久就去校长办公室拜谒张伯苓校长，他十分热情地接待了我，我立即被他的堂堂仪表所吸引，因为他比一般的中国人都要高大魁梧得多。当时他约为五十岁左右，神采奕奕，生气勃勃。多年来我与他的交往发展到十分亲密的程度，我对他的为人也了解得越来越多了，张伯苓成为鼓舞我工作的动力。②

经济学教授方显廷从美国耶鲁大学毕业回国后，毅然放弃了3倍于南开大学所能给予他的优厚待遇，北上天津。方显廷晚年回忆起这段岁月时深情而言：

> 在南开的岁月是为事业奋斗的岁月，那是忙碌而又令人激动的岁月。

---

① 《大公报》（天津），1944年10月16日。

② 何廉著，朱佑慈等译：《何廉回忆录》，中国文史出版社1988年版，第38页。

在具有鼓舞人心领导艺术的张伯苓校长与何廉教授的带领下，建立起中国第一所进行经济研究和培育研究人才的学术机构，是我事业得到满足的源泉。那些年是我毕生事业最出成绩的岁月。①

在张校长的感召下，学校会集了一批甘于清苦、任劳任怨、教书育人、专心治学的优秀人才，南开大学的教育效能之高为国内大学所罕见。由于办学成绩突出，民国时期的历届政府均给予南开大学很高的评价。

张伯苓校长是艰苦奋斗，自强不息的典范。他以“日新月异，自强不息”概括南开精神，其实这也是他的真实写照。“南开，难开，越难越开。”张校长经常用这句话鼓舞师生知难而进。他还有一个口头禅，那就是“干”。实干、苦干、拼命干，带着三分傻气去干。张校长晚年回顾自己的创业史言道：

四十多年来，我好像一块石头，在崎岖不平的路上向前滚，不敢作片刻停留。一块石头只须不断地向前滚，至少沾不上苔霉，我深信石头会愈滚愈圆，路也会愈走愈宽的。……五十年来不知道经过了多少艰难困苦，但是每经一次困难南开便长进一步。南开的历史指示了我们自身的道路。②

第三节 弘扬“新·公·能”传统的办学群体

南开大学的创校元勋是一个群体。可以归入这个群体的还有许多人。这里仅介绍五位著名南开人物，即德高望重的杨石先校长、南开大学秘书长黄钰生、南开学校首任大学部主任凌冰、“南开大学的计划人”张彭春、南开经济研究所创办人何廉。他们都是具备“新·公·能”素质的卓越人才，并为南开大学的创建和事业发展做出了重大贡献。

一、著名教育家、化学家杨石先校长

杨石先是中国著名教育家、化学家，南开大学的元老之一，持续在校工作长达60余年，是继张伯苓之后任职时间最长、威望最高的一位校长。著名学者柳无忌称赞他是“纯真的学者，正直的君子”。聂荣臻元帅赞誉他为“学

---

① 方显廷著，方露茜译：《方显廷回忆录》，商务印书馆2006年版，第93页。

②《益世报》（天津），1948年10月18日。

者楷模、人之师表”。

杨石先（1897—1985），名绍曾，号石先，从青少年时代即抱定“教育和科学救国”的志向。1918 年清华毕业后，他赴美留学，1923 年，归国执教南开大学，直至 1985 年去世。其间，他又于 1929 年和 1945 年两度赴美进修，又两度谢辞美国同事的盛情挽留，回到战火纷飞的祖国，坚持从事教育和科学事业。西南联大时期，杨石先以其学识渊博、教学严谨、为人正直、处事公正而备受师生尊敬与信任，被推选为理学院化学系和师范学院理化系的系主任，并于 1943 年兼任联大教务长。战后南开大学复校，他是学校的主要领导之一，并于 1948 年 4 月代理南开大学校长。杨石先拒绝国民政府“离津南飞”的要求，和黄钰生等人带领全校师生完成了艰苦的护校工作，迎来了天津解放。新中国成立后，杨石先历任南开大学校务委员会主席、校长和名誉校长，成为新时代南开大学的主要奠基人，为学校的发展做出了历史性的重大贡献。“文化大革命”中，他横遭批斗，依然坚持科研教学，表现出对人民和祖国的无比忠贞。1979 年，年逾八旬的杨石先再次被任命为南开大学校长，热情投身拨乱反正和改革开放，为中国现代化奋斗到生命的最后一息。

杨石先一生热爱祖国，追求进步。他三度放弃在美国发展机会而回到满目疮痍的祖国服务，履践科学教育救国的理想。新中国成立后，他不仅积极参加了新中国第一个科学技术发展规划的制订，而且身体力行地将科学研究与国家经济发展迫切需要紧密结合起来，从解决 6 亿人民吃饭急需的农药研制中提炼科学问题，几十年孜孜不倦，即使在“文革”中被批挨斗也不弃不舍，义无反顾。他追求真理，要求进步，在周总理的亲切关怀下，于 1960 年加入了中国共产党。他在入党志愿书中的郑重承诺：“我一定将今后的余年和生命全心全意、毫无保留地献给我们亲爱的党，绝不强调个人兴趣、绝不计较个人利益，努力从事社会主义和共产主义建设。”他是这么说的，更是这么做的。杨石先自青年时代就抱定救国报国宗旨，一生虽历尽坎坷，却始终坚持爱国方向，矢志不渝。

杨石先一生求真务实，改革创新。他是中国科技事业的脊梁，为中国科技事业特别是新中国化学科学的发展做出了奠基性的重大贡献。他以崇高的人格、求真的学风、朴实的作风和创新的工作，为一代又一代青年学子树立了光辉的典范。他诲人不倦，育才无数，为我国化学界培养和造就了唐敖庆、陈天池、何炳林、陈茹玉、申泮文、王积涛等一大批著名学者和教授；他于 1962 年创立南开大学元素有机化学研究所，并亲自担任第一任所长，相继开展了有机磷、有机氟、有机硅、有机硼、金属有机化学等领域的研究工作，填补了我国化学学科中一个又一个空白，研制出久效磷、螟蛉畏、灭锈一号和除草剂一号等农药品种，为我国农药事业的发展做出贡献。1977 年 8 月，受邓小平同志邀请参加全国科学家、教育家座谈会，提出组建国家教委、恢复高考等四点建议。党的十一届三中全会后，他拨乱反正，改革创新，积极主张打破我国封闭的办学体系，开展国际间的校际交流，提出了一系列重要的教育和科研思想，推动中国研究型大学建设。

杨石先一生以公为怀，严于律己。在西南联大的艰苦岁月中，尽管担任繁忙的行政工作，杨石先仍然全身心地投入教学工作，带头讲授基础课。当时西南联大理学院和工学院异地而设，相距 5000 米之遥，没有交通工具，他每周步行奔波两地上课，不以为苦，且从不迟到，起到了表率作用。他公道正派，处理问题公正无私，赢得了师生的信赖，因而能够团结大多数人干事创业。他严于律己，宽以待人，凡有勤奋好学、求助于他者，无不热情关怀，悉心指导，对学生们生活上的困难，也总是想方设法给予接济。

杨石先把一生都奉献给了南开大学，奉献给了祖国的教育和科学事业。“青松在东园，众草没其姿。凝霜殄异类，卓然见高枝。”这首当年杨石先应西南联大学生请求题写的陶渊明饮酒诗，也正是他一生高洁品行的真实写照。毋庸置疑，杨石先校长是弘扬和践履南开校训和南开精神的光辉典范。

二、南开大学秘书长黄钰生

黄钰生是南开大学元老之一。从 1925 年至 1952 年，他在南开大学任职长达近 27 年，大部分时间是作为张伯苓校长的主要助手佐理校务，在南开大学事业发展过程中做出了不可磨灭的重要贡献。黄钰生也是弘扬和践履南开校训和南开精神的光辉典范。

黄钰生（1898—1990），号子坚，1912 年进入南开中学，在这所倡导德、智、体、美全面发展的新式学校受到了良好教育，并通过组织和参加“三育竞进会”、演说会、唱歌会等丰富多彩的课外活动锻炼了能力。张伯苓校长的道德品行及言传身教，对黄钰生也产生了深刻影响。1916 年，黄钰生以优异成绩考入清华学校，五四运动中作为清华学生代表参与有关活动。1919 年，黄钰生官费赴美留学，攻读教育学和心理学，于 1923 年获得硕士学位，1925 年回国到南开大学任教授，1927 年被任命为大学部主任，后改称秘书长。黄钰生是西南联大的重要缔造者之一，先后担任建设长，西南联大师范学院院长，并兼任附中附小主任。抗战结束后，黄钰生接受张伯苓委派，负责南开大学北返复校工作，1946 年任教授兼秘书长，与杨石先、陈序经等人协同负责学校事务。1952 年，全国高校院系调整，黄钰生调任天津市图书馆馆长，从事图书馆工作 38 年，成为图书馆界德高望重的专家和领导。

黄钰生一生追求进步，是矢志不渝的杰出爱国者。1930 年，他曾撰写《大学教育与南大的意义》一文，指出：“大学的意义，（一）在润身；（二）在淑世。‘润身’是为个人，‘淑世’是为社会。”在他看来，南开大学就是将淑世放在润身之先的一个学校。严修、张伯苓创办南开，就是因为面对列强欺凌而“不服这口气”，南开大学的意义，是要用人格与学术去争气，去实现中国的最高理想。“怕难的不必来，求安逸的不必来，好奉承的不必来，服了这口气的不必来。”[①]黄钰生的这些话，展现了南开人爱国报国、献身教育的崇高精神。抗战胜利后，面对两条道路两种命运的抉择，黄钰生坚定地支持爱国民主运动，反对蒋介石的独裁统治。天津解放前夕，他拒绝了南京教育部送来的南飞机票，完成了艰苦的护校工作，迎来了天津解放。他始终坚信真理，要求进步，于 1985 年以 87 岁高龄加入了中国共产党。

黄钰生是恪尽职守，公而忘私的奉献者。九一八事变后，日本浪人在天津策划便衣队暴动，到处抢劫破坏，黄钰生组织师生冒着生命危险保护校产完整无恙，为此张伯苓校长事后曾赠予“沉着应付”的条幅以示表彰。七七事变后，作为日本华北驻屯军司令部所在地的天津日益危急，黄钰生坚决果敢，奋力组织师生疏散和物资转移。日寇轰炸南开园时，黄钰生与杨石先等人冒着枪林弹雨坚持守护学校，并试图继续抢运物资，直至日军迫近才无奈撤退。撤离南开校园时，黄钰生浑身泥水，一脸灰尘，眼镜架只剩下一条腿，连一身换洗衣裳都没拿，手中却提着南开大学仅存的全部“家当”——一大串钥匙。事后当黄钰生见到张伯苓，交上这串钥匙时说：我未能保护好南开大学，但我把南开各楼室的钥匙全部给您带回来了，我的历史任务完成了。张校长热泪盈眶，紧紧握住他的手说：“子坚，你辛苦了！”黄钰生还写信告知其夫人梅美德（南开女中部主任）家中财物尽失。梅夫人安慰道：“论职守，校产毁，私产亦毁，于心无愧。若校产毁而私产存，就可耻了。”[②]沧海横流方显英雄本色。在生死存亡的关头，黄钰生表现出坚毅果敢、公而忘私的崇高精神。

黄钰生是坚持站在教学第一线的谆谆师者，是南开大学历史上贡献卓著的校务管理者。他在南开大学曾先后开设多门教育学和心理学课程，他教学

---

① 黄钰生：《大学教育与南大的意义》，《南开大学响导》，1930 年 5 月。

② 黄燕生等：《黄钰生小传》，申泮文主编：《黄钰生同志纪念集》，南开大学出版社 1991 年版，第 16 页。

严谨，逻辑性强，条理清楚，特别是有超人的口才。即使后来他担任繁重的行政工作，也未放弃教师本职，坚持课堂教学不辍。他担任学校秘书长职务20余年，始终不避烦难，兢兢业业，与华午晴、孟琴襄、伉乃如等行政人员精诚合作，使南开大学的管理以廉洁高效著称于世。他勇于从实际出发、大胆改革创新，曾于20年代末主持文科教学改革，整合办学资源、推进学科建设。西南联大时期，黄钰生肩负了大量的校务管理工作，别人管不了的事，都交给他来办，几乎成了“不管部”部长，担任西南联大建设长，后又受命筹建西南联大师范学院，担任院长8年之久。他把南开的教育传统、办学经验与蔡元培倡导的兼容并包思想熔铸到师范学院，不仅将师院办得井然有序，实现了为云南培养优秀中学师资的任务要求，而且将师院附中也办成昆明市的著名中学之一。抗战胜利后，师范学院及其附属学校整建制留在昆明，成为云南的教育重镇，人们感怀黄钰生的办学业绩，称誉他将“无限遗爱永留西南边陲”。1942 年，黄钰生与冯文潜借云南修筑石佛铁路的机会，在云南著名人士缪云台支持下，创建了南开大学边疆人文研究室，一方面为石佛铁路的修建提供筑路沿线的社会经济、人文地理等调查资料；另一方面，为南开大学文科的长远发展起到了建基铺路的作用。这一学术机构存在的时间虽不足5年，却在中国人类学民族学史上书写了重要的篇章，既是南开历史上的壮举，也是西南联大独具特色的学术成就。

三、首任大学部主任凌冰

凌冰（1891—1993）字庆藻，号冀东，著名教育家、学者、政要。13岁入南开中学，后毕业于清华留美预备学校，赴美留学，先后入斯坦福大学、哥伦比亚大学，克拉克大学，获教育心理学博士学位。1919 年，受张伯苓校长聘请，担任南开学校大学部第一任主任，参与筹备工作，还动员一大批留美学生到南开任教，为初创时期的南开大学做出了贡献。

凌冰敢于开风气之先，力主“南开大学可以男女合校”。1920 年，学校向社会公开宣布，实行“受业学生男女合校的制度，男生、女生皆可以入学”。[①]是年秋，女生许桂英入学。南开大学成为中国最早招收女生的大学之一。

---

① 邹宗善：《南开的大学》，《校风》16周年纪念号特刊，1920年10月。

四、“南开大学的计划人”张彭春

张彭春（1892—1957），字仲述，中国著名教育家、戏剧理论家、外交家。他是张伯苓的胞弟，南开学校第一届毕业生，早年游学美国，获文学和教育学双硕士学位，学成归国后，协助其兄开展南开学校的教育事业，任南开学校专门部主任。1919年，担任南开大学筹备委员会主任。1922年获得哥伦比亚大学教育学博士学位，1923至1926年间应清华学校诚聘出任教务长，后曾担任南开中学主任、南开大学教授，抗战爆发后从事外交活动。

张彭春一生实践救国、报国理想。他曾这样鼓舞南开师生：“教育为救国之大本，而教育所以能养成良美之国民者，要非使学生知识优美、道德高尚、身体强健不为功，是以大学之设为吾校刻不容缓之图，而国魂之保守，毅力之增加，身体之锻炼，吾校师生尤宜时时勉励，以期无负全国厚希教育救国之忱。”[①]他也曾这样注解自己的人生经历：“个人三十年来，有时致力于教育，有时从事外交，有时也研究戏剧。表面上看起来，似乎所务太广，其实一切活动，都有一贯的兴趣，就是现代化，也就是中国怎么才能现代化。”[②]

在国难深重、民族危亡的关键时刻，张彭春一面坚持为国育才，一边从事外交活动，宣传抗战，争取国际援助。1937年9月29日，他赴伦敦参加自由教会主政者会议，痛陈日军轰炸天津之情形，促使大会通过决议案：对日机轰炸中国不设防城镇之震怒，并促请英政府与国联采取种种方法制止日军暴行。10月5日，他在英国阿尔伯特皇家大厅举行的抗议集会上发表演讲，揭露侵华日军暴行，题目是《日本对于平民的战争》。1939年1月，张彭春向西南联大请假一年，赴英美等国家宣传抗日，争取外援。1月19日，他在美国发起成立了“不参加日本侵略委员会”，成功游说美国国会，促使其通过了《对日经济制裁案》，美国政府由此取消《美日商约》，沉重打击了日本战时经济和侵华政策。中国驻纽约总领事向外交部特别赞扬张彭春的贡献：“此次美政府骤然取消《美日商约》，国际情势及内部党派原因虽多，而舆论方面督促政府采取积极步骤之力实大，抗战以来在美各方宣传救急工作，实促成舆论要素，‘不参加日本侵略委员会’及张彭春博士奔走甚力。”[③]抗战胜利

---

① 《校风》第36期，1916年9月4日。

② 张彭春：《什么是现代化》，崔国良、崔红编，董秀桦英文编译：《张彭春论教育与戏剧艺术》，南开大学出版社2003年版，第322页。

③ 郭荣业、张源编《张伯苓先生纪念集》，沈云龙主编：《近代中国史料丛刊续辑》第18辑，台湾文海出版社1975年版，第218页。

后，他参加联合国第一届会议，被任命为联合国经济及社会理事会常任代表，提出创立“世界卫生组织”的建议案。1947年在联合国人权委员会第一次会议上，当选人权委员会副主席和起草委员会副主席，与人权委员会主席罗斯福夫人共同主持起草《世界人权宣言》，提出了一系列建设性的建议，并主张将中华优秀文化融入《宣言》，为世界人权事业的发展做出卓越贡献。

张彭春锐意进取，勇于开拓。他是中国现代话剧的主要创始人之一，对中国现代戏剧的发展做出开创性的贡献。在美国求学期间，他悉心钻研西方戏剧和编导艺术，并创作话剧剧本。1916年9月，张彭春归国返津，立即投入南开话剧活动，担任新剧团副团长，成为我国最早的话剧导演，也为南开演剧活动注入了新的活力。他不但对外国戏剧有长期深入的观察和研究，积极引入欧美话剧的演出体制，领导大家改编、排演西方最富代表性的剧作，而且他将自己对中国传统戏曲的深刻理解融入其中，形成了独特的戏剧思想和导演理念。当时话剧界即有所谓“南有南国社，北有南开新剧团”以及“南洪（深）北张（彭春）”的说法。南开相继培养出了曹禺、黄宗江、张平群、鲁韧（吴博）等众多戏剧家。

早在1916年，张彭春便提议将南开学校专门部“改设大学”，而且提出办大学的目标，“将来意想之标的，使南开大学生，纵不能发明新理为世界学问之先导，亦决不瞠乎欧美开流之大后，而必与之并驾齐驱”[①]，为学校设定了创办世界一流大学的目标。1919年，他主持起草《南开大学计划书》，被张伯苓称为“南开大学的计划人”。他的教育思想对南开教育理念的形成也有重要的影响。例如，他认为发达学生的“爱公心”即可养成其“坚固之爱国心，来日成爱国之事业”[②]。“学生之目的，则学成以我之能力救国。”[③]“求能力，便是教育的一个最明显最精当的界说。”[④]“方今世界，进步迅速，一日千里，第其进化之趋向则有一焉……即所谓‘现代化’……现代教育之目的，在养成每一国民之现代力。”[⑤]张彭春倡导的“爱公心”“求能力”“现代化”的教育思想具备了“新·公·能”三大要素，是南开校训重要的思想来源。

---

① 《校风》第36期，1916年9月4日。

② 张彭春：《体育运动在教育上的价值》，《校风》第97期，1918年5月。

③ 张彭春：《愿诸君多注意于操行》，《校风》第108期，1918年10月4日。

④ 张彭春：《南开教育的一个新方向》，《大公报》（天津），1927年9月15—17日。

⑤ 张彭春：《“开辟的经验”的教育》，《南中周刊·南开学校第23周年纪念专号》，1927年。

五、南开经济研究所创办人何廉

何廉（1895—1975），字淬廉，于1926年获得耶鲁大学博士学位，应南开大学聘请担任经济学和财政学教授。1927年，担任南开大学社会经济委员会（后改为经济研究所）主任，1931年，兼任南开大学经济学院院长。1948年，何廉曾短暂代理南开大学校长。

何廉朝气蓬勃，锐意进取。他回国后发现中国的经济学研究不但落后，而且面临着外国理论如何适应中国实际的难题。在他看来，中国经济研究“非仅明了经济学原理及国外之经济组织与制度”,“贵在能洞澈本国之经济历史，考察本国之经济实况”，做“中国化的经济研究”。[①]为此，何廉向张伯苓建议成立研究机构，致力于中国社会经济问题的研究。1927年9月，社会经济研究委员会成立，是当时国内高校中最早建立的经济研究机构，何廉作为创办人兼任委员会主任。

为开展工作，何廉将私有图书、打字机、计算机全部献出，并自费聘请助手。他一面担任着繁重的教学和行政工作，一面进行科研，着手编写教科书及物价指数。由于工作需要，1929年初何廉力邀他在耶鲁大学的同学和密友方显廷到南开工作。何廉与方显廷志同道合，二人以强烈的热情和忘我的敬业精神投入经济研究所的工作。他们明确提出，南开经济研究所的口号就是要把经济学“中国化”，通过统计数字的收集、编纂和分析，以数量来表示国内的经济情况。为此，他们进行了大量的实地调研，几年间足迹遍及天津各行业的工厂作坊，开创了中国经济学实证研究的先河。由于注重翔实的数据调查和科学的数量分析，南开学者编制的各种经济指数客观准确地反映了当时的物价、市场和经济运行状况，发布的“南开指数”享誉中外，出版的《大公报·经济周刊》《南开指数年刊》等也为国内外学术界所看重，成为了解当时中国经济活动的重要资料。

1935年，经济研究所招收了中国历史上第一届经济学研究生。学生第一学年，在导师指导下读完规定的基本课程；第二学年选论文题目进行社会调查，写出毕业论文通过答辩后授予硕士学位。这种注重实地调查、理论联系实际的培养高级经济学人才的做法，影响了中国20世纪30年代乃至以后的大学教育。

在何廉、方显廷等南开经济学人的努力下，经济研究所成为当时最负盛

① 《本刊旨趣》,《大公报·经济研究周刊》第1期，1930年3月3日。

名的学术研究机构之一，被公认为“研究中国经济之权威机构”，其出版的学术刊物和物价指数享誉海内外，大大提高了南开大学的整体地位和声望。何廉和方显廷因成就卓越，与马寅初、刘大钧并称为民国四大经济学家。更为难能可贵的是，何廉广泛吸纳人才，经济研究所先后云集了张纯明、丁佶、李适生、李卓敏、林同济、袁贤能等名师，培养了吴大业、鲍觉民、陈振汉、杨叔进、李锐、冯华德、杨敬年、傅筑夫、丁洪范、谷源田、钱荣堃、滕维藻等一大批经济学者，为中国经济学的研究、教育做出了重要的贡献。

第四章 公益性私学传统与为公利群的私立南开大学

在创办初期，南开大学是一所私立大学。正式开办的私立南开大学及其前身新式严氏家塾、私立中学堂、南开学校大学部都属于公益性私学范畴。在数千年中华学校文化传统中，私学特别是公益性私学的历史地位及历史作用可谓举足轻重，就连国学（官学）也发端于私学，有赖于私学。就像人类胚胎的发育过程浓缩了漫长的从单细胞动物、哺乳动物、人科动物到现代人类的演化历程一样，南开大学的创办经历了世传家学、家塾散馆、中小学校、综合大学的演化过程，恰好是数千年中国学校形态演化历程的缩影。无论在办学目的上，还是在办学实践上，教育救国、为国育才、募捐办学、不求营利的私立南开大学都堪称弘扬中华公益性私学传统的典范。本章侧重从历史悠久的私学传统的角度，考察私立南开大学的创办过程，揭示其求新、为公、尚能的办学特征，探究南开校训的渊源及成因。

第一节 “私学”的词义和私学研究的论域

私学研究是中国教育史研究的重要课题之一。然而，对“私学”这个学术概念的定义学术界存在争议。现代学者大多将“私学”视为“私立学校”的同义词。《汉语大词典》《辞海》的“私学”词条也是这样释义的。一些学者认为私人学术和私人教育也属于私学范畴，“从广义上来说，不由政府主持，而且不纳入国家学校制度之内的教学活动都应属于私学的范畴。”[①]这个观点的大方向是正确的。

本文从考察“学”字的本义和“私学”一词的本义及核心词义入手，进

① 王炳照主编：《中国古代私学与近代私立学校研究》，山东教育出版社1997年版，第3页。

一步申说私学研究的论域理应涵盖一切私人的学识、教育和学校，并充分注意“私学”现象的复杂性及“私学”与“官学”相互关系的复杂性。

一、“学”字的本义是学识授受

“私学”一词由“私”字和“学”字构成。顾名思义，“私学”即“私”之“学”，为“学”之中限定为“私”的一种特定类型。因此，“学”字的字义对正确理解“私学”的词义至关重要。

“学”字的本义是学识授受。现知最早的“学”字见于殷墟甲骨卜辞。“学”是“學”的简化字；“學”是“斅（斆）”的省略写法；“斅”又是“教”的异体字。《说文解字·教部》：“教，上所施，下所效也。从攴，从孝。凡教之属皆从教。”又：“斅，觉悟也。从教，从冂。冂，尚蒙也。臼声。……學，篆文斅，省。”[①]在文献训诂中，“学”字有教、觉、斅[②]、效[③]、师[④]、习[⑤]等义项。由此可见，“学”兼有施教与受教、为师与师从、传授学识和学习知识双重意义。

在现存文献中，最早讨论学识授受问题的是《尚书·说命》，即“惟斅学半，念终始典于学，厥德修罔觉。”孔安国传：“斅，教也。教然后知所困，是学之半。……”孔颖达疏：“教人然后知困，知困必将自强，惟教人乃是学之半，言其功半于学也。……”[⑥]“斅”即“学”，“学”即“斅”；“斅”侧重表达“教学”之义，“学”侧重表达“学习”之义；“斅学”即教学与学习，故“斅学半”亦可写作“学学半”。《礼记·学记》：“‘学学半’，其此之谓乎！”孔颖达疏：“‘《兑命》曰：学学半’者，上‘学’为教，音斅；下‘学’者，谓习也，谓学习也。言教人乃是益己学之半也。”[⑦]这就是说，“学”既可以指掌握学识者实施教育，又可以指修习学识者接受教育。

一般说来，与治学和教学相关的事物皆可称“学某”或“某学”，诸如旨在标示求学治学者的“学者”“学人”“学民”；旨在标示教学内容的“学仕”“学仙”“学佛”；旨在标示教育行为主体与客体的“学师”与“学子”；旨在

---

① 《说文解字》卷三下《教部》。

② 例如，《玉篇·子部》：“学，受教也、觉也、斅也。”

③ 例如，《广雅·释诂三》：“教、学，效也。”

④ 例如，《墨子·法仪》：“当皆法其学奚若。”

⑤ 例如，《礼记·学记》：“如切如磋者，道学也。”孔颖达疏：“初习谓之学。”

⑥ 《尚书正义》卷十《说命下》。

⑦ 《礼记正义》卷三六《学记》。

标示教育机构的“学校”“学塾”“乡学”“太学”“国学”；旨在标示学校建筑的“学庭”“学舍”；旨在标示教育机构管理者的“学官”“学政”“学主”“学长”；旨在规范受教育者的“学则”“学规”“学法”“学训”“学约”；旨在标示学术传承的“学派”“学脉”“学流”“学名”，等等。

在特定语境中，单用一个“学”字可以简称某种学识、学术、学派及相关的学识授受，而古代文献中最常见的是以“学”字指称某种形式的私学。例如，《孟子·滕文公上》：“陈相见许行而大悦，尽弃其学而学焉。”赵岐注：“弃陈良之儒道，更学许行神农之道也。”[①]这段文字的“其学”是指陈良原本服膺的学派及修习的学识；“学焉”是服膺并修习许行的神农之学。又如，《史记·老庄申韩列传》：“老子修道德，其学以自隐无名为务。”[②]这段文字的“其学”是指老子个人的学术。又如，《史记·秦始皇本纪》有“则各以其学议之”[③]，而《史记·李斯列传》同一内容的记述则写作“则各以其私学议之”[④]。由此可见，“其学”即“其私学”，是指众多学者的私人学识及私人讲学。在古代文献中，“其学”“其学术”“其学业”一类的用法可谓司空见惯，保存了丰富的私学史料，涉及私人学识、私人教育、私人学校。

学校是机构化的学识授受之地，故亦可称之为“学”“某学”“学某”。“学校”别称“学斅”[⑤]，二者音义相同。“学斅”之“学”侧重表明学校是学生受教之地；“学斅”之“斅”侧重表明学校是教师施教之地。在古汉语中，单用一个“学”亦可标示学校。在文献中，将国学、太学、书院、乡学、学塾等简称为“学”的例证不胜枚举。例如，《礼记·王制》：“司徒论选士之秀者而升之学，曰俊士。”郑玄注：“学，大学。”[⑥]“学”还是学校的通名。《孟子·滕文公上》：“夏曰校，殷曰序，周曰庠，学则三代共之，皆所以明人伦也。”赵岐注：“学则三代同名，皆谓之学。”[⑦]各类学校皆可简称为“学”。

学校的创办主体有所不同，因而可以用创办主体的名称与“学”字组词，表达学校的属性。例如，“国学”特指设在国都的国家学校，亦称“天子之学”；“官学”特指官府设立的学校，依据官府的行政级别又有“州学”“府学”“县

---

①《孟子注疏》卷五上《滕文公上》。

②《史记》卷六三《老庄申韩列传》。

③《史记》卷六《秦始皇本纪》。

④《史记》卷八七《李斯列传》。

⑤ 例如，据《南齐书》卷三《武帝纪》记载，南朝齐武帝下诏兴学，称：“《春秋国语》云：‘生民之有学斅，犹树木之有枝叶。’果行育德，咸必由兹。”

⑥《礼记正义》卷一三《王制》。

⑦《孟子注疏》卷五上《滕文公上》。

学”等；“家学”可以指称家塾等家庭设立的学校；“私学”可以指称私人设立的学校；等等。

上述词义现象表明，“学”字的本义是学识授受，其外延可以涉及学识、教学、学校等与学识授受相关的各种事物。这就意味着，依据汉语习惯，“私学”一词并非特指私人学校，理应涵盖私人学识、私人教育、私人学校，而在特定语境下“学”也可以分别指称私人学识、私人教育、私人学校。实际上，古代文献也确实是这样使用“私学”一词的。

二、“私学”一词的本义及核心词义是私人学识

《汉语大词典》“私学”词条释义：“①私人创办的学校。……②特指战国时期法家以外的各种学说及其流派。”[①]《辞海》“私学”词条释义：“中国历代私人开办的学校。西周以前，学在官府。春秋时官学衰废，始开私人讲学之风。战国时大盛。汉代以后，成为学校制度的重要组成部分。”[②]这两种权威性词典的“私学”释义都是不准确的。

“私学”一词产生于先秦。《韩非子·诡使》：“私学成群谓之师徒。”[③]这段文字的“私学”是指某种私人学识及私人教育，即由“师”之治学教学与“徒”之求学学习而形成的私人之间的群体性学识授受行为及师徒关系。在现存先秦文献中，尚未发现用“私学”特指私人学校的用例。由此可见，“私学”一词原本不是特意为指称私人学校而创造的。

在现存秦朝文献中，只留下李斯的三个“私学”用例。据《史记·秦始皇本纪》记载：秦始皇在咸阳宫筵宴群臣，仆射周青臣与淳于越当众争论秦始皇的功与过。秦始皇令群臣评议。丞相李斯有一段名言，其文曰：

> 五帝不相复，三代不相袭，各以治，非其相反，时变异也。今陛下创大业，建万世之功，固非愚儒所知。且越言乃三代之事，何足法也？异时诸侯并争，厚招游学。今天下已定，法令出一，百姓当家则力农工，士则学习法令辟禁。今诸生不师今而学古，以非当世，惑乱黔首。丞相臣斯昧死言：古者天下散乱，莫之能一，是以诸侯并作，语皆道古以害今，饰虚言以乱实，人善其所私学，以非上之所建立。今皇帝并有天下，别黑白而定一尊。私学而相与非法教，人闻令下，则各以其学议之，入

---

① 《汉语大词典》第八卷“私塾”条，上海辞书出版社 2001 年版，第 26 页。

② 《辞海》“私学”条，上海辞书出版社 2010 年版，第 3688 页。

③ 《韩非子》卷一七《诡使》。

则心非，出则巷议，夸主以为名，异取以为高，率群下以造谤。如此弗禁，则主势降乎上，党与成乎下。禁之便。臣请史官非秦记皆烧之。非博士官所职，天下敢有藏《诗》、《书》、百家语者，悉诣守、尉杂烧之。有敢偶语《诗》《书》者弃市。以古非今者族。吏见知不举者与同罪。令下三十日不烧，黥为城旦。所不去者，医药卜筮种树之书。若欲有学法令，以吏为师。①

《史记·李斯列传》有同样记载，文字有差异，其中“则各以其学议之”一句写作“则各以其私学议之”②。李斯所说的“私学”特指一些被他视为有害的私人学识，其学术特征是“不师今而学古”，其政治行为是“非上之所建立”“非法教之制”“异趣以为高，率群下以造谤”，其政治后果是“惑乱黔首”，乃至“主势降乎上，党与成乎下”。无论“学古”，还是“率群下以造谤”，显然缘于私人的学识修习、学术思想和政治见解及私人之间的学识授受和私人群体中的思想传播。由此可见，李斯所说“私学”的核心词义是私人学识并涉及私人教育乃至私家学派。

在现存文献中，最早以“私学”明确指称私人学校的用例见于《后汉书·舆服志下》，其文曰：

进贤冠，古缁布冠也，文儒者之服也。前高七寸，后高三寸，长八寸。公侯三梁，自博士以下至小史私学弟子，皆一梁。宗室刘氏亦两梁冠，示加服也。③

这段文字所说的“私学弟子”是指在私人学校学习的学生。依据当时的舆服制度，在“文儒者之服”方面，私人学校学师及弟子的待遇等同于官方学校的博士及博士弟子，都可以戴一梁的进贤冠。

从古代文献的各种用例看，古汉语“私学”一词不仅可以统称各种私人的治学、教学、求学、办学，还可以分别指称私人的治学、教学、求学、办学。在确定私学研究的论域时，必须充分注意“私学”的各种指称对象及其内在联系。与此相应，使用有关“私学”的史料也必须注意其指称对象，以避免误读误解。

在古代文献中，“私学”一词的指称对象之一是私人学识。例如，《韩非

①《史记》卷六《秦始皇本纪》。

②《史记》卷八七《李斯列传》。

③《后汉书》卷三十《舆服志下》。

子·性度》:“国不事力而恃私学者,其爵贱,爵贱则上卑,上卑者必削。”[①]这段文字的“私学”泛指形形色色的私人学识。又如,司马光抨击王安石“不当以一家私学,令天下学官讲解”[②]这段文字的“私学”特指王安石个人的学术见解。又如,元朝陈仁子评说汉儒《春秋》学的偏颇,称:“汉儒专门,故范升驳左氏,陈元尊左氏,皆务私学而昧大义者。”[③]这段文字的“私学”一词是指某些儒者的学术偏好及学术观点。又如,《钦定四库全书总目》卷十四《经部十四》著录清朝江昱著《尚书私学》四卷。《尚书私学》之“私学”是指私人著述,江昱以此标示其个人的经义解读及经学思想。这一类用法的“私学”泛指私人习得的、秉持的、创造的各种知识、技艺、思想、学说。私人学识、私人讲学、私人教育、私人学校是派生关系,因而私人学识是“私学”一词的本义及核心词义。

在古代文献中,“私学”一词的指称对象之二是私人教育。例如,《韩非子·诡使》以“私学”论私人之间的学识授受及师徒关系。又如,《晋书·石季龙载记上》:“禁郡国不得私学星谶,敢有犯者诛。”[④]这一类用法的“私学”泛指以各种形式传授和修习私人学识。“学”(学识、学术)与“教”(教学、教育)密切相关。从生成关系看,私人教育是私人学识的派生物,将私人学识传授给他人就是私人教育;从互动关系看,私人学识与私人教育相生相长,教学相长是私学发展及传播的重要驱动力。一般说来,一切具有私人属性的治学与教学均可称之为“私学”。

在古代文献中,“私学”一词的指称对象之三是私人学校。例如,《通典·天子诸侯玉佩剑绶玺印》:“佩双印,长寸二分,方六分。乘舆、诸侯王公列侯以白玉,中二千石以至四百石皆以黑犀,三百石以至私学弟子皆以象牙。”[⑤]这段文字的“私学”是指私人创办的学校。又如,《唐律疏议·名例》“不义”条,注:“谓杀本属府主、刺史、县令、见受业师。”疏议曰:“‘见受业师’,谓服膺儒业,而非私学者。”[⑥]这段文字的“私学”是指各类不属于官方学校的学校。又如,《唐会要·学校》:“许百姓任立私学,欲其寄州县受业者,亦

---

①《韩非子》卷二十《心度》。

②《宋史》卷一五五《选举志一》。

③《文选补遗》卷七《奏疏四》东汉陈元《乞立〈左传〉博士疏》陈仁子曰。

④《晋书》卷一百六《石季龙载记上》。

⑤《通典》卷六三《礼二十三·嘉八·天子诸侯玉佩剑绶玺印》。

⑥《唐律疏议》卷一《名例一》。

听。”[①]这段文字的“私学”泛指私人举办的学校。私人学校是将私人学识和私人教育结合在一起的相对稳定的教育机构。一旦私人的治学与教学有了相对固定的场所和人员，便形成了私人学校。一般说来，私人学识及私人教育是私人学校的本源。

在古代文献中，“私学”一词还有一种特定的用法，即指称各种被视为有害的私人学识。例如，上述韩非、李斯、陈仁子所说的“私学”都属于这种用法。又如，北宋刘敞《春秋权衡序》：“故利臆说者害公议，便私学者妨大道，此儒者之大禁也。”[②]无论是自创的，还是习得的，只要违背了官方学说、主流学术、国家体制、皇帝意旨乃至不符合某个人的口味，都有可能被斥责为“私学”，所谓“私学乱治”“私学曲说”。汉朝以前，以韩非、李斯为代表的“法术之士”往往用“私学”指责有损于朝廷的私人学识及私人教育。汉唐以来，为数众多的儒者往往用“私学”指责有损于朝廷或违背“圣学”“道统”的私人学识及私人教育。于是原本应为中性词汇的“私学”被赋予浓厚的负面意义。“私学”一词有不公道、不正当、不正规、有私心、有偏见、有恶意的意蕴，多用于抨击性的文辞。这也是古代人通常不用“私学”一词表述私人学识及私人教育的重要原因。

应当指出的是：在古代文献中，用“私学”指称私人学识的用例最多，指称私人教育的用例居次，而指称私人学校的用例不多。如果输入“私学”二字以全文检索《四库全书》，可以得到正文文字 192 个匹配，注释文字 40 个匹配（含一些不属于“私学”一词的用例）。剔除重复引用，可以明确判定为以“私学”特指私人学校的仅有 6 例。由此可见，古代中国人所说的“私学”主要指称私人学识及私人教育，而以“私学”主要指称私人学校的词语现象是晚近才出现的。私人学校仅是“私学”一词的指称对象之一，将“私学”视为“私人学校”的同义词是不恰当的。因此，私学研究的论域必须包括私人学识和私人教育，不能局限于私人学校。

从历史过程看，私人学识、私人教育、私人学校是次第而生关系。私人学识通过讲学活动而转化为私人教育，私人教育通过机构化而转化为私人学校。在任何历史条件下，人类社会都会有私人学识及私人教育，而私人学校的产生和维系需要社会发展到一定程度。有私人学识通常也会有私人教育，却未必有私人学校。私人教育也大多不在私人学校中进行。私人学识、私人

① 《唐会要》卷三五《学校》。

② 刘敞：《公是集》卷三四《春秋权衡序》。

教育、私人学校既密切相关，又相对独立。因此，私学研究切忌做出过于笼统的学术判断。在特指私人学校时，不能简单地使用“私学”的提法，而应使用“私人学校”一词来表述学术判断，以避免自己的误判或他人的误解。

以中国私学起源问题为例，私人学识及私人教育与人类社会相始终。在任何时代、任何地区、任何族群，都必然广泛存在私人学识及私人教育。只要一个社会存在知识、技艺、思想代际传承的迹象，便足以判定那里存在私人学识及私人教育。这一历史的和社会的常识告诉我们：没有私人学校并不意味着没有私人学识及私人教育。这就要求研究者在考察私学起源问题时，应当首先分别考察私人学识的起源、私人教育的起源、私人学校的起源，切忌仅仅依据私人学校的有无来判定私学的有无。

上述历史现象及相关的词义现象表明，私学研究必须综合考察私人学识、私人教育、私人学校。在使用“私学”一词表达学术判断时，必须注意到这个概念的内涵与外延及相关的词语现象，避免误读史料，切忌以偏概全。

三、非“官学”者皆为“私学”

在学术研究中，“私学”往往与“官学”相对而言。私人学校与官方学校也是反义词。无论“私学”“官学”，均由“学”字构成。一般说来，非“官”之“学”即“私”之“学”，因而“私学”与“官学”的分野主要取决于“私”与“官”的指称对象。

《汉语大词典》“官学”词条释义：“①旧时官府设立的学校。……②官方奉行的学说。……”[①]《辞海》“官学”词条释义：“中国古代历代官府所办的各级各类学校。”[②]这两种权威性词典的“官学”释义都是不准确的。

在古代文献中，“官学”一词的指称对象主要有二：一是有关“官”的学问。二是官方学校。

在现存文献中，用“官学”一词指称有关“官”的学问的用例首见于《左传》的一种文本。《左传·昭公十七年》记载了孔子的一句名言：“吾闻之，天子失官，学在四夷，犹信。”[③]据《义门读书记》记载，石经的这段传文作“天子失官，官学在四夷”[④]王肃编纂《孔子家语》，收录《左传》传文，其

---

①《汉语大词典》第三卷“官学”条，上海辞书出版社2001年版，第1397页。

②《辞海》“官学”条，上海辞书出版社2010年版，第1322页。

③《左传·昭公十七年》。

④ 何焯：《义门读书记》卷十《左氏春秋》。

注释文字曰：“孔子称官学在四夷，疾时之废学也。”[①]无论《左传》记述的“学”或“官学”，还是王肃注释所说的“官学”，显然都不是指官方学校，而是指有关“官”（官制）的学识。所谓“学在四夷”或“官学在四夷”其所表达的意思是研究官制演化历程的好学问在边远地区流传，就连王室及鲁国的相关研究也相形见绌。

除上述个别用例外，古代文献所说的“官学”都是指官方学校。例如，元稹《唐故工部员外郎杜君墓系铭序》：“唐兴，官学大振，历世之文，能者互出。”[②]又如，《钦定日下旧闻考 · 官署五》转引《大清一统志》：“增八旗官学，在八旗分地。”[③]这是“官学”一词的通常用法。

一般说来，古汉语“官学”一词通常特指官府（国家）的教育机构。“官，犹公也，谓不私也。”[④]公与私是反义词，而古人常用“官”替代“公”，如“官家”“官天下”。作为“私家”反义词的“官家”是指公家、国家。作为“私天下”反义词的“官天下”是指“公天下”。“官学”也属于这一类用法。官学之“官”特指国家、朝廷、官府、公家，而“官学”即官立学校、国立学校。

“国学”是等级最高也最重要的官学。“国学”一词可能产生于西周，由国家学校设置于国都而得名，分为“小学”和“大学”。言及国学的古代文献很多，诸如《周礼 · 春官 · 乐师》有“乐师掌国学之政”[⑤]；《后汉书 · 朱浮传》有“国学既兴，宜广博士之选”[⑥]；《宋书 · 武帝纪下》有“选备儒官，弘振国学”[⑦]；等等。在特定语境下，单用“国”字也可以指称国学。例如，《礼记 · 王制》：“六十养于国”。郑玄注：“国，国中小学。”孔颖达疏：“国，亦是学也。”[⑧]国学又称“天子之学”，所谓“兴学之源，綦要于国学，国学者，天子之学也。天子之学曰辟雍，诸侯之学曰泮水”[⑨]。国学是历代王朝的最高教育行政机构及其附属的国立学校，汉之太学、晋之国子学、北齐之国子寺和隋唐以降的国子监都属于国学范畴。

---

① 《孔子家语》卷四《辨物》。

② 元稹：《元氏长庆集》卷五六《碑铭 · 唐故工部员外郎杜君墓系铭》。

③ 《钦定日下旧闻考》卷六六《官署五》。

④ 《史记》卷十《孝文帝本纪》：“余为天王夏启以光。”司马贞索隐。

⑤ 《周礼注疏》卷二三《春官 · 乐师》。

⑥ 《后汉书》卷三三《朱浮传》。

⑦ 《宋书》卷三《武帝纪下》。

⑧ 《礼记正义》卷一三《王制》。

⑨ 《钦定国子监志》卷二二《辟雍志四 · 建置 · 御制国学新建辟雍圜水工成碑记》。

从属性与功能看，中国古代的国学大体相当于现代的教育部及其直属学校。因此，古汉语“国学”既不是一个单纯的学校概念，更不是一个特定的学术概念，而是一个重要的政治制度概念。古汉语“官学”一词也具有同样的特征。这就是说，古汉语“官学”是指国家各级教育行政机构及其附属学校。

一所学校究竟属于“官学”还是“私学”可以依据创建者、举办者、主管者的政治属性来判定。在中国古代社会，著名学者绝大多有做官的经历，许多人还有学官的身份，他们的家学往往有浓厚的官学色彩，为数众多的私人举办的家塾、义塾、学塾、书院也传授官方学说，而它们都是私学，不是官学。一般说来，唯有国家及官府的学校属于官学范畴，而官宦之学则属于私学范畴。在私学研究中，必须坚守这一判定标准，否则会导致误判。

但是，为数众多的私学研究者将历史上的许多官宦之学归入官学范畴。导致这种学术现象的因素很多，深受某些儒者之论的影响是主要原因之一。为了论证“盛世无私学”，一些儒者曲解私学史料。典型例证莫过于章学诚《校雠通义》对《史记》记载的“父子畴官，世世相传”[①]的曲解。他声称：古代圣王推行“立官分守”并“同文为治”，故“官守其书”且“官守学业皆出于一”。[②]章学诚将春秋以前的世传家学统统归入官学范畴，将其说成是圣王之学的派生物和附属品。这种错误的说法不符合历史事实，也违背社会常识。然而，众多现代著名学者却将章学诚的说法视为重要史料依据，循着同一思路，将夏、商、西周的世官家学及家塾归入官学范畴，甚至断言当时毫无私人学识及私人教育。[③]实际上，就连许多古代儒者也不同意章学诚的说法。

依据中国古代法律，唯有国家及官府举办的学校属于官学，其余一律属于私学。例如，《唐律疏议·斗讼》有一律条曰：“即殴伤见受业师，加凡人二等。死者，各斩。”注曰：“谓服膺儒业，而非私学者。”疏义曰：“……注云‘谓服膺儒业，而非私学者’，儒业，谓经业。非私学者，谓弘文、国子、州县等学。私学者，即《礼》云‘家有塾，遂有序’之类。如有相犯，并同凡人。”[④]这一律条将官学的学师与私学的学师明确区分开来，赋予不同的法

---

① 《史记》卷一二八《龟策列传》。

② 章学诚：《校雠通义·原道》，古籍出版社1956年版，第1页。

③ 例如，在《检论·订孔上》一文中，章太炎写道：“古者世禄，子就父学，为畴官。《宦于大夫，谓之‘宦御事师’。言仕者又与学同。明不仕则无所受书。”章太炎：《章太炎全集》，上海人民出版社1984年版，第423页。

④ 《唐律疏议》卷二三《斗讼》。

律地位，殴伤前者的刑罚是“加凡人二等”，而殴伤后者的刑罚是“并同凡人”。由此可见，在法律上，唯有设在国都的弘文馆、国子监及其附属学校和设在州县的州学、县学属于国学及官学范畴，家塾、乡学，包括公卿百官的家塾，统统属于私学范畴。应当指出的是：《唐律疏议》与《五经正义》产生于同一时代，其作者大体是同一批唐朝高官及名儒，而《唐律疏议》明确将《礼记》记载的夏、商、西周的家塾、乡校视为私学，这可以代表唐代官方学说及主流学术的见解。

一些名儒也认为夏、商、西周公卿以下的家塾都属于私学范畴。例如，清朝马端临的《文献通考》依据儒者文献，论说古代学制及学生入学年龄。他认为，依据三代学校制度，“公卿已下之子弟”在幼童时，先“出就外傅且学于家塾”，到十五岁才进入国家举办的小学学习，“而天子则别无私学，所以世子八岁便入小学”[①]。所谓“天子则别无私学”是指天子没有家塾，故世子直接进入国家举办的小学学习。清朝胡渭《大学翼真》和毛奇龄《四书賸言》都认为天子不设自家的家塾，而公卿以下的子弟，都到家塾接受师傅的教育。李钟伦、方苞也赞成这种说法。在清朝的一批著名学者看来，夏、商、西周公卿以下的家塾都是私学。

一些儒者甚至将皇帝个人偏爱的学术及为此而设立的学校也归入私学范畴。例如，汉灵帝自撰《皇羲篇》，并在鸿都门设置学校，敕命州郡、三公举荐擅长尺牍及玉书鸟篆的人入学，学生人数有千人以上。马端临评说此事，引先公（马廷鸾）曰：“太学，公学也。鸿都学，私学也。学乃天下公，而以为人主私可乎！”[②]在马端临等看来，皇帝个人偏离“大道”的学术及其传授这一类学术的学校不是“公学”，只能算“私学”。

在一些儒者看来，即使当权者将个人的学术纳入了官学，也依然属于私学。例如，王安石当政之时，改革学校教育内容及科举考试方法，以行政手段推行自己的学术观点。司马光以《起请科场札子》为题，上书宋神宗，认为“王安石不当以一家私学，欲盖掩先儒，令天下学官讲解，及科场程试，同己者取，异己者黜，使圣人坦明之言，转而陷于奇僻，先王中正之道，流而入于异端”[③]。司马光认为凡是违背“先王之道”“圣人之学”的统统属于私学。持同样见解的儒者大有人在。

应当指出的是：用于指称官方学校的“官学”一词可以包容“官方学说”

---

① 马端临：《文献通考》卷四十《学校考一》。

② 马端临：《文献通考》卷四十《学校考一·太学》“鸿都门学”条。

③ 司马光：《传家集》卷五四《起请科场札子》。

的意蕴。但是，在古代文献中，只有用“国学”及“官学”特指国家学校和官府学校的用法，没有用“国学”或“官学”指称“国家学术”“官方学术”或“中国学术”的用法。用“官学”一词指称“官方学说”及用“国学”一词指称“中国学术”都属于现代词语现象，这一类的用法都不是中国传统文化所固有的。不注意到这一点往往会导致对古代文献的误读误解。

在古代文献中，多有关于某种学术立于国学的记载。例如，《隋书·经籍志》：“梁陈（《周易》）郑玄、王弼二注列于国学。”①许多议论国学教育宗旨的文字涉及国学的教育内容。例如，“国学教人之法，《诗》以理性情，《书》以道政事，《礼》以谨节文，《乐》以和心声。四者入道之路，则崇尚之”②。于是古汉语“官学”一词或多或少含有“官学学术”和“官方学说”的意蕴。依据汉语习惯，也可以赋予“官学”这一类词义。因此，许多现代学者用“官学”一词指称官方学说。例如，在《中国史稿》第三编第一章第三节，郭沫若指出：“韩非虽死，而他的学说实际上成为秦代的官学，并从正反两个方面对中国思想文化产生了深远的影响。”③

上述词义现象表明，“私学”一词的意义之源是私人学识及私人教育，进而推及私人学校；“官学”一词的意义之源是官方教育行政机构及其附属学校，推及官方学校的教育活动，现代学者又其将词义推及官方学说。因此，在充分注意到词义演化过程及古代文献用法的前提下，现代学术界可以将“私学”与“官学”视为相对而言的学术分析概念，并用于区分私人学识与官方学说、私人教育与官方教育、私人教育机构与官方教育机构。

依据历史事实和汉语词义，可以得出这样的判断：除官府设置的学校及其教育活动外，一切学识、教育、学校，包括官宦之学亦即官宦贵族的家教、家学、家塾都属于私学范畴。简言之，非“官学”者皆为“私学”。这就意味着私学研究的论域涵盖一切不属于官方学说、官方教育、官方学校的私人学识、私人教育、私人学校。

四、“私学”与“官学”往往分二合一

无论“私学”“官学”都是人们通过观察客观事物归纳出来的概念，属于主观判词。但是，历史上和现实中往往存在“私学”与“官学”分二合一的现象，“私学”与“官学”的分野有时并非界限清晰，截然分明。在考察“私

①《隋书》卷三二《经籍志一》。

②《钦定礼记义疏》卷一八《王制》。

③ 郭沫若：《中国史稿》第2册，人民出版社1979年版，第82页。

学”与“官学”的互动关系时，往往会遇到“私学”与“官学”相互影响、相互依存、相互吸收、相互转化乃至同源同质、彼此相即的历史现象。于是考察“私学”与“官学”的“分”与“合”，常常会面对一些兼具“私学”和“官学”成分的客观事物和历史现象。在辨识这一类事物和现象的时候，非此即彼的主观判词并非普遍适用。研究这种事物和现象最容易产生争议也最有魅力。

比较而言，私人学校与官方学校容易清晰界分。但是，也有难以判定的历史现象，典型例证莫过于西周家塾的属性。当时普遍实行分族而治，宗族组织与地域组织往往相互叠合，国家各级政权和众多基层社会组织往往兼具宗族组织、军事组织、行政组织的属性。其中，许多世官是家邑和家族的首领，于是其领地既可以称之为“私家”，又可以称之为“官邑”。这一类封君家塾与普通家塾有所不同，它们介乎于“私学”与“官学”之间，很难简单地归类于“私学”或“官学”。

私人学识与官方学说似乎很容易清晰界分，其实二者的关系最为复杂。一般说来，某种学识一旦走出官学，就会转化为私人学识，而某种私人学识一旦被纳入官学，就会转化为官方学说。孔子之学是官方学说转化为私学的典型。孔子以私人身份治学、讲学、办学，显然属于私学范畴。然而，他所编选的教材文本大多来自春秋以前的官方学说代表作，其中一些就是西周王室的档案原件。古代儒者之学大多有类似的特征。孟轲之学是私人学识转化为官方学说的典型。孟轲提出了一套自己的学说，齐王以优厚待遇任命他为齐国国学稷下学宫的学官，于是孟轲之学或多或少具有了官方学术的属性。《论语》《孟子》后来都被帝制国学尊为“帝典”，这是私人学识转化为官方学说的典型事例。

如果通观官方学说及主流学术形成与发展的过程，可以列举大量历史事实证明：官方学说的形成与发展有赖于私人学识，反过来官方学说又会深刻影响乃至制导私人学识的形成与发展。这种私人学识与官方学说相互转化的历史现象可谓司空见惯。曾被纳入国学的郑玄之学、王肃之学、王弼之学、程朱之学都是“私学”与“官学”分二合一、私人学识对官方学说及国学教育有深刻影响的典型例证。

在中国古代，大多数私人学校的教育目的、教育内容及教育方法与官方学校大体相同，其本质属性与官方学校并无二致，这也是“私学”与“官学”分二合一、官方学说对私人学识及私人教育有深刻影响的典型事例。

上述分析表明，客观事物及历史现象的复杂性决定了设定私学研究的论域不应过于拘泥“私学”“官学”等分析概念，而应本着实事求是的精神，以客观事物及历史现象为本体，以问题意识为中心，综合考察各种与“私学”密切相关的事物及现象的特点、本质及其内部联系，乃至打开学科边界，整合学术资源，完善研究思路，从广阔的学术视野，系统研究、深入分析错综复杂的客观事物及历史现象，揭示各种相关事物及现象之间的普遍联系和本质属性，力争做到客观、全面、准确地评说私人学识、教育和学校的发生发展过程及其历史价值和现代意义。

第二节　“春秋以前无私学”是一个重大学术误判

私学是南开大学的本原。为了全面评估私学在中国学校教育形成与演化过程中的重大历史作用，深入考察南开校训与中华优秀传统的关系，本节论证这样一个学术观点：私学也是中国学校教育的本原。

历史常识、历史文献、历史过程和历史法则都提示我们：在官学产生之前，私学便广泛存在于中国大地。然而，绝大多数相关学术著作却将私学判定为春秋时期的产物，其主要理据是：春秋以前，“学在官府”，没有私学；春秋之时，官学式微，私学兴起。这一重大学术误判不仅本末倒置，违背常识，也大大低估了华夏先民知识求索、学术创新和文化传承的能力。本文旨在以系统的证据链，否定“春秋以前无私学”，亦即“华夏早期国家千余年无私学”的学术误判。

一、“春秋以前无私学”之论的四大学术方法失误

在现有的中国思想史知识体系中，“春秋以前无私学”的错误观点的影响极其广泛。结构性、系列化的学术方法失误是导致这一误判的主要原因，涉及以下四个层面的问题。

（一）深受古代儒者“圣王”史观的误导

古代儒者“祖述尧舜，宪章文武”，将早期王制描绘成理想政治的典范。为了渲染五帝三王的“王道盛世”，论证“君师合一”的政治理想，儒者编造故事，虚构史话，美化古代君主，颂扬“帝王之治”“王者之制”和“圣王之道”。历史观的错误必然导致根本性的史论谬误。然而，一批现代著名学者深受古代儒者的误导，这是造成他们误判中国私学起源时间的根本原因。

在古代儒者看来，三代之治，完美无缺，具体表现之一便是“治教合一”“君师合一”，王者之学大公无私。圣王在上，则绝无私学；天子式微，则私

学兴起。主张重返“君师合一”理想的古代儒者甚至将私学视为乱世所特有的产物。盛世无私学的思想渊源可以追溯到一批先秦儒者之书。《孟子》开列的尧、舜、汤、周文王的“王者”谱系成为后世儒者道统论的重要依据。

唐宋以来，众多儒者以道统论为史论及政论的重要依据，强化了盛世无私学的论述。他们认为，唐尧、虞舜、夏禹、商汤、周文王、周武王、周公姬旦都是道统的传承者，由于道统与君统、圣人与王者、君主与师长合于一体，他们开创了人类社会的盛世，而盛世的知识体系和学校制度也堪称完美无缺。王安石的见解很有代表性，他说：“窃以经术造士，实始盛王之时。伪说诬民，是为衰世之俗。盖上无躬教立道之明辟，则下有私学乱治之奸氓。”[①] 许多儒者甚至用“上无私师，下无私学”描述夏、商、西周的学识、教育、学校。例如，清朝的朱彝尊认为“三代之学”的特征是：上至国都，下至党、遂，均设有官学；上至太子，下至庶民，均入学学习；学校设施完备，教师资质优秀，教学内容完美。“上无私师，下无私学，此三代之学所以盛美而大备也。”[②]在众多儒者看来，五帝三王之盛世绝对不可能有私学，不要说私人学校，就连私人学识、私人教育也不会有。

古代儒者用“盛世无私学”虚构了一幅从唐、虞、夏、商、西周到春秋战国，华夏学术由高度统一、完美无瑕走向高度分化、缺憾甚多的学术退化图景，将私学视为乱世的产物和有害的学术。这一类的说法显然与历史事实截然相悖。然而，一批现代著名学者盲目采信古代儒者三代之时“君师合一”及“盛世无私学”的说法，推定春秋以前“学在官府”，导致中国长期无私学。例如，钱穆引据章学诚《校雠通义》、龚自珍《治学》等，断言：“古者治教未分，官师合一，学术本诸王官，民间未有著述。此在周时尤然。自周室之东，而天子失官，大人不悦学。于是官学日衰，私学日兴，遂有诸子。”[③]在钱穆看来，春秋以前，“治教未分”，官学垄断学术，绝无私学存在的可能性。春秋时期，“天子失官”，官学日衰，私学才得以兴起。这个判断及论证方式显然与“盛世无私学”属于同一套路。钱穆之类著名学者的观点影响很大，这势必误导许多人的历史认识，导致为数众多的相关著作沿袭了“春秋以前无私学”的错误判断及其论证方式，许多学者甚至错误地判定首开私人讲学之风的是孔子。他们在没有任何确凿证据的情况下，便彻底否定了华夏早期国家存在私学的可能性。

---

① 王安石：《王文公文集》卷一八《谢除左仆射表》。

② 朱彝尊：《曝书亭集》卷六五《大同府威远卫重修学记》。

③ 钱穆：《国学概论》，商务印书馆 1997 年版，第 29—30 页。

（二）沿袭古代儒者对历史记载的曲解

为了渲染"君师合一"的理想境域，固守"盛世无私学"的成说，一些儒者曲解与早期私学相关的历史记载，将其说成圣人之学的派生物，论证圣王之时学识、教育、学校一律统一于官学，乃至毫无私学容身的空间。史观及史论的错误必然导致对历史记载的歪曲。古代儒者往往曲解涉及私学的史料，使用这一类儒者文献必须有所鉴别，有所分析，有所取舍。然而，众多学者采信古代儒者的史料解读，这是导致他们误判中国私学起源时间的重要原因之一。

儒者曲解私学史料的典型事例莫过于章学诚《校雠通义》对《史记》"父子畴官，世世相传"[①]的曲解。为了使这一类的记载纳入"盛世无私学"的史论体系，章学诚判定春秋以前的世传家学都是圣王之学的派生物和附属品，统统属于官学范畴，不属于私学范畴。他称：

> 圣人为之立官分守，而文字从而纪焉。有官斯有法，故法具于官。有法斯有书，故官守其书。有书斯有学，故师传其学。有学斯有业，故弟子习其业，官守学业皆出于一，而天下以同文为治，故私门无著述文字。[②]

历史事实和社会常识告诉我们：人类社会从来不曾有过民间绝无私人学识及私人教育的时代；夏、商、西周不曾出现过"圣王在上""同文为治"的现象；"立官分守"不可能造就学术一统，乃至"皆出于一"；"官守学业"也不可能致使"私门无著述文字"；"家传学"亦即世传家学是一种自古就有的历史现象，而世传家学通常属于私学范畴。因此，章学诚的说法仍属虚构，不应采信。

然而，以章太炎、钱穆为代表的众多学者却将这种古代儒者之论视为重要史料依据，他们引据章学诚的说法，循着同一类思路，论说"学在官府"，将世传家学统统归入官学范畴，进而判定：在夏、商、西周时期，学识、教育、学校一律由官府垄断，当时绝无私人学识、私人教育，更不可能有私人学校。例如，在《检论·订孔上》一文中，章太炎写道："古者世禄，子就父学，为畴官。……宦于大夫，谓之'宦御事师'。言仕者又与学同。明不仕则

---

① 《史记》卷一二八《龟策列传》。

② 章学诚：《校雠通义·原道》，古籍出版社 1956 年版，第 1 页。

无所受书。”[①]许多相关著作也采信了这一类论述。

（三）误读古代史籍的相关记述

众多现代学者所说的“学在官府”旨在表述这样一种控制程度，即学识、教育、学校及典籍统统被官学垄断，导致社会上绝无任何私人的学识、教育、学校。他们的重要理据来自对古代史籍相关记述的误读。

在《四库全书》中，检索不到“学在官府”的匹配。这个提法的主要史料依据是《左传》有关“天子失官，学在四夷”的记述。据《左传 · 昭公十七年》记载，这年秋天，“郯子来朝”。在鲁昭公主持的宴会上，郯子详细论说古代官名沿革。“仲尼闻之，见于郯子而学之。既而告人曰：‘吾闻之，天子失官，学在四夷，犹信。’”杜预注：“失官，官不修其职也。传言圣人无常师。”[②]从语境看，孔子所说的“学”特指有关先王典章制度的“学识”。在孔子看来，当国家官员不能正常履行其职能时，有关典章制度的知识传承及学术研究出现障碍，而地方上却依然有博通古今的学者掌握相关知识。据说，孔子曾问学于老聃、苌弘、郯子等著名学者，故古代经学家多用“圣人无常师”来解读上述经传之文，颂扬孔子善于汲取各种私人学术成果。显而易见，“学在四夷”所表达的意思是：有造诣的学识在地方，在民间，乃至在蛮夷戎狄。即使研究者用“学在官府”替代“天子失官”，也不能据以断定：在孔子看来，“学”原本一律由官府垄断，而四夷、民间原本无“学”。将“学在官府”与“学在四夷”截然对立起来的做法也违背历史常识和社会常识。

值得注意的是：古代的一些《左传》文本或注释在“学”字前面加上“官”字。王肃编纂《孔子家语》，收录《左传》传文，其注释文字曰：

> 孔子称官学在四夷，疾时之废学也。郯，少昊之后，以其世则远矣，以其国则小矣。鲁公之后，以其世则近矣，以其国则大矣，然其知礼不若郯子。故孔子发此言，疾时之不学也。[③]

王肃注所说的“官学在四夷”显然是指有关“官”的学识在四夷流传，而“废学”“不学”也是指一种知识传承及学术研究不尽如人意的状况。鲁国公室是周公姬旦的嫡派子孙，以传承周礼而著称于史册。《诗经 · 鲁颂》留下一则颂扬鲁僖公整修泮宫的诗篇，名曰《泮水》。由此可见，春秋之时的鲁国有国家学校及研究和讲授典章制度的学官。因此，所谓“官学在四夷”及鲁

---

① 章太炎：《章太炎全集》，上海人民出版社 1984 年版，第 423 页。

② 《春秋左传正义》卷四八《昭公十七年》。

③ 《孔子家语》卷四《辨物》。

国“知礼不若郯子”，旨在评说学识水准的差异，即在典章制度研究方面，来自“四夷”小国的郯子反而比周天子及鲁国的学官更高明。但是，“官学”的提法更容易被误读，稍有不慎便会导出官学曾经一统天下、春秋以前无私学的判断及官学衰而私学兴的论证方式。

在世界古代史上，从来不曾出现官学垄断一切学识、教育、学校的现象。夏、商、西周时期，国家的统一程度不高，王权的统治能力有限，社会的技术条件薄弱，各地的交通状况落后，更不可能出这种现象。这就可以用排除法否定“学在官府”的提法。从技术层面看，“学在官府”的主要理据来自对“天子失官，学在四夷”等史料的误读，而从思想根源看，史料误读依然是深受“盛世无私学”之论误导的产物。先入为主地论证“春秋以前无私学”，很容易使史料解读导向既定结论。

（四）不恰当地使用“私学”一词

“私学”既是一个常见的古代汉语词汇，又是一个重要的学术分析概念。许多评说中国私学起源问题的学者笼统地使用“私学”一词，将私人学识的起源、私人教育的起源、私人学校的起源混为一谈，并做出全称性的“春秋以前无私学”的判断。许多学者甚至将官学与官宦之学混为一谈，把属于私学范畴的官宦之学也归入官学之中。学术分析概念的不恰当使用属于形式逻辑方面的失误，而形式逻辑的失误往往导致指称对象不明确，分析思路不清晰，学术判断不准确，甚至导致研究者自我性的视野遮蔽、思路局限和方向误导。与“春秋以前无私学”相关的史料误读和事实误判就是典型例证。

何谓私学？古汉语“私学”一词的指称对象主要有四：一是私人学识。例如，司马光抨击王安石“不当以一家私学，令天下学官讲解”①。这一类用法的“私学”泛指私人习得的、秉持的、创造的各种知识、思想、学说，包括各种权贵官宦的私人之学。二是私人教育。例如，《韩非子·诡使》：“私学成群谓之师徒。”②这一类用法的“私学”泛指以各种形式传授和修习私人学识的教育现象。三是私人学校。例如，《唐会要·学校》：“许百姓任立私学，欲其寄州县受业者，亦听。”③这一类用法的“私学”泛指各种私人举办的学校。四是有害的私人学术。例如，《史记·李斯列传》有三个“私学”用例，特指“非上之所建立”“非法教之制”“异趣以为高，率群下以造谤”的“私

---

①《宋史》卷一五五《选举志一》。

②《韩非子》一七《诡使》。

③《唐会要》卷三五《学校》。

学”①。只要涉嫌违背官方学说、主流学术、皇帝意旨，就有可能被人斥责为“私学”。这种现象亦属常见，诸如“私学乱治”“私学曲说”之类。

上述词义现象表明，析而言之，“私学”分别指称私人的治学、教学或办学；统而言之，“私学”涵盖一切具有私人属性的治学、教学和办学。一般说来，私人学识是私人教育和私人学校的本原和基础，没有私人学识，便没有私人教育和私人学校。一旦私人的治学与教学有了相对固定的场所和人员，便形成了私人学校。私学往往具有个性，未必与官方学说、主流学术、皇帝意旨完全一致。因此，私人学识是“私学”一词的核心词义。

学识、教育、学校三者之间密切相关。从生成关系看，教育是学识的派生物，学校是教育的派生物；从互动关系看，学识、教育、学校相生相长，学校是将学识和教育结合在一起的相对稳定的教育机构。一般说来，有私人学识，才有可能产生私人教育；有私人教育，才有可能产生私人学校。这一历史的和社会的常识提示我们：考察私学的起源必须分别考察私人学识的起源、私人教育的起源、私人学校的起源，而私人学识的起源时间及其存续能力是判定春秋以前是否有私学的关键。

何谓官学？古汉语“官学”一词主要指国家（官府）的学校及学术。唯有国家及政府的学校及学术属于官学范畴。官宦的私学有浓厚的官学色彩，家塾、义塾、学塾往往传授官方学术，而它们都是私学，不是官学。一些古代学者甚至认为，皇帝私人创造的学术、开办的教育和设立的学校也属于私学范畴。汉灵帝自造《皇羲篇》五十章，设置鸿都门学，敕命州郡、三公举荐学生，人数多达千人。蔡邕、阳球曾上疏批评。马端临评说此事，引先公曰：“太学，公学也。鸿都学，私学也。学乃天下公，而以为人主私可乎！”②

上述词义现象表明，将官宦之学简单化地视同官学的做法也是不恰当的。在中国古代的学识体系、教育体系和学校体系中，官宦（士大夫）的私学，包括官宦的家学、家教、家塾占据极其重要的地位。私家著述大多出自官宦之手，官宦家学始终是私人学识的主要来源和重要载体，官宦家教始终是私人教育最常见的形式之一，官宦家塾始终是私人学校的重要组成部分。历代著名学者大多有做官的经历，而他们的著述、讲学、授徒、办学不仅具有鲜明的私学属性，而且在当时也被明确地归类为“私学”。即使商周世官制下的官宦家学也有很强的私人属性，遍布各地的“王官”之学（官宦之学）不可

---

① 《史记》卷八七《李斯列传》。

② 马端临：《文献通考》卷四十《学校考一·太学》“鸿都门学”条。

能都与“王者”之学（朝廷之学）保持高度一致。中国的私学主要靠士大夫群体支撑，而官学的发展也有赖于私学。后来成为官方学说重要载体的“先秦儒学”“两汉经学”“魏晋玄学”“宋明理学”原本都是一种私学。就连朝廷支持、官员主办的一些书院，诸如著名的岳麓书院，也具有浓厚的私学色彩。这方面的证据可谓汗牛充栋。因此，我们不能因为官宦家学的创作者及官宦家塾的举办者有“官”的身份和地位，便简单化地将其归入官学范畴。一般说来，官宦的家学、家教、家塾属于私学范畴。在评说私学起源及演化历程时，必须充分注意到这一点。

二、“官学衰而私学兴”论证方式的四大宏观把握失误

论证“春秋以前无私学”的主要方式是“官学衰而私学兴”，即唯有官学式微，私学才得以兴起。这种论证方式乍看颇有道理，却经不起认真推敲。它在宏观把握上有诸多失误，其原因是没有将若干重大历史现象及其所体现的一般法则及常识纳入分析框架。主要有以下四类长时段的历史现象。

（一）私学与人类社会相始终

私学发端于原始社会并与人类社会相始终，而“官学衰而私学兴”论证方式的致命缺陷之一便是没有注意到这个极其重大的历史现象。

教育是一种特殊的社会现象，知识的求索及传承是人类社会生存与发展的必要条件，因而教育与人类社会相伴而生。相关研究表明，原始人类便有个体性求索知识及亲子间传授知识的教育活动，原始形态的学校也出现于原始社会末期。在母系氏族社会，亲子教育和“青年之家”之类的教育机制普遍存在。在父系氏族社会，家庭及家族对年青的一代负有扶养和教育职能。在举行成年仪式前，许多族群还要求年轻人依据性别分别集宿，接受长辈的一系列教导。在举行成年仪式时，家庭（宗族、氏族、部落）长老往往向适龄青年传授各种知识。这就意味着，在国家及官学产生之前，便广泛存在家传知识及家庭教育，甚至有了家庭学校的雏形。换言之，从生成时间看，私学先于官学，私人学识及私人教育的历史渊源早于官方学术及官方教育，就连私人学校也极有可能比官方学校更为久远一些。

私人教育广泛存在于世界各地的原始社会，中国并不例外。正如许多学者所指出的：“随着早期人类产生，教育活动就在中华大地上萌芽了。”原始

社会末期，“出现了原始形态的学校”。[1]这一推定是正确的。历史发展进程告诉我们：私人学识的起源和私人教育的起源都发生在国家产生之前。官学产生之前，私人学识和私人教育已经遍布中国大地。甚至不能排除国家产生初期便存在家塾之类小型私人学校的可能性。

历史常识和社会常识告诉我们：个体的及家庭的求知和教育活动是与人类相始终的社会历史现象。有了人类社会，便有了知识求索与知识传授行为，特别是亲子长幼之间的教育活动。国家产生之前，便普遍存在私人求知及教育的社会现象，而官学则是与国家相伴生的政治现象。在任何时代，没有了私人的知识求索与知识传授，整个社会的知识体系和教育体系就失去了基础性的支撑。历史常识和社会常识还告诉我们：私学比官学更容易形成与维系。任何时代都会广泛存在私人学识和私人教育。许多私塾仅有教师一名，学堂一间，学童数名，因而只要社会发展和知识积累达到一定程度，一些家庭有财力完善家教，就有可能产生小型私人学校。官学的形成与维系却有赖于国家制度的健全、政治状况的稳定和财政资源的充裕等等。天下动乱之时，官学往往被废置，而民间依然有私人学识、私人教育，小型私人学校也比较容易存活。由此可见，无论官学盛衰，社会上都必然会有私学存在，私学的有无并不取决于官学的兴衰。因此，“春秋之前无私学”的说法不符合常理常识，“官学衰而私学兴”的论证方式也似是而非。

（二）人类早期文明都有家学广泛存在及官学与私学并存的现象

在考察中国私学起源问题时，世界各地的私学起源及其所体现的历史法则和社会常识是重要的参考系。从相关研究成果看，早期文明相当发达的地区都不存在官学垄断学识、教育和学校的现象。古巴比伦、古埃及、古印度都很早便有家庭教育举足轻重及官方学校与私人学校同时并存的现象。这表明，家学家教广泛存在及官学与私学并存具有普遍意义，而“官学衰而私学兴”的论证方式却忽略了这一重大历史现象。

学校最初产生于何时？教育史研究者大多认为，专职教师的出现是体力劳动与脑力劳动分离的产物，文字的产生与应用是学校产生的重要标志。换言之，有了国家，有了文字，也就有了学校。学校的历史可以追溯到早期国家产生之时。

从现存史料看，东方文明古国普遍存在官学与私学并存的现象。在两河

---

① 王炳照、李国钧、阎国华总主编：《中国教育通史·先秦卷（上）》，北京师范大学出版社2013年版，第1页。

流域，文字产生于公元前3500年左右，现知最早的疑似学校的遗迹就发现于这个时期的文化遗址。苏美尔时期的学校被称作“埃都巴”，意为“泥板书社”，由寺庙举办，专门培养“文士”。现存最早有关非僧侣的文士的记载产生于公元前2000年左右。在古巴比伦王国时期，文士学校遍布各地，办学主体有寺庙、王室、官府、文士等。文士或有官职，或无官职。在家中办学的文士学校应属私人学校范畴。在尼罗河流域，公元前4000年便有了文字。僧侣、建筑师、木乃伊师等世袭职业通过家教世代相传。约建于公元前2500年左右的古王国有各类学校并存的迹象。在中王国时期，办学主体有宫廷、官府、寺庙、文士等。文士学校规模不大，需交纳学费，有贫家子弟及妇女就读。文士创办的学校数量最多，成为古埃及学校体系的重要组成部分。在印度河流域，“哈拉帕文化”时期已经有了文字。公元前1200年左右，雅利安人进入印度河流域。由于家族是社会政治结构的基础，家庭教育占据极其重要的地位。婆罗门教的教育活动主要在家庭进行，子女必须在父母指导下记诵《吠陀》等经典。僧侣贵族婆罗门举办主要培养其子弟的吠陀学校，并在乡镇设置名曰“陀儿”的小型学校。还有一种被称为“阿什拉姆”的“古儒学校”。“古儒”在家设教，广招学生。在古印度文明，家教及私人学校也占据重要位置。类似的现象在世界各地的古代文明普遍存在。其中，古希伯来文明为在国家灭亡的情况下家学家教及私人学校保持顽强的生命力提供了典型例证，而古希腊文明则是在邦国林立的情况下私人讲学现象相当普遍的典型例证。①

在“四大文明古国”中，古巴比伦、古埃及、古印度都很早便有家庭教育广泛存在及官学与私学并存的现象，难道唯有中国是一个特例吗？中国古代教育体系确实有一些自己的特点，如没有出现过寺庙及僧侣成为办学主力军的现象。但是，在重视家庭教育方面，以父权制家庭为社会政治基础的东方文明古国有彼此相通之处。这就决定了中国不会违背一般性的历史法则。在夏、商、西周时期，幅员辽阔的华夏大地理应广泛存在以家学家教为主体的私人学识及私人教育，学校的办学主体也理应具有多样性。因此，“春秋之前无私学”及“官学衰而私学兴”的论证方式违背历史法则，也不符合历史常识。

---

① 上述事实陈述主要参考了曹孚、滕大春、吴式颖、姜文闵编著：《外国古代教育史》，人民教育出版社1981年版；滕大春：《外国教育通史》第一卷，山东教育出版社1989年版；戴本博主编：《外国教育史》（上），人民教育出版社1989年版；刘新科：《国外教育发展史纲》，中国人民大学出版社2007年版；贺国庆、于洪波、朱文富主编：《外国教育史》，高等教育出版社2009年版。

（三）早期王制及官学没有能力垄断学识和教育

“官学衰而私学兴”论证方式有一个预设的前提，即夏、商、西周之时的王者及官学垄断了学识和教育。然而，众多研究成果提示我们：在那个时代并不存在王者垄断学术、官学一统天下的可能性。这就意味着预设前提子虚乌有是“官学衰而私学兴”论证方式的致命缺陷。

在当时的历史条件下，夏、商、西周没有实现也不可能实现政治上的王权一统，更不可能在王朝的势力范围内实现文化一统、学术一统、教育一统。据说，夏禹之时，“执玉帛者万国”①；商汤灭夏，“三千诸侯大会”②；周武王伐纣，“诸侯叛殷会周者八百”③。即使在王制比较严整、王权相对强大的西周时期，国家统一、政治统一和文化统一的程度也相当低下。据《史记·周本纪》记载，“成康之治”仅四十余年，尚且征战不已。昭王之时，“王道微缺”。穆王之时，“诸侯有不睦者”。共王以降，“王室遂衰”。厉王之时，王权旁落。“宣王中兴”，昙花一现，“诸侯多畔王命”。诸侯国内部也多有类似的情况。夏、商、西周王权的控制能力有限，这与古代儒者描述的“盛世景观”有天壤之别。王权没有能力一统天下，控制一切，也就不可能建立辐射各地、覆盖天下的官学体系，原本遍布于“华夏”诸国和“蛮夷”诸国各种学识和教育，特别是数量极大的家学家教，更不可能统统受制于王权，统一于国学。

无论古代儒者的“盛世无私学”，还是现代学者的“春秋之前无私学”，都属于全称判断，即春秋以前没有任何形式的私学，包括私人学识、私人教育、私人学校乃至各种与官方学术不一致的学识及著述。然而，历史事实和社会常识告诉我们：且不说唐、虞、夏、商、周不曾出现王者之学一统天下的现象，无论君主才智圣明到何种程度，国家控制严厉到何种程度，官学体系完备到何种程度，都不可能达到民间绝无私人学识和私人教育的地步。更何况人类最初的知识、学识、教育都产生于民间，寄托于私人，“学在民间”“学在四方”“学在四夷”乃是一种与人类社会相始终的世界性的社会历史现象。因此，我们必须慎重对待、认真辨析、恰当采择古代儒者的记述与评说，摒弃各种涉嫌历史造假和文化造假的儒者之论，不采信五帝三王之时无私学的说法，更不应将私学的兴起与繁荣简单地归因于官学的有无与盛衰。

（四）华夏早期国家不可能千余年间没有任何形式的私学

“春秋之前无私学”及“官学衰而私学兴”论证方式最大的宏观把握的失

---

①《左传·哀公七年》。

②《逸周书·殷祝解》。

③《史记》卷三《殷本纪》。

误是违背官学来自私学、官学有赖于私学的一般法则。

华夏国家起源于何时？这个问题尚无定论。考古发现表明，最初的华夏国家极有可能产生于距今五六千年前的某个历史节点。唐兰等著名学者很早便依据考古发现论证了这一类的观点。近年来，持这一类观点的学者有所增加。即使从夏朝算起，到春秋时期，华夏国家也已经历了一千多年的演化历程。依据“夏商周断代工程”的研究成果，夏朝的历史有 470 年，商朝的历史有 554 年，西周的历史有 276 年，三者总计历时 1300 年。这就是说，在春秋以前，华夏国家经历了极其漫长的发展过程。如果私学产生于春秋时期的观点成立的话，那就意味着华夏早期国家千余年无私学。这怎么可能呢？

历史常识和社会常识提示我们：华夏早期国家千余年间官学一统天下的现象是不可能出现的。如果坚持“春秋以前无私学”的误判，就无法对一系列问题做出令人信服的解答：中国最初的官学何以产生，又何以演进？最早的王朝何以实现并保持王者之学一统“天下万邦”？诸多独立的“蛮夷之地”及时服时叛的诸侯国的知识体系能否始终与王朝的官学保持一致？分散在各国各地的卿士家传之学能否与王朝的官学及其他各种学术始终保持一致？在改朝换代中，能否从旧朝的官学一统转化为新朝的官学一统并做到一切文献都不会向四方和民间流散？新的王朝能否禁绝此前产生的与新朝的官学有差异的各种学识和教育，包括形形色色的卿士家传之学？……

由于史料的缺失，我们无法确知早期王朝的官学是何以产生、何以传播、何以演进的。但是，大量可靠的历史事实提示我们：在官学的产生、传播、演进中，私学始终发挥着不可或缺的重大作用。私学与官学互动的现象更是司空见惯。一般说来，没有私学就不可能有官学，而没有官学却不可能没有私学。

从可靠的历史记载看，战国以来的历代官方学说都是由私人学识转化而来的。齐国稷下之学的学官和秦朝国学的博士来自诸多学派，而诸子之学原本都是私学。两汉国学（太学）对影响较大的经学流派兼收并蓄，而这些经学流派原本都属于私学范畴。魏晋国学（太学）崇尚郑玄之学和王肃之学，而郑、王之学原本也是私学。王弼的《周易注》在东晋国学和南朝国学有一席之地，而王弼之学是私学。在唐朝国学，皇帝钦定、学官编纂的《五经正义》占据举足轻重的地位，而这部经学巨著是融会汉魏以来众多私学成果的产物，其中《周易》王弼注、《尚书》孔安国传、《诗经》毛亨传和郑玄笺、《礼记》郑玄注、《左传》杜预注，原本均属于私学范畴。宋元以来，理学独尊于国学，而理学原本也是私学，朱熹之学还曾一度被南宋朝廷定性为“伪学”。上述历史现象表明，在适合统治需要的前提下，将私学中的显学纳入国学，使之成为官方学说的主要载体，这是历代王朝的通行做法。实际上，不仅官学的形成及演化有赖于私学，官学的传播也有赖于私学。即使在王朝盛世，官学的覆盖面也颇有局限，传授官方学说、培训统治人才的任务，特别是初级教育主要由遍布各地且数量极大的家塾私馆等形形色色的私人学校承担。上述事实表明，私学是官学的先导，官学有赖于私学，而官学又会制导私学，这乃是一般法则。

实际上，在任何时代，私人的（包括个体的和群体的）知识求索及相应的知识传承都是整个社会知识体系形成的源泉和演进的原动力。步入文明以来，某一种私学转化为官学以及官方学说与私人学识相互影响也是一种具有普遍意义的历史现象。在任何时代、任何地区、任何民族、任何国度，都不可能出现官学垄断一切乃至私学被彻底禁绝的现象。因此，“官学衰而私学兴”的论证方式不符合历史演化的一般法则。

三、春秋以前具备私学存续和发展的重要历史条件

在论说“私学产生于春秋”的原因时，现代学者普遍列举了三大重要历史条件：一是王权衰微，诸侯异政；二是王官沦落，典籍流散；三是士庶繁衍，士人众多。然而，在春秋以前，这些历史条件均已具备。

（一）自古便有王权衰微及诸侯异政的现象

夏、商、西周三个朝代的更替过程都是“王权衰微，诸侯异政”典型例证。从《史记》的记载看，立国之初，夏王的权威便一再遇到挑战，并一度失去帝王之尊。此后数百年间，夏朝王权时盛时衰，诸侯时服时叛，最终王位被诸侯国君成汤夺取。商朝的情况大体相似。商朝的属国林立，时服时叛，维系统辖关系主要凭借武力征战。无论甲骨卜辞，还是文献记载，都表明商朝是一个征战频仍的朝代，对方国的征伐始终是最重要的国家大事。武丁为一代英主，其功业集中体现于征伐。

就连王权相对强大的西周也明显存在诸侯异政现象。西周诸侯数以百计，来源众多，有周王王族、姬姓宗族、异姓功臣、周族旁支、王族姻亲、服国、前朝后裔、远古圣王后裔等。周王奉行“修其教不易其俗，齐其政不易其宜”[①]的统治方略。各个诸侯国或延续本族群的政治传统，或因俗而治而有所变通，就连姬姓诸侯国之间的政治也有明显差异。据《左传·定公四年》

---

①《礼记》卷五《王制》。

记载，周初分封宗室，鲁公之国，“法则周公”；康叔、陶叔之国，“皆启以商政”；唐叔之国，“启以夏政”[①]。在西周王朝的控制力量不能或时常不能达到的“蛮夷之地”，政治、经济、社会、文化与华夏诸国的差异更为显著，一度称王的楚国是典型例证。诸侯异政是导致学术分化和推动私学发展的重要动因，因而所谓“诸侯异政，百家异说”及“道术将为天下裂”的现象理应发端于春秋以前，并非春秋战国所独有。

（二）自古便有王室典籍及学术扩散的现象

东周王室的贫弱及内斗致使一些掌握专门知识的官员及他们所掌管的文献流散，诸如周惠王与周襄王之间，王室内乱导致太史司马氏携带典籍投靠晋国；周景王与周敬王之间，王室内乱导致一批贵族携带典籍投靠楚国。许多学者依据这一类王室典籍及学术向四方扩散的现象，论说春秋时期私学产生的历史条件。然而，在春秋以前便有因王朝更替、邦国兴灭及国家内乱而导致典籍及学术流散的现象。例如，据《史记·殷本纪》记载，商纣王之时，“殷之太师、少师乃持其祭乐器奔周”。实际上，王室典籍及学术大范围扩散的现象很早便发生了，春秋时期的晋国和楚国原本就有自己的典籍及学术并长期传承，东周王室贵族携来的典籍并非各国典籍及学术的最初来源和唯一来源。

大量历史事实表明，华夏典籍的渊源可以追溯到夏、商乃至五帝时代，其创造者和传承者来源众多，并不限于王朝的最高统治者；王室统治天下的各种措施是导致王室的文化模式和相关典籍及学术广泛扩散的重要动因；诸侯之国和卿士之邑通常拥有来自王室的和自己创造的典籍及学术。据《史记·夏本纪》记载，夏后帝启作《甘誓》以征伐不从王命的有扈氏，这个王者创制的战争誓词必然公开发布并作为典籍传承，而在夏、商、西周，这一类公开发布并流传四方的王者训谕、誓词、文告理应汗牛充栋，《夏书》《商书》《周书》保存的篇章都是典型例证。据《史记·夏本纪》记载，夏王太康失国，其“昆弟五人，作《五子之歌》”，这是王室成员亦即王族封君传承先王遗训、阐发政治思想并借助诗歌传布四方的典型事例之一，同类历史现象理应相当普遍。据《史记·夏本纪》记载，夏王中康之时，胤国之君奉王命出征并作《胤征》，这是诸侯国君参与王室典籍创制并极有可能奉为方国典籍的典型例证之一，同类历史现象理应相当普遍。据《史记·殷本纪》记载，伊尹作《女鸠女房》《咸有一德》《伊训》《肆命》《徂后》《太甲训》；义伯、

---

① 《左传·定公四年》。

仲伯作《典宝》；咎单作《明居》《沃丁》；巫咸作《咸艾》《太戊》；伊陟作《原命》；思念盘庚的百姓作《盘庚》，这是商朝一批名臣封君参与典籍创制并极有可能在自家传承的例证，同类历史现象在西周时期也很常见，《周书》保存的周公、召公等人创制的典籍及其子孙封地的世传家学堪称典型。殷墟甲骨卜辞有“大学”一词，据说夏、商、西周的国学广招“国子”“宗子”以培养各级封君的继承人，国学及官学体系是王室典籍及学术向全国各地扩散的重要途径。考古发现的殷墟甲骨卜辞和周原甲骨卜辞以毋庸置疑的史料证明：商朝的一些异姓诸侯国拥有与王室相同或相似的文字系统、典籍及学术，同类历史现象理应相当普遍。历史记载表明，在西周初年，周公制礼以颁布四方，王室训谕以号令诸侯，诸侯国显然皆有与国家礼乐制度相关的典籍及学术。在周初的华夏大地，形成了王室、鲁国、宋国三大文教中心，其文化特征有明显差异，这表明周王室并未垄断所有的典籍及学术，也不是典籍及学术流散民间的唯一来源。商周时期的一批器铭表明，许多诸侯之国、卿士之邑有自家的典籍及学术和文化传承，据此可以判定：在漫长的历史过程中，夏、商、西周的各级封君和各类职官理应创造过大量的训词、文告、铭文和著述。据《史记 · 秦本纪》记载，周宣王任命秦仲为大夫，他受命于周，励精图治，“礼乐射御，西垂有声”，这是西周王室的异姓封君有自家的文化教育且深受王室文化影响的典型例证。上述历史现象表明，在王权强盛之时，为了实现统治而扩散王室文化的主观意志和驱动力反而会更加强大，其成效也更为明显，早期汉字系统和礼乐文化的广泛传播及其深远影响堪称典型例证。

一般说来，在夏、商、西周，王权控制天下的政治需要及相关的施政措施，特别是教化和教育方面的措施，必然导致王室典籍及学术的扩散，进而促进政治的统一和族群的融合。从《左传》《国语》《史记》的相关记载看，在西周和东周，各级封君施政及其辅臣议政往往引据“先王之制”“先王之礼”“先王之法”“先王之乐”“先王之道”“先王之教”“先王之训”“先王之遗训”“先王之命”“先王之令”及与先王相关的各种典训和故事。诸侯之国、卿士之邑均有掌管祭祀占卜、礼乐文教的官吏，封君施政、朝觐、祭祀及各类封君之间的交往大多遵循某些共同的礼乐制度、礼仪规范、占卜方法并依据特定情境吟诵相关的诗篇，这是在王朝制度及王室学术的制导下，各地广泛使用并传承与王朝文告、帝王训谕、礼乐制度、卜筮方法相关的通用典籍及学术的典型例证。在春秋时期，许多典籍流传于世间并形成众多不同的文本，这种现象只能用不同的典籍文本出自不同的传承体系及不同的学者来解释。

上述事实表明，在“周辙不西，王纲解纽”及“天子失官”之前，王室的典籍及学术已经传播于各国，流散于各地。典籍及学术扩散是导致学术分化和推动私学发展的重要动因，因而所谓“学在四方”“学在四夷”的现象理应发端于春秋以前。

（三）自古便有士庶阶层不断扩充的现象

“士”原本特指最低一级的世官封君，后来亦可指称庶民中的士人。这里用“士庶”指称一个社会地位介乎低级世官（“士”）与普通平民（“民”）之间的特殊阶层，他们大多为王公贵族的支庶，主要是各级封君世代繁衍的产物。夏、商、西周实行宗法等级君主政体及世官制度，其“家国天下”的国家结构由等级化的政权实体构成。以西周为例，天子之国、诸侯之国、卿士之邑梯次排列，上君下臣，等级分明。天子、诸侯、卿大夫、士皆为享有食邑的世袭封君。天子及各级封君的权位一律依据宗祧继承制度世代承袭。西周的诸侯国数以百计，各国的卿大夫数以千计，各类低级世官为数更多，因而各级封君的世代繁衍必然导致众多贵族子弟沦为无职位的士庶。在家国衰亡或政治变动中，失去权位的世官封君及其亲属也会沦为无职位的士庶。在华夏早期国家，这种历史现象广泛存在并持续发展，因而华夏大地很早便存在有学识而无职位的士庶群体。

中国历来有重视家庭教育的传统。殷墟甲骨卜辞研究表明，商朝的封君及许多官职通常世袭。众多西周史料表明，卿士及封邑世袭具有制度化的特征。由于教育子弟、传承家学对家族事业的传承和发展至关重要，因此世官封君大多拥有自己的世传家学、家族学校及相关典籍。许多世官是世家传学的创造者和传承者，他们以亲自训导、设置师傅和举办学校等各种方式培养接班人及其他子弟族人。一般说来，世官封君的家教家学往往惠及诸多子孙，世官封君为继承人设置的师傅往往惠及一些陪读人员，世官封君的宗学家塾往往惠及众多宗族子弟，因而每一世代都会产生一些受过教育却没有官职的贵族子弟，他们会聚成一个特殊的“处士”的士庶阶层并遍布中华大地。从《史记》的《殷本纪》《齐太公世家》的记载看，“处士”群体之中多有博学贤能之人，商朝名臣伊尹、周朝名臣吕尚都可能一度“处士”。许多被说成“处士”或被称为“庶老”的人颇似古巴比伦和古埃及的没有官职却从事教育的文士，也很像春秋时期在民间相礼、教学的儒者。只要社会上存在有学识而无职位的文士，特别是亲身接受过贵族教育的士庶，他们习得的或创造的学识及其掌握的典籍及学术就会以传诵或传抄的方式在民间流传。他们不仅是官方学术及世传家学向民间扩散的中介，还往往成为私学的创造者及传承者。

西周王室重视民间诗歌的搜集和整理，常常派官员到民间“采风”，《诗经》中一些诗篇及大量未能流传下来的古代诗篇可能就出自士庶的手笔。士庶群体的扩充是导致学术分化和推动私学发展的重要动因，因而所谓“帝术下私人”的现象理应发端于春秋以前。

（四）自古便有民间著述遍布各地的现象

判定“春秋以前无私学”的主要依据之一便是章学诚所说的“私门无著述文字”[①]和钱穆所说的“民间未有著述”[②]。目前确实尚未发现可以确认为春秋以前产生于民间的著述。但是，“民间著述尚未发现或不易确认”和“民间未有著述”是两个不同的概念，依据前者推定后者很容易铸成大错。

实际上，不要说尚未发现夏、商、西周的“民间著述”，就连现知当时的“官方著述”也屈指可数。产生于春秋以前的文本类史料目前只发现了三类：一是甲骨卜辞，二是器物铭文，三是《周书》若干篇章。其中，堪称“著述”的唯有《周书》，而直接来自西周档案文献的《周书》为数不多。夏、商、西周三代历时千余年，仅王室文告、王者训谕及名臣著述就应数不胜数，诸侯和卿士的文告、训谕及著述的数量更为庞大，可是留存下来的王室文告、君主训谕及名臣著述却少得可怜。迄今为止尚未发现产生于夏朝及商朝早期的文本原件，许多早期国家甚至连名字也没有流传下来。《尚书》中的口传成分甚多，《尧典》的“曰若稽古”、《洪范》的“我闻在昔”、《吕刑》的“若有古训”其所述内容都是集体保存的远古记忆。现存《夏书》《商书》的所有文本及《周书》和《诗经》的多数文本都是后世学者依据口耳相传的话本而整理成篇的，因而现存《书经》《诗经》《易经》文本的产生时间及其可靠性始终是古今学者关注和争论的重大课题。这表明，就连官方著述也很难原原本本地留存下来。然而，没有保存下来并不意味着历史上不曾产生过，流传过。

早期民间学识及著述主要靠口述的方式形成并传承，而口述的学识也是学识，口述的著述也是著述，口述的教育也是教育。历史学、民族学、人类学的研究成果告诉我们：受书写条件限制，早期学识及著述多以口述吟诵形式传承，世界各民族的创世史诗和英雄史诗便是典型例证。华夏民族从未间断聚族而居，拥有大量集体保存的历史记忆，许多民族的典籍和个人的学识有一个从口耳相传到写成文本的过程。先秦文献记述了孔子以前许多名君、名臣、名人师从他人教诲的故事，而这些被师从者的教诲都是口述的，其系

---

① 章学诚：《校雠通义·原道》，古籍出版社1956年版，第1页。

② 钱穆：《国学概论》，商务印书馆1997年版，第29—30页。

统的著述也没有流传下来。为数众多的民间口述学识及著述显然属于私学范畴，这一类私学的传承也无须拥有文字书写的典籍。在私学与官学的互动中，一些学识及著述很难清晰地区别为"官方的"或"私人的"。保存于先秦文献中的许多传说、神话、诗歌、民谣、谚语、箴言的创造者及传承者未必统统来自官方，《书经》《诗经》中的一些成分很可能来自大众文化，诸如《诗经》的某些篇章和《尚书·酒诰》所引用的谚语"人无于水监，当于民监"。一般说来，在春秋以前，理应有民间的学识及著述普遍存在于各个地方和各个族群。反倒是夏、商、西周千余年间只有官方著述的说法应当受到质疑。

上述历史现象表明，早期王权无法控制整个天下，各国、各族、各地的生活方式、统治方式、政治取向、地域文化及知识体系有相当明显的差异，并不存在王者之学一统天下的现象。早期王权力图控制整个天下，大力传播王室文化，各国、各族、各地的制度、伦理、文字日益趋同，因而王者之学早就流布天下。社会上很早便存在有学识无官职的人群，他们往往会以某种方式张扬自己的观点、传授自己的学识，私人学识和私人教育从来就没有断绝过。因此，春秋以前的实际状况理应是"学在官府"（天子之学及各级官府之学）、"学在四方"（各个地域之学）、"学在四夷"（各个族群之学）、"学在民间"（家族之学、士庶之学）并存于世间。

四、推定"春秋以前有私学"的主要理据

春秋以前是否存在私学？私学与官学孰先孰后？这一类问题之所以很难做出毋庸置疑的论断，主要是因为在现存的春秋以前生成的史料中，涉及私学的直接史料一条也没有，涉及官学的直接史料也屈指可数且语焉不详。上古时期的这一类史料极难留存下来。后世文献中可能涉及早期私学的诸多记述也很难得到出土文物的直接证实。面对这种由于史料所限而导致的"天难"，研究者需要开阔视野，转变思路，依托史料，有所推定，得出更贴近历史本来面目的判断，至少要避免重大误判。断言夏、商、西周绝无任何私学存在就属于影响广泛的重大误判。

实际上，"教育发端于原始社会"就是依据间接史料、历史常识和社会常识推断出来的。考古研究表明，原始人类有社会组织、劳动生产、军事活动、原始宗教及音乐艺术，这都是存在知识和技能在世代之间传承乃至世袭的重要迹象。据此可以推定：原始人类有亲子之间和世代之间的教育活动。这样的推断是合乎常识常理的。依据同样的推导方式，不难做出"春秋以前有私学"的合理推定，主要理据有以下几点。

（一）可以用排除法否定“春秋以前无私学”

实际上，“春秋以前无私学”的观点并无任何直接的史料依据。夏、商、西周“学在官府”的提法也是依据春秋战国时期生成的文献中并不具有完整性或可靠性的相关记述而做出的一种推断。然而，这个推断是可以用排除法予以否定的。

许多学术研究的范例表明，我们不能仅凭“史无明文”，便断言“史无其事”。原因很简单：历史上确有其事却记载阙如的情况极为常见。例如，考古发现表明，公元前4000年的古埃及已有文字，而现知最早的有关古埃及学校的文字记载产生于公元前2500年以后。一般说来，有了人类，便有了私人教育；有了文字，便有了学校教育。因此，我们不能简单化地判定“在文字产生十五个世纪之后，古埃及才出现学校”，而应这样陈述历史：“由于史料阙如，公元前2500年以前的古埃及学校的具体情况不详，而依据出现文字及僧侣、建筑师、木乃伊师等世袭职业普遍存在等历史现象，可以推定古埃及很早便有家教之类的私学及各类学校”。依据相同的推理方式，我们可以运用排除法，否定春秋以前没有任何形式的私学的错误说法。许多考古材料表明，华夏国家及文字的源头极有可能追溯到距今六千年前；红山文化等可能产生了最早的王国；夏朝的国家制度相当发达；商朝的文字体系相当成熟；西周的政治、经济、社会、文化更加发达，“家国同构”和“家国一体”的社会政治结构也相当完善。因此，家庭教育至关重要及办学主体多样化的现象理应源远流长。

如果注意到私人学识和私人教育发端于原始社会这一重大历史事实及私人学识及私人教育与人类社会相始终这一重大社会常识，如果体察到夏、商、西周的王权没有能力垄断当时的学识、教育、学校，当时不可能存在覆盖天下的完备的官学体系，也可以用排除法否定古代儒者的“圣王”史观及其一系列理据，进而否定“盛世无私学”的说法及由其派生出来的“春秋以前无私学”的误判。

既然“无”被合理否定，那么“有”就是合理推定。在现有史料条件下，恰当的推定措辞应当是：春秋以前必然有私人学识和私人教育，还理应存在小型私人学校，至少不应排除存在小型私人学校的可能性。换言之，春秋以前理应存在官学与私学并存的现象。

（二）族群及地域文化差异显著是私学普遍存在的重大迹象

近年来的考古发现表明，在春秋以前，生活于中国各地的众多族群的融合程度远不及后世，族群文化及地域文化类型众多，诸多“蛮、夷、戎、狄”

处于较高的文明发展程度，其生活方式和知识体系与“华夏”有很大差异，三星堆遗址便是典型例证。商、周则更为典型，商曾是夏朝之诸侯，周曾是商朝之诸侯，在它们取代宗主国而“王天下”之前，都有独具特色的生活方式和知识体系，甚至被视为“夷”“戎”。从《左传》的记载看，春秋时期被视为“蛮、夷、戎、狄”诸国都有各具特色的知识体系和受教育程度很高的士大夫，春秋以前也应存在这一类现象。从夏、商至秦、汉，中国思想文化发展的总体趋势是从高度分裂的多元化逐步走向相对统一的多元化，就连诸子百家的学术大分化也是在各族各地的思想文化日益走向融合统一的大背景下发生的。比较而言，先秦诸子及其所依托的地域文化之间的思想文化统一程度，远远高于夏、商、西周时期各个族群及地域之间的思想文化统一程度。在族群及地域文化的多样性和差异性方面，夏、商、西周远远超过春秋战国，而族群及地域文化的种类越多，差异越明显，独具特色的知识体系的数量也就越多。这恰恰是私学普遍存在的重大迹象。春秋以前的中华大地不存在统一的文化体系和知识体系，这是证伪“盛世无私学”之论的重要依据。“春秋以前无私学”将思想文化的演化大趋势描绘成从春秋以前的高度统一走向春秋以来的高度分化，这也是违背实际历史过程的。

（三）家教家学是很早便广泛存在的私学

知识的创造具有个体性，人类社会的所有知识均由某些个人最先感知，掌握知识及相关技能的人通常也会将其传授给身边的人，特别是自己的子弟亲友。因此，有了人类社会，便有了家庭教育。父母教育子女及长辈教育晚辈的家庭教育，不仅是人类社会最早出现、最为常见的教育形式，而且是私人性最强、覆盖面最广的教育形式。在各种教育形式中，唯有家教与人类社会相始终。

在古汉语中，“家教”一词既可以指称家庭长辈培育和教导自家晚辈的教育活动，又可以指称家庭的礼法，如家训、家规、家范、家令、家戒等，涵盖家庭教育的行为和内容。家教的主要目的是将家族长辈获得和创造的各种知识、技艺、经验、学问、思想传授给家庭晚辈，以利于家庭的存续与发展，因而家教又是家学形成与发展的重要动因，一旦某个家庭积累和创新的学识世代相承，便会形成独具特色的家学。古汉语“家学”一词主要指家族世代相传的知识、技艺和学问，亦称“家传之学”“家传学”“家术”。一些家学与主流学术存在差异，故人们用“家言邪学”指称自成一家的偏见。如果家学世代相传，根基深厚，则称“家学渊源”。“家学”一词亦可指称“家塾”。家塾亦称“家馆”“宗塾”，是家庭、宗族开设的学堂。由家族成员创造的家学及传承家学的家教属于典型的私人学识和私人教育。在中国古代，以家教为典型代表的私人教育的历史显然要比官方教育早得多。

重视家庭教育是源远流长的中华优秀传统，古代汉字体系为此提供了重要的史料依据。汉字注重以字形表意，而“育”“教”“斆”“學”等可以表达养育、教导、施教、受教之义的字皆从“子”，其中“學”是“斆”（斅）的省略写法，而“斆”是“教”的异体字。在殷墟甲骨卜辞中，“育（毓）”字由“女”与“子”构成，为女性分娩婴儿的象形，其本义是生育，亦可为尊亲之称。尊亲生育子女、养育晚辈必然包含家教的成分。金文就有用“育”字表达养育之意的用例，如《班簋》铭文的“育”字。《说文解字·𠫓部》：“育，养子使作善也。从𠫓，肉声。《虞书》曰：‘教育子。’”[①]由此可见，“育”字可以兼有生育、养育、教育之义，而育子教子亦即家教。在甲骨文、金文中，“教”字的完整字形由“爻”“子”“攴”构成，乃持物教“子”的象形，旨在表达施教于“子”与“子”受教于施教者。造字者因物因事赋形，勾勒“教”的形象，以表达其字义。从字形构造看，这个字的本义应是家庭长辈依据家规家礼，秉持家法教具，训导子弟晚辈，实施教育与教化，传授知识与戒律，而子弟晚辈恭顺从命，接受家庭长辈的教导，故“教”字兼有施教与受教双重意义。“教”的一种异体字由“孝”与“攴”构成。在商代甲骨卜辞中，“孝”由“老”与“子”构成，而“老”字象长发老人持杖之形，“子”字象幼子之形。“孝”字的核心词义显然是亲子关系、长幼关系的准则。因此，由“孝”与“攴”构成的“教”字也与家教有意义上的相关性。《说文解字·教部》：“教，上所施下所效也。从攴，从孝。凡教之属皆从教。”[②]“攴”是轻型击打器具的象形。在中国古代，依据家规，动用家法，小有责罚，是家教的常用手段。在字音和字义上，“教”字与“孝”字有密切关联。这表明，“教”字的核心词义发端于父兄对子弟、长辈对晚辈的家教，推及君父对臣子的教育，进而涵盖形形色色的教育。“教”字的这个特点为教育始于家教、私学先于官学的推断提供了重要的语言文字及文化符号依据。古汉语的“育”“教”“斆學”（教学）显然与家教有渊源关系，家教是这一类字词的意义源头。这是推定春秋以前有私学的重要依据。

在华夏国家产生初期，社会发展程度相对低下，等级制度极其严格，职业及官职通常世袭，家学对传承家族事业至关重要，因而知识和技艺主要以

① 许慎：《说文解字》卷一四《𠫓部》“育”字条。

② 许慎：《说文解字》卷三《教部》“教”字条。

家学的方式创造并传承，专门化的家学家教广泛存在。据《史记》记载，夏、商、西周的名臣多有个人著述，有的成为经典。在漫长的岁月中，世官的著述理应为数众多，并往往转化为作者的家学。世官家学的学术水准很高，往往传之久远，太史、太卜等职官的家学最为典型，所谓“父子畴官，世世相传”①。从《史记·太史公自序》的记述看，司马迁的家学渊源甚至可以追溯到虞、夏。从社会分工发展程度和社会需求看，知识和技艺在家庭成员之间传承的现象显然不限于世官。这也是推定春秋以前有私学的重要依据。

家塾很早便是中国学校体系的重要组成部分。相传西周以二十五家一闾，闾有巷，巷首门边设家塾。家塾是家学与家教的产物，家教与家学发展到一定程度便会推出家塾。实际上，用家教的方式向若干家族晚辈传授知识和技艺，这就是家塾的初级形式和私人学校的雏形。一旦家教有了相对固定的教师、地点和内容，便成为名副其实的家塾，亦即小型私人学校。在家族建筑的某个场所，由家长和家族长老担任教师，教育若干家族子弟，这种现象理应很早便存在于世间。

《学记》:“古之教者，家有塾，党有庠，术有序，国有学。”郑玄注：“古者仕焉而已者，归教于闾里，朝夕坐于门，门侧之堂谓之塾。”②顾名思义，家塾即家门之内的学堂。“家有塾”即众多家族拥有自己的教育机构。从各种相关历史记载看，春秋以前的许多世官既是世家传学的创造者和传承者，又以亲自训导、设置师傅和举办学校等各种方式培养子弟及族人。世官都是家邑和家族的首领，其家庭教育理应有相对固定的场所、教师及学生，具有家教、家学、家塾三位一体的特征。世官为继承人设置的师傅及陪读人员也会形成家塾类的小型学校。当时的世官家学为数众多，形式多样，它们产生于不同时期、不同地域、不同族群、不同国家、不同官职、不同情境，不可能都与“王者之学”“天子之学”保持一致，更不可能形成统一的知识体系和学术旨趣。因此，世官的家教、家学、家塾虽与官学关系密切，却有私人创造、私人传承、私人举办的私学特征。这也是推定春秋以前有私学的重要依据。

（四）春秋以前的国学形同家塾宗学

华夏国家历来重视教育行政，设置国学的历史可谓源远流长。据说，虞、夏、商、周之时均有国学，由“国老”和“庶老”管理学政，执掌教鞭。殷墟甲骨卜辞的“学”“庠”“大学”等字词很可能与当时的学校教育有关。国

---

①《史记》卷一二八《龟策列传》。

②《礼记》卷一八《学记》。

学是体制严整、规模较大的官学，理应有一个逐步形成、发展、完善的演化历程。从先秦文献的描述看，西周国学颇似家塾宗学。据此可以推定：国学是由家塾宗学演化而来的，有一个从家塾，到宗学，再到国学的演化过程。

何谓宗学？古汉语“宗学”一词通常特指为君主的宗室子弟而设置的学校。汉平帝设“宗师”以负责教育宗室子弟。[①]南北朝出现名曰“宗学”的学校。[②]隋唐有相关设置。宋、元、明、清均设有宗学。明代还为宗室开设科举，名曰“宗科”[③]。实际上，帝王、国君设置宗室子弟学校的历史源远流长，周天子的国学就具有浓厚的宗学色彩。

天子之“宗学”显然是从一般意义的“宗学”演化而来的。宗学之“宗”即宗族、宗家、宗室之“宗”。宗族即家族。宗家即同宗同族。宗室即同一宗族之人。宗学是家塾的一种，故亦称“宗塾”。因此，我们可以用宗族举办的学校来定义“宗学”。

春秋以前，各类社会组织和各级政权组织普遍实行分族而治。宗族在社会体系和国家制度中的重要地位决定了家塾宗学的广泛存在。西周实行宗法等级君主政体，各级封君皆为“有国有家者”，这一类的“家”兼具“私家”与“官邑”双重属性。因此，封君举办的宗学或多或少具有公共性和开放性，很难简单地归类于私学或官学。但是，国家设立的国学与宗族举办的宗学的教育目的都是培养宗族事业的继承人。天子之学、诸侯之学、封君宗学与普通家塾颇为相似。国学与宗学的学生通常来自本国与本宗。无论国学、宗学，通常由“宗老”负责学政和教学。宗老，即宗族中有地位的老人及管理宗族事务的家臣。依据《礼记·王制》的说法，虞、夏、商、周各朝将养老制度与国学体制结合在一起，学政和教职由国老、庶老担任。国老、庶老都属于宗老范畴。上述现象表明，在办学目的、教师选任和学生来源上，国学与宗学大体相似，二者都主要招收宗室子弟，并以宗族长老主持学政。在这个意义上，国学亦即天子之宗学。换言之，国学是政治等级最高的宗学。

从各种历史信息看，华夏早期国家有一个从小国寡民，到大国政治，再到大型王朝的发展历程。夏、商、西周的王族都经历过从普通家族、宗族，到世官宗族、侯伯宗族，再到王者宗族、天子宗族的演化历程。伴随着“家”

---

① 据《汉书》卷一二《平帝纪》记载，元始五年春正月，汉平帝下诏：“……其为宗室自太上皇以来族亲，各以世氏，郡国置宗师以纠之，致教训焉。”

② 例如，据《宋书》卷九三《隐逸传》记载，“（南朝宋文帝）车驾数幸次宗学馆，资给甚厚。”据《魏书》卷七下《高祖纪下》记载，“（北魏孝文帝）幸皇宗学，亲问博士经义。”

③《明史》卷七十《选举二》：“（天启二年）是年开宗科。”

"国""天下"的漫长演化历程，华夏早期国家及历代王朝的国学（宗学）有一个循着家庭之学、宗族之学、世官之学、侯伯之学、王者之学、天子之学的阶梯而逐步发展的过程。据此也可以合理推定：国学发端于家塾，官学有赖于私学。换言之，家庭教育是各种私学和官学的本原。

中国古代文明的一大特点是"家"（家庭、家族、宗族）在早期国家形成过程中始终发挥至关重要的历史作用，乃至可以用"家国同构""家国一体"来描述。因此，依据历史常识和社会常识可以合理推定：在中国古代，家教是最早产生也最常见的教育形式，而家教的内容及传承方式颇似后世的家传学；学校的最初形态出现于家族内部，其办学方式颇似后世的家塾宗学；官学是在家教、家学、家塾的基础上形成的，有一个从私学到官学的发展过程；官学体系相对完备之后，也无法彻底取代广泛存在的家教、家学、家塾。简言之，家学的产生时间早于官学。

如果上述研究思路成立，依据有限的史料及历史常识，综合分析，合理推定，可得出这样的结论：中国自古便有家学、家教、家塾之类私人学术、私人教育私人学校。三代盛世无私学的说法既违背了历史常识和社会常识，又贬低了华夏先民的聪明才智和创新能力。因此，我们必须摒弃华夏早期国家千余年无私学的成说及官学衰而私学兴的论证方式，适度改写中国思想史、文化史、学术史、教育史。

第三节　公益性私学传统与公益性南开学校体系

公益性私学传统是中国古代私学传统中的一种优秀传统，而严修、张伯苓兴办的南开学校体系是弘扬这个优秀传统的产物。严修、张伯苓不仅借鉴了公益性私学传统的许多具体做法，而且将公益性私学传统的精神要素发展到新的高度。

一、中国古代私立学校的主要类型

依据办学主体及其他特有属性，中国古代学校可以分为七种大的类型，即国家学校（国学、州学、府学、县学及其他官学）、家庭学校（个体家庭的家塾）、宗族学校（族学、宗塾）、教师自办学校（散学）、民办乡村学校（乡学、村学、社学等）、民办书院、民办公益学校（义塾、公塾等）。除中央政府及地方政府依据制度举办的各级各类国家学校（官学）外，其余六种类型的学校属于私立学校（私学）范畴。

家庭学校通常称家塾，亦称家馆。顾名思义，家塾是家庭自办的小型学校，属于私塾范畴。由于是家庭自办的学校，教室通常设在家中，故称家塾、家馆。一般说来，家塾都是私立学校，官员家庭自办的家塾也属于私立学校范畴。家塾是历史最悠久的学校类型，也是数量很大的学校类型，始终是历朝历代学校体系的主要构成。这一点上文已经论及，此不赘述。

宗族学校通常称族学。顾名思义，族学是由宗族设立，主要教育宗族子弟的宗族学校。宗族学校通常由宗族出资办学，学校由宗族管理，教师往往选择本宗族的人担任，也多有聘请外姓教师的现象。一般说来，除帝王的宗室子弟学校外，族学都是私立学校（私塾），官员家族、宗族自办的族学也属于私立学校（私塾）范畴。宗族学校通常有一定的公益性。

实际上，家族、宗族是扩大化的家庭。在中国古代，家庭、家族、宗族是同一类概念，故统称为“家”。在古代汉语中，“家”可以指称同居共财的个体家庭，包括父母（夫妻）及子女构成的核心家庭和祖父母、父母及子女构成的主干家庭，一些“四世同堂”的家庭可能还会包括曾祖父母等；“家”还可以指称若干个体小家庭构成的家族和有若干家族构成的宗族。在现代汉语习惯上，“家庭”一词通常用于指称同居共财的个体家庭；“家族”一词通常用于指称分家单过的血缘关系密切的大家庭；“宗族”一词通常用于指称血缘关系更为疏远的同姓宗亲，包含众多的家族。在这样的词语用法中，家庭的规模较小，一个家庭通常最多有三四代人共同生活；家族的规模较大，通常由多个共同生活的个体家庭组成，涵盖五服之内的血亲；宗族的规模最大，通常由若干家族组成，甚至由众多宗族分支组成。人们还往往将“家族”与“宗族”互称。家族亦即宗族，宗族即家族，二者都属于同一类社会组织。因此，宗族学校是扩大化的家庭学校，属于包含众多家庭的家族或包含众多家族的宗族自办的学校。族学的历史渊源与个体家庭自办的家塾一样久远。

应当指出的是：古代人往往用“家塾”一词指称宗族学校，因而“家塾”可以涵盖“族学”。一些现代学者称宗族学校为“族塾”，而古代汉语没有“族塾”这个词。因此，笔者主张以古代汉语固有的“族学”一词为宗族学校的通称和统称，以表示宗族学校有别于个体家庭的家塾。

依据字面意义，“族学”理应亦可称作“宗塾”或“宗学”，而宗塾、宗学也确实是一种宗族学校的名称。但是，古代汉语的“宗塾”和“宗学”特指帝王为宗室子弟举办的学校。虽然宗塾往往以帝王自家出资的名义举办，而实际上是由国家出资办学，不属于私立学校。因此，除性质特殊的宗塾外，宗族学校都属于私立学校。

宗族学校的历史可以追溯到中国国家产生初期。《礼记·学记》所说的“古之教者家有塾”就是指各种类型的家塾。由于宗族在中国古代社会结构中始终占有举足轻重的地位，自汉代以来，这一类的学校依然为数众多。历朝历代的世家豪族、名门望族及大型民间宗族，大多设有宗族学校。宋代以后，民间创办的宗族学校越来越多，构成私立学校的一种重要类型。与此相应，一些宗族学校具有较强的公益性。

教师自办的学校通常称散学。散学是一种常见的私立学校，属于私塾范畴，其共同特点是教师私人兴办的收费教育机构，教师通常以学费收入为生。一般说来，散学都是私立学校，官员自办的散学也属于私立学校范畴。

散学亦称散塾、散馆。应当指出的是：古代汉语“散馆”一词有两种用法。第一种用法的散馆之“散”，读音为 sàn，意思是离开、解散。这种散馆是中国古代翰林院的一种机构，不属于学校（散学）范畴。明清时期的翰林院设庶常馆，凡新进士朝考得庶吉士资格者入馆学习，三年期满举行考试，考试成绩优良者留馆，授以翰林院编修、翰林院检讨之职，其余分发各部为给事中、御史、主事，或出为州县官，谓之“散馆”。第二种用法的散馆之“散”，读音为 sǎn，意思是零散的、不集中的。这一类散馆是指私塾类型的私立学校（散学），由于民间办学，散布在各地，故称“散（sǎn）馆”。散学每到年底学年终了，师生纷纷解散，馆东与塾师解除聘用关系，因而亦可称“散（sàn）馆”。

散学亦称门馆、门塾。“门塾”一词的本义是指闾门两侧之堂，亦可简称为“塾”。中国古代的家塾、散馆大多以门塾为教室，故亦可称门塾。私立学校称私塾、门馆，其老师称塾师、门客，命名之义均是由此而来。

散学之类的私立学校源远流长，先秦诸子办的私学大多属于这种类型。汉唐以来，散学的数量越来越多，构成学校体系的重要组成部分。只要教师有意办学，又有学生前来就读，就可以形成一所散学。散学的校舍由教师自行解决，或租，或借，或用自家房舍，有的散学为路途遥远的学生提供食宿。规模小的散学仅有数个学生，规模大的可达数百人乃至更多。散学是教师自办的营利性学校，通常要收学费。鲁迅先生就读的三味书屋就属于散学之类。

有一类私立学校介于家塾和散学之间，即若干家庭联合办学，共同聘请塾师，甚至允许塾师另外招收学生作为补贴。

民办乡村学校通常称乡学，亦称乡校、乡塾、乡馆等。由村一级组织举办的乡村学校亦称村塾、邨塾、村学、村学堂等。明清时期民间集资举办的社学也属于乡村学校范畴。这一类学校由乡村组织设立，教学场所大多设在祠堂或寺庙中。依据出资办学的主体，乡村学校分为三类：一是由地方官集资办学并进行管理；二是由乡村用公共财政的资金办学并进行管理；三是由乡村民众集资办学。这三类乡学或村学都属于私立学校（私塾）范畴，即使是由地方官集资办学的也不是严格意义上的官学。

乡学亦称乡校。“乡校”是先秦地方学校的名称。《左传 · 襄公三十一年》：“郑人游于乡校”杜预注：“乡校，乡之学校……郑国谓学为校。”孔颖达疏：“《诗序》云：子衿刺学校废。是校为学之别名。”[①]周朝的乡校特指六乡州党的学校，由政权机构举办，不属于私立学校范畴。汉代的乡校亦称乡学，依然属于官办的地方学校。《汉书 · 食货志上》记载了西汉乡学制度，其文曰：

> 八岁入小学，学六甲五方书计之事，始知室家长幼之节。十五入大学，学先圣礼乐，而知朝廷君臣之礼。其有秀异者，移乡学于庠序；庠序之异者，移国学于少学。[②]

后来“乡校”和“乡学”主要用于指称乡村举办的私立学校。南宋赵与时《宾退录》记载了嘉定等地乡学的情况，其文曰：

> 嘉、眉多士之乡，凡一成之聚，必相与合力建夫子庙，春秋释奠。士子私讲礼焉，名之曰乡校。亦有养士者，谓之小学。眉州四县，凡十有三所。嘉定府五县，凡十有八所。他郡惟遂宁四所，普州二所，余未之闻。[③]

这里所说的乡学由民间集资办学，属于私立学校范畴。据郑观应《盛世危言 · 学校》记载，“学之大小各有次第，乡塾散置民间，为贫家子弟而设，由地方官集资经营”[④]。这里所说的地方官集资经营的学校不属于官学。乡学通常有较强的公益性。

村塾的历史也相当悠久。顾名思义村塾、村学是指乡村举办的私塾。其中由若干村的村民联合举办的村塾、村学可以归类于乡学。村塾、村学属于基层民众集体办学，通常由乡绅主事，办学经费由村民分摊，或由村中专门的学田支付。例如，在明清时期，福建建阳县办有许多村塾，名之曰“公延

---

① 《春秋左传正义》卷四十《襄公三十一年》。

② 《汉书》卷二四上《食货志上》。

③ 赵与时：《宾退录》卷一。

④ 郑观应：《盛世危言 · 学校上》，内蒙古人民出版社 2006 年版，第 25 页。

馆”，费用由各家按入学人数分摊，这类学校往往具有一定的公益性。

在元、明、清三朝，社学曾经是普遍设置的官立的地方文教机构。“社学”一词产生于元朝。依据元朝制度，每五十家为社，每社设学一所，择儒生为师，农闲时令子弟入学，读书识字。明清两代因袭这种制度，使社学成为基层社会一种常见的办学形式。明太祖“诏天下立社”[①]。《山东通志·学校志》记载明朝设置社学的政令，其文曰：

> 明太祖洪武八年，诏立社学，以教民间子弟。十六年，诏民间所立社学，有司不得干预。英宗正统元年，令各处提学官及司府州县官，严督社学不许废弛。[②]

在朝廷的推动下，社学的规模逐渐扩大，从而使国学、府学、县学、书院、社学、各类义塾及其他各类私塾，构成了一个从中央到地方基层社会的完整的学校教育体系。那些由官府普遍设置且出资办学的社学是官立的地方文教机构，属于官学范畴。在明清时期，社学逐渐发展为带有一定官学色彩的民办乡村学校。除官府拨给外，这种社学的办学经费主要来自私人捐赠、众人捐钱等，属于民办乡村学校范畴。

民办书院主要依靠捐资、集资办学，是一种重要的学校类型。书院又称精舍、精庐、学馆或学舍，书院掌教者称山长、院长、舍长、主讲席等。一般书院内设有讲堂、斋舍和尊经阁。正如一些学者所指出的：“书院是中国古代特有的教育组织形式，它以私人创办和组织为主，将图书的收藏和校对，教学与研究合为一体，是相对独立于官学之外的民间性学术研究和教育机构。”[③]

书院之名肇始于唐代，原本是一种政府机构，不是教育机构。私人创设书院的现象也产生于唐代，但尚不普遍。宋代以后，书院兴起，成为国家学校和私立学校的一种常见形式。例如，白鹿洞书院最初为唐朝贞元年间的李渤与其兄李涉在庐山读书养性之所。颜真卿及其后人也曾在这里读书讲学。南唐一度将白鹿洞书院纳入官学，命名为“庐山国学”。北宋以来，在朝廷的大力赞助下，白鹿洞书院办学规模与招生数量迅速扩大。北宋时期出现了白鹿洞、岳麓、应天府、嵩阳等著名书院，对当时和后世的教育产生了重要的影响。

书院分地方政府官办、民办官助和私人办学三大类。官办书院由地方政

---

① 《明史》卷二《明太祖纪》。

② 《山东通志》卷一四《学校志》。

③ 王炳照等主编：《中国教育通史》辽宋金元卷（下），北京师范大学出版社 2013 年版，第 192 页。

府出资修建，大多拨官田充作经费，派教官管理和教学，学生可以参加乡试、会试、殿试。这一类书院纳入了国家学校体系。民办官助和私人办学属于私立学校范畴。例如，北宋时期的岳麓书院、秀溪书院从一开始就由官方经办。白鹿书院、应天府书院、嵩阳书院、石鼓书院等最初由民间创建，在经办过程中得到官府不同形式的资助。华林书院、雷塘书院、东佳书院等完全由民间创建，主要依靠家族的财力维持经营。南宋以后，除少量书院得到官府资助外，大部分依靠民间筹资经办。私人举办的书院由私人集资置田，延请教师，吸收当地子弟入学。

明清时期，书院无论在数量规模和内部设置上都有明显的发展。这些书院主要依赖各级官员的倡导或主持。不少书院在修建、山长的聘请、学规的制定以及经费的获得上都带有明显地方政府行为的性质，而这些行为主要取决于官员个人对待书院的重视程度，不是国家统一的强制性安排，因而不能归属于官学。明代先后发生四次禁毁书院事件，这类书院也同样被视为“私创”。

清代书院的经费来源大致有朝廷拨款、地方政府拨款、地方官捐款、官民合资、士民独资等五种。地方官捐款、民倡官助、官民合资是常见的兴办方式，士民兴办的书院为数不多。私人捐款的方式灵活多样，主要有捐地建房、捐银增加诸生名额、捐助课程、直接兴办书院等。各类书院都有程度不同的民办属性。书院通常不动用筹集款项，而是用各种方式使之增值，如购置学田、出租学田、商业经营、贷款利息、发商生息、出租房屋、经营店铺等，用增值部分应付日常支出。书院大多具有一定的公益性。

民办公益学校通常称义学、义塾、公塾等，主要特点是捐资办学，不限贫富，不收学费。就办学主体而言，义学大多属于宗族学校、民办乡村学校，而就特有属性而言，义学是民办公益学校。在各种具有公益性的学校中，义学是公益性最强的学校，属于专门为了公益目的而创办的学校类型。义学乃是公益性私学传统的主要载体。

在现有文献中，“义学”一词最早出现在唐代。唐代末年，王潮占据福建，他“作四门义学，还流亡，定赋敛，遣吏劝农，人皆安之”[①]。关于个人捐建义塾的记载最早见于宋代，如范仲淹个人捐资，兴办义庄及义学。叶适《郭伯山挽词》有“兄弟穷经各一时，百年义塾尚留炊”[②]的诗句，这表明当时

① 《新唐书》卷一百九十《王潮传》。

② 叶适：《水心集》卷八《七言律诗·郭伯山挽词》。

的一些义塾不仅不收学费，而且提供住宿和伙食。

元、明、清以来，义学成为重要的学校类型。依据办学主体，当时的义学分为官学类型、族学类型、其他民办学校类型三种。一些义学是官办的，经费由政府拨给，如清代义学多为官办，清朝最先在京城本族和西南少数民族中推行，逐渐遍及全国城乡。官办义学的学生免费入学，京畿、热河等地义学还有正式生额，额内学生享有廪饩，学习成绩好的可直接参加乡试。许多民办义学属于族学类型，以培养宗族子弟为主，有的惠及异姓子弟。一些民办义学的学生来源具有较大的开放性，办学经费主要来自个人捐资或集体募捐，招收贫苦家庭子弟，提供减免学费的教育。这种民办义学有很强的公益性。

二、公益性私学传统的源与流

公益性私学传统特指私立学校的公益性教育目的和公益性教育行为及其所形成的历史传统。在中国古代，公益性私学传统可以用源远流长来形容，属于中华优秀传统范畴。

就本质而言，为社会培育人才的教育事业属于公益性事业。这就决定了旨在教书育人的目的、行为和机构都或多或少具有公益性。公益性教育目的、公益性教育行为和公益性教学机构共同构成公益性教育事业的主要内容。一般说来，凡是不以营利为目的的教育目的，都属于公益性教育目的；凡是不以营利为目的的教育行为，都属于公益性教育行为；凡是不以营利为目的的教学机构，都属于公益性教学机构。

在通常情况下，国家及各级政府兴办的公立学校具有明显的公益性，主要表现为国家及各级政府兴办公立学校属于旨在为国家及社会培育和储备人才的政府行为，公立学校的办学经费通常来自国家财政拨款，办学不以营利为目的，许多公立学校还减免学费乃至为全体学生或部分学生提供学习和生活费用。一般说来，古今中外的公立学校都是公益性学校，这是由国家职能及国家权力和国家行为的公共属性所决定的。

私立学校与公立学校的最大区别就是学校的办学主体、学校所有权及办学经费来源有公私之别，这就决定了私立学校与公立学校在办学目的和办学行为上往往有公私之别，如家庭学校、家族学校通常为自家本族而办，教师自办学校大多为谋生养家而办，许多私立学校为收费营利而办。简言之，私学不仅具有私有的特征，而且往往具有为己、谋生、营利的特征或倾向。但是，中国古代的许多私立学校，在目的上具有为国为公的特征，在行为上具有利他利群的特征。一些私立学校特意为利他利群而兴办，不以营利为目的，有的还具有集体所有的特征，这一类学校堪称“为公的私学”。为国为公的教育目的、利他利群的教育行为、非营利的教育机构都具有很强的公益性，共同构成私立学校的公益性教育事业并形成源远流长的公益性办学传统。支撑私立学校的公益性教育事业的精神力量及行为规范乃是这种优秀传统的核心要素，因而人们用“义”和“公”来概括公益性私学传统的基本特征。典型例证便是“义塾”亦称“公塾”。

在中国古代各种类型的私立学校中，“义学”是专门为公益而兴办的民间私立学校的通称和统称。义学又称“义塾”或“公塾”。民间兴办的义学的主要特征是：周济贫困，不收学费，办学经费主要来自个人捐资或民间集资。所谓义学、义塾、公塾，即符合道义、造福公众的私学（私塾），属于中国古代公益性最强的私立学校。

中国古代将公益性行为称作“义”。自春秋战国以来，符合道义或道德规范成为“义”字的首要义项，正义、理应、适宜、善良等也是“义”字的重要义项。因此，各种合乎道义、符合正义、行义助人、讲究义气、疏财仗义的善举皆可称作“义举”，于是出财布施、捐助他人、周济贫困、救济危难、无偿服务、不取报酬等各种为公益而做出的义举义事均可以称“义某”，如义仓、义田、义演、义诊、义卖、义捐、义赈、义谷、义粮、义浆等。

义塾之“义”，旨在强调这种办学机构非个人所有，为利他利群立国而办，以周济贫困、造福公众为行为准则，不以营利为目的。“食有义田，居有义宅，教有义塾”，义塾便是公益性的学校。清朝恽敬《沙陇胡氏学田记》所说的“后世君子私田之公于族者曰义田，义田之给于士者曰学田”，便是指为义学提供经费的义田，由于这种义田为办学而捐献或购置，故称作“学田”。义学、义塾之“义”，旨在强调其义捐义助的特征，即这种类型的学校的办学经费来自个人或集体捐赠的私财，捐赠对象是特定群体或公众，主要是无钱上学的贫苦子弟，学校减免学费。

中国古代还将公益性行为称作“公”。自春秋战国以来，公平、公正成为“公”字的首要义项，公共、共同也成为“公”字的重要义项。公、公家、公门、公事、公务等词汇可以用于指称国家及国家事务、公共事务、集体事务。公德亦即一个国家、一个社群的公共道德。公众亦即大家、大众。公益、公利亦即社会的公共利益及各种对公众有利的事情。公功亦即为国家建立功劳。公善亦即造福公众的善事义举。于是“以公灭私”成为一种善政，“公正无私”和“公而忘私”成为一种美德，“天下为公”成为一种理想。一般说来，公益与私利相对而言，凡是功在国家、利在社群的义举善行都属于公德范畴。

公塾之“公”，旨在强调这种办学机构非个人所有，为利他利群立国而办，以周济贫困、造福公众为行为准则，不以营利为目的。公塾即为公的私塾。从现代汉语习惯的角度看，“公塾”之称比“义学”之称更能体现这种私立学校利他利群利国的办学特征。义学属于办学为公的私学和集体公有的私学。

从历史过程看，公益性私学传统发端于家庭学校。在各种私立学校中，家塾是“私”的特征相当鲜明的一种类型，集中表现为由家庭出资，为家庭所有，特意为教育自家子弟而设，旨在传承家业，光大门楣，可谓集私立、私有、为私、利私于一体。但是，学校教育天生便有公私两利、公私两济的特点，因而很容易在一定条件下发生公益性的行为。

家塾的“附学”现象或多或少有惠及他人的公益性。附学，即一些家塾吸收亲眷戚友子弟入学，让他们与自己的子弟一同读书而成为附属的伴读者。《醒世恒言·张孝基陈留认舅》有一段叙述：“过善见儿子人才出众，性质聪明，立心要他读书，却又慳吝，不肯延师在家，送到一个亲戚人家附学。”① 附学于他人家塾的现象很常见，附学的原因大多是由于自家没有求学条件或办学条件。据《魏廓园先生年谱》记载，“东林前六君子”之一的魏大中年少时，曾附学于姻亲钱氏的家塾，还曾附学于族叔魏月台与同乡孙竹亭合办的家塾。后来，他担任张氏家塾的馆师，这个家塾有孙氏子弟附而学之。家塾允许亲友子弟附学大多是一种关照亲友的慈善行为。实际上，中国古代的公益性私学传统正是发端于这种公益性不那么明显的慈善行为。义学最初就形成于慈善行为明显的大型家塾，即由宗族兴办的族学。

一些散学的塾师也会有公益性教育行为。在各种私立学校中，散学也是“私”的特征相当鲜明的一种类型，集中表现为由教师个人出资办学，为收取学费而设，旨在办学营利，以此谋生，亦可谓集私立、私有、为私、利私于一体。但是，散学也会有减免贫苦子弟学费的现象，性质类似于家塾中的附学现象。据南宋叶梦得《石林燕语》记载，他的启蒙老师乐君家境贫寒，靠讲学为生，常常忍饥耐寒，却五十年如一日辛勤教学，与学童和睦相处，亲密无间。这一类教育行为也有一定的利他因素。

族学是一种大型化的家塾，其“私”的特征也相当鲜明。宗族学校的历史可以追溯到中国国家产生初期。由于宗族在中国古代社会结构中始终占有举足轻重的地位，自汉代以来，这一类的学校依然为数众多。历朝历代的世

① 冯梦龙：《醒世恒言》，天津古籍出版社 2004 年版，第 229 页。

家豪族、名门望族及大型民间宗族大多设有宗族学校。宋代以后，民间创办的宗族学校越来越多，构成私立学校的一种重要类型。宗族学校的办学目的主要是培养同祖共宗的同姓子弟，使更多的宗族成员读书识字，知书达理，乃至步入官场，以达到光宗耀祖的目的，也有通过教育维系宗族及地方社会秩序的目的。在各种族志宗谱中，多有举办宗族学校的记载，“保家荣族”“光宗耀祖”“出为名臣，外为名儒”之类的字眼时常可见。由宗族出资，为宗族所有，特意为教育宗族子弟而设，旨在维护宗族的利益，依然属于集私立、私有、为私、利私于一体的学校类型。

族学的设立与中国古代的宗族制度有密切的关系。在中国古代的社会结构中，宗族通常行使一部分社会公共职能，有的甚至具有一些地方政权的特征，如管理宗族事务，调节族内人员纠纷，扶助孤寡贫幼，表彰遵守礼教的宗族成员，惩处违反宗法族规的人等。许多宗族拥有祠堂、田产及其他公共财产。其中族田，包括祭田、社地、义庄田、祠堂田等名目，属于宗族共有田地，所收地租用于祭祀、救济和助学等。因此，在经济条件许可的情况下，宗族大多会动用宗族的公共资产，举办本宗族的学校。宗族学校的教学场所通常设在宗祠。

宗族的公共职能决定了宗学必然具有一定的公益属性。宗族与个体家庭的主要区别是规模更大，世代更多，亲缘关系疏远，具有明显的地方社群的属性。村有私塾，姓有义塾，宗族学校都有较强的公益性，即“塾之制，合凡族之子弟而教之，其义盖出于比闾族党，而以宗法通之也”[①]。例如，北宋名臣范仲淹在苏州置良田十多顷，捐赠给范氏宗族，作为族人的公产，称义田，还在城中灵芝坊族宅设立义宅、义学，以教育宗族子弟，称作“义庄”。宋元以来，效仿范仲淹的大有人在。例如，《赵氏书塾记》记载了元朝福建乐清县赵士正设塾以教族人的事迹，其文曰：

> 乐清赵君士正，世居莆岐。至正甲午，始迁于壶山之下而居焉。乃谋诸从子辟塾于家，延致名师，尽聚其族之子侄而教之。币帛饔膳之费咸出于已。赵氏故名族，支庶蕃衍，来就学者凡五十余人，而赵君新实主之。弦诵之声，揖逊之容，问辨之习，济济如也。[②]

明清以来，宗族设置义学的情况越来越多。明朝东林名士顾宪成在《愿

① 文徵明：《甫田集》卷一八《太仓周氏义庄家塾记》。

② 陈高：《不系舟渔集》卷一二《赵氏书塾记》。

义编序》一文中，赞扬范仲淹设义田、义学的做法并表彰那些“闻公之风而兴起者”，论及义田、义塾的重要性，其文曰：

为天下必自齐家始，齐家必自睦族始，睦族必自义田始。义田厚其生也，于是乎有义塾；义塾正其德也，厚其生乃可以正其德也。夫然后亲亲、长长而天下平。故曰必自义田始。[①]

《红楼梦》中的贾家也办有具有族学属性的家塾。《红楼梦》第七回提到：“我们家却有个家塾，合族中有不能延师便可入塾读书。”第九回提到：“原来这义学也离家不远，原系当日始祖所立。”这里所说家塾、义学都是指同一所贾氏宗族的族学。荣宁二府处于族长地位，又是富贵之家，所以贾氏族学的办学经费主要来自由荣宁二府出资购买的族田所收取的地租。在贾氏族学就读的主要是荣宁二府的子弟、疏远宗亲中的贫苦子弟，也有亲戚子弟附学，如秦可卿的弟弟。

族学一旦招收他族子弟便具有了更强的公益性。一些族学以教育家族子弟为主，兼收四方学子。例如，据《宋史·孝义传》记载，江西奉新胡氏“累世聚居至数百口”，胡仲尧以家资办学，“构学舍于华林山别墅，聚书万卷，大设厨廪，以延四方游学之士”[②]。这种族学不仅招收外来的异姓学生，而且供应其住房和伙食，超越了族学的范畴。最初的民间义学正是族学的公益性不断增强的产物。

义学原是宗族范围内为贫苦子弟而设的教育机构，后来逐渐变为个人捐资或群众集资而为贫寒子弟兴办的学校。依据经费来源可以分为官府出资、宗族出资、群体集资和个人出资等不同类型。在中国古代，这一类义学是公益性最强的私立学校，其主要特点是招收贫寒弟子入学，免收学费，甚至免费提供食宿。许多义学的学生来源广泛，不限于一家一姓，一乡一村。

有些义学由地方官出资兴办。如明朝南阳府的“镇平义学”由知县刘勋创设。嘉定县的“吴淞义塾”由千户庄安奏建。“这类‘义学’则是由各级地方官私自创设，虽经费仍由官出，在某种程度上带有官办性质，但已与社学有所不同。”[③]地方官出资兴办的义学不是严格意义上的官学。

民间的义学多由私家大族出资或集资兴办，经费主要来自捐赠的义庄、学田、商铺等，如南宋浮梁界田义学，由兴办者“捐良田二百亩，以赡其用”。

---

① 《泾皋藏稿》卷七《愿义编序》。

② 《宋史》卷四五六《孝义传》。

③ 陈宝良：《明代的义学与乡学》，《史学月刊》1993年第3期。

元朝江西庐陵郡万安县刘氏义塾，"堂之后炉亭有斋舍以馆诸生，有庖厨以供饮食，施田若干亩，岁收所入赡其用"[①]。一些私家出资的义学规模很大，有的甚至会大兴土木，建造专用的校舍，可与书院官学媲美。如元朝江西安成李氏斥巨资办义塾，"安成李君辛翁，初作安贤义塾于州西郊，一仿书院，精舍之制，礼殿庑门，讲堂斋舍，各有其所"[②]。翟时学在松江下沙镇创建鹤沙义塾，有一定规模，前为庙，后为塾，庙有殿、庑，塾有讲堂，东西有斋舍，有庖、库。先圣贤之祀事，师弟子之廪禄，则有四十四顷学田供给。[③]在长时间的实践中，一些义学形成了一套管理机制，包括官府命令、官府备案与检查、设义学章程、绅董或官员经营和管理等，从而使义学经费能够得到有效使用，延长义学的存在时间，更好地造福贫家子弟。

清朝的武训（1838—1896）是一个行乞兴学的典型。武训是山东堂邑（今聊城市）人，3岁丧父，7岁丧母，以沿街乞讨为生，不能读书识字，时常遭到村塾学童的欺凌，因而发誓"修个义学为贫寒"。行乞时，武训唱道："义学症，没火性，见了人，把礼敬，赏了钱，活了命，修个义学万年不能动。"[④]他白天乞讨，夜间搓麻编绳，有时还帮人磨面，将所得钱财委托富家贷放生息。经30年积累，购置田产230余亩，先后兴办3所义塾，即柳林镇崇贤义塾、馆陶杨二庄义塾、临清御史巷义塾。光绪皇帝封他为"义学正"，赏赐黄马褂，并颁给"乐善好施"匾额。武训拒绝了皇帝赏赐的黄马褂。武训敝衣恶食，终身不娶，病故于临清义塾廊下小屋。人们感其义，镌像于石，以示纪念。1944年，陶行知为《武训歌》作词，歌词为：

朝朝暮暮，快快乐乐。
一生一世，到处奔波。
为了苦孩，甘为骆驼。
于人有益，牛马也做。
公无靠背，朋友无多。
未受教育，博士盖过。
当你跪下，谁奈你何。
不置家产，不娶老婆。

---

① 吴澄：《吴文正集》卷四一《儒林义塾记》。

②《江西通志》卷一二七《安成李氏重修安贤义塾记》。

③ 清嘉庆《松江府志》卷三一《学校志》。

④ 李士钊编著，孙之儁绘画：《武训画传》，上海三联书店1996年版，第49页。

为着一件大事来，兴学兴学兴学。[①]

三、公益性南开学校体系

在创办过程中，包括私立南开大学在内的南开学校体系经历了古代私学发展演变的主要阶段和主要类型，先后具有公益性家塾、公益性散学、民办义学的一些属性，吸取了公益性私学传统的许多经验，最终形成了以募捐为主要经费来源的新型的为公利群的办学体制。

在严修之前，严氏家族就多有捐资兴学的义举。以严修之父严克宽为例，在文化教育方面，他做了许多善事，包括捐资维修书院、兴办书塾等。1871年，天津试院因暴雨成灾而屋宇毁坏，时任长芦总商的严克宽，响应官府重修试院的劝谕，集盐商之合力捐输修复考棚试院。1879年，建立于光绪元年的会文书院因学生日众而教室不足，严克宽等购置和拆建民房以扩充书院的教室。据《天津政俗沿革记》记载："同治、光绪年间天津所存义塾有总塾五处，津海关道三塾曰崇正、曰崇敬、曰崇，文盐运使一塾，曰会文天津府一塾曰兴让。皆准贡生娄举信、长芦总商严克宽所禀请也。"[②]总塾招收贫寒子弟已能作应试文者。

严氏家塾的附学现象与传统家塾中的附学现象大体相似，且具有一定的公益性。在严氏家塾就读的有严修的子侄、亲戚的子弟，还有一些外姓学生附学，如塾师张伯苓的胞弟张彭春、塾师陶仲明的儿子陶孟和（著名社会学家）等。据《蟫香馆别记》记载，1901年春，严修与林墨青率严氏家馆学生严智怡、严智崇、严智惺、王宝璐、韩振华（诵裳）、林静、严智庸、林涵、陶履恭（孟和）、严智钟、张彭春共11人誓于严宅北书房。严修作誓词云：

尔十一人者，或为累世之交，或为婚姻之谊，辈行不必齐，而年龄则相若。尔父若兄，道义相劘，肝胆相许，志同道合而患难相扶持，尔诸生所亲见也。尔十一人者，自今日始，相待如一家，善相劝，过相规，毋相谑，毋诟争，毋相訾笑，毋背毁，毋面谩，同心一力，从事于学问。以绳检相勖，远非僻之友，警浮伪之行。毋做无益害有益，毋偷惰，毋轻躁。兄弟婚姻，互为师友，敦品修业，以储大用，是余等所厚望焉。陶履恭，孤儿也，当厚自策励，而去其童心。尔十人之待履恭也，悯之，爱之，砥砺之，使无坠其家学，是则今日此举为不虚矣。

---

① 《陶行知全集》第七卷，四川教育出版社1991年版，第960—961页。

② 王守询：《天津政俗沿革记》卷十，1938年版刻本。

1902年，严修创办了严氏女塾，学生包括女儿、侄女、儿媳、侄媳以及四姓近亲的女儿。

严修多有捐资兴学之举。例如，1901年，严修借陶氏宅，设学一处。天津盐商王贤宾、李宝恒字子赫也投资兴学，并邀请严修于镫牌公所设立学斋。后来镫牌公所学斋移至早年的会文书院。在严修、林墨青等人的经营下，镫牌公所学斋得到不断扩建，后来更名为民立第一学堂。在民立第一学堂创设和经营过程中，严修等众多官绅捐资助学，带动了许多人也致力于教育事业。严修兴学后，“衿富绅民闻风兴起，接踵乐输，数月之间，共立学堂十一处，规矩谨严，课程合度，成绩昭然”①。

南开学校师生也曾捐资兴学。1915年2月，创设贫儿义塾，其开办费由南开学校教职员和学生捐助，经常费由学生自愿分担，在校内操场东南隅添建平房八间，作贫儿义塾等用。3月25日，张伯苓应聘为南开义塾董事部顾问。

南开系列学校主要依靠化缘募捐而兴办，不以营利为目的。学校办学经费主要来自私人捐款和团体资助。严修、张伯苓经常奔波筹资，自称是“化缘的老和尚”，又说自己是“变戏法的”，这其中既有收益，也坐过冷板凳，挨过白眼，但他们坦然面对，并不介怀。张校长说：“虽然有时向人家求见捐款，被其挡驾，有辱于脸面，但我不是乞丐，乃为兴学而作，并不觉难堪。”在经费极其困难的条件下，严修、张伯苓创办包括大学在内的南开系列学校，充分发挥募集来的经费的社会效益。

南开系列学校经费来源主要包括学生缴费、私人捐款、团体资助、政府补助、校产与基金利息等。这些款项，包括了固定收入和非固定收入两种。固定收入，如学生缴费、公债利息，基金利息、房地租、校田进款等。这部分收入，一般作为学校常年经费使用。非固定收入，如罗氏基金团补助、中华教育文化基金董事会补助、太平洋国际学会补助及特别捐款等，数额较大，但不固定。由于固定经费数量很少，经济困难成为办学过程中的痼疾。

捐款的私人大多是国内拥有巨资的政界、商界人士及社会名流。例如，郑菊如捐地为南开中学校址，张仲平、王心容等资助南开女中、南开小学建筑费。南开大学的开创经费捐助者中有徐世昌、黎元洪、李纯、阎锡山、梁士诒、周自齐等一批政要。1920年，河南省六河沟煤矿董事长李组绅每年捐

---

① 袁世凯著，廖一中、罗真容整理，天津图书馆、天津社科院历史研究所编：《袁世凯奏议》中册，天津古籍出版社1987年版，第909页。

赠南开大学3万银元，添设矿科。1923年，河南实业家袁述之捐资兴建科学馆“思源堂”。1927年，著名教育家、藏书家、刻书家卢木斋捐资10万银元，兴建图书馆。1929年，天津人陈芝琴为南开大学慨捐3万银元建造女生宿舍楼。张学良将军慨拨巨款支持南开教育。同时南开校友也是一支活跃的力量。例如，1929年4月21日，南开校友举行“环球聚餐”，就是一种大型的募捐方式。这次募捐活动共收捐款6万余银元，用于在中学兴建“范孙楼”。捐助方式各种各样，如捐款、捐地、捐图书。开滦矿务局每年冬季捐助取暖煤几万吨。国内公私团体向南开大学捐款较多的有北洋政府交通部、南洋兄弟烟草公司、谭真工厂、交通银行总行、中华教育文化基金董事会、管理中英庚款董事会、天津警备司令部等。向南开捐款的还有外国机构和友好人士。捐助数量最多的是洛克菲勒基金会和太平洋国际学会。20世纪30年代以前，洛克菲勒基金会主要补助理科建设，如建筑费、设备费、教员薪金等，以后主要是补助南开大学的经济学院。太平洋国际学会主要补助东北研究会及经济研究所。

学校对于捐助经费采取取之社会、用之社会的原则。私财公用，使学校具有很强的公益属性。募捐得来的款项用作学校建设专项开支，不能挪用，由助款机关定期来校稽核所助款项用途。学校对所有经费的保管、使用及核查，都有严格的规定，与银行来往的支票以及向银行透支的凭证，均由张伯苓亲笔签字，由华午晴办理。学校财务上，制有详细的年度预算表和决算表，每年向校友会提出报告，并接受广大师生的监督。

在筹集款项的使用上，学校借鉴了古代义学的做法，即除兴建校舍等外，一部分捐款以学校基金的形式资金，用出租、生息等方式使之增值，仅动用增值部分应付日常支出。例如，1920年，李纯遗嘱以其家产四分之一捐南开大学作永久基金。1921年4月6日，其弟李桂山的代表赵星五在天津懋业银行会见严修的代表武问泉、校董卞俶成、校长张伯苓及庶务课长华午晴，当面交予民国元年公债券218.8万元（每百元折合现洋22.85元）及现洋48元整。学校接收后即存于懋业银行，仅动用其利息用于办学。南开大学成立东北研究会后，1928年1月14日，张伯苓曾派该会主任傅恩龄专程拜见张学良，并致函募捐。张学良允为该会名誉董事并捐500银元。同年12月，张伯苓赴欧美考察并募捐，途经辽宁会晤张学良。张学良又认捐20万银元，分10年交付，作为南开大学发展基金。1930年，天津警备司令傅作义，感佩张伯苓的办学精神而襄助南开发展，将小站营田数百亩拨归学校经租，租金充作学校常年经费，以弥补办学经费不足。仅此一项，学校每年收入约2.5万银元。傅作义离津后，此项租金即停止。

总的说来，私立时期南开系列学校的办学经费来源是多渠道的，但主要依靠捐款收入和学费收入。学生缴费虽高于国立学校和教会学校，但远远低于办学经费的实际需要。每学期应收的学费往往不能全部收齐，对于家庭贫困的学生，还要根据实际情况给予免费或减费。例如，周恩来在学的时候，学校就免除了他的学费。再如，1931 年九一八事变爆发后，南开系列学校免费接纳安置了一批东北流亡失学学生。不以营利为目的，使学校具有很强的公共属性。

私立时期的南开系列学校，经费支绌，年度亏损，始终是一大难题。面对经费的困难，张伯苓从不灰心丧气。他常常把学校经济状况及时地在师生集会上报告，并鼓励大家振奋精神，克服困难。1924 年 11 月，他报告了学校亏款情况后，对师生说："然则因此停学乎？否，决不！吾等决不能为经济所败。……幸年来屡遇此等困难，今亦不觉其难。且以乐观而论，愈难愈佳，可增加办事之能力。总之无论如何，决不令同学失学，汝等尽可沉心静气，专心学业也。"[①]正是这种知难而进的精神，使南开系列学校在极端艰难的环境中，自强不息，年年都有发展和进步。在当时中国的私立学校中，主要靠化缘募捐创办的南开系列学校的公益性是最强的。

从南开校训研究的角度看，包括南开大学在内的南开系列学校所有办学要素都具有很强的公共属性和公益属性，堪称“为公的私学”。南开学校的创办者们是践履“新·公·能”思想理念的典范。他们将南开精神提炼为“允公允能，日新月异”，可谓实至名归。

第四节　南开大学为公利群办学体制的形成过程

家庭学校是中国学校的本源，而严氏家塾是南开大学的本源。作为一所求新、为公、尚能的现代新式私立学校，南开大学起源于甲午战争之前长期存在的承继旧式私学传统的严氏家塾，滥觞于甲午战争之后向新式学校转型的严氏家馆，萌芽于为公利群的私立中学堂，南开学校专门部的成立意味着南开大学已显露雏形，在五四运动的大潮中正式开办。

南开大学是自立图强、教育救国思潮的产物，因而自成立之时便确立了

① 《南开周刊》第 108 期，1924 年 12 月 15 日。

为公利群、革新教育、培育新人的办学宗旨和办学体制，这就决定了南开大学的教育理念必然包含“新·公·能”三大要素，且尤为注重一个“新”字，而南开大学为公利群办学体制的形成过程也的确是一个自强不息、日新月异的过程。

一、南开大学的历史渊源

南开大学成立于何时？南开大学及其编著的校史将时间确定于1919年。是年9月25日南开学校大学部举行了第一届新生开学典礼。学校原定在10月17日南开学校15周年纪念日召开南开大学成立大会，因故延至11月25日补开。

南开大学实事求是的做法及其校史研究人员严谨的学术态度受到潘懋元教授的高度评价。在《校史研究必须是信史》一文中，潘懋元教授写了这样一段话：

> 关于“信”史的重要性，我想借用1999年我在南开大学所作的一次报告来表达我对“信”史的观点。南开大学是从1919年南开学校大学部创立开始算起，到1999年正值80年。当年我去南开祝贺南开大学80周年校庆，作了一个报告——“南开‘信’史80年”，我在报告中说：一个人，年事高意味着衰老；一所学校，校史长却标志着实力雄厚、学术水平高、办学经验丰富，以其悠久的优良传统受人们尊敬，因其作为学术中心而具有崇高的社会地位。正因如此，有些大学致力于寻根觅祖，拉长自己的校史，甚至于牵强附会，给人以并非信史之感。而南开大学的80周年，确实实实在在的从南开学校大学部正式宣布成立的1919年算起的80年。按照一般通例，南开大学校史可以从1904年的天津私立中学堂，也就是敬业中学堂算起；或从1907年的南开学校算起也无不可，因为无论是敬业中学堂、南开学校，还是后来的南开大学，都是严修、张伯苓所创办并主持校政，一脉相承的。南开大学创办时，就是作为南开学校的大学部，在南开校园宣布成立。但是南开大学的校史，并未借此拉长12年或15年，这种实事求是的态度是值得我们治校史者学习的。①

① 潘懋元：《校史研究必须是信史》，刘海峰主编：《中国大学校史研究的回顾与前瞻》，厦门大学出版社2016年版，第3页。

笔者认为，研究者必须将一所大学的成立时间与这所大学的历史起点区别开来。一般说来，一所大学的成立时间应当从这所大学的学校实体及其学校名称同时出现的时间点算起，已有实体、没有校名或已有校名、没有实体，都意味着一所有名有实的大学尚未出现于人世间。在撰写一所大学的历史时，采用这种做法既符合历史事实，又符合尊重客观事实的学术法则。只有一种情况可以有所变通，即同一所学校因升格或转型而校名略有改动。例如，“清华大学”的成立时间可以前推至“清华学校”成立之时，清华学校可以视为清华大学的雏形，只是属于大学预科的“清华学校”尚未发展到“清华大学”而已。又如，“北京大学”的成立时间可以前推至“北京大学堂”的成立时间，进而前推至“京师大学堂”的成立时间，“京师”与“北京”是因历史变迁而形成的同义词。实事求是、秉笔直书乃是校史研究必须遵循的学术法则。遵循这个学术法则并不影响校史研究者将学校实体的历史渊源和历史起点追溯到更为久远的年代。

作为一所名曰“南开”的大学，南开大学成立时间是 1919 年。然而，作为一个连续演化的学校实体，南开大学的历史起点可以前推至严氏家塾创建之时。正如一个人的历史起点从其出生的那一刻或从其孕育的那一刻算起，南开大学的历史起点应当从一个持续演化的学校实体的最初形成时间算起，即从旧式严氏家塾算起，而南开大学的历史渊源还可能更长远一些。

一般说来，在清朝，富贵人家往往兴办自己的家塾。这一类的家塾通常根据自家需要而设，也会由于各种因素而时有时无。在严修之前，严氏家族是否曾办过自家的家塾，现存史料没有明确记载。然而，即使没有设立过自家塾馆，严氏家族也必然会存在由父兄督导子弟读书的家学。严氏家学是南开学校的历史渊源。

清朝顺治年间，严修七世祖严应翘北上经商，后定居于天津西北城角文昌宫以西四棵树之地。至严修六世祖严士坷之时，遂为天津籍。道光年间，严修祖父严家瑞开始从事盐务活动。严家瑞“少佐人治盐，以义声闻于安平、祁州、博野、肃宁等县”，后来“行盐于顺天之三河县”①，于是严家的治盐产业日益兴盛。严氏家族虽以经商起家，却未放弃追求科举功名。据严修记载，“父严克宽少时读书治举业，从查果庵先生游，再应童试不售”②，后来因父亲年老，家事繁杂，严克宽只好放弃科考，帮助其父经商业盐，把获取

① 严修自订，高凌雯补，严仁曾增编：《严修年谱》，齐鲁书社 1990 年版，第 15 页。

② 严修自订，高凌雯补，严仁曾增编：《严修年谱》，齐鲁书社 1990 年版，第 16 页。

功名的希望寄托在长子严振和次子严修的身上。

严家重视子女教育，家教甚严。严家瑞在临终时嘱咐严修母亲，“马行栈道收缰晚，船到江心补漏迟”，要她对子女严加管教。严修也一直以祖父的话为诫，敦促自己上进。严克宽虽为商人，但很好学，每天早上诵读经典，言传身教，对严修影响很大。到了入学年龄，严氏兄弟便开始接受私塾教育。严修6岁时与兄共塾，先后师从查帖青、孙竹泉、武兆熊等人。严振也曾教弟弟律诗的写作方法等。严克宽严格督导儿子的学业。据严修回忆，“十岁时，读书不勤，师言于父，父召使长跪，将扑之，兄为乞恩乃免。十二三岁时，作时文偶请人捉刀，父知之，训伤至之悔，乃止”[①]。还有一次，严修正在书房读《论语》，父亲进来，问他理不理解，严修答理解。父亲便要他讲，他讲了“生而知之者上也”这一章，父亲认为他讲得很好，大悦。在父兄的督导下，严修的学业大有长进。从各种相关记载看，严氏家族世代经商，而其子弟都曾接受旧式私塾教育，试图走科举仕宦之途。父兄亲自督导、教育子弟，子弟受到父兄之学的影响。在这种典型的旧式家庭教育下，严修顺利走上科举仕宦之途。严修是南开学校体系创办人，被尊为南开校父，因而南开大学的历史渊源可以追溯到严氏家族的家学教育。

严修创办的家塾是南开学校的历史起点。严氏家塾，亦称严氏家馆，是严氏家族举办的属于私塾范畴的家庭学校。仅以严修在家设馆、聘师教子而言，是始于他进京任翰林编修的转年，即1887年。[②]与1898年改革后的新式家塾有所不同，1887年的严氏家塾还未完全脱离旧式家塾的范畴。但是，作为学校实体，新旧两种严氏家塾一脉相承，而南开学校体系是严氏家塾发展演变的产物。因此，南开大学的历史起点不晚于1887年旧式严氏家塾设立。

二、南开大学的滥觞

“滥觞”一词是指江河发源之处，泉水涌动，水极浅小，仅能浮起酒杯，可用于比喻事物的肇始发轫。其物虽微，日久必大，源远流长，影响广泛，亦曰“滥觞”。

“江河之源，深远而无穷”。南开大学滥觞于新式严氏家塾。严氏家族的旧式家庭教育（家学及家塾）是传承华夏数千年私学传统的产物，而1898

---

① 卞僧慧：《严范孙先生的家世和早岁》，《天津史志》2000年第3期，第9页。

② 参见陈鑫：《严修与张伯苓共同教育事业的开创》，《南开大学报》2016年10月14日。

年改革后的新式家塾则是创办中国现代学校的教育革新思潮的产物，这所家塾私馆已经具备新式学校的属性。从旧式家塾到新式家馆，从创办中学到开办大学，教育理念由旧而新，学校规模由微而大，办学力量由弱而强，办学层次由低而高，堪称生生不已，日新月异。从具体过程看，严修、张伯苓的办学实践经历了三个大的历史阶段，即以初级教育为主的严氏家塾阶段、以中等教育为主的南开学校阶段、以高等教育为主的南开大学阶段。严氏家塾的历史起点就是南开大学的历史起点，南开大学的发展成就集中体现了严氏家塾的发展成就，故谓之“滥觞”。

1898年，倡导国家教育改革的严修决心改造自家的私塾，进行新式教育的实践，于是严氏家塾成为南开系列学校的发祥地。在严修和张伯苓的努力下，新式严氏家塾具有了一些前所未有的新气象。主要表现在以下四个方面。

一是教育目的之新。中国传统教育的根本目的是为专制王朝培养通经致用的官僚队伍，为封建秩序培养恪守礼教的忠臣孝子。而在严修看来，“学而优则仕”“读书做官”的功利性教育目的严重扭曲了教育的意义。他教导子弟不要“汲汲于科举”，而要学习“下益民生，上裨国计”的学问。他在给学生的训词中提出了“勿志为达官贵人，而志为爱国志士”的殷切期望。1902年，严修在日本考察期间访问教育家大隈重信，请教“教育方法”，大隈重信言：无非德育、智育、体育。严修又问：“人言，智日进则德日退，然乎？”答曰：“大不然，是同兼进，无退之理。”严修深感“与己意极合”。[①]严修认同德智体并重的主张并积极付诸实践，三育“同兼进”成为严氏家馆，乃至南开学校一贯的教育宗旨。这种做法具有矫正中国传统教育的痼疾和当时教育界时弊的重大意义。1905年，严修基于对教育现状的深刻反思和认识，提出“尚公、尚武、尚实”的教育宗旨，其矛头所指就是帝制国学及儒者之学的重大弊端。

严修、张伯苓通过创办现代新式学校，将通经教育转变为实学教育，将养士教育转变为新民教育，将纲常伦理教育转变为“爱国合义”教育，将重文轻武教育转变为军国民主义教育，为国家培养尚公、尚武、尚实的新型人才。这是严氏家塾对传统教育模式的重大颠覆。

二是教育内容之新。严修是士大夫中较早接触西学，并体认西学价值的一代士人。他18岁起学习数学、天文学等科学知识，30岁起学习英文，一直学习到老。严修对塾师的选择是有自己考虑的，曾任教严馆的陈奉周、陶

---

① 严修：《严修东游日记》，天津人民出版社1995年版，第103页。

仲明都是天津士人中较早讲求“西学”者，严修常与他们研讨切磋。张伯苓也经常说：“严范孙先生读的是旧书，是中国书，但他的见解不限于中国的旧学。他把时局看得极清楚。他以为中国非改弦更张不可。”①正是基于这种认识，严氏家馆与传授四书五经的旧式私塾不同，教育内容不再局限于读经，而是一天之中半日教授旧学，半日教授新学，并引入现代体育，突破了传统教育的知识结构，向教育现代化迈出了一大步。

三是教学方法之新。中国传统教育体制和方法束缚了学生的主动性、积极性和创新精神。张伯苓在向学生传授科学知识的同时，注重激发学生的求知欲望和积极的思维活动。在教学方法上，注重启发、循循善诱、学思并重、知行统一，以“发达学生之自创心”。在师生关系上，摒弃传统师道尊严，提倡民主平等、互尊互爱，形成和谐真挚的情感关系。

四是推动风气之新。在提倡新风尚、改革旧习俗方面，严氏家塾也是走在社会前列的。清末，严修率先剪去辫子，极力反对嫖娼、纳妾、吸烟、赌博、妇女缠足等社会不良习染。他的四个女儿都率先解放，实行天足。塾师张伯苓和陶仲明也都主张女子放足。严修还创办了严氏女塾、“保姆讲习所”和严氏蒙养园（幼儿园），开全国风气之先。

严氏家塾新型的教育理念和人才培养方式受到社会的重视。1901 年，天津著名商业“八大家”之“益德王”家第二代传人王奎章也慕名请张伯苓任家塾教师。严氏家塾、王氏家塾共有学生 10 余人。张伯苓每天各半日轮流在两馆执教，这种教书生活持续了三年左右。

历史事实告诉我们：严氏家塾是南开系列学校共同的母体和本原，南开系列学校的核心要素及南开校训的核心要素，亦即人们通常所说的“南开精神”，形成于新式严氏家塾时期。严氏家塾的教育理念可以概括为“新·公·能”。在“新”“公”“能”三大要素中，“新”是灵魂，是一种引领性的精神要素。主要表现为创办新式学校的原动力是革新教育，创办现代化的新式教育的主要措施是引进传播科学知识的新学，创办新式学校的根本目的是培养建设新中国的新型人才。唯有开创新风、革新教育、引进新学、培育新人，强化“新·公·能”教育，灌输“新·公·能”理念，才能实现改造中国、挽救危亡、振兴中华、完成复兴的目的。特定的时代，特定的人物，特定的目的，特定的方法，注定了严修、张伯苓创办的南开大学及其前身各类学校必然将“新·公·能”奉为教育理念、办学体制及人才培养模式

---

①《南大半月刊》第 15 期，1934 年 10 月 17 日。

的核心要素。正是在这个意义上，新式严氏家塾是南开大学的滥觞，新式严氏家塾的教育理念是南开校训的滥觞。

三、南开大学的萌芽

“萌芽”一词的本义是草木初生之芽，这个词汇的萌发之义颇有动感，可以比喻事物虽方有端绪，形态幼稚，却趋向已定，本体将现，犹如春笋破土，嫩芽初发，枝叶显露形迹，植株展现模样。

“合抱之木，生于毫末”。南开大学萌芽于 1904 年创办的私立中学堂。以创办中学为阶梯，以创办大学为目标，这是严修、张伯苓既定的宏图大愿。他们认为：欲救中国，必须从教育入手，欲使教育完善，必须有一个正式的学校组织，而中学居于小学和大学的过渡阶段，是人才培养至关重要的阶段。于是他们“决定先行创办中学，徐图扩充”①，为开办大学探索路径，积累经验，创造条件。创办私立中学是拓展南开教育体系的关键步骤和重大成就。无论从长远目标，还是具体过程看，私立中学的建立都意味着南开大学的萌芽。

为了将私塾扩展为正式的中学，严修与张伯苓多次东渡日本，学习先进的教育经验。1902 年 8 月 10 日，严修以私人身份由天津起航，踏上了为期两月有余的第一次日本考察之旅。他参观了日本的大学、小学、幼稚园、职业高中、特殊教育学校、同文书院等，访问了近卫笃麿、大隈重信和嘉纳治五郎等教育家，深入学习日本实行文化改革的经验。在考察期间，严修几乎一天不落地做了详细的日记，涉及范围之广令人惊叹。通过考察，他深刻地认识到“彼邦富强，实出于教育之振兴，益信欲救中国，须从教育着手。”②归国后，严修在天津积极推进新式教育，成绩十分显著。1903 年，张伯苓赴日本参观大阪博览会并考察教育，对日本发达的教育也极为钦佩。

1904 年，刚刚就任直隶学校司督办，严修便再次偕张伯苓赴日本，重点考察日本学校的教学内容、教育方法、教材建设及教育行政管理，并广泛听取日本教育界和学界的意见。考察活动所获颇丰，“两度瀛山采药归”的严修和张伯苓更加坚定了创办新式学校的信念。

1904 年 10 月 16 日，严修、张伯苓基于“痛矫时弊，育才救国”的办学目的，以严氏和王氏家馆为基础，成立“私立中学堂”，这是天津第一所私立

---

① 张伯苓：《四十年南开学校之回顾》，《南开四十周年纪念校庆特刊》，1944 年 10 月。

② 张伯苓：《四十年南开学校之回顾》，《南开四十周年纪念校庆特刊》，1944 年 10 月。

中学。遵照《奏定中学堂章程》规定，学制为5年，校舍仍在严宅。中学堂改建费及学校用具由严修捐助，“益德王”家第三代传人王益孙为学校捐助了理化仪器、书桌、书橱等和部分外文书刊。严、王两家每月各出银100两（后来增加到200两），共同承担学堂的日常经费。张伯苓任监督（即校长），负责学校全面工作。华午晴、王锡瑜、李士椇为执事，另有教员吴芷洲、胡玉荪等，并且延请天津基督教青年会干事饶伯森（C. H. Robertson）、霍克（Walker）等美国人担任科学及英文教员。王益孙之弟王春江帮办校务。除监督、教员领取薪金外，其余均为义务。除严、王两馆学生外，又面向社会招生，共录取73人，开学后分作3班。在第一期学生中，有后来担任清华大学校长的梅贻琦，担任重庆南开中学校长的喻传鉴及著名教育家、外交家张彭春（张伯苓胞弟）。中学堂的课程设置有修身、读经、国文、历史、地理、博物、物理、生理，以上各科用中文书籍教授；英文读本及文法、外国历史、外国地理、数学、代数、几何、化学，以上各科用英文书籍教授。中学堂另设立一个师范班。

1905年1月，私立中学堂更名为“私立敬业中学堂”，不久又改为“私立第一中学堂”。中学堂很快以办学质量优异而闻名津门。1907年，清朝学部调查天津私立第一中学堂，评语为：“理化器械设备尚完全，学生成绩颇佳，英文程度尤优，教科用西文教授者，皆能直接听受，监督、教员均极热心，日求进步，用费亦甚节省。”①

严修和张伯苓所为感动了天津许多开明士绅，他们纷纷解囊相助。1906年，郑菊如将自置城南空地十余亩慨然捐赠学校，经张伯苓交涉，换为电车公司附近一处俗称“南开洼”的地方。经过一番周折后，学校于同年8月在南开洼起建新校舍，建筑费由王益孙、严修、徐世昌、卢木斋及严子均等捐助，共计白银2.6万两。1907年，学校迁至“南开洼”，遂因地名而改称“私立南开中学堂”，学生人数也增加到150余人。1912年10月17日，根据南京临时政府“普通教育暂行办法”的规定，学堂改称学校，监督改称校长，“私立南开中学堂”因此改名为“南开学校”②。

---

①《学部官报》第二十期，朱有瓛主编：《中国近代学制史料》（第2辑上册），华东师范大学出版社1987年版，第431页。

② 1924年6月15日，张伯苓在校董会上提议：“现本校已有大学、中学、女中三部，各部名称颇不一致，应有规定，以示划一。”范源濂提议，本校各部名称对外应分立，如南开大学 Nankai University，南开中学 Nankai High School，南开女子中学 Nankai Girls High School；对内仍用南开学校大学部、中学部、女子中学。校董会通过该项提议（校董会记录）。“南开学校”成为南开系列学校的总称。

南开学校倡导德、智、体、美“四育”并进的教育理念，教育教学管理相当严格，教学质量和人才培养质量很好，使学校声名远播中外，当时社会南有扬州中学、明德中学等，北有南开学校。来自全国各地的学生纷纷负笈求学，甚至美国、南洋的华侨也不远万里前来报考南开学校。至 1917 年，学生人数已满千人。梁启超曾经这样称赞南开学校：“校风之佳，不仅国内周知。即外人来参观者，亦莫不称许。”[①]蔡元培赞许道：“贵校为国中知名之学校。”[②]卢木斋评价说：“一个私立学校，进步到这种地步，便是努力之成功，贵校风气甚好，前途着实光明。”[③]

三、南开大学的雏形

“雏”字的本义是小鸡。“雏形”一词借助幼禽或幼兽表意，亦作“雏本”“雏型”，可用于比喻事物已然成形、尚属幼稚的初步状貌。

南开大学的雏形显现于南开学校专门部。在南开学校正常运转之后，严修、张伯苓不忘初衷，立即着手创办南开高等教育的初步尝试，以谋求学校事业的新发展。

由于种种原因，中国的私立高等教育举步维艰。从 1912 至 1917 年，中国人创办的私立大学只有 7 所，不仅数量屈指可数，而且发展程度不高。虽名为大学，但真正设本科的较少，“或仅设预科别科，或仅设专门部”[④]。鉴于此种情况，教育部也不得不采取权宜之策，特颁布告：“本部体察目前情形，为私人办学力图便利起见，应即量予变通，准其附设专门部。”[⑤]

从地域上看，这些中国人创办的私立大学主要设在北京及南方省市，没有一所是在天津。而近代天津的教育是有很大发展的，曾经开办了一系列为洋务事业服务的学校，新式的中小学校也纷纷建立，并且最早成立了培养工程技术人才的北洋西学堂，后改名为北洋大学堂。但是总的来看，天津的高等教育并不发达。

为推动天津高等教育的发展，完善南开教育体系，早在 1913 年，南开学

---

① 《校风》第 56 期，1917 年 2 月 28 日。

② 《校风》第 67 期，1917 年 5 月 30 日。

③ 《南开周刊》第 1 卷第 9 号，1925 年。

④ 《教育部整顿私立大学办法布告》（1913 年 12 月），朱有瓛主编：《中国近代学制史料》（第 3 辑下册），华东师范大学出版社 1992 年版，第 19 页。

⑤ 《教育部准私立大学附设专门部布告》（1913 年 6 月 10 日），朱有瓛主编：《中国近代学制史料》（第 3 辑下册），华东师范大学出版社 1992 年版，第 19 页。

校便开始向高等教育拓展，设立高等师范班，不幸因“经费拮据，半途中辍”[①]。这是南开学校创办高等教育的初步尝试。

1915年8月，“徇中学毕业生之请求”，南开学校曾增设英语专门科一班，并续办高等师范班，目的是为有志留学或从事教育工作的青年提供深造的条件。1916年8月，南开学校设立高等师范部和专门部各一班，并积极创造条件，准备在专门部的基础上发展为大学。与此同时，学校聘请哥伦比亚大学毕业、获文学硕士及教育学硕士学位的张伯苓胞弟张彭春为专门部主任，并提出“改设大学”的建议。

1916年8月22日，张彭春邀集专门部师生举行茶话会，他说：“今专门部将改为大学，即系期望诸生深造，后来庶免有心长力绌之弊，而得左右逢源之妙。大学科目有政治、社会、哲学、心理、经济、教育、中国文学、英国文学、历史等门。德文拟定为随意科之一”，并谓“将来悬想之标的，使南开大学生纵不能发明新理，为世界学问之先导，亦决不令瞠乎欧美开源之大后，必与之并驾齐驱。至年限上，则为预科年半，本科二年半”。[②]

张彭春的讲话说明：第一，至迟到1916年校方已经有了创办南开大学的构想蓝图，包括学制、系科设置和课程安排等；第二，南开大学从一开始就以与欧美大学“并驾齐驱”为目标。但是，办这样一所大学困难重重，不仅师资匮乏，而且缺少校舍和必要的教学设备，最棘手的是没有办学资金。那时，南开学校已满千人，各项开销很大。1916年为增设专门部及高等师范班，虽曾得直隶巡按使朱经田加拨常年补助费5000银元，但因修建食堂，扩充校址，早已入不敷出，寅吃卯粮，以致英语专门科、高等师范班均因经费难以维持，遂相继停办。但是，严修和张伯苓没有在这些困难面前止步，他们“不因两次之失败而灰心，不以经济之拮据而变态”[③]，仍以顽强的毅力，不屈之精神，继续向兴办大学的道路迈进。

为了实现筹办南开大学的愿望，严修、张伯苓决定考察美国的私立大学。张伯苓先行，1917年8月去美国留学，9月入哥伦比亚大学师范学院研究教育。1918年5月，严修与南开校董范源濂等人也来到美国。他们考察著名私立大学的学制、行政管理、科学设备及图书阅览等情况，对美国私立大学教育有了较为深入的认识。他们还广泛接触留学生，积极地为大学物色师资。此番游学考察，使严修、张伯苓对美国大学的组织与发展情况有了较为深入

① 华午晴、伉乃如：《十六年来之南开大学》，《南大半月刊》第15期，1934年10月17日。

②《校风》第36期，1916年9月4日。

③ 华午晴、伉乃如：《十六年来之南开大学》，《南大半月刊》第15期，1934年10月17日。

的了解，更深切感受到大学教育对国家的重要。1934 年 10 月，华午晴、伉乃如撰写《十六年来之南开大学》一文，讲述严修、张伯苓等人当时的思想。文云：

张伯苓校长与创办人严范孙先生，董事长范源濂先生及董事孙子文先生等先后渡美，考察教育。在外观察其各国内一切设施，与夫人民之图强自立。私人窃叹而觉其所以至此者，不能不归本于教育。诚以教育为人才之母，人才为国家之用，亦凡百事业之所需。盖以彼邦人才大率出自大学，而大学之组织，有赖于私人经营之力为独多。盖美人素重公共道德，个人财产不尽遗之后嗣，而以公诸国人，集群力以经营，是以陶成一国之人才，促供一国之使用。反观吾国，教育未普，人才不兴；顾瞻前途，不禁感而思奋！比明年，欧战告终，和会初开，默察世界大势，益觉吾国教育之振兴为不可缓。又以普通知识仅为国民教育之初步，殊不足以应国家社会之所求。斯高等教育之设施，遂不容不奋起直追，以与欧美相颉颃，俾定国家根本之大计。此创设南开大学之议所由起。①

1918 年 11 月至 12 月，严修与张伯苓等人乘船从旧金山返回天津。在归国途中，他们仔细谋划了筹备大学的各项事宜，南开大学的宏伟蓝图化为现实已指日可待。

四、南开大学正式成立

1918 年 12 月 24 日，严修、张伯苓回到天津，给师生们带来了新的希望。当天，南开师生召开欢迎校长回国大会。张伯苓在欢迎集会上正式宣布创办大学的决定，他说：

这次我与严范孙先生和范源濂先生先后游美，很有收益。一年多来，考察他们的国情及人民的精神，遂知教育是一国之根本。并且一国的人才全由大学产生而来。现在我国教育不兴，人才缺乏，不禁使人感而思奋，要立即创办大学。②

1919 年 2 月 4 日，严修与张伯苓、张彭春、马千里、华午晴商筹大学事宜，决定成立大学筹备课，张彭春任主任，马千里任课员，负责规划校舍，

① 华午晴、伉乃如：《十六年来之南开大学》，《南大半月刊》第 15 期，1934 年 10 月 17 日。
② 郑致光主编：《张伯苓传》，天津人民出版社 1989 年版，第 27 页。

厘订校章，安排课程。张彭春主持起草了《南开大学计划书》。

1919 年 2 月 14 日，张伯苓在南开学校第二学期开学典礼上发表讲演，谈到了筹办南开大学的计划，他说：

> 前此办过专科二次，好批评者有谓为维持本校运动计而立专科；有谓为维持本校新剧计而立专科；又有谓为校长名誉计而立专科者。若此均不待辩论，识者自知。究竟办大学与不办大学比起来是难是易，于此亦可了然。予前给在美留学生将来本校大学教员凌冰去信，告诉他将来在这办大学是一个很不易的事。这因为予由美来华之先，即曾同凌君谈到办一件新事的困难，而此次无论如何必极力去作。意者或谓，南开中学已千余人，事业非不盛，主其事者何乐不可休息休息！抑知此种思想已十分腐旧，教育的事业乃进的，又安有止境一说？先时教育为扬名声，显父母，而今日则迥乎异矣！教育为社会谋进步，为公共谋幸福；教育为终身事业（life work），予于此至死为止。[①]

张伯苓这番话生动展现了南开创办者不畏艰难，兴学强国的坚定信心与决心，鲜明地表达了创办南开大学的目的："为社会谋进步，为公共谋幸福。"

张伯苓还谈到了开办大学的重要意义：一是"使青年合于将来社会的习惯，加大学即将其习惯加长，使造成益形坚固之习惯"；二是"中学毕业后，直接在社会上做事不足，故需要有大学的培养。"此外，还有一个原因，"即国中国立的、教会立的大学，虽是不少，然而真正民立的大学却不多见"。[②]这就是说，南开大学虽系私立，但并非某一人或几人私有，而是要成为"由人民所立之学校"[③]，为普及教育，培养人才做出贡献。

创办私立大学最紧要也最棘手的是经费问题。延揽师资，扩充校址，建设校舍，购买设备，维持教学，都需要有资金保障。为了筹措资金，严修、张伯苓决定通过募捐方式，将政要、富商的资财转用于百年树人的公益事业。南开大学的开办和最初发展对严修仰仗颇多。南开大学于发展之初接收的几笔大的社会捐款，也多缘自他的社会名望和人脉关系。1919 年 2 月，春节刚过，花甲之年的严修不顾身体疲弱和刚刚经历的丧子之痛，偕张伯苓开始四处奔走。他们到北京遍访蔡元培、胡适、陶孟和等人，征求关于创办私立大学的意见。他们亲赴北京、太原、保定等地，先后晤见徐世昌、黎元洪、梁

---

①《校风》第 117 期，1919 年 3 月 18 日。

②《校风》第 117 期，1919 年 3 月 18 日。

③《校风》第 116 期，1919 年 3 月 11 日。

士诒、周自齐、阎锡山、曹锟等一批政要。4 月下旬，严、张不顾连日颠簸劳顿，去南京会见江苏督军李纯（字秀山）。李纯慨允愿为南开大学募集 20 万银元，同时广泛发动北洋军政要员为南开捐资。严修又派人代表他遍访各省军政长官及教育当局，恳请鼎力相助。在严修、张伯苓等人的努力奔走之下，共募集到洋 8.5 余银元，“聊敷开办之用”。

严修本人也捐款、捐地，以个人财力、物力给予学校很大支持。1919 年，他捐购书款 2000 美元，又捐中文典籍 30 余种、数百册。1920 年，捐地折款 18000 元。1922 年捐地五亩多。1924 年又以《二十四史》《九通》等数十种古籍赠与南开大学图书馆。

经费有了着落，1919 年 4 月，学校投资 3 万银元在中学部南面空地建设一座二层楼，作为大学校舍，同时聘请从美国克拉克大学毕业归国的教育心理学博士凌冰为大学部主任。在几经讨论并征求天津各界人士意见的基础上，学校本着“大处着眼小处着手”的原则确定了设科规模。大学部设文、理、商三科，学制四年。

大学的招生工作也在有条不紊地展开。学校规定凡应届中学毕业生与社会青年都可以参加考试。南开中学应届毕业生平日学习成绩优秀者，经大学免试审查会审查同意，可以免试入学。9 月，举行新生入学考试，连同周恩来、马骏等保送生，共录取 96 人，其中文科 49 人，理科 19 人，商科 28 人。

1919 年 9 月 25 日，南开大学第一届新生开学典礼在中学部礼堂举行。校长张伯苓首先发表演说，他言道：

> 南开中学创办至今已十五年，曾拟创办大学部至第三次始成立，其一、二两次均因故停止，此次虽遇国家多事之秋，已然成立。查中学自成立以来，造就者达一千二百余名，均分赴各国，或已入他处大学者，彼等得南开大学部成立消息，已多数返津又投校肄业。中学学子之希望如此，惟将来能否发达皆在职教员诸君进行。且关于大学部之组织，有反对与赞成两派。其反对派：（一）守旧，（二）执政，（三）社会新派，其反对者亦均有理由；赞成者：（一）赞成国式大学，（二）民（立）的大学。求学者当然注意，尤应时常并解释各种理由。①

11 月 25 日，张伯苓校长在南开大学成立大会上致辞：“南开创办十五年，变迁甚速，而教育精神从未改变。盖个人应具固有之人格，学校亦当有独立

---

①《大公报》（天津），1919 年 9 月 26 日。

校风。我等应付变迁惟有思想活动，而不失本来精神。现在世界正值变迁甚烈之际，国家社会不如此，皆甚危险，愿南开学生以本校之精神为精神，以应付世界之变迁。”江苏督军李纯专门发来《南开大学正式成立祝词》，其中言道：“我南开私设大学既为倡始，尤所爱国诸公相继兴起，庶愈推愈广遍于全国，将来教育勃兴，人才蔚起，图富图强卓然有以据其大本。”① 南开大学这所中国民办大学的旗帜终于树立在渤海之滨。它是爱国教育家严修、张伯苓创建的南开学校教育体系的重要组成部分，也是一群不服输的中国人自力图强、兴办现代大学的光辉典范。

五、“南开是私立学校，但不是私有学校”

在现代著名私立大学中，南开大学和厦门大学是在新的历史条件下继承和发展中国古代公益性私学传统的两个典型例证。在办学目的上，两校的共同特点是倡导“教育救国”，张扬爱国主义精神，并落实于办学的各个环节，从而将公益性的办学目的发挥到极致。一般说来，中国古代的许多私立学校也以为国为民为办学宗旨，却又往往将“忠君爱国”相提并论，以培养“忠臣孝子”为办学目的，甚至将“保家荣族”列为重要目的，从而导致公益性教育目的的相对弱化。在中华民族面临危亡的历史时代，在中国人民开创新文明的过程中，以私立南开大学和私立厦门大学为代表的众多新型私立学校，彻底摒弃倡导忠君、培养孝子、做官出仕、光大门楣的教育目的，在办学目的和教育行为上，将民族、国家、人民置于至高无上的地位，以为民族和国家培养一代新人为职志，从而使公益性教育目的达到前所未有的高度。这是一个伟大的历史进步，堪称前无古人。

比较而言，由于办学路径及过程的特殊性，南开大学与公益性私学传统的关系更为密切一些。在兴办公益性大学的问题上，学校的创办人明确提出三项基本原则：一是“教育为社会谋进步，为公共谋幸福”，二是“集群力以经营”，三是“私立非私有”。这三项基本原则集中体现了私立南开大学在目的和行为上的公益性。这种公益性必然催生一种为公利群办学体制，从而将办学目的的公益性、办学行为的公益性和教育机构的公益性结合在一起。在中国人创办的私立大学中，南开大学办学体制的公共属性和公益属性最强。

张伯苓校长强调南开是私立学校，但不是私有学校，揭示了南开大学的一个重要特征，主要体现在以下五个方面。

---

①《校风》第131期，1919年11月27日。

一是“为公的私学”。南开人的办学初心是育才救国、兴学图强。正式开办于五四运动大潮之中的南开大学，以“为国家办教育”，培养“爱国志士”为目标，始终高举爱国主义的旗帜，将“谋社会之进步”“求民族之自存”的办学目的贯穿于学校管理、教学科研和人才培养的各个环节。这就决定了南开大学属于典型的公益性私学。兹举例说明：

1920 年 9 月，南开大学率先推行男女合校制度，成为中国最早招收女生的大学之一。受“女子无才便是德”“男女授受不亲”等封建思想的影响，中国大学开放女禁的过程颇为曲折。南开大学成立时，社会对于男女同校学习尚有争议，中国人自办大学尚无招收女生的先例。对此，一些教师甚表遗憾。在 1919 年 9 月 25 日南开大学开学典礼上，卢易斯教授（美国籍）就曾提出：“大学中没有女生，这是跛行教育，这还是半身不遂的教育，甚盼望南开要办女子中学，以备入大学，使女子在本国有研究高等知识的机会。”[①]

南开大学的主要创办人敢于开风气之先，他们站在时代的风口浪尖，一致赞同招收女生。早在严氏家馆时期，严修、张伯苓就主张女子解放，接受教育。严氏女塾开创了天津女子学校教育的先河。大学部主任凌冰认为：“南开大学可以男女合校。”大学部庶务主任马千里在《校风》上著文《南开中学应当添招女生的建议》，认为南开中学招收女生易与南开大学衔接，女生入大学后可以同校同班。1919 年 12 月，南开学校呈教育部《改革女学制度案》，指出“男女教育，理论上、实际上均不应为严格之区别，况共和国家男女皆有受平等教育之权利，教育者不宜歧视之”[②]。

1920 年，南开大学向社会公开宣布，实行“受业学生男女合校的制度，男生、女生皆可以入学”[③]。是年秋季，女生许桂英考入文科。《校风》第 138 期载文称赞她为“中国教育之光，更是中国女子之光”[④]。这一年，只有南开大学、北京大学、南京高等师范学校等寥寥数所高校招收了第一批女生。到 1923 年，南开大学已有女生 36 人。实行男女同校，在当时有着开创新风气的深刻意义，男女受教育权的平等在高等教育上初步实现。

再如，南开大学还向社会敞开大门。1922 年 7 月至 8 月，为应对“当时全国知识界学问恐慌”“改善国内教育气象”，学校借鉴美国的社会办学方式开办暑期学校，希望以此提高在职教员和青年学子的学识水平，振兴国家教

① 《校风》第 132 期，1919 年 12 月 5 日。
② 《校风》第 132 期，1919 年 12 月 5 日。
③ 邹宗善：《南开的大学》，《校风》16 周年纪念号特刊，1920 年 10 月。
④ 《校风》第 138 期，1920 年 9 月 11 日。

育。课程分为4组，分别针对4种人群招生：甲组为小学职教员及北方办事人员而设；乙组为中学职教员及高等专门学校肄业生而设；丙组为中学毕业生及预备投考大学及专门生而设；丁组为高小毕业生及中学一二年级预备投考中学者而设。[①]1922年共吸引了来自黑龙江、广东、山西等地705人报名，其中还包括2名朝鲜学生。1922年9月出版的《南开周刊》记录了暑期学校的报名情况："中经直奉战役，截止期近，而报名者寥寥，当事者未免懊丧。但不信此举之终遭失败也，仍进行如初。果也，开学将近，负笈者自远而至，报名者络绎不绝，学生由数十人忽增至数百人，暑期学校之气象，于是为之一振。"

暑期学校课程主讲人可谓名家云集，教授的很多内容在中国乃至国际上都具有前瞻性。除了日常课程外，学校还邀请了诸多中外学术名家开展讲座。例如，美国俄亥俄州立大学科学教育家乔治·兰森·推士以"科学教授法""教育之动力""设计教学法"为题连续3天在南开演讲，传播先进的教育理念。每逢周末，学校还组织学员参观天津的自来水公司、博物院、陈列所、造币厂以增长见闻。

南开大学暑期学校的社会影响巨大。当时《益世报》《大公报》等报纸对暑期学校进行了系列报道。1923年，正在天津达仁女校任教的邓颖超参加了南开大学第二期暑期学校学习。"南开大学在创立之初，就以寻求民族自存之道，谋求学术独立为志愿。暑期学校以培养中小学职教员为己任，是对南开'公能'教育理念的探索，也是不忘南开办学初心的执着实践。"[②]

南开大学因抗日爱国而惨遭日寇毁掠，这一历史事实诠释了南开救国报国、为公利群的创校初心。南开可谓是有着与生俱来的爱国基因。1898年南开学校的肇端就与中日甲午战争的结果密切相关，南开学校创建后，更是始终高扬爱国旗帜。五四运动期间，南开大学师生投身于轰轰烈烈的爱国运动，号召民众"警醒国魂""不忘国耻"。周恩来、马骏、马千里、时子周等成为天津五四爱国运动的领袖。此后，在纪念五七国耻、声援五卅运动、声讨三一八惨案等爱国行动中，都活跃着南开大学学生的身影。九一八事变后，南开大学成为天津市的抗日救亡中心之一。广大师生开展游行示威，抵制日货，募捐义演等活动，并且在中国共产党的领导下，走上了与工农相结合的道路，宣传党的抗日主张，扩大抗日救亡运动的群众基础。

---

① 《南开周刊》第41期，1922年9月。

② 陆阳：《名师云集的南开暑期学校》，《天津日报》2014年8月20日。

面对日本帝国主义的步步紧逼，南开大学教师在坚持为国育才的同时，也以自己的学术专长实现着报国救国之志。南开大学东北研究会“搜集日本侵略中国之铁证”，揭露日本帝国主义的侵华罪行。在南开大学应用化学研究所和化工系的技术支持下，中国人自己创办的硫酸厂，打破了日货对华北市场的垄断。南开经济学人在天津《大公报》开辟《经济周刊》，研究解决中国经济问题，其中关于日本对华经济掠夺的研究，有力揭露了日本所谓“中日经济提携”的论调，指出其实质是“使中国完全地殖民地化，并且推销其工业的生产品”[①]。

南开大学高举抗日救亡旗帜，并积极付诸行动。因此，日本侵略者早就如芒在背，如鲠在喉，必欲除之而后快。1937年7月29日、30日，日寇连续两天用飞机、大炮对学校进行狂轰滥炸。南开大学为国而牺牲，成为全民族抗战爆发后第一所被日寇化为焦土的中国高等学府。学校被毁后，被迫南迁，与北京大学、清华大学到长沙组建临时大学，继而再迁昆明，成立举世闻名的西南联合大学，创造了抗战教育的世界奇迹。三校师生传承着民族文化的血脉与灵魂，表现出民族精神的不屈与奋进，谱写了可歌可泣的不朽乐章。在这一伟大的历史过程中，南开人和南开大学做出了不可磨灭的贡献。

二是“私立民有”。在学校所有权上，南开大学从创建伊始就不属于私有学校的范畴，学校不是任何个人的私有财产，这一点又集中体现在学校的管理体制上。

私立南开大学时期，南开学校实行董事会（校董会）下的校长负责制。校长由董事会聘任，总理学校一切事务。董事会原称董事部，成立于1919年初，由严修等人组成。董事部的职权是聘任校长、筹措经费、议决预算及审查决算、批准学校章程。1920年3月组建了新的董事部，延聘范源濂、严慈约、孙子文、李琴湘、蒋梦麟、王濬明、陶孟和、刘芸生、卞俶成等为董事。1921年改称董事会。1929年，根据教育部规定，董事会统一更名为校董会，由9人组成，任期3年，每年改选三分之一，可以连任。除了校董会外，矿科、商学院及经济学院还聘有各自的董事。全面抗战爆发前，校董会由胡适、蒋梦麟、李组绅、范旭东、丁文江、卞寿孙等组成，其间曾经担任董事的还有颜惠庆、卢木斋、李伯芝、周自齐、武问泉、阎子亨等。董事长最初由范源濂担任。范源濂于1927年12月逝世后，改选颜惠庆继任。根据《南开大学章程》规定，校董会的职权是：（1）聘任校长；（2）筹备本校经费；

---

① 丁洪范：《中日经济提携》，《大公报·经济周刊》第128期，1935年8月28日。

（3）议决预算及审查决算；（4）对于本校章程之制定变更或撤废予以同意。

学校本着私立非私有的原则，很早便实行校务公开，师生合作，教授治校，民主管理。张伯苓校长常说："南开，不是校长一人之南开，是大家的南开。""学校一切事，不是校长一人号令，应大家共同商量。"[①]1921年1月，学校在北京香山慈幼院召开会议，提出"校务公开，责任分担，师生合作"的校务管理方针。同年3月，成立师生校务研究会，就学校各种问题提出议案，提交学校加以改进。为了加强民主管理，广泛听取各方面的意见，学校进一步调整、健全组织机构。1924年11月教员会成立，学校特辟秀山堂104室为教员活动室。教员会以"联络感情，交换知识，促进共同生活，协谋本校发展为宗旨"，对学校各项工作提出改进意见。1924年3月，学校又提出"开诚布公，根本改良"，号召学生帮助学校推进改革。同时决定在董事会下设评议会，由校长、教务长、秘书长、各院院长、教务会议选举教授二人、校长在教职工中指派二人组成，"专司评议全校一切大政方针"，体现民主治校原则。

南开大学的学校管理以精干高效著称于世。大学创办初期，设有大学部主任，协助校长负责大学校务。校长办公室设秘书若干及教务课、庶务课、会计课、训育课、建筑课。由于经费的原因，各课一般只有课员1—2人，人员精干而高效。20世纪30年代，根据教育部规定，改科为院后，取消大学部主任。南开大学的行政组织主要有教务处和秘书处。教务处设注册课、图书馆、体育课。秘书处由校长聘任秘书长一人，设秘书若干及会计课、庶务课、建筑课及学生指导委员会。南开大学机构简单，人员精干，规章健全，职责明确，因而办事效率很高，办学成绩显著。

依据国家教育行政的管理归类方法，南开大学属于私立大学范畴，而南开大学不是一所私有学校。与许多国立大学相比较，南开大学只是经费来源主要依靠私人捐助，学校的自主权较大一些而已。这必然使一所私立学校具有很强的公共属性和公益属性，与公立学校相差无几。

三是"服务中国"。南开大学在建校初期便确立了"知中国、服务中国"的办学宗旨，致力于"创造能立足于现代的国家"[②]。

南开大学的创办者始终关注"南开如何在为国家服务中发挥最大的作

---

① 陈文波：《香山会议案之提要及我个人之感想》，《南开周刊》第1期，1921年4月1日。

②《南大半月刊》第15期，1934年10月17日。

用”[①]。建校时，本着“文以治国，理以强国，商以富国”的办学理念设立文、理、商三科，带有强烈的“育才救国”的实用性。1926年，学校“应现实中国之需要”，对文科进行重大改革，提升教育质量。此后陆续设置了经济研究所、东北研究会、应用化学研究所、化学工程系、电机工程系、经济学院等一批直接为社会服务的系科和研究机构。在教育教学上，注重理论联系实际，以研究中国社会，解决中国问题为显著特色，“造就学生去服务国家，帮助社会国家做事”[②]，强化学校及其学生为社会服务的能力。

学校的教育效益之高，在国内外赢得了良好的声誉。梁启超评价说：“南开大学不独为中国未来私立大学之母，亦将为中国全国大学之母。”[③]1927年10月，梁启超为南开学校建校23周年纪念手书“弘毅”二字，并题《祝词》：“频年丧乱频仍，全国教育破产，本校实岿然鲁殿灵光。任重道远，薄海属望。愿以此两字，与多士共勉也。”[④]1926年3月，中华教育文化基金董事会派调查团陶行知、李耀邦、钱崇澍、祁天锡、窦约翰等人来南开大学参观。该调查团报告认为：

> 南开大学创办于民国八年，为国内办理最有成效之私立大学，校长张伯苓先生与积学之教授通力合作，精神至佳。校内教学、训育各方面，生活均极健全。学生分配廿二行省，其教育影响已不限于一地方而普及全国。学额限定为五百人，名额较少，训练可期完密。科学方面，该校已竭其财力所及锐意经营，尤以化学、物理为最优，但教授及设备均亟待补充，俾臻完善。该校资产已有二百五十万，由私人捐助，政府补助者较他校特多，足征社会之信仰。本会视察员之意，在私立大学中其应得奖励与补助者，莫南开若。兹提议本会酌量情形予以最高额之补助金，以宏私立大学教育之效益。[⑤]

历届国民政府均给予南开很高的评价。1925年11月，国民政府教育部考察评价称：“就中国公私立学校而论，该校整齐划一，可算第一。”[⑥]1930

① 何廉著，朱佑慈等译：《何廉回忆录》，中国文史出版社1988年版，第46页。

②《通问报》第44号，1935年11月。

③《南大周刊》第13期，1921年9月28日。

④ 梁启超：《南开二十三周年纪念祝词》，《南中周刊》第31期，1927年10月17日。

⑤ 天津南开大学理科学会：《理科学会周年纪念册》，1928年。

⑥《视察员对南开之批评》，《晨报》（北京），1925年11月23日。

年3月，国民政府教育部评价南开大学“为私立学校中之成绩卓著者”①。

四是“借助群力”。南开大学虽属于私立大学，却是一所不以营利为目的公益性学校。从现有的资料看，从1919年成立到1930年，南开大学大部分年度都亏款。学生缴费仅占学校收入的一小部分，校产与基金利息也为数不多，捐赠成为学校办学经费的主要来源，属于典型的“借助群力”②类型。南开大学坚持自主办学，积极争取社会和公众的支持，多渠道筹措办学经费，走出了一条“为公利群”的办学道路。

五是“校无余钱”。在经费运用上，南开大学属于典型的“校无余钱”③类型，所有经费都拿来发展学校。张伯苓校长常说：“一个教育机关应该常常欠债。任何学校的经费，如在年终，在银行里还有存款，那就是守财奴，失去了用钱做事的机会。”开办南开大学可谓是白手起家，但南开大学的创办者从不因经费困难而放弃筹谋学校事业的新的发展。1922年3月，学校以年租200元租得天津城南八里台村北、村南两段公地400余亩作为新校址，并立即向银行临时押借建筑费，兴建八里台新校舍，为日后的迅猛发展奠定基础。全面抗战爆发前，南开大学的仪器设备价值在当时的私立大学中名列前茅，甚至超过了北京大学。图书馆藏书20余万册，除数百种元明善本以外，尤以数学书刊的质量为当时国内罕有，各国最重要的该学科期刊都很完整，来访的外国学者亦称羡不已。

上述事实表明，私立南开大学的所有办学要素都具有很强的公共属性和公益属性，堪称是典型的“为公的私学”。在中国历史上，公共属性和公益属性达到南开大学这种程度的私立高等学校绝无仅有。由此可见，南开大学的创办者将中国的公益性私学传统发展到一个新的境界，甚至堪称“前无古人，后无来者”。

① 梁吉生撰著：《张伯苓年谱长编》（中卷），人民教育出版社2009年版，第91页。

②《大公报》（天津），1904年11月14日。

③ 孙彦民编著：《张伯苓先生传》，台湾中华书局1971年版，第114页。

第五章　教育传统的变革与办学理念的更新

作为历史研究、文化研究、传统研究的学术研究术语，历史、文化、传统都是中性词，历史传统及文化传统也都是中性词。这些词汇之所以都是中性词，是因为作为客观存在的现象，历史、文化、传统及历史传统和文化传统的属性相当复杂，都可以做出是与非、对与错、功与过、优与劣、精华与糟粕、先进与落后的价值判断。传统不仅有优劣之别，而且往往将精华与糟粕扭结于一体。正是由于传统未必是好东西，固守旧传统会招致恶果，人类才形成了一个最具有普遍意义的优秀传统，即与时俱进、不失时机、因时制宜地推陈出新、创造发明，以改造传统、创新传统。人类社会的进步得益于这一优秀传统。“日新月异”便是扬弃、改造和创新传统这一优秀传统的汉语表达方式。

现代中国就是扬弃、改造和创新传统的产物。作为中国现代化的重要内容和关键要素之一，中国现代大学都是变革教育传统、更新办学理念的产物，南开大学亦不例外。本章侧重从揭示中国古代国学的衰变及其“大学之道”的弊端入手，考察中国学校教育的历史传统和“公·能·新”思潮下的中国学校教育现代转型，以及南开大学变革教育传统和更新教育理念的过程及做法，从扬弃传统、改造传统、创新传统的角度，进一步认识南开校训形成的历史背景及主观因素。

第一节　国学的衰变与帝制的衰亡

许多不了解历史变迁的人误以为“国学”一词最能体现中国历史传统的古今对接，“弘扬国学”就是弘扬中国优秀历史传统。近年来开始流行的以“传统国学”指称中国古代学术的提法便是典型例证。然而，情况恰恰相反。“国学”一词指称对象的历史变迁既是重大传统往往断绝而不传的典型例证，又是传统的传承往往因时代变迁而大走样的典型例证。中国现代教育体系恰恰是颠覆以国学为核心的古代教育体系的产物。颠覆国学，创办新学，既是颠覆传统、创新传统的关键步骤，又是颠覆传统、创新传统的典型例证。

古汉语“国学”一词特指最高统治者设立的履行国家教育行政职能及国立学校教学职能的政府机构。一般说来，帝王之制及统治思想的特质决定国学的特质，国学及官方学说的特质决定主流学术及其教育体系的特质。因此，国学的演化历程与帝王之制及统治思想的演化历程同步而行，堪称统治思想及官方学说和主流学术演化历程的缩影。考察国学及官方学说的演化历程可以为揭示统治思想的历史流变和古代文明的盛衰之因提供重要事实依据。国学衰变与帝制衰亡乃是近代以来颠覆旧的教育传统及建立现代教育体系的主要历史动因，而颠覆旧的教育传统是颠覆旧的社会传统、政治传统和文化传统的关键步骤之一。

一、中国大学的历史渊源

中国古代是否有大学？中国大学的历史起点在哪里？这是一个有争议的学术话题。

许多学者认为，中国自古就有大学，汉武帝设置太学便是中国大学的历史起点。许多学者认为，中国古代社会没有大学，欧洲 12 世纪至 13 世纪的中世纪大学才是大学的历史起点。前者主要依据“太学（大学）”这个学校的汉语名称判定中国大学的历史起点，而后者主要依据欧洲人所说的“大学”的特征判定世界其他区是否有大学。这两种观点都有值得商榷之处，其共同的缺陷是所设定的“大学”定义的内涵与外延不恰当。“尺子的错误是最大的错误”。这些学者设定的“大学”尺度不恰当，这就必然导致学术判断不符合历史事实。

西语“大学”（univercti）的本意是将追求知识和精神生活的人们聚集在一起而相互切磋和研究，强调传授知识、探索学问是大学与其他场所的本质区别。很多学者依据西语“大学”（univercti）一词设定“大学”的定义，从而将许多高等教育机构排除在大学之外，这显然是不恰当的。

何谓“大学”？《辞海》《汉语大词典》等权威性工具书的注释是：“大学”一词的一般意义是“实施高等教育的学校，包括高等专科学校、学院、综合性大学等”。这就是说，“大学”的共性是“实施高等教育的学校”。凡是实施高等教育的学校，无论遵循何种教育宗旨，采取何种办学体制，设定何种教育内容，选取何种学校名称，都是大学，就连通常归类为“大专”的高等专科学校，也属于大学范畴。

何谓“高等教育”？《辞海》将“高等教育”一词的一般意义界定为“中等教育阶段以上的大学文化程度的专业教育”。《汉语大词典》将“高等教育”一词的一般意义界定为“培养具有专门知识、技能的人才的教育。实施高等教育有大学、专门学院等”。这就是说，高等教育是指高层次的专业教育。因此，有了培养专门人才的教育，有了教育层次的划分，就有了高等教育。在一种文明、一个国家、一个地区的学校系统中，凡是培养高级专业人才的教育机构都属于高等教育范畴。

在世界上，中国是最早创办高等教育机构的国家之一。古代汉语的“大学”一词始见于先秦文献。“大学”又可以写成“太学”。在甲古文中，“大”与“太”是同一个字。在古代文献中，“大”与“太”是同义词。因此，“太学”亦即“大学”。

在春秋以前，中国便有名曰“大学”的高等教育机构。从考古资料看，殷墟甲骨卜辞有关于商朝学校的记载，这就意味着中国大学的历史起点至迟不会晚于商朝，中国的高等教育甚至有可能追溯到中国国家起源之时。依据文献记载，虞、夏、商、周四大王朝都设有国家学校。周王朝在中央设司徒掌管全国的教育事业，在王都及诸侯国都都设有“国学”。国学通常又分为“小学”和“大学”两个教育层次，其中“大学”属于高等教育范畴，专门培养国家的各级统治者，并使之成为能够担当大任的军政人才。春秋战国时期的一些国家的国家学校也记载于文献，如鲁国的泮宫，齐国的稷下学宫。西汉将国学称作“太学”。太学既是国立最高学府，又是中央最高教育行政机关。在两汉，太学生最多时有数万之众。南北朝以来，国子监取代太学的地位。从唐代开始，中央设有国立的律学、算学、医学等专科学校，这表明中国建立自然科学方面的高等学校，比欧洲出现实科大学要早 1000 多年。据此可以判定：中国自古就有大学。

汉唐以来，每一代王朝都设置国学及其他官学，只是具体名称有所不同而已，这就形成了源远流长的国学（太学）传统。如果以高等教育机构来定义“大学”，中国古代的国学及太学显然都属于大学范畴，明清以来众多的著名书院也属于大学范畴。据此可以判定：中国有传承了数千年的国学（大学、太学）传统和书院传统。

自隋唐以来，历代王朝以科举制度为中心，统一颁布标准教材，统一考试内容和方法，统一选拔人才的标准，把各级国立学校以及书院、乡学、家塾的教育宗旨、教育内容和教育方法纳入统一的轨道，实现了教育大一统。科举制度，是古代中国在政治制度和教育制度上的一项伟大创举。科举制度使教育、选才、任官一体化，是世界上最早的较完备的考试任用制度。英国近代资产阶级政权借鉴中国的科举制度，创立了近代文官制度。科举制度对现代各国文官制度有深刻的影响。

历史事实告诉我们：世界各地的古代文明都有培养高级专业人才的教育机构，亦即属于高等教育范畴的大学，每一种古代文明都形成了颇具特色的大学教育传统，而世界各国现代大学的办学模式都深受欧洲现代大学办学模式的影响。具体而言，中国自古就有属于高等教育范畴的大学；中国古代文明形成了颇具特色的大学教育传统；现代中国的大学是颠覆中国旧式大学、学习欧洲现代大学的产物。

必须指出的是：从历史渊源看，现代中国的大学是传承、改造、扬弃两种大学传统的产物，一种是中国古代大学传统，一种是西方现代大学传统。从形成过程看，现代中国的大学是在废弃帝制国学及其教育体系，学习西方现代大学及其教育体系，并依据中国的国情加以改造和完善的产物。这就是说，现代中国的大学的办学要素和重要特征主要来源于西方现代大学的教育理念和办学模式。就本质属性而言，现代中国的大学属于颇具中国特色的现代大学范畴。因此，在评说中国现代大学的历史渊源和形成过程时，我们必须采取实事求是的态度，既要承认中国自古就有大学并形成源远流长的大学传统这个重大的历史事实，又要承认现代中国的大学主要是引进西方大学制度的产物这个重大的历史事实，不应夸大现代中国大学的自生性，更不应夸大中国大学传统的连续性，乃至将适应中国国情说成是保持和弘扬民族传统和特色。

二、国学：帝王之制的国家学校

国学之设与中国古代文明相始终。《周礼·王制》："凡养老，有虞氏以燕礼，夏后氏以飨礼，殷人以食礼，周人修而兼用之。五十养于乡，六十养于国，七十养于学，达于诸侯。"郑玄注："天子诸侯养老同也。国，国中小学在王宫之左。学，大学也，在郊。小学在国中，大学在郊，此殷制明矣。"[①] 虞、夏、商、西周皆设有国学，具体制度虽各有特点，而基本法则并无二致：一是国家设立国学，国学设于国都；二是国学属于一种政府机构，肩负国家教育行政、培养贵族子弟、赡养为国死难者的父祖三种重要的政府职能。三是国家设学官执掌国学之政；四是国学体制有严格的政治等级结构，分为天

①《礼记正义》卷一三《王制》。

子之学、诸侯之学、卿士之学等，这种等级之别旨在标示办学主体的政治等级差别，并不标示教育阶段及教育程度。依据周礼，天子之学设在王朝的京师，等级最高，规模最大；诸侯之学设在诸侯的国都，等级较低，规模较小，即“天子之学曰辟雍，诸侯曰泮宫。辟雍水圜如璧，泮宫半之也。”[①]天子之学与诸侯之学属于同一类政府机构，二者没有实质性的差别。因此，先秦的诸侯之学亦属国学范畴。

“国学”一词可能产生于西周，命名缘由与依据周礼“大学在国中”有关，其本义是指设于国都的国家教育行政机构及其管辖的国立学校和养老场所，这个词亦可泛指京师官学。应当指出的是：古汉语“国学”一词虽可大体理解为“国家学校”的简称，却不是指称通常意义上的学校，而是指称一种官署。一般说来，国学是帝王之制的重要制度，属于政治制度范畴。国学将国家教育行政机构及其附属的教学机构合为一体，其政治地位和主要职能大体相当于现代中国的教育部及其附属学校的总合。

“国学者，天子之学也。”[②]国学是一种具有特定历史属性的政治制度，其设立主体是帝王之制的最高统治者，故别称“天子之学”。一般说来，古汉语“国学”一词主要指天子之学，亦即国家的最高统治者设置的教育机构。古汉语没有“帝制”的提法，古人也不认为“帝王之制”始于秦朝，他们将五帝三王及秦汉以来历代王朝的制度一律视为帝王之制，因而传说中的“五帝”、夏朝的“后”（帝）、商朝的“王”（帝、后）、周朝的“天子”（帝、元后、王、天王）和秦汉以来的“皇帝”（大君、元后、王者、天子）都属于“王天下”的“帝王”，均可称为“天子”或“王者”，故国学又称“王者之学”。据说虞有上庠和下庠，夏有东序和西序，商有右学和左学，周有东胶和虞庠，皆为天子之学。汉唐以来，历代皆有国学之设，汉魏的太学、两晋南北朝的国子学和太学（国子学在北魏一度称中书学，在北齐一度称国子寺）和隋、唐、宋、元、明、清的国子监及其附属学校均为天子之学。天子之学统辖各级各类官学，各级各类官学都是国家设立的教育机构。在这个意义上，“国学”一词可以理解为“帝王之制的国家学校”的简称，涵盖各种官学。

无论在王制时代，还是在帝制时代，国学都是国家设立的政府机构，由朝廷任命的学官实施管理，学官肩负教育行政、学校教学、学术研究及参议朝政的职责。被纳入国学的学术具有官方学说的属性，这一类学术是统治思

① 《诗集传》卷一九《鲁颂》。

② 《钦定国子监志》卷五《御制一·御制国学新建辟雍圜水工成碑记》。

想的主要载体和主流学术的典型代表。将政治统治、官方学说、教育行政、国立学校及官员培养和臣民教化结合在一起的国学是国家制度的重要构成。显而易见，国学既不是一个单纯的学校概念，更不是一个特定的学术概念，而是一个重要的政治概念和制度概念，不应将其指称对象简单地理解为“国立学校”或“官方学校”，更不能理解为“国家学术”或“中国学术”。

作为一个学术概念，笔者将“国学”定义为帝王之制的国家学校，亦即君主制国家设置的教育行政机构及其附属学校，并称中央集权君主政体的国学为“帝制国学”。实际上，在帝制时代，国学亦即帝制国学，古人一见到“国学”二字，便知其指称对象是帝王之制的国家学校，绝对不会误读误判。这就是说，原本不必为“国学”添加“帝制”二字。然而，“国学”一词的内涵与外延被现代学者搞得杂乱无章。笔者添加“帝制”定语，创造“帝制国学”这个学术分析概念，主要是为了明确指称对象，以“帝制国学”标示古代特定用法，并与“国学”一词的现代常见用法相区别，避免读者误读误解“国学”二字。

“夫国学者，立教之本。”[①]作为一种政治制度，国学始终将教育行政制度、学校教育制度与培养选拔统治者的制度结合在一起，其制度变迁也始终与选举制度的变迁息息相关。在帝制时代，国学是选举制度的重要组成部分。国学与选举的制度性结合，将教育与选官大体联为一体，国学设定的权衡人才标准通常也是选举制度的权衡人才标准。国家设定的教育宗旨、教育内容、人才标准和仕宦途径及人们对功名利禄的现实考虑始终是制导教育的主要因素。正是由于这个缘故，国学的教育宗旨及教育内容可以在很大程度上制导其他教育形式的基本取向。科举制度产生以后，国学的名缰利锁功能发挥到极致，导致各类学校大多与国学有高度的同质性，以儒家经典为统一教材、以科举入仕为教育目的官学教育与私人教育具有大体相同的学术特征。这就通过设置国学，将统治思想与官学体制、官方学说与官学教育、官方学术与私学教育统合为一体。国学体制（官学体制）、国学教育（官学教育）、国学学术（官学学术）三位一体，成为帝制王朝培养政治精英、教化广大民众的主要途径和重要手段。国家教育机构的政治属性是由国家制度的政治属性决定的。中国古代的帝王之制属于君主专制制度范畴。因此，国学的本质可以毋庸置疑地判定为“专制”。

国学既是国家制度的重要构件，又是国家学术的主要载体，兼具政治制

---

①《唐大诏令集》卷一二八《令蕃客国子监观礼教敕》。

度与政治理论双重属性。在帝制时代，国学所张扬的官方学说和推崇的国家学术是帝制皇权的理论基础和维护皇权专制的精神力量。国学的主要功能是通过教育行政及学校教育，宣扬统治思想，传播官方学说，明示国家学术，灌输核心价值，强化帝制皇权的意识形态基础和思想文化基础，为帝制、王朝及皇帝的观念性权力和规范性权力提供思想的和学术的支撑，并对其强制性权力的运用、功利性权力的获得和魅力性权力的塑造提供指导。国学主要从教育行政、学校教育及学术资源的层面为帝制皇权提供支撑，其所宣扬的学说、倡导学术和使用的教材与帝制皇权的统治思想有高度的匹配性，具有鲜明的专制属性。

三、国学的三种时代性历史类型

在数千年的漫长岁月中，国学的基本法则及本质属性一脉相承，形成了源远流长的国学传统。然而，与帝王之制及统治思想的演化相匹配，国学的规制规模不断演化，依据主要学术特征，大体分为华夏元典、诸子经典、儒家经典三种时代性历史类型。

王制时代的华夏元典类型国学是国学的第一种时代性历史类型。从华夏国家初创，到西周王朝后期，属于典型的王制时代。夏、商、西周王制的本质是实行宗法等级君主政体。先秦的“王制”一词就是指这种类型的帝王之制。王制时代经历了十几个世纪，华夏元典的原始文本都产生于这个时代。元典文本均为王者之作、朝廷之典，并成为当时学校教育及家庭教育的重要教材。据说虞、夏、商、周皆有国学；殷墟甲骨卜辞有“大学”一词及其他与国学相关的词汇；西周国学遵循周礼，规制严整，西周统治者撰写或编撰的《书》《诗》《礼》《易》文本是当时官方学说的主要载体和国学的重要教育内容。从制度史、思想史、学术史的角度看，王制时代亦即华夏元典时代。就主要学术特征而言，王制时代的国学属于华夏元典类型。

在王制时代，国学有四个重要特征。一是国家学校体制有严格的政治等级结构。依据制度，天子之学设在王朝的京师，诸侯之学设在各国的国都。二是国学是名副其实的贵族子弟学校。唯有“国子”，即天子、诸侯、卿士的子弟有资格进入国学读书。依据世君世官制度，各级君主及显要官职一律世袭，“国学胄子”都是各级君主及贵族的接班人。国学的教育目的是将他们培养成父兄职位的合格接班人。三是国学注重综合性军政素质教育。无论天子之学，还是诸侯之学，教学内容均以各种军政实用知识为中心，礼、乐、射、御、书、数等“六艺”是通行的课程设置，小学以书、数为主，大学以礼、乐、射、御为主。六艺涵盖政治教育、军事教育、文化教育、道德教育、才艺教育、科技教育，旨在培养文武全才的各级君主及卿士。这与汉唐以降主要培养文官的国学有明显区别。四是华夏元典是国学的重要教材。从历史记载看，先秦流传着众多传世的堪称王者之作和帝王之典的华夏元典文本；春秋战国的政论家常常引据这些文本；众多儒者也以整理、编选、传授这些文本为业。据此可以推定：官方学说是王制时代国学的主要教育内容，经过选择的传世元典文本是国学的重要教材，研读这些元典文本是国学胄子的必修课程。这就意味着，元典创制与国学教育有密切的互动关系，即元典文本的生成为国学提供了重要教材，国学促进了元典文本的整理、编辑、传承和研修，而国学培养的统治者又不断创造新的元典文本。一些元典文本世代相传，成为王制时代留给后世的主要文化遗产。

帝制形成时代的诸子经典类型国学是国学的第二种时代性历史类型。自周厉王试图改革重要制度，到汉武帝独尊儒术，经过七百多年持续不断的社会变革，帝王之制发生了极其深刻的变化，中央集权君主政体（帝制）最终取代了宗法等级君主政体（王制）。与历史进程相匹配，与现实需要相适应，与百家争鸣相呼应，国学也发生了显著变化。在学校规模上，学官及学生人数明显扩大；在教育对象上，国学有一定的开放性，众多士庶可以入学读书；在教育内容上，国学的开放性更为明显，诸子之学都有可能被国学吸纳。从制度史、思想史、学术史的角度看，从王制向帝制演化的时代亦即诸子经典产生的时代。就主要学术特征而言，帝制形成时代的国学属于诸子经典类型。

这里所说的“诸子经典”，特指春秋以来相继产生的一批具有经典性的理论著作或理论著作集成，主要有《管子》《晏子春秋》《老子》《论语》《墨子》《慎子》《商君书》《孟子》《庄子》《荀子》《吕氏春秋》《韩非子》《淮南子》等，还包括众多儒者编选、改写、假托、阐发华夏元典而形成的经典文本，如《仪礼》《周礼》《周易》《左传》《公羊传》《穀梁传》《孝经》等。严格地说，就连经过众多儒者编选改造的传世本《尚书》《诗经》《周易》《春秋》也属于诸子经典范畴。诸子经典既是先秦诸子为中华民族创制的经典文献，又是先秦诸子各自开创的学派的经典文献。先秦诸子之作都堪称华夏经典，为了与华夏元典有所区别，可以称之为诸子经典。

在春秋时期，见于文献记载的国学是鲁国的泮宫。《诗经·鲁颂·泮水》：“穆穆鲁侯，敬明其德。敬慎威仪，维民之则。允文允武，昭假烈祖。”泮宫为诸侯之学。鲁僖公整修泮宫，讨伐淮夷，文治武功，令人称道，故《泮水》一诗予以歌颂。鲁国是周公姬旦的封地，而周礼为周公所制，故其子孙重视周礼的传承。鲁僖公整修泮宫表明当时鲁国的国学大体沿袭周礼规制。

应当指出的是：春秋以来的国学与西周的国学既存在差异，又有明显的继承关系。考察先秦各种显学及众多名人的学术渊源、求学经历及著作文本，可以大体推定：华夏元典之学是当时各种基础教育的主要教育内容。正是由于这个原因，诸子之书大多引经据典，涉及唐、虞、夏、商、西周文献，“墨家”“名家”“阴阳家”的政治思想与“儒家”大同小异，著名历史人物也以儒者弟子居多，就连吴起、韩非、李斯等一批“刑名之士”也曾师从名儒。在先秦各种显学中，以承继元典之学、注重经典之学的孔丘之学影响最大。华夏元典之学在当时教育中的重要地位由此可见一斑。

在战国时期，见于文献记载的国学是齐国的稷下学宫。这所教育机构由国家设立，其学官的等级地位很高。据《史记·孟子荀卿列传》记载，齐宣王任命驺衍、淳于髡、接予、慎到、环渊等七十六位著名学者担任稷下先生，尊以上大夫之位，赐予豪华住宅，并授予参议国政的权利。曾在稷下学宫讲学的还有孟轲、田骈、驺奭、荀况等。无论学生的来源、教官的选任、教学的内容，稷下学宫都采取开放的态度。具有不同学术背景的学者在这里教授学生，著书立说，相互论辩，因而稷下学宫的教育与学术具有兼收并蓄、百家争鸣的特征。精通典籍的名儒荀况三度出任稷下学宫祭酒，长期主持齐国学政。由此可见，典籍之学在稷下学宫的地位相当重要。

秦朝国学与齐国国学颇多相似之处，其倚重儒者的特征更为彰显。据《史记·秦始皇本纪》记载，秦始皇自诩“悉召文学方术士甚众，欲以兴太平”，他征聘七十余名学者担任博士，又召集两千多人为诸生。据此可知，秦朝国学设博士之官，博士之下设诸生，其诸生数量比稷下学宫多，博士数量比两汉太学多，博士的学术背景也远比后世国学丰富，堪称规模宏大，广征博召，兼收并蓄。秦朝的博士及诸生多由“文学方术士”充任。依据当时通行的词义，“儒”原本特指“术士”，“术士”是儒者的别称。“文学”则特指研究典籍的学者及学术，这些典籍大多属于后来被奉为“经”的儒典。秦代儒者整理《尚书》，把历代王者的诏诰按照历史顺序排列。这个经过加工整理的文本，以《尧典》为首篇，以《秦誓》为末篇，其政治功能在于将秦朝纳入帝王之统。秦朝博士来自不同学派，而闻名于后世者多为儒者，如精通《尚书》的伏生、被称为“汉家儒宗”的叔孙通和被《汉书·艺文志》列入“儒家”的羊子等。由此可见，儒者对秦朝国学的影响不可低估。

在秦朝，从政的儒者甚多。依据制度，博士及诸生掌古今、辨然否、典教职，可以治学，可以参政，享有较高礼遇。每逢皇帝大宴群臣，或集议大事，都有博士及诸生参与。对儒者之学的影响，公子扶苏曾有一个估价。秦始皇“坑术士”，扶苏劝谏说：“天下初定，远方黔首未集，诸生皆诵法孔子，今上皆重法绳之，臣恐天下不安。唯上察之。”[①]秦朝国学的博士及诸生以“诵法孔子”者居多，这也是判定儒者之学在当时教育中地位与作用相当重要的证据。在“焚《诗》《书》，坑术士”之后，秦朝国学的博士及诸生依然大多为儒者。据《史记·刘敬叔孙通列传》记载，叔孙通于秦二世时拜为博士，他有儒生弟子百余人。陈胜反秦的消息传到咸阳，秦二世曾召博士诸生三十余人议事，叔孙通也参加了。由此可见，秦朝国学始终倚重儒者之学。

现存文献没有留下有关春秋战国其他国学的记载。但是，依据常理及间接证据，可以推定各国通常延续西周传统而设有本国的国学。由“秦王”转变为“秦皇”的嬴政进一步扩大国学规模是一种正常的统治行为。秦朝的国学不会是突然冒出来的，理应是从战国时期秦国国学延续而来的，还可能借鉴了各国国学的经验。汉初国学与秦朝国学大体相似。汉文帝一度设置《论语》《孟子》《孝经》《尔雅》博士，进一步突出了儒者之学在国学的地位。

帝制时代的儒家经典类型国学是国学的第三种时代性历史类型。秦始皇称皇帝和汉武帝尊儒术是两个极其重要的标志性历史事件。前者集先秦政治文化之大成，为此后两千年政治制度及社会结构的发展演化确定了基调和方向；后者把儒学推上了官方学说地位，为此后两千年统治思想及主流学术的发展演化确定了基调和方向。皇帝与儒学，既是制度的，又是文化的，制度与文化又是交织在一起的。在这个意义上，秦始皇和汉武帝为帝制设定了两个最重要的文化符号，一是“皇帝”，二是“儒学”。到汉武帝时，帝制的帝号、规制、法度、国学都最终确定下来，而汉武帝为帝制做出的特殊贡献是确立了国学以儒学为尊的制度。从此以后，儒家经典是官方学说的主要载体和帝制国学的核心教材，崇儒经、尊儒术、重儒艺、行儒教是国学始终如一的时代特征。从制度史、思想史、学术史的角度看，帝制确立以来的时代亦即儒家经典占据统治地位的时代。就主要学术特征而言，帝制时代的国学属于儒家经典类型。

四、儒家经典类型国学的主要特征

儒家经典类型国学的主要特征是帝制皇权以儒经及儒学为官方学说的主要载体、官学教育的核心教材和王朝推崇的学术类型。帝制皇权对儒家学说

---

① 《史记》卷六《秦始皇本纪》。

的选择、推崇和弘扬，导致儒家经典类型国学几乎与帝制皇权相始终，历时长达两千多年。

应当指出的是：古代儒者很少使用“儒家经典”的提法，更没有“儒家经学”的提法。导致这种历史现象的原因很简单，即“经”与“经学”是帝制皇权钦定的，人们没有必要刻意强调“儒家经典”，只需单用一个“经”字即可指称一批由先秦儒者编订或撰写的典籍。于是“经书”特指儒经；“经学”“经术”特指儒学；“经艺”既可以指称经书，也可以指称经学，还可以用作经书与经学的统称。这就是说，经书亦即儒家经典；经学、经术亦即儒家经典之学；经艺亦即儒经、儒术、儒学的别称。与此相应，“经典”“经籍”通常是儒经的统称；“经传”是儒典的经与传的统称；“经义”特指儒经义理；“经训”“经解”“经说”通常是指对儒经的传注解说；“经师”“经生”特指传授经学的学官；“经筵”“经帷”“经幄”则是制度化的皇帝研读儒经的场所。

以“经书”特指儒典是帝制皇权独尊儒学的产物。汉武帝崇六经，尊儒术，在太学设立《诗》《书》《礼》《易》《春秋》五经博士，于是“经术大隆”[①]。汉儒将五经之学据为专利，称五经乃“圣人之作”，为“五常之道”，并强调“经”字的常、道、理、义、法义项。“圣哲彝训曰经”[②]。于是“经”被赋予特定的内涵，特指朝廷认定的“圣人之作”和“典诰之书”，亦即钦定的“儒经”“儒典”。由此而逐渐形成的“经、史、子、集”图书分类方式，进一步强化了“经”即“儒经”的意蕴。因此，在古代文献中，“经书”一词特指帝制皇权钦定的儒家经典。

儒家经典亦有“帝典”之称。帝典即帝王治国的法则及相关的政书典籍。据《南齐书·陆澄传》和《南史·陆澄传》记载，当时围绕在国学设置郑玄所注《孝经》博士一事曾发生争论，语有“《孝经》小学之类，不宜列在帝典”[③]。在古代文献中，“帝典”一词有三种具体用法：一是特指帝王的法则；二是特指各种皇家经典，即被皇帝尊为经的典籍；三是《尧典》《舜典》等“天子之典”的别名。这三种用法有内在的词义联系，其核心词义是帝王之制的帝王法则。被纳入国学的“经”是皇帝钦定的帝王法则和皇家经典，故称“帝典”。最高统治者将儒经奉为“王教之典籍”和“致至治之成法”，儒经也就成为帝王治国及朝堂议政的权威性依据，甚至具有帝典国宪的属性。

儒家经典的范围有一个逐步拓展的过程。“经”有了特定内涵，“经学”

---

①《经典释文》卷一《序录》。

②《文心雕龙》卷四《论说第十八》。

③《南齐书》卷三九《陆澄传》。

"经术"也就有了特定内涵。在现存文献中,"经术"一词最早见于《史记》,"经学"一词最早见于《汉书》,二者是同义词。在《四库全书》保存的古代文献中,"经术"的提法比"经学"的提法更常见。一般说来,经术、经学之经特指朝廷法定为经的契合帝制皇权需要的典籍。堪称帝典的儒经并未囿于六经,其范围有一个逐步扩大的过程。在汉代,朝廷将《论语》和《孝经》升格为经,与《诗》《书》《礼》《易》《春秋》并称"七经",皆为国学的法定教材。在唐代,钦定经典注疏《五经正义》是国学的法定教科书和科举取士的法定标准。明经科设有《易》《书》《诗》及三礼(《周礼》《仪礼》《礼记》)和三传(《左传》《公羊传》《穀梁传》)诸科,故有"九经"之称。到宋代,朝廷将《孟子》升格为经,九经及《论语》《孟子》《尔雅》《孝经》共为十三经。与此同时,抽取《礼记》中的《大学》《中庸》与《论语》《孟子》并称"四书"。宋元以来,四书五经的理学注本是国学的法定教材,其中四书被赋予核心经典的地位。

经术独尊导致"经学"与"子学"之别。在先秦,"经"泛指各种重要著述,并无截然判分的"经"与"子"之别。一般说来,凡是重要典籍或重要著述皆可称之为经,并不局限于某一学派的典籍。顾名思义,"经学"即传授、研修、训解、阐释、发挥经典的学问。广义的经学,亦即传授经典文献的学问,理应可以追溯到这些典籍问世之时。在西周及春秋战国,国学及各类官学传授《诗》《书》等典籍,各种私学传授某些古代典籍,相关的研究和教学都属于广义的经学范畴。先秦诸子常常引据上古典籍,他们对典籍的研修也应属于广义的经学范畴。显而易见,经学原本是先秦国学及私学的一种教学方式,也是先秦诸子的一种治学方式。换言之,经学原本是子学的一种类型和方式。但是,自帝制皇权推崇儒者之经学,经学与儒术几乎成了国家学术的代词,《论语》《孟子》也先后被纳入经的范畴。因此,一提到"经学",人们便会想到"儒学"。在古代图书及学术分类方法中,经及经学凌驾于子及子学之上,儒经及儒学也被历代统治者置于至尊的地位。依据经、子之别而形成的史叙、史评、史论,势必夸大儒学的理论贡献。

汉魏以来,朝廷、国学及儒者将经学与子学判分为二,进而一扬一抑,乃至一褒一贬,歪曲了中国思想与学术演化的历史过程,很容易误导人们的历史认识。一是混淆华夏元典与儒家经典。保存部分华夏元典原始文本的儒家经典大多属于诸子经典范畴。然而,儒者宣称六经为上古之书、圣人之作,使人们误以为儒家经典亦即华夏元典,儒典思想亦即元典思想。二是混淆诸子经典与儒家经典。混淆华夏元典与儒家经典,势必抬高儒家经典的价值,贬损诸子经典的价值，进而区隔经学与子学，否定一批不属于儒者范畴的著名思想家的华夏经典作家地位。三是混淆孔丘之学与儒者之学。先秦没有“儒家”的提法，“儒”字的指称对象也很复杂，可以泛指各种有专业知识的人，还有“君子儒”“小人儒”“贱儒”“俗儒”“雅儒”“大儒”之类的区分，因而儒者之学可谓形形色色。孔丘及其弟子并不以“儒”相标榜。即使那些号称宗师孔丘的儒者之学也往往与孔丘之学存在重大差异。战国以来，众多儒者以抬高孔丘历史地位的方式，抬高自己的学术地位，甚至将编纂六经的功劳统统记在孔丘的头上，乃至将形形色色的儒者之学统统归宗于孔丘之学。于是儒家经典中一批真伪难辨的“子曰”“子云”“孔子曰”“仲尼曰”成为经书的构成要素和经术的重要依据。这样一来，备受帝制皇权推崇的“孔子”也就成为国学及经学的权威性文化符号，其理论贡献被拔高到无以复加的程度。

“孔孟之道”提法便是混淆华夏元典与儒家经典、孔丘之学与儒者之学的重要产物。在现存文献中，“孔孟之道”的提法最早见于《南齐书·王融传》，原本写作“伊周孔孟之道”。后来亦有“仲尼孟轲之道”“仲尼子思孟轲之道”“帝王周孔孟轲之道”“尧舜禹汤文武周公孔子孟轲之道”之类的提法。众多大儒声称“孟轲之道”（“孟轲之学”）将“圣人之道”（“圣王之道”“帝王之道”“孔丘之道”）发展到了顶峰，于是孟轲便有了“亚圣”之称，“孔孟之道”也成为儒家学说的别称。到唐、宋，这一类歪曲中国思想与学术演化历史过程的说法被提炼为道统论，孟轲被纳入道统，《孟子》也随之成为国学的核心教材。

历史事实表明，“儒家经典”一词与其说是儒者推崇的产物，不如说是皇权选择的产物。帝制皇权通过设置国学，将儒者偏爱的典籍钦定为帝典经书，进而以帝典维护帝制，以经书培养官僚，以儒学选拔人才，以儒教教化臣民，从而造就了儒家经典类型国学及“四书五经”“孔孟之道”“孔孟道统”之类具有时代特征的历史现象及汉语词汇。将帝制、皇权、国学、儒学、道统联袂一体的是五者共同的本质属性。皇权选择了儒学，儒学为帝制张目，国学将帝制与儒学的联袂制度化，道统将儒学与帝制的联袂合法化，于是帝制与儒学共同构成帝制王朝和皇帝权力的政治基础和文化基础。

五、儒家经典类型国学演化的三个历史阶段

汉唐以来，帝制不断演化，从日益完善，步入鼎盛，到逐渐衰亡。与此相应，历代王朝的国学既一脉相承，又各具特色。依据教育与学术的主要特征，儒家经典类型国学的演化历程可以划分五经诸派、五经统合、四书为宗

三个历史阶段。

从汉魏到隋朝是儒家经典类型国学的五经诸派阶段，历时七百多年。在这个历史阶段，帝制日益完善，经学不断发展，官方学说以五经之学为主要载体，国学的教育与学术的主要特征是五经诸派并立于国学。

汉武帝设置五经博士是国学步入五经诸派阶段的标志性历史事件。从汉武帝，到隋炀帝，国学通常设《诗》《书》《礼》《易》《春秋》五经博士。经学诸派争立于官学，而统治者通常采取“义虽相反，犹并置之”[①]的政策，甚至“罔罗遗失，兼而存之”[②]。一些朝代的国学甚至包容经学以外的教育，如南朝宋设置儒学、玄学、史学、文学四所学校，北周的露门学（国子学）兼设文学博士。由于五经之学的各种显学都有可能被纳入国学，乃至一部儒经的诸多学派可以同时在国学占据一席之地，从而呈现五经之学的诸多学派并立于国学的态势。

两汉国学称太学。元朔五年（前124年），汉武帝下令在长安设置太学，立五经博士，即欧阳氏《书》，后氏《礼》，杨氏《易》，公羊氏《春秋》，申氏、辕氏、韩氏《诗》。五经博士的名目有一个扩大的过程。汉宣帝增设大夏侯氏、小夏后氏《书》，大戴氏、小戴氏《礼》，施氏、孟氏、梁丘氏《易》，穀梁氏《春秋》等博士。汉元帝，增设京氏《易》。新朝王莽加设《乐经》博士，六经各设博士五名，还增设《周官》《左氏春秋》《毛诗》《逸礼》《古文尚书》等通常被归入“古学”的博士。东汉太学设置十四种经学流派的博士，即施氏、孟氏、梁丘氏、京氏《易》，欧阳氏、大夏侯氏、小夏后氏《书》，申氏、辕氏、韩氏《诗》，大戴氏、小戴氏《礼》，严氏、颜氏《春秋》。汉光武帝一度设《左氏春秋》博士。汉章帝准许贾逵从严氏、颜氏《公羊春秋》的博士弟子中选择二十人，教授《左氏春秋》。又命太学博士选择自己的高才生随贾逵学习《古文尚书》《左氏春秋》《穀梁春秋》《毛诗》。

东汉后期以来，统合五经诸派之学的学术日益成为主流，著名代表人物有贾逵、马融、郑玄、王肃等。曹魏将郑玄之学和王肃之学纳入太学。郑玄弟子田琼被任命为太学博士。郑玄注释的一批经典，王肃注解的《尚书》《诗》《论语》《三礼》《左氏春秋》及王肃编订的其父王朗注解的《易传》均被列为太学教材。西晋太学设博士十九名，又设置国子学及国子博士，太学和国子学主要传授贾逵、马融、郑玄、王肃之学，以郑学和王学影响最大。郑学、

---

① 《汉书》卷三六《楚元王传》。

② 《汉书》卷八八《儒林传》。

王学之争形同水火，却并列于官学。在东晋，国学主要讲授王氏《易》、孔氏《古文尚书》、郑氏的《尚书》《周礼》《礼记》《论语》《孝经》，杜氏、服氏《春秋左传》，后又增设《仪礼》《春秋公羊传》。南北朝和隋朝的国学对经学的一批显学兼收并蓄，典型例证是郑玄《周易注》与王弼《周易注》一度并列于官学。

西晋以来，国学体制发生新的变化。晋武帝设置国子学及国子祭酒和国学博士，专门招收五品以上官员子弟，与招收其他生源的太学双轨并行。南朝宋改名总明观。北魏一度称中书学。北齐设置国子寺，设祭酒领国子、太学、四门三学，诸郡太学亦隶属国子寺。隋朝开皇十三年（593），改名国子学。大业三年（607年），又改名国子监。唐朝沿用隋制。从此以后，国家教育行政机构及最高学府名称虽出现过变动，而国子监之名大体历代沿用，直至光绪三十一年（1905）裁撤。

从唐朝到南宋前期是儒家经典类型国学的五经统合阶段，历时约六百年。在这个阶段，帝制步入鼎盛，经学大体统合，官方学说以钦定经典注疏《五经正义》为主要载体，国学的教育与学术的主要特征是统合五经之学的《五经正义》居于重要地位。

唐太宗统合五经注疏是国学步入五经统合阶段的标志性历史事件。奉唐太宗之命，孔颖达等一批隋唐之际的名儒编纂《五经正义》，创制了囊括五经经文文本、一批著名经学家传注和孔颖达疏的鸿篇巨制。作为官修经书，《五经正义》的编纂目的明确，即超越学派之争，摒弃门户之见，整理经典文本，统一章句训诂，形成系统阐释，整合五经之学，为维护王朝统治提供重要学术基础和理论基础。《五经正义》的问世意味着统治思想实现了重大的理论突破，基本完成了哲学基础的转型。这部钦定经典注疏既是国家颁布的学校教育统一教材，又是朝廷法定的科举考试评定标准，从而使经学实现了较大程度统一。在五代、北宋、辽、金、南宋前期，国学的教育内容虽不断演化，而《五经正义》始终被用作核心教材。

经学统合于唐朝的历史动因主要有经学发展的必然趋势、三教之争的积极推动、中国统一的政治契机、制度创新的特殊需求等。[①]在论及唐代皇帝钦定《五经正义》的目的时，许多学者强调“统一思想”这个政治动机。一些学者甚至认为唐朝政治统一的程度胜过汉朝，因而统一思想的力度也大于

① 具体分析参见张分田、张鸿、商爱玲主编：《中国政治思想通史隋唐卷》第一章“经学的统一与统治思想哲学基础的转型”，中国人民大学出版社 2014 年版。

汉朝。这种说法经不起认真推敲。政治统一要求思想统一，这是政治统治的一般法则。无论中国是否统一，一个政权都会有思想统一的诉求。恰恰是由于这个缘故，反而不能将这个极其重要的持续起作用的历史因素，列为唐太宗统合经学的直接动机。唐太宗没有公开宣布要通过编纂《五经正义》来统一思想。这与秦始皇焚书和汉武帝尊儒时的做法有所不同。《五经正义》问世后，朝廷也没采用刚性措施统一经学，《公羊传》《穀梁传》等依然列为明经考试的小经。唐高宗首创道举制，他设置玄学博士，以《道德经》开科取士。唐中宗令天下贡士兼习《道德经》。唐玄宗亲注《道德经》并置于儒家经典之上，还将《道德真经》（《老子》）、《南华真经》（《庄子》）、《通玄真经》（《文子》）、《冲虚真经》（《列子》）列为科举考试科目。与此相应，"学穷三教，博涉多能"成为一代学风，思想文化领域始终保持多元发展的态势。由此可见，在国学的学术多元化方面，唐朝甚至比前代与后朝略胜一筹。

实际上，中华帝制的统治者并不以学术高度统一的方式维护思想统一。秦始皇以焚毁民间所藏《诗》《书》来统一思想，却没有指定某一学派为官方学说，也没有禁止儒者做官参政。汉武帝独尊儒术，却没有采取刚性措施禁绝其他学派。两汉朝廷常常直接干预经学的发展方向，如汉宣帝召开石渠阁会议讨论五经异同、王莽删节五经章句并增设古学博士、汉章帝召开白虎观会议并推动今古学的融合。但是，历代朝廷的通行做法是将影响较大的经学派别并立于国学。直到《五经正义》产生之前，没有哪个朝代的统治者采取过强行统一经学的措施。在朝堂议政中，甚至很难找到关于经学一元化的讨论。在通常情况下，帝制的统治者对各种宗教也采取兼收并蓄的方针。只要与主流文化没有根本性的冲突，只要不以宗教的方式反抗朝廷，只要对皇帝的权威不构成威胁，各种宗教可以并行不悖。这一点与当时世界各地通行的确定国教、强迫皈依、剪除异端的做法有明显的差别。显而易见，中国皇帝大多懂得一个道理，即统一学术有利于统一思想，而统一思想不必强求学术一元化。在维护帝制的核心价值体系的前提下，保持学术和宗教的一定程度的多元化，这种政治传统堪称中国古代政治文明的特色。因此，在考察经学统合的历史过程的时候，既不必夸大中国统一的作用，也不必夸大皇帝奖掖儒学的作用，更不必夸大皇帝以统一经学来统一思想的意图。

为什么唐朝以前的历代王朝容许不同文本、不同传注、不同师说的经学流派并立于官学，而隋唐的统治者则开始着手统合经学？比较各种历史因素不难发现，经学统合与帝制成熟是相互匹配的历史现象，制度创新的特殊需求，特别是科举制度的产生才是推动经学走向统合的至关重要的政治因素。

隋文帝废除九品中正制和州郡长官自辟官佐僚属制度，将选拔任用官员的权力一律收归中央，这是重大制度改革。与此相应，科举制度应运而生并不断发展。以考试方式大批量选拔人才，必须做到使用的教材大体统一，试题的依据大体统一，阅卷的标准大体统一，否则很难保证考试的公正和选拔的公平。据《北史》《隋书》等记载，经学的流派众多，导致“师训纷纶，无所取正”[①]，就连国学的博士都不可能通晓各种经说。于是在教学实践中，教师与教师、教师与学生、学生与学生之间争论不休，“学生皆持其所短，称己所长，博士各各自疑，所以久而不决也”[②]。教学过程尚且如此，国家考试就更难应付。科举制度的发展迫切需要经学一定程度的统一，特别是作为主要考试科目的经典文本及其注疏的统一。如果没有科举制度的特殊需求，即使经学的自身演化和国家的政治统一导致经学某种程度的统一，其统一的程度也很有可能不会达到《五经正义》的水平。

唐朝以降，历代王朝都有明确考试所用经典文本及其注疏的规定。但是，历代朝廷并没有因此而禁止众多儒学流派同时存在。只要浏览一下《宋元学案》《明儒学案》等，便可大体知晓这一基本事实。不仅如此，在明成祖钦命编纂的《四书大全》《五经大全》中，容纳了许多与程朱理学不尽相同的学术观点。由此可见，无论汉武帝独尊儒术，汉宣帝置十四经博士，还是唐太宗钦命编纂《五经正义》，宋理宗钦定以《四书集注》为国学教材，都有确定官方学说、引导学术方向的诉求和功能。但是，这并不意味着最高统治者只允许一种学术、一种宗教、一种声音存在，甚至刻意追求将思想统一于一种学术、一种宗教、一种声音。有鉴于此，笔者主张用“统合经学”来描述《五经正义》的历史作用。

从南宋后期到清朝末年是儒家经典类型国学的“四书为宗”阶段，历时六七百年。在这个阶段，皇权日益强化，帝制由盛转衰，官方学说以张扬孔孟道统、推崇四书之学、讲究心性修养的宋明理学为主要载体，国学的教育与学术的主要特征是《论语》《孟子》《中庸》《大学》取代《五经正义》成为钦定的核心经典，科举考试以理学家注释的四书五经为评判标准，孟轲之学的地位登峰造极。

宋理宗尊崇程朱理学是国学步入四书为宗阶段的标志性历史事件。宝庆三年（1227年），宋理宗下诏盛赞“朱熹集注《大学》《论语》《孟子》《中庸》，

① 《北史》卷八一《儒林传上》。

② 《隋书》卷七五《儒林传·房晖远传》。

发挥圣贤蕴奥，有补治道”[①]，特赠太师，追封信国公。他还特赠周敦颐、程颢、程颐、朱熹、张栻、吕祖谦封爵，并将《四书集注》等理学名著列为国学必修教材。皇庆二年（1313 年），元仁宗发布科场程式，明确规定四书为主要考试科目，四书五经考试均以朱熹等理学家的注本为准。这势必导致“天下之学皆朱子之书”[②]。明清两代的国学及科举考试大体沿袭元朝的做法。从南宋至明清的数百年间，官方学说及国学呈现四书为宗、理学独尊的特征；著名思想家及官僚士大夫大多数属于理学传人或深受理学影响，因而无论朝堂议政，还是民间政论，其议题设置、经典理据和政策设计深受理学政治思维方式的影响；学术争论主要在理学诸派内部展开，就连在学术方法上与理学有明显差异的乾嘉汉学，在政治思想方面也没有超越理学所设定的基本框架。简言之，在意识形态领域，理学名副其实地居于独尊的地位。

帝制的实质是中央集权君主政体，这种政体及其基本制度郡县制和官僚制形成于春秋战国时期。因此，帝制及帝制国学的历史至迟应当从战国算起。从战国，经秦汉，至隋唐，到明清，帝制的演化经历了形成、确立、鼎盛、衰亡四个阶段，而帝制国学的演化也相应经历了诸子经典、五经诸派、五经统合、四书为宗四个阶段。自从四书之学占据了绝对统治地位，帝制便随之日渐衰落。由此可见，国学衰变与帝制衰亡的关系是一个很值得深入探讨的重大课题。

中国古代高等教育在文化、科技、制度等诸多方面，曾为中国古代文明乃至世界古代、现代文明做出过卓越贡献。但是，随着社会的不断进步，以帝制国学为核心的教育体系日趋腐朽没落，科举制度流弊丛生。旧制度的消亡和新制度的产生，以及教育思想、内容、方法、管理模式的革新，是大势所趋。

第二节　颠覆帝制国学的教育改革思潮

有一个历史现象值得深思，即从第一次鸦片战争，到七七事变，中国在抵御外敌入侵方面可谓一败再败。取得战场胜利的中法战争亦属不败之败。于是国耻一个连着一个，溃不成军、割地赔款、丧权辱国、忍辱偷生的现象可谓司空见惯。为什么会出现这种现象？大家都爱用一句话回答：落后就要

① 《宋史》卷一四《理宗纪一》。

② 《道园学古录》卷三六《考亭书院重建文公祠堂记》。

挨打。落后既有物质的，又有精神的。对于一个民族、一个国家而言，精神落后比物质落后更容易招致挨打，也更容易被打得惨败。精神落后，观念落后，必然导致物质落后，技术落后。精神落后既是文化落后的产物，又是文化落后的成因，这是一种恶性循环。因此，精神落后才是最致命的。在面对外敌时，中国的文化落后主要表现为一个“弱”字。中国地大人多，又有许多家底，何以沦为弱国，乃至弱到不堪一击？与列强比较而言，当时中国综合国力之弱，更多的是一种精神上的孱弱。越是饱读诗书、恪守传统的上层社会，观念落后、思想保守、精神孱弱者就越多。许多高官显贵的国家意识淡薄，大敌当前只知保存个人实力，谋求个人及小团体的利益，乃至变节投敌、卖国求荣的现象司空见惯。在普通民众中，国家意识淡薄的现象也相当普遍。为什么中华民族群体性的精神孱弱发展到如此地步？作为中国古代统治思想及主流文化基干的儒学难辞其咎，将儒家经典作为科举程式并要求家弦户诵的帝制皇权难辞其咎，作为帝制教育体系核心构成的帝制国学难辞其咎。换言之，中国古代的政治制度、主流学术及其教育体系难辞其咎。正是由于这个原因，颠覆帝制国学，创办新式教育，成为挽救危亡、民族复兴的必由之路。

中国现代教育体系及其学术体系恰恰是颠覆以国学为核心的古代教育体系及其学术体系的产物。颠覆国学，创办新学，既是中华民族颠覆传统、创新传统的关键步骤，又是中华民族颠覆传统、创新传统的重要成果。

一、“旧学”与“新学”之争

“旧学”是一个古代汉语词汇，与“古学”是同义词。“旧”，即古代的，古老的，往昔的，原来的，先前的，先人的，传统的，过去的，陈旧的，与“新”相对，彼此为反义词。作为在近代中国广为流行的词汇，“旧学”与“新学”相对而言，前者特指中国古代之学（学术、学校），后者特指西方传入之学（学术、学校）。“旧学”与“新学”之争即中国原有之学与中国引进之学之争，是近代以来引人注目的政治现象、思想现象、学术现象、文化现象。

如果不拘泥具体词汇，而考察实质内容，“旧学”与“新学”之争至迟可以追溯到明末清初，甚至可以从公元1500年说起。大约以1500年为起跑线，相对落后的西方文明开启了追赶并超越相对先进的中国文明的历史进程。这就意味着历史进程为“旧学”（“中学”）与“新学”（“西学”）之争打响了发令枪。历史事实告诉我们：犹如龟兔赛跑一样，欧洲奋力前行，而中国酣然入睡。更为甚者，当时中国的统治者和精英群体竟然达到叫也叫不醒的地步。

与“新学”的第一次遭遇战，“旧学”就败下阵来。杨光先与南怀仁比试历法，证明技不如人。这场知识竞赛使康熙皇帝及有识之士认识到在数学方面西方处于领先地位。康熙皇帝承认外国文化有高明之处，亲自向西方传教士学习西学，包括数学、天文学、地理学、人体解剖学，还曾派人出使西欧，招揽科技人才。然而，立即有人抬出“西学中源”论，以维护国人的面子。就连康熙皇帝这个少有的明白人也支持这种谬论。他对大臣说：“夫算法之理，皆出于《易经》，即西洋算法亦善，原系中国算法，彼称为阿尔朱巴尔者，传自东方之谓也。”[①]这种“西学中源”说的流行，抑制了向西方学习的自觉性、主动性和恒久性，使得中西方文化交流步入歧途。热衷重译来朝、番邦纳贡的雍正皇帝，固执天朝上国、君臣大礼的乾隆皇帝，都依然沉浸在世界中心论的迷梦中。于是在“康乾盛世”，中国反而被西欧反超。

从文化、思想、学术的视角看，第一次鸦片战争堪称“旧学”与“新学”之间第一场以实力对抗方式进行的较量。自诩为世界中心的“天朝上国”竟然败在人数不多的英国炮舰手下。接下来是一场又一场的惨败。中国的惨败意味着“旧学”的惨败。于是一些最先觉醒的人们开始倡导引进西方现代学术以创建中国新型学术和新型教育。

中国自己创办的第一个具有近代高等教育内容的学校是京师同文馆。同文馆始建于1862年6月11日，目的是培养懂外语、办洋务的官僚。1886年同文馆内增设科学馆，教育内容扩大到自然科学和万国公法。这所学校后来并入京师大学堂。

伴随着新学思潮的兴起，“旧学”与“新学”之争也正式拉开了大幕。“旧学”与“新学”之争的焦点之一是：要不要向西方学习？主要话题是：究竟“旧学”可以救中国，还是“新学”可以救中国？争论的焦点之二是：怎么向西方学习？主要话题是：“旧学”与“新学”特别是“中学”与“西学”在维新改革中应当是何种关系？这场争论不断为新学思潮推波助澜，而每一次抵御外侮的惨败都是一次裁决，都会扩大新学思潮的影响。客观的事实和残酷的现实使越来越多的人认识到：中国必须革新学术、革新教育、革新文化、革新政治，否则是没有出路的。由此可见，自发轫伊始，“旧学”与“新学”之争，或“中学”与“西学”之争，就不是单纯的学术之争，而是国家道路选择之争。

---

① 蒋良骐：《东华录》卷21，中华书局1980年版，第348页。

二、戊戌变法与帝制国学的终结

历史进程为“旧学”与“新学”之争裁定的第一个确切答案就是帝制国学被帝制终结。中国在甲午战争中的惨败是压倒帝制国学的最后一根稻草。“一战而人皆醒”，正如梁启超所说，“吾国四千余年大梦之唤醒，实自甲午战败割台湾偿二百兆以后始也”[①]。甲午之败乃是国家之败，国家之败败于制度，败于文化，败于教育。当时的制度、文化、教育可以归结为“帝制”“礼教”“儒学”这三个关键词。甲午战争的结局唤醒了中华民族，群体性的觉醒推动了国家精神要素的全面改造，一场波澜壮阔的变法思潮风起云涌。戊戌变法所取得的一个重大的实质性成果便是帝制国学的终结。

在戊戌变法中，试图挽救危亡的清政府明令废除科举制，裁撤国子监及各省学政使，设置学部及京师大学堂，兴办各省学堂及各类新式学校。尽管清政府依然将尊孔读经写入教育方针，纳入教学内容，而众多新式学校却基本上实现了“新学化”，西方学术占据了主导地位。这标志着将帝制与儒学联袂一体的帝制国学先于帝制而寿终正寝。从此以后，帝制国学退出历史舞台。

为什么以旧学为教育内容的帝制国学会被帝制的统治者终结？原因其实很简单：事实胜于雄辩，现实催促选择。面对毋庸置疑的事实，面对极其残酷的现实，就连帝制的统治者也逐渐认识到只有以新学取代旧学，让不中用的四书五经之学边缘化，才有可能造就可用之才，进而革新政治，富国强兵，救亡图存，否则就连帝制王朝也无法生存下去了。在将帝制国学推倒的合力中，竟然包括帝制统治者的致命一击。如果旧学有能力救中国，或者可以救朝廷，这种事态是绝不会发生的。

中国第一批具有近代大学雏形的高等学校也是维新变法思潮的产物。1898 年 7 月，清政府正式批准建立京师大学堂。在此之前，盛宣怀先后于 1895 年和 1896 年奏请筹办天津西学堂头等学堂（1903 年改为北洋大学堂）和南洋公学上院（上海交通大学前身）。20 世纪初，官立大学进一步发展。1902 年，山西奏请设立山西大学堂，是中国第一所省立近代大学。各省亦相继仿效。据不完全统计，到 1909 年全国共计有官立高等学校 120 余所，其中大学堂 3 所，省立高等学堂 23 所，其余为高等专科学校。中国近代高等教育至此已初具规模。

必须指出的是：在终结帝制国学、创办新式教育的政治决策过程中，南

---

① 梁启超：《戊戌政变记》，《饮冰室合集》第 6 册，中华书局 1989 年版，第 1 页。

开校父严修发挥了至关重要的作用。严修是推动中国新式教育发展的典范人物之一。戊戌变法之前，严修便倡导新学，是“教育救国”论的鼓吹者与实践者。1894年，受命担任贵州学政，力行维新，1897年，严修奏请开设经济特科，主张大力选拔内政、外交、算学、译学、格致、制造、测绘等有专长之人才。随后严修请长假回家，将严氏家塾改造成新式学校，开启了创建南开学校体系的进程。1905年，清朝政府设立主管国家教育行政的学部，任命严修为学部侍郎，主持学部的日常工作。他明确提出尚公、尚武、尚实的教育宗旨，主张大力发展新式教育。他的这些主张以国家决策的形式予以施行，为革新中国教育、创建新式学校做出了重大贡献。

三、辛亥革命与帝制国学的彻底覆灭

但是，帝制国学的终结并不彻底，清王朝依然将忠君、尊孔列为教育宗旨的首要地位，依然要求各类学校必须修习四书五经。在帝制国学基础上改建的京师大学堂依然散发着浓重的腐朽味道，在教育体制、教育宗旨、教育内容方面都与现代大学相去甚远。

京师大学堂是我国第一所明确以“大学”为称的近代高等学校。京师大学堂既是国立最高学府，又是中央最高教育行政机构。清政府设置管理大学堂事务大臣，简称管学大臣。管学大臣主持京师大学堂校务，并掌管各省学堂。由此可见，京师大学堂是中国古代国学的直接继承者。直到1905年清政府仿照日本的文部设立学部，并将国子监并入学部，中国近代教育行政管理体系才正式形成。同年8月，清政府宣布“立停科举以广学校”。实行了1300年的科举制度寿终正寝，从形式上结束了旧的教育制度。

1903年，清政府颁布《奏定学堂章程》，即癸卯学制。癸卯学制将高等教育分为普通教育、师范教育和实业教育三类。普通高等教育分为三级，即高等学堂或大学预备科3年，分科大学堂3—4年，通儒院5年。大学堂以“谨遵谕旨，端正趋向，造就通材”为教育宗旨，又分为经济、政治、文学、医、格致、农艺、工、商等8科，故又称分科大学堂。设立在京师的大学堂必须8科齐备，设立在省会的至少须置3科。通儒院以研究为主，是最高学府，只设在京师大学堂内。这是中国第一个经中央政府颁布，并在全国范围内实际执行的学制。清末民初的学制以此为据。

依据癸卯学制，京师大学堂设有大学预备科（一度称高等学堂）、大学专门分科（8科具备，每科又分为若干门）和通儒院（一度称大学院）三级。此外还设有仕学馆、师范馆、进士馆、译学馆、医学实业馆及一些附属机构。

大学堂设管学大臣1人主持校务并兼管各地学堂（1904年管学大臣改称总理学务大臣，遂另派总监督1人专办大学堂事务）。设总办1人，副总办2人，禀承管学大臣，具体办理全学一切事宜。设堂提调4人，协助总办处理日常事务。另设总教习1人，副总教习1人，中西教习各若干，教授各门功课。在人员管理上采取上级委任，等级隶属，封建衙门式的管理模式。

根据皇帝上谕和学部规定，京师大学堂的教育宗旨是：“以中学为主，西学为辅；培养通材，首重德育，并以忠君、尊孔、尚公、尚武、尚实诸端定其趋向。”同当时各官立大学一样，京师大学堂的培养目标是忠君尊孔、兼通西学的封建官僚。正如管学大臣张百熙在《重订学堂章程折》中所陈：“无论何等学堂，均以忠孝为本，以中国经史文学为基，俾学术心术一归纯正，而后西学瀹其智识，练其艺能，务期他日成材，各适实用，以仰副国家造就通材慎防流弊之意。”京师大学堂从教育内容、方法、管理方式到学风，始终未能彻底摆脱帝制国学的一套陈旧腐朽的做法。但是，西学已经成为京师大学堂教育内容的重要组成部分，在后期创办的分科大学中，新学已占据多数。学校聘有欧美、日本的教习，中国教习中亦不乏学贯中西之人。为借鉴西方教育思想、内容和方法，京师大学堂还设法收集欧美大学的章程、课程和书目，以资办学参考。译书局负有编译西方教材的职能。同西方大学也有了初步的交流。由此可见，在帝制覆灭之前，我国高等教育依然处于向现代高等教育转变和过渡的阶段。

1911年10月10日，武昌起义爆发，革命烈火迅速燎原，辛亥革命达到高潮，清王朝土崩瓦解。1912年1月1日，孙中山在南京宣布“中华民国”成立，并就任临时大总统。2月12日，清帝被迫退位。伴随着帝制的彻底覆灭，帝制国学也彻底覆灭了。北京大学取代京师大学堂是帝制国学彻底覆灭的标志性历史事件。

四、现代中国大学体系的形成

在现代中国著名大学中，有两所学校的历史渊源与众不同，一所是南开大学，一所是北京大学，它们分别承继了两个发端于中国文明开创时期的最具基础性的办学传统，即以家庭办学为主的私学传统和以国家办学为主的官学传统。脱胎于清朝国子监及京师大学堂的北京大学直接渊源于旧式国学，经历了由帝制时代的政治等级最高、规模最大的国家学校，到中国现代著名大学的演化过程。滥觞于严氏家塾的南开大学直接渊源于旧式私塾，经历了由帝制时代的政治等级最低、规模最小的家庭学校，到中国现代著名大学的演化过程。因此，这两所大学在中国教育发展史上具有极其特殊的研究价值。

一般说来，在上层建筑领域，教育对社会变革最敏感，也最容易迈开观念及体制转型的步伐。社会变革，教育先行，而教育也确实往往先行一步。从创建中华新文明的历史过程看，最先完成现代转型的恰恰是中国的教育观念及教育体制。南开大学就是中国学校教育转型和中国现代大学体系形成的产物。

辛亥革命后的10多年间，中国的高等教育有了显著的发展。教育界出现所谓“改大潮”，高校数量迅速增加。全国的大学，1912年仅有4所，1922年有19所，1925年又上升到47所，在校学生人数也由1912年的2000余人，增加到20000余人。教育改革是这个时期教育事业发展的大趋势和主流，其中影响较大的事件有南京临时政府的教育改革、蔡元培领导的北京大学教育改革和全国教育联合会发起的改革学制运动。

中华民国南京临时政府成立后不久，于1912年1月9日设立教育部，并陆续颁布一系列法令，如《大学令》《专门学校令》《师范教育令》。1913年，教育部将有关法令和规定，综合、修改为“壬子癸丑学制”。这个学制一直执行到1922年。在此期间虽曾先后发生过袁世凯、张勋、段祺瑞三次教育复古运动，每一次都重弹读经尊孔老调，但现代教育制度及教育思想、内容和方法已被普遍采纳。

壬子癸丑学制规定：大学分文、理、法、商、医、农、工等科。设两科以上者方可称为大学。仅设1科则称某科大学。大学设预科、本科及大学院。预科学制3年，本科3至4年，大学院修业年限不定。大学设校长1人及各学科长各1人。校内设评议会，由各学科长及教授组成，负责评议大学内一切重大问题。经教育部批准立案，可开办私人大学。在壬子癸丑学制的推动下，中国现代大学体系逐步形成。

五、中国现代大学形成的具体途径

在中国大地，第一批新式大学陆续形成于19世纪末20世纪初，既有中国人创办的，又有外国人创办的。从历史渊源和初始形态看，依据创办学校的主体，最早的一批中国现代大学可以分为国立大学、教会大学、私立大学三大类型。依据历史渊源和演化过程，中国现代大学创办的具体途径主要有以下七种。

第一种具体途径是由中国固有的帝制国学演变为中国现代大学，亦即由旧式国家学校演变为新式国立大学。北京大学就是经由这个途径而创办的。

北京大学的前身是京师大学堂，京师大学堂的前身是帝制国学。“国学者，天子之学也。”从历史渊源看，京师大学堂是帝制国学的直接继承者。这一类高等学府的历史渊源是商朝的大学、西周的国学、汉魏的太学、晋的国子学、北齐的国子寺和隋唐以降的国子监及国子学。京师大学堂的管理体制虽未脱离帝制国学的窠臼，而新学却成为其教育内容重要组成部分。后期创办的 8 科分科大学堂，即经济、政治、文学、医、格致、农艺、工、商，新学占据多数。京师大学堂是近代中国第一所明确以“大学”为称的高等学校。在这个意义上，北京大学是中国人创办的第一所国立现代大学。1917 年，蔡元培就任北京大学校长，他主张“思想自由，兼容并包”，通过一系列教育改革，把封建积习深重的旧北大，改造成为生机勃勃的新北大。这在中国教育史上具有重大意义。

第二种具体途径是由中国的地方官学演变为中国现代大学，亦即由旧式地方官办学校演变为新式国立大学。山西大学等堪称这种途径的典型代表。1902 年，经清政府批准，山西设立山西大学堂。山西大学堂是中国第一所省立新式大学。此后一批官立新式高等学校相继设立。从历史渊源看，山西大学堂等是帝制地方官学的直接继承者。这一类学校的历史渊源可以追溯到商周时期诸侯国的国家学校及汉唐以来的地方官学。

第三种具体途径是由外国人实际掌控的留学预备学校发展为中国现代大学。清华大学堪称典型代表。清华大学的前身清华学堂创建于 1911 年，转年改称清华学校。清华学校堪称“赔款学校”。1904 年，美国政府承认通过《辛丑条约》向中国索取的赔款“实属过多”，于是决定“退款办学”，指定将“退还”的“额外”赔款用于派遣留美学生等文化教育项目。在美国政府看来，以中国官方“自办”的形式办学，比兴办教会大学更为有利。如此便可以达到用巧妙的方式，亦即从知识上与精神上支配中国领袖的方式，控制中国的发展。清华学校名义上由中国外交部管辖，但重大校务实际操于美国人之手。清华学校是留美预备学校，其高年级相当于美国的初级大学，学生赴美后一般插入美国大学三年级学习。清华学堂时期，行政管理上俨然封建衙门，教学上则“所有办法均照美国的学堂”。辛亥革命后，清华学校全盘照搬美国的一套。在行政组织方面，董事会、评议会、教授会，均仿照美国学校而设。在教学方面，学制、课程设置、教材、教学方法乃至体育、兵操、课外活动，几乎全部照搬美国学校。英语取代汉语，成为校内通用的语言文字，除少数几门国学课外，课程全部用英语讲授。有些课程，如公民课，教材选用印有星条旗的美国课本，主旨是教育学生爱美国。学校甚至规定，国学课不及格西学课及格，可以毕业、留美，反之则不能毕业。就连学校内部的重要建筑，从设计到贵重建筑材料也都是舶来品。一切膜拜西方，一切为了出洋，是当时许多学生的追求和时尚。总之，从外部形式到实际内容，乃至精神风貌，清华学校宛如一所美国移植到中国来的学校。从1925年开始，清华学校逐步向综合大学过渡。1928 年改名为“国立清华大学”，基本结束了留美预备学校的教育模式。但其仍深深打有“一切仿效美国”的烙印。

第四种具体途径是由西方教会创办的教会大学发展为中国现代大学。圣约翰大学等一批教会大学属于这一类。1594 年，天主教耶稣会传教士在澳门创办的西式小学圣保禄公学升格为圣保禄学院，这是中国大地上出现的第一所西式教会大学。1762 年，圣保禄学院被葡萄牙政府关闭。近代以来的教会大学是西方教会利用不平等条约取得特权，在中国设立的高等学校。教会学校由沿海逐步深入内地，由兴办规模较小的初等学校发展到设立规模较大的高等学校。最初的教会大学大多是在欧美传教士兴办的书院的基础上扩建而成的。19 世纪末到 20 世纪初，许多教会大学相继建立，如圣约翰大学、东吴大学、岭南大学、北京协和医科大学、齐鲁大学、燕京大学、辅仁大学等。教会大学的办学宗旨非常明确，即宣扬神学，传播宗教，通过“指导这个大国的青年一代的思想”培养为西方在华利益服务的知识干部。这些大学经费充足，设备良好，一般采用西方教育制度和管理模式。在教学内容上，宗教课程占据相当重要的地位，中国传统文化遭到全盘否定，有时也利用传统文化中某些消极的东西。教会大学对中国师生普遍实行严厉的思想控制，有时还进行政治压迫。当时，有许多教会大学在美国立案，其目的正如圣约翰大学校长在 1909 年“中华教育会”第六届年会上所说：中国大学变为在中国国土上的美国附属学校，是“一种特殊的治外法权原则的补充”。教会大学是中国政府不能实施有效监督和管辖的相对独立的高等教育体系。1906 年，清政府宣布外国人在华办学“无庸立案”。民国以后，教会大学被纳入私立大学范畴立案注册。教会大学在客观上对中国高等教育事业的发展及西方科学文化在中国的传播，起了一定的作用。

第五种具体途径是由政党创办的中国现代大学。典型例证是中国共产党创办的大学。中国共产党创建并领导的高等学校，无论在教育方针、管理模式，还是教育内容、教学方法上，都与旧教育有着显著的区别。早在建党初期，中国共产党人就创办了一批无产阶级的高等院校。1921 年 8 月，毛泽东在湖南长沙创办湖南自修大学。1922 年，中国共产党又在上海创办上海大学。还有在上海创办的平民女校高等班、在重庆创办的中法大学等一批学校。这些学校明确地以认识社会、改造社会、传播马克思主义和培养革命骨干为办学宗旨，为党培养了大批干部。这些学校虽然先后遭到反动政府的查封或强令解散，但它们的出现在中国教育史上具有划时代的意义。第二次国内革命战争时期，在中央苏区形成了一个门类众多的教育体系。其中 1933 年建立的中国工农红军大学、马克思共产主义大学，1934 年建立的沈泽民苏维埃大学，以及中央列宁师范学校、中央教育干部学校，都是当时著名的高等学校。

第六种具体途径是由中国人出资直接创办的各种私立的中国现代大学。由于种种原因，中国的私立高等教育举步维艰。直到 20 年代初，私立大学屈指可数，如创建于 1912 年的武昌中华大学、创建于 1913 年的北京中国大学与朝阳大学、创建于 1919 年的南开大学、创建于 1921 厦门大学等。一些私立大学处境困难乃至夭折。正如张伯苓校长所说的：

> 现大学成立虽逾三年，而其始亦几经波折，始克继续发展，至有此小小之成功。此数年间，与吾校同时而起之大学，如东北、西南、东南、河北、鄂大及厦门等，皆耸动一时。而至今除东南、厦门与南大三校外，他将成为泡影，或至今尚未实现。东南与厦门两校学款尚裕，可望持久。[①]

在当时创办的私立大学中，厦门大学、东南大学、南开大学都堪称佼佼者，跻身中国著名大学行列。但是，南开大学是一所滥觞于家塾的私立大学，这与厦门大学、东南大学等由中国人出资直接创办的私立大学有所不同。

第七种具体途径是由旧式家庭学校逐步发展为中国现代大学。属于这一种的唯有南开大学。南开大学滥觞于严氏家塾，其创建过程经历了初等教育学校、中等教育学校和高等教育学校三个教育程度发展阶段。在中国现代大学体系中，南开大学的办学之路堪称是一个特例。

六、改革学制运动与美国模式的深刻影响

改革学制运动是由全国教育联合会发起的。1921 年 10 月，该会提出“学制系统案”，主张模仿美国教育制度改革中国教育。1922 年 9 月，教育部召开学制会议，并于 11 月以大总统名义颁布《学校系统改革案》，即“壬戌学制”。1924 年 2 月，教育部又颁布《国立大学条例》，重新规范了大学教育的各项制度。

这次改革对高等学校的称谓、学制、系科设置和管理体制，都作了调整。

---

①《南开周刊》第 41 期，1922 年 9 月 28 日。

其要点是：国立大学设校长 1 人，由教育总长聘任。设董事会，负责审议学校计划、预决算及其他重要事项。董事会由历任董事（校长）、部派董事和聘任董事组成。聘任董事由董事会推选，呈教育总长聘任。董事会由校长召集，日常工作由校长处理。设立评议会，负责评议学校内部组织机构设置、各项章程及其他重要事项。评议会由校长及从正教授、教授中推选的若干人组成，由校长负责召集。各系科及大学院各设主任 1 人，由正教授或教授兼任。设立教授会，由本科、系、院正教授、教授组成，负责规划本单位教学工作。大学学制 4—6 年，医科和法科至少 5 年。国立大学采用选科制，必修课和选修课由各校自行规定。

壬戌学制沿用了 20 多年，虽有几次修改但基本体制是这一时期奠定的。这次改革的成果表明，中国高等教育的教育体制和管理制度日趋完备，但在教育模式上，具有明显的唯美国教育马首是瞻的倾向。

第三节　积极探索中国特色大学之道的“土货化”改革

正如 1928 年《南开大学发展方案》中所说：“南开之演化，实吾国革新运动历史之缩影。”①南开大学有一个从照搬西方大学办学模式，到积极探索高等教育中国化的历史过程，具体过程是：“中国维新，南开创办，其动机同起于甲午之败，其目的同在于求我民族之自存，凡所取法，始则同为日本，继则同为欧美，今则同趋于独立自创之途。”② 南开大学的“土货化”改革是办学理念上的一次飞跃。

一、“轮回教育风波”

近代中国，社会发展迟滞，国家积贫积弱，备受列强凌辱，而导致这种现象的主要原因是帝制条件下形成的传统教育缺乏现代元素，这使得学习国外先进经验成为中国教育改革无法回避的必然过程。严修、张伯苓等人清醒地认识到要振兴中国，必须打破“复古”与“保守”，向西方先进国家吸取成功经验。他们先是师法日本，后又仿效美国。与国际先进教育接轨，对于初创时期南开大学的事业发展起到了积极的作用，学校的教学及管理从起步之

---

①《南开大学发展方案》是《1928 年南开大学募款委员会计划书》的一部分，南开大学档案馆藏。

② 华午晴、伉乃如：《十六年来之南开大学》，《南大半月刊》第 15 期，1934 年 10 月 17 日。

时便具有较高的水准。

但是，与当时众多中国大学一样，创办初期的南开堪称“洋货化”。学制来自美国，教师多为留美学生，仪器设备多是美国制造，教科书不是英文原本就是英文译本，就连生物课所用的蚯蚓也是美国货，为的是与美国教科书相一致。这种机械地全盘照搬与南开学校“求民族自存”的教育目的相背离。学生们甚至把这种做法比作在喉之“鲠”，不断提出意见。

学生们认为美国式的学制只注意狭义的机械式的人才的培养，使学生没有自动学习的机会，教师只知道往学生脑子里装东西，结果“把有希望的青年训练成一种转贩知识的被动的工具”①。在成绩评定上，太重考试和分数，造成大多数学生选给分宽的教授的课“凑积点”，“拜分主义的结果，只知道注重书本”②，而忽视实践能力的培养。在课程安排上，课时量过大，学生一般每周至少要上 20 小时课，每门功课至少有 10 至 20 页作业，参考书更多，总计每周占 80 小时。在课程讲授上，除国文外，全部用英文授课，大家常“为西文书籍所困，而不能读中国书”。为此，学生们对“大学教育是否应当影照其本国之文化与需要，而定教育方针、课程设备”③开展了公开的大讨论，并提出：大学学制不宜照搬美国学校之规则，要求学校“能多多根据本国的国情，定出一个比较为中国化的大学学制”④。1925 年 4 月，80 余名学生联名向学校提交意见书，“要求教授讲课尽用国语”⑤。上述意见集中反映了广大学生要求大学教育适合国情的强烈愿望。

张伯苓和学校的管理者及许多教师也在不断反思，着手进行改革，积极探索使新式教育中国化的途径。1924 年 4 月，学校派出 6 位教授赴京参观北京各大学，了解理科情况。5 月，教授会议决议改革考试。平日考试最优之学生，由教授斟酌可以免去学期考试，以平日所得之成绩为学期考试的成绩。接着，又派出大学秘书长、校长办公室秘书等，去日本了解改进教育的情况。

1924 年爆发的“轮回教育风波”，成为南开大学彻底进行本土化教育改革的催化剂。11 月 28 日，商科学生宁恩承以“笑萍”为笔名，在《南大周刊》第 8 期上发表了题为《轮回教育》的文章，在师生中引起了轩然大波。文中批评道：

---

① 杨周熙：《对本校学制的一个意见》，《南大周刊》第 33 期，1926 年 5 月 17 日。

② 杨周熙：《对本校学制的一个意见》，《南大周刊》第 33 期，1926 年 5 月 17 日。

③《读汪君“三年来未吐之鲠”》，《南大周刊》第 2 期，1924 年 4 月 21 日。

④ 杨周熙：《对本校学制的一个意见》，《南大周刊》第 33 期，1926 年 5 月 17 日。

⑤ 1925 年 4 月，80 余名同学联名向学生会提交意见书，转请学校实行用国语讲授。

大学毕业后暂先不向回转，是往前转。先到美国去，在美国混上二三年、三四年，得到一个什么EE、MA、D等，于是架上一架洋服，抱着两本notebook回家来，作一个大学教员，不管他是真正博士也好，骗来的博士也好，“草包”博士也好，上班捧着他自外国带来的notes一念。不管它是是非非，就A、B、C、D的念下去。一班听讲的学生，也傻呆呆的不管生、熟、软、硬就记下来，好预备将来再念给别人。……一个人曾和我说，他的教员有一个大本。这大本就是他的武器。假如若有人将他这大本偷去，他必放声大哭，收拾行李不干了。这话虽然说的过苛，但是也可见一斑了。

这些教员所讲的，内容多是些美国政治、美国经济、美国商业，美国……美国……美国……他们赞美美国和冬烘先生颂扬尧舜禹汤一般。一班学生也任他“姑妄言之”，我们“姑妄听之”。一年，二年，直到四年，毕业了。毕业后也到美国去，混个什么M，什么D，回来依样葫芦，再唬后来的学生。后来的学生再出洋按方配药。这样循环下去，传之无穷，是一种高一级的轮回。……这样转来转去，老是循着这两个圈子转，有什么意思呢？学问吗？什么叫做学问！救国吗？就是这样便算救国吗！①

宁恩承的文章虽然有些尖刻，却一针见血地指出了当时大学教育与中国社会实际相脱离的严重问题，因而在社会上引起强烈反响，中外报纸竞相转载。广大同学从切身体会出发，赞同该文的观点，呼吁学校实行教学改革。

一些教授不满《轮回教育》一文的刻薄，“认为学生有意侮辱教员”，乃联名致函校长，要求惩办作者，并相率罢教。师生双方僵持不下，校董丁文江到校调解无果，张伯苓校长左右为难，只得以退为进，离开学校。全校停课两个月。12月底，学校宣布提前放假，学期考试定于转年开学时举行。寒假过后，师生之间自然而然地消除了隔阂，学生们照常上课，南开园一切如常。张校长风趣地说：“两个小孩打架，摔倒了，再爬起来。拍拍身上的灰，回家吃饭。”②

“轮回教育”风波后，学校加快了改革的步伐。1925年，学校决定除英文课外，所有课程改用国语讲授。同年，张伯苓出访日、美、法、意、瑞士等国，考察教育。为了使学生更加深入地了解社会，“培养学生实际上之观察力”，“谋学校生活与社会生活之联络”，1926年学校成立社会视察委员会，

① 笑萍（即宁恩承）：《轮回教育》，《南大周刊》第8期，1924年11月28日。

② 宁恩承：《百年回首》，东北大学出版社1999年版，第102页。

以实施"开辟经济"的教育，养成"现代力"之青年。[①]仅在社会视察委员会成立后4年时间内，南开大学和南开中学共对天津100多所机构进行调查。1927年，教务会议决定，不再使用美国原版教材，结合实际自行编辑教材。教务会议指出："我校所用课本均系译文，故教材有时不合中国人脾味，加之洋金涨价，学生每年购书常需七八十元，殊不经济。今后拟着手自行编辑，现已请各科主任为委员，讨论进行办法"。[②]

二、"土货化"办学宗旨的确立

1928年春，张伯苓校长主持制定《南开大学发展方案》，提出"革新运动必须'土货'化，而后能有充分之贡献。此中国革新运动应有之新精神，亦南开大学发展之根本方针也"。从此确立了"土货化"的办学宗旨。《方案》指出：学习日本，"此南开演化之第一阶程，亦中国革新史之第一章也"；学习欧美，"此南开演化之第二阶程，亦中国革新之第二章也"；接下来的任务就是第三个阶段的"土货化"。《方案》说：

> 中国自有其天然特别环境，与夫传统特别文明，适于彼者，未见适于此。外人之法制能资吾人之借镜，不能当吾人之模范。革新运动必须"土货"化，而后能有充分之贡献。此中国革新运动应有之新精神，亦南开大学发展之根本方针也。

《方案》指出中国大学应当走中国特色的现代化道路：

> 中国人欲利用中国之天然环境，非有土产的科学不为功。此就科学之实用而言。但实用科学，倘无锐进的理论科学为后盾，其结果不异堵源而求流，且今日国人思想之急需，莫过于科学精神与方法，故吾人可断定，中国大学教育，目前之要务即"土货化"。吾人更可断定，土货化必须从学术之独立入手。

值得注意的是，《方案》提出的走中国特色的现代化道路并不意味着重返文化保守主义的道路。

> 是故"土货化"者，非所谓东方精神文化，乃关于中国问题之科学知识，乃至中国问题之科学人才。吾人为新南开所抱之志愿，不外"知

① 《南开大学响导》，1930年5月。
② 《校闻》，《南大周刊》第42期。

中国”“服务中国”二语。吾人所谓土货的南开，即以中国历史、中国社会为学术背景，以解决中国问题为教育目标的大学。①

这就是说，“土货化”不是复古与排外，而是坚持西方先进文明与中国实际相结合，兴办“中国化”的教育，致力“本土化”的学术，以更好地认识中国，服务中国，“创造能立足于现代的国家”。毋庸置疑，这是中国现代大学在办学理念上的一次飞跃，具有非常重要的意义。

为了进一步推进教育改革，探索向西方学习的正确途径，1928 年 12 月，张伯苓开始了为期 9 个月考察欧美教育之行。与第一次不同，他着重考察了美国社会与教育的关系。他说：“我第一次到美国去的时候，看见他们样样都好，狠不得样样都搬到中国来。第二次去的时候就不然，觉得美国东西有的可以搬到中国来，有的不能搬的，勉强的搬只有有害而无利。”他还说：“我们取法的，只是他们科学的方法和民治的精神的使用，而不是由科学方法和民治精神所产生的结果。”所以，“欧美的方法尽管可学，欧美的制度则不必样样搬来——要搬，也须按照环境的情形而加以选择”②。

第二次美国之行，使张伯苓更加深刻地认识到“教育之不能‘土货化’尤为中国大病”③。教育改革必须适应本国社会发展的要求，“革新运动必须‘土货化’”。因此，“教育宗旨不可仿造，当本其国情而定。”④他更加坚定了“力行‘土货化’于南开”的决心。

教育的真正目的，在于“以教育之力量，使我中国现代化。”此时，张伯苓和南开的管理层已经深刻地认识到，单纯的模仿和照搬西方是不可取的。只有将外国先进的经验与中国的具体实际相结合，才能找到适合中国国情的教育模式。

三、“土货化”改革与实践

张伯苓校长认为，土货化“必须从学术之独立入手”，“中国大学若不努力于研究事业，则中国学术永无土货化之时期，正如商界欲从国货代洋货，则不能不提倡制造业”。为确保“土货化”的学术研究取得实效，《南开大学发展方案》规定要以三项标准来确定研究范围：“（一）各种研究，必以一具

① 《1928 年南开大学募款委员会计划书》，南开大学档案馆藏。

② 《南大周刊》第 71 期，1929 年 3 月 27 日。

③ 华午晴、伉乃如：《十六年来之南开大学》，《南大半月刊》第 15 期，1934 年 10 月 17 日。

④ 《校风》117 期，1919 年 3 月 18 日。

体的问题为主；（二）此问题必须为现实社会所亟待解决者；（三）此问题必须适宜于南开之地位。”最后还强调：“南开大学将来之发展，即不外上文所定之方针与范围。……经费充足，则循此以为尽量之发展，即经费拮据，亦当努力以‘认识中国’‘服务中国’为鹄的也。”[①]

张伯苓校长认为，大学的生命力就是其学科适应社会需要的能力，大学的教育质量就是其学生适应社会需要的能力。为此，南开大学设置了东北研究会、经济研究所、应用化学研究所、化学工程系、电机工程系、经济学院等直接为社会服务的系科和研究机构，被公认为独开风气之先。

南开大学东北研究会的前身为满蒙研究会。1927 年 8 月，张伯苓校长赴东北考察，目睹“日人经营满蒙之精进与野心”，受到很大震动。他感慨“不到东北，不知中国之大；不到东北，不知中国之险”，“我东三省及热、察、绥各特别区，版图辽阔，蕴藏丰富，实为神州之宝库，而沿边万里，逼近邻疆，尤为华夏之屏藩，今者外力侵入，得寸进尺，几有反客为主之势，而国人朦朦对此殊少注意，良堪痛心”。[②]他认为，“国人欲愿与之（日本）抗衡，必先明了其经营之内幕不可”，于是回校后立即组织满蒙研究会（翌年改为东北研究会），聘请傅恩龄为主任。严修因曾多次往来东北之地，早已洞察日人之居心，因此，他给予张伯苓极大的支持，并为“土货化”改革迈出的重要一步感到欣慰。

满蒙研究会（东北研究会）的宗旨是“专事收集满蒙问题之材料，而用科学的方法，以解决中国之问题”。研究会组织师生开展对东北三省的实地调查，获得了大量的第一手材料。研究会还与国内外有关团体进行广泛的合作与学术交流，向太平洋国际学会和反对帝国主义同盟提供研究报告，向世界人民揭露日本帝国主义的侵华罪行。研究会在不断实地调查、广泛搜集资料的基础上，组织专人从事专题研究，并编写教材。东北研究会主任傅恩龄根据调查资料，编写了“东北地理教本”，后来又在教本的基础上正式出版《东北经济地理》。该书系统地介绍了东北地区的自然、人文地理和各种经济资源，“是当时国内有关东北地理有限著作之中最好的一部”[③]。学校用这本“南开独有的教材”，为南开大学、中学、女中、小学学生开设必修课。东北研究会的调查研究活动，触到日本帝国主义痛处，日人非常“嫉视”，称东北研究会

---

① 《1928 年南开大学募款委员会计划书》，南开大学档案馆藏。

② 《东北研究会简介》，《天津南开学校一览》，1929 年。

③ 何炳棣：《一个可以向全世界挑战的记录》，王文俊等编：《南开大学校史资料选（1919—1949）》，南开大学出版社 1989 年版，第 392 页。

“乃受‘赤化’影响”，南开大学为“排日之根据地”。张伯苓不惧日人的攻击，在校刊上开辟“东北研究”专栏，九一八事变后，出版“日本问题专号”，专门刊登有关东北问题的文章，揭露日本侵略东北的野心与罪行。

南开经济研究所的前身为社会经济研究委员会，创立目的即“以研究经济，促进吾国学术为宗旨”①。20 世纪二三十年代，中国的经济学研究面临着外国理论如何适应中国实际的难题。何廉、方显廷深刻地认识到，中国经济研究“非仅明了经济学原理及国外之经济组织与制度”，“贵在能洞澈本国之经济历史，考察本国之经济实况”，做“中国化的经济研究”②。为此，何廉向张伯苓建议成立研究机构，致力于中国社会经济问题的研究。1927 年 9 月，社会经济研究委员会成立，何廉作为创办人兼任委员会主任。南开经济研究所是当时国内高校中最早建立的经济研究机构，主要研究任务是“探讨和评价中国的社会、经济和工业存在的实际问题”，主要的研究方法是“一切研究均从实地调查入手”③。中国化土货化成为南开经济学派的标志和灵魂。

南开经济学人坚持理论联系实际，深入社会生活开展实地调查，开创了中国经济学实证研究的先河。影响较大的研究成果有：收集、分析华北地区的经济统计数字，编纂华北商品批发物价、天津工人生活费用等指数；以天津地区为中心，考察中国工业化程度及其影响，寻求解决问题的对策；对中国农村经济进行考察，特别是山东与河北向东北地区的移民问题。由于注重翔实的数据调查和科学的数量分析，南开学者编制的各种经济指数客观准确地反映了当时的物价、市场和经济运行状况，发布的“南开指数”享誉中外，出版的《大公报·经济周刊》《南开指数年刊》等也为国内外学术界所看重，成为了解当时中国经济活动的重要资料。

南开经济研究所对中国农村经济的研究，开辟了中国经济学研究的新天地。他们深入天津宝坻、静海，河北高阳，山东济宁等地，调查农村合作组织、棉花运销、冀鲁两省向东北地区的人口迁移、高阳与宝坻等县的乡村手工业、定县与静海等县的乡村财政等问题。在此过程中采取广泛研究与典型研究相结合的方法，深入农村和农户，查阅文献，会晤典型性人物，甚至与农民一起劳作，收集到有关中国农村和农业经济的大量珍贵资料，做出了开拓性贡献，“其他研究组织团体的出现和发展，以及他们在方法与成果上的进

---

①《本会工作报告》，《大公报·经济研究周刊》第 26 期，1930 年 8 月 24 日第 11 版。

②《本刊旨趣》，《大公报·经济研究周刊》第 1 期，1930 年 3 月 3 日第 6 版。

③《本刊旨趣》，《大公报·经济研究周刊》第 1 期，1930 年 3 月 3 日第 6 版。

步，都受南开所做工作的影响”①。

南开应用化学研究所成立于1932年3月，是张伯苓校长把科学技术直接为经济服务，推进科技成果转化为现实生产力的一种有益探索。在给研究所定名时，他特别强调“应用”二字。该所《章程》明确提出：“本所目的，在研究我国工商业实际上之问题，利用南开大学之设备，辅助我国工商界改善其出品之质量，俾收学校与社会合作之实效。”②

南开应用化学研究所成立以来，坚持教育与科研并重，研究与生产并重，在分析化验样品、仿制及生产轻工业品、改善民用轻工产品生产和质量、农副产品的综合利用等方面，做了大量富有成效的工作，特别是帮助利中硫酸厂建成投产，打破了日货对中国北方市场的垄断，大长了中国化工科技人员的志气。20世纪二三十年代，中国制酸工业刚刚起步，北方的硫酸市场完全被日货垄断。1933年，爱国实业家赵雁秋决心在天津创办硫酸厂。他找到一家外商承包工厂的设计与建筑工程，但是外商开出的条件相当苛刻，费用也很高昂。赵雁秋慕名找到南开应用化学研究所。研究所所长张克忠教授带领研究人员仅用了1年的时间，就设计并建成年产3万吨的硫酸厂，天津从而发展成为酸、碱、盐产业完备的中国最早的化工基地之一。张克忠曾自豪地说：“中国问题可以由中国人自行解决，而中国工程师未必不如外人。”③这些科研成果的应用转化，大大提高了南开大学在社会的整体地位和学术声望。

除了科研改革以外，学校还推行一系列教学方面的“土货化”改革，“以大自然为教室，以全社会为教本，利用活的材料，来充实学生之知识，扩大学生的眼界”④。在教育上，注重理论联系实际，“以调查或视察天津各界问题为其总纲目”，组织南开大、中学生开展广泛的社会调查；在教学上，加强自编教材建设，对学生进行基础理论、实践能力和科学研究三位一体的系统训练；在课程设置上，开设“当代中国政治问题”“中国经济问题”“乡村社会学”“乡村建设概论”等研究中国现实问题的课程，开设“公文程式”“新闻习作”“讲演术”“应用心理学”“人事管理”“工商实际问题”等应用型课程，提高学生实际能力。政治系教授共同开设“读书指导”，英文系教授共同开设“西洋文学当代人物”，化学系教授共同开设“化学问题之研究”等课程，开拓学生学术视野。

---

① 何廉著，朱佑慈等译：《何廉回忆录》，中国文史出版社1988年版，第80页。

②《天津南开大学一览》，1932年。

③ 伉铁儁：《抗战前的南开大学应用化学研究所》，《南开校友通迅》（复刊第4期），1983年，第54页。

④ 张伯苓：《四十年南开学校之回顾》，《南开四十周年纪念校庆特刊》，1944年10月。

在学科建设上，张伯苓校长一直在思考“南开如何在为国家服务中发挥最大的作用”。在他看来，“南开竞争不过国立清华和国立北大，然而我们有必要去竞争吗？我们难道不应当决定停止竞争，争取互相合作，同心协力取长补短吗？南开坐落于商业都市天津，天津还有个成为华北大工业中心的前景，南开应当把重点放在培养企业人才和工程技术人才上”[①]。基于这种认识，学校重新调整发展战略，提出加强商学院，逐步筹设应用型理科院系，一旦条件成熟建立一所工学院的学科建设规划，并增设了一批“应时势之急需”的系科。例如，化学工程系的设立即为培养“洽合中国环境”的化工实用人才，谋求“中国化学工业之发达及其自给”。又如，基于“电机工程人才在最近之将来需要必增。而国内培养斯项人才之学校，则为数极鲜”的判断，设立电机工程系，在天津电灯电车公司建立实习基地，使学生受到基础理论、实践能力和科学研究三方面的系统训练。

学校另一个密切联系中国实际的教学单位是经济学院。这是张伯苓校长接受何廉建议设立的。20 世纪 20 年代，“中国大学中的经济学教育十分惨淡”[②]，教学内容“几乎完全是关于西方国家状况”，“很少涉及到中国的现实生活”[③]；教学方法则“用西方经济学理论一成不变地向中国学生灌输”[④]，生吞活剥、死气沉沉。更为严重的是，当时的中国大学中“连一门涉及中国的经济发展和组织情况或有关中国农村经济的课程都没有”，本该“胜任讨论中国的经济问题，掌握住与他们的教学有关的中国的材料”的中国学者，谈起美国都市财政往往头头是道，但“他们之中很少有人对于中国的一个县政府的财政略知一二”。[⑤]可见，改变中国大学经济学教学与研究、理论与实际相脱离的情况已经迫在眉睫。为了更好地将教学与科研相结合，1931 年，何廉建议将社会经济研究委员会与文学院经济系合并成立经济学院，“借以训练人才及促进吾国学术之发达”，“中心目标即在完成一本国化之经济学”。[⑥]这一提议得到张伯苓的大力支持。同年 5 月，经济学院成立。当月出版的《南开周刊》对此评论道：“大学中设立经济学院，研究调查适宜于中国经济学说与事实，尚属创举”。

---

① 何廉著，朱佑慈等译：《何廉回忆录》，中国文史出版社 1988 年版，第 46 页。

② 何廉著，朱佑慈等译：《何廉回忆录》，中国文史出版社 1988 年版，第 51 页。

③ 何廉著，朱佑慈等译：《何廉回忆录》，中国文史出版社 1988 年版，第 52 页。

④ 方显廷著，方露茜译：《方显廷回忆录》，商务印书馆 2006 年版，第 78 页。

⑤ 何廉著，朱佑慈等译：《何廉回忆录》，中国文史出版社 1988 年版，第 53 页。

⑥《天津南开大学经济学院一览》，南开大学经济学院印，1931 年，第 1 页。

在何廉的带领下，经济学院开始了相当规模的教科书编纂工作，撰写出一批具有重要学术价值的专著，并带动了经济学领域中术语规范化的开展。由于当时各大学使用的都是外国教材，不仅版本各异，而且在讲授中对一些术语和概念的解释与翻译也是五花八门，何廉倡导在教学中保持用语统一，并每两周集中一次，组织教授讨论经济学术语的标准化，以保持教学和著作中用语的统一性。1934—1935 年，国民政府教育部国立编译局组织成立了国家自然科学用语标准化的经济学工作委员会，由何廉担任主席，在南开大学经济学院已有研究成果的基础上，在全国范围内统一了经济学的标准化术语，编撰《经济学名词》一书，由教育部公布，供各大学的经济学教学和科研使用。

南开大学以“知中国、服务中国”为办学宗旨，进行全面的“土货化”改革，从中国的实际出发，创造性地吸收西方大学的办学经验，在探索中走出了一条独具特色的办学道路，从而成为 20 世纪二三十年代中国最著名的私立大学。

“新·公·能”中华优秀传统所倡导的与时俱进、爱国利群、自强不息是推动南开大学事业发展日新月异的精神动力。“允公允能，日新月异”的南开校训正是在“土货化”改革过程中逐步提炼出来的。

第六章　学校文化的文明互鉴与南开校训的设定

现代中国的大学及校训是文明互鉴、中西合璧的产物。在特定历史背景下，中国现代学校体系及现代校训主要是向西方先进文化学习的结果。在中国学校教育向现代转型的过程中，中国固有的"学训"与西方舶来的"Motto"共同造就了现代中国校训。

形式与内容是校训的两大基本要素。以南开校训为例，"允公允能，日新月异"的形式来自古代汉语四言二句的传统格式，"新·公·能"的内容来自中华传统的优秀内核。因此，研究校训与传统的关系必须综合考察校训形式的渊源和校训内容的渊源，亦即校训形式的成因和校训内容的成因。在研究过程中，笔者有一个重大发现，即南开校训的形成过程恰恰是从家教训词、塾师训词、私学训词到现代大学训词的中国校训演化过程的缩影。正是由于这个原因，南开校训不但为研究中国校训形式与内容的历史演化过程提供了一个最佳个案，还为中国学校教育的历史性演化提供了一个极其典型的个案。

第一节　箴铭类"学训"属于中国特色校训现象

在检索历史文献的过程中，笔者发现中国自古便有丰富多彩的"学训"，而箴铭类学训堪称中国特色校训现象。这就意味着中国在中国学校文化传统中，也有设置校训的历史传统。与西方校训比较而言，中国古代的校训只是没有"校训"之名且学校符号的功能不显著而已。这种历史现象很值得深入系统地研究。

一、从中国校训也是"早发内生型"谈起

汉语"校训"是外来语。中国新式学校设定校训的做法深受西方学校文化影响。于是学者普遍将校训视为舶来品，并依据西语"校训"（"Motto"）词义，评说校训的历史渊源、中国校训的产生及相关的一系列学术问题。校

训原产于西方的判断就是据此而得出的。

古汉语没有“校训”一词，也就不会有命名为“校训”的学校训词。但是，如果全面考察史实且不拘泥具体名分，就会发现中国自古便有校训现象。有的学者依据《白鹿洞书院揭示》等古代书院“院训”，指出：“校训无论内容还是形式都起源于中国，只是概念来源于国外。中国古代学校特别是书院已存在校训的原型，只是没有校训的明确名称而已。”[①]这个研究思路的大方向是正确的。可惜的是，由于没能摆脱西语“校训”（“Motto”）词义的限定，坚持“被明确赋予‘校训’这一名称或称谓”[②]的尺度，依然将中国古代的校训现象判定为现代校训的“原型”或“雏形”，进而判定“西方校训是‘早发内生型’的源，中国校训是‘后发外生型’的流”。[③]这个观点就不符合历史事实了。许多学者认为：“始于唐代、盛于宋代的书院的‘院训’，大致可以视为我国古代的大学校训，是我国大学校训的雏形。”[④]这个判断也不够准确，与历史事实有一定的距离。实际上，中国特色校训现象源远流长，不仅有内容丰富多彩、形式多种多样，而且有相应的表述概念及学校文化，因而也堪称“早发内生”。

严格按照西语“校训”（“Motto”）词义来判定一种现象是否属于“校训”，这种做法值得商榷。但是，为了避免不必要的争议，笔者仍然依据这个尺度来探究中国古代校训的源与流，凡是符合西语“校训”的历史现象则称之为“校训”，而类似西语“校训”的历史现象则称之为“校训现象”。

二、汉语“训”与英语“motto”的通约性

对“motto”一词，《牛津高阶英汉双解词典》的汉语释义是：箴言、格言、座右铭等。[⑤]《英汉双解剑桥国际英语词典》的汉语释义是：座右铭、箴言、警句等。[⑥]《牛津简明英语词典》的释义汉译是：1. 规范行为的箴言；2. 饰章上的短语或句子；3. 题于物上表达情感的话语；4. 格言；5. 序言；

---

① 王彩霞：《中国学校校训研究》，山西教育出版社2012年版，第263页。

② 王彩霞：《中国学校校训研究》，山西教育出版社2012年版，第18页。

③ 王彩霞：《中国学校校训研究》，山西教育出版社2012年版，第49页。

④ 韩延明、徐愫芬：《大学校训论析》，人民教育出版社2013年版，第30页。

⑤ ［英］霍恩比（A.S.Hornby）：《牛津高阶英汉双解词典（第四版）》，商务印书馆、牛津大学出版社2002年版，第961页。

⑥ ［英］普洛克特（Procter，P.）：《英汉双解剑桥国际英语词典》，上海外语教育出版社2001年版，第1242页。

6. 表达象征意义的常用词。[①]《蓝登书屋韦氏英汉大学词典》的汉语释义是：1. 箴言，座右铭，格言。2. 题词，（书籍、文章章节前所引用的）警句；题句。来源于意大利语、拉丁语“muttum（言词）”。[②]上述词典的释义表明，“motto”一词是指：具有象征意义、情感色彩、规范功能、劝诫作用的题词或题序，具体形式有词汇、短语、句子、短文等，属于训勉性文体，诸如警句、格言、箴言、诫语、训词、座右铭之类。这个词并没有限定其设定主体，因而外延甚大。在历史上和现实中，“motto”的设定者可以是任何个人、团体或机构，校训只是各种“motto”中由学校设定的那一类。

西方学校习惯将一所学校设定的校训简称为“Motto”。这种“Motto”的设定主体是学校，故理应称为“school motto”，以区别其他主体设定的“motto”。日本人当初之所以用“校訓”翻译“Motto”，是因为知道有特定主体的“Motto”是“school motto”的简称。学校设定的“Motto”（校训）通常可以省略“school”（学校、校）。由此可见，“训”是与“motto”对应的词汇。英语“Motto”（校训）的构词方式相当于汉语将“校训”一词的“校”字省略。这就意味着考察英语“motto”的词义与汉语“训”的词义，对全面理解“校训”一词及正确设定“校训”定义至关重要。

以“训”翻译“motto”为考察中国古代校训现象提供了重要的线索、视域和思路。古汉语没有“校训”一词，而“家训”“师训”“蒙训”“塾训”“学训”等都属于教育类的训育及训词，并与学校的训育及训词有密切关联。在古汉语中，“学”与“塾”都是学校的别称，“学训”和“塾训”是现代汉语“校训”的近义词，一些学校、乡塾、书院设定的箴铭类学训、塾训与现代校训大体相同，可谓既有其实，又有其名。换言之，从构词方法及汉语习惯上看，“学训”“塾训”与“校训”本应是同义词。

“训”字的本义是教诲、教导、告诫。《说文解子·言部》：“训，说教也。从言，川声。”段玉裁注：“说教者，说释而教之，必训其理。”《玉篇·言部》：“训，教训也，诫也。”《广韵·问韵》：“训，诫也。男曰教，女曰训。”在古代文献中，“训”与“驯”是古今字，“训”“驯”“顺”同声通用。《法言·问神》：“事得其序谓之训。”说教、教导、教诲、教化、言说、告白、告诫、阐释、讲解、说明、论理、服从、驯服、礼法、为人师长、以理服人等，均可

① [英]德拉·汤普逊：《牛津简明英语词典》，外语教学与研究出版社、牛津大学出版社 2000 年版，第 888 页。

② [美]斯图尔特·B. 弗莱克斯纳主编：《蓝登书屋韦氏英汉大学词典》，《蓝登书屋韦氏英汉大学词典》编译，商务印书馆、蓝登书屋 1997 年版，第 1497 页。

称之为“训”。因此，“训”字有教[①]、诫[②]、告[③]、道[④]、理[⑤]、导[⑥]、法[⑦]、驯[⑧]、顺[⑨]、逊[⑩]等义项。

“训”字主要用为动词，旨在表达以训饬、训育、训导、训练等方式而使之驯服、服从、顺从的教训、教育、教诲、教导、教化行为。相关的动词有训令、训命、训敕、训饬、训示、训事、训规、训告、训教、训导、训领、训诲、训迪、训诫、训导、训勉、训励、训诱、训从、训解、训话、训约、训束、训斥、训服，训裁，等。其中，“训育”一词可以贴切地表述校训之“训”的目的与功能。所谓训育，即为人师长者为培养、调教、告诫、劝导弟子晚辈，而选定教本，设定法则，明确规矩，并宣讲其义，阐释其理，谆谆诱导，进而使之掌握知识，通晓道理，遵守规范，服从教化。训育既是校训的设定目的，又是校训的主要功能。这就是说，依据汉语习惯，“校训”一词本应可以用于指称学校实施的各种训育行为及为此而设定的训育之词。

许多由“训”字组成的词汇既可以用为动词，也可以用为名词。如训令、训命、训谕、训敕、训规等词汇，既可以表述这一类的行为，也可以表述相关的指示、命令、告谕、敕命、规条的内容与文本。一些由“训”字组成的词汇属于名词，如“训言”一词是指教诲训育之言。在通常情况下，“校训”也是一个名词，即学校的训言、训规、训词。由“训”字组成的名词显然是“训”之行为的产物，“训言”“校训”都是典型例证。训言、校训都是训育行为的产物，并用于训育行为。因此，依据汉语习惯，“校训”二字所表达的词义是学校为训育而设定的训词。

“训”又是中国古代一种重要的文体名。其产生时间很早，曾为《尚书》的六种体例之一，即《书序》所说的“典、谟、训、诰、誓、命之文，凡百篇”。《尚书》中的“训”是帝王的训诏、训令，属于最高统治者号令、教导、规范臣民的训词，所谓“布之为政事，发之为训词”。帝王的训词又称“圣训”

---

① 例如，《诗经 · 大雅 · 抑》：“四方共训之。”毛亨传：“训，教也。”

② 例如，《玉篇 · 言部》：“训，诫也。”

③ 例如，《汉书 · 扬雄传下》：“训诸理。”颜师古注：“训，告也。”

④ 例如，《诗经 · 大雅 · 烝民》：“古道是训。”毛亨传：“训，道也。”

⑤ 例如，《汉书 · 韦玄成传》：“五品以训。”颜师古注：“训，理也。”

⑥ 例如，《法言 · 序》：“训诸理。”李轨注：“训，导也。”

⑦ 例如，《尚书 · 无逸》：“乃非民攸训。”蔡沈《尚书集传》：“训，法也。”

⑧ 例如，《史记 · 卫康叔世家》：“子声公训立。”司马贞索隐：“训，亦作驯。”

⑨ 例如，《广雅 · 释诂一》：“训，顺也。”

⑩ 例如，《后汉书 · 周举传》：“五品不训。”李贤注：“训，亦逊之义。”

“帝训”“帝王之训”“天子之训词”。帝王发布训词的目的在于“以皇极之理，衍为训词，使臣民时时吟咏而自得之”①，使人们“务佩服其训词，而实体诸躬，修措之邦国”②。一些“天子之训词”言简意赅，属于警句、格言、箴言、诫语、训词、座右铭之类。在目的、功能、内容、形式上，这一类帝王训词与校训大体相同，只是设定主体有所不同而已。古代人将帝王称作“君师”，认为帝王兼具“君”与“师”的双重属性。因此，君主的训词、家长的训词、师长的训词、学校的训词有内在联系，均可归入广义的“教育”范畴。一些“君师之训”很可能曾经被用作早期国家学校的校训，并成为中国校训的渊源。从现存史料看，宋理宗、明太祖等帝王的“君师之训”就曾被用于国学及各级官学的通用校训。

一般说来，“训”字可以表述各类训育及训词，各种尊长教诲卑幼的言辞话语均可称之为“训”，因而衍生出为数众多的含“训”字的词汇，如家训、祖训、父训、母训、慈训、幼训、遗训、女训、内训、阴训、保训、师训、蒙训、儒训、学训、谟训、古训、彝训、猷训、典训、仪训、法训、弘训、规训、正训、政训、礼训、箴训、歌训等等。“家训”，包括祖训、父训、母训等，是教育训词的源头，而“师训”是教育训词的通称，涵盖父训、蒙训、学训、塾训，其中父训又称“父师训”，诸如“早佩父师训，敢自逾规矩”③，“吾家世耕且学，幼习父师训”④。许多以书面形式表达的旨在训育教诲的诫语和箴铭，或以“训”为名，或被归入“训”。于是“训”成为一种中国古代很常见的文体。

在汉语体系中，与“训”意义相通的汉字很多，主要有“诫”“戒”“箴”“铭”等。“诫”字的本义是敕命、警告、告诫、教令。《说文解字·言部》：“诫，敕也。从言，戒声。”《广韵·怪韵》：“诫，言警也。”《玉篇·言部》：“诫，居拜切，警也，命也，告也。”“诫”字有敕、警、命、告、教⑤、戒⑥等义项。命名为“诫”的文体及文字旨在警告、规劝、训导、教育、勉励、命令、约束、整肃。“诫”与“戒”为古今字，二者词义相通。“戒”字的本义是警戒防患。《广韵·怪韵》：“戒，慎也，具也，备也，警也。易注云：‘洗

① 薛治点校：《日讲书经解义》卷六《周书·洪范》，华龄出版社2014年版，第115页。
②《日讲礼记解义·御制序[二]·圣祖仁皇帝御制日讲礼记解义序》。
③ 朱存理：《赵氏铁网珊瑚》卷九《闰正月得复孺先生见教去冬寄怀之诗谨次韵奉答》。
④ 袁甫：《蒙斋集》卷一四《精神阁记》。
⑤ 例如，《荀子·强国》：“发诫布令而敌退。”杨琼珠：“诫，教也。”
⑥ 例如，《资治通鉴·周纪四》：“而王不知诫焉。”胡三省注：“诫，与戒同。”

心曰斋，防患曰戒。'”“戒”字的警、告[①]、命[②]、语[③]、敕[④]、儆[⑤]、法[⑥]等义项为“诫”与“戒”所共有，这两个字往往相互假借，可以用作同义词，诸如“诫书”亦可称“戒书”，“戒语”亦可称“诫语”。“箴”字的本义为缝纫之针。《说文解字·竹部》：“箴，缀衣箴也。从竹，咸声。”《别雅》卷二：“箴，针也。”箴原为缝衣工具之名，后作“针”“鍼”。针灸也需要针形器具，针砭之物可以治病疗疾，故“箴”又引申为针砭弊端。针砭弊端、规谏告诫之作就是箴言、箴训、箴铭。“箴”字有插[⑦]、刺[⑧]、谏[⑨]、规[⑩]、戒[⑪]、诫[⑫]、敕[⑬]、教[⑭]、诲[⑮]等义项。作为谏诲、劝勉、规诫之辞，箴属于典型的箴铭训词。“铭”字的本义是刻器记事。《广韵·青韵》：“铭，铭记。”《集韵·青韵》：“铭，志也，或作名。”《释名·释言语》：“铭，名也，记名其功也。”铭大多为题词或题序，往往或铸于鼎彝，或镌于金玉，或题于匾楹，或勒于碑石，或刻于器具，或书于铭旌。铭的目的是书记其事，永志不忘，称扬先祖，褒扬功德，旌表贤良，其主要功能是或以自戒，或以戒人，或以示后。因此，“铭”字有记、名、志、刻[⑯]、勒[⑰]、碑[⑱]、明旌[⑲]等义项。铭文往往为劝勉规诫之辞。“铭座”，亦即座右铭则是典型的箴铭。

训、诫、戒、箴、铭的字义相近，词性相同，因而训词、诫语、箴言、

① 例如，《仪礼·乡射礼》：“主人戒宾，宾礼辞许。”郑玄注：“戒，警也，告也。”

② 例如，《仪礼·聘礼》：“既图事，戒上介亦如之。”郑玄注：“戒，犹命也。”

③ 例如，《左传·庄公二十九年》：“凡土功龙见而毕务，戒事也。”杜预注：“戒民以土功事。”孔颖达疏：“戒，谓令语之也。”

④ 例如，《文选·王融〈永明九年策秀才文五首〉》：“祥正而青旗肃事，土膏而朱纮戒典。”吕延济注：“戒，敕。典，法也。”

⑤ 例如，《国语·吴语》：“息民不戒。”韦昭注：“戒，儆也。”

⑥“天下有大戒二：其一命也，其一义也。”成玄英疏：“戒，法也。”

⑦《广雅·释诂二》。

⑧《玉篇·竹部》。

⑨ 例如，《尚书·盘庚上》：“无或敢伏小人之攸箴。”陆德明《经典释文》引马融曰：“箴，谏也。”

⑩《玉篇·竹部》。

⑪ 例如，《汉书》卷八《宣帝纪》：“有能箴朕过失”颜师古注：“箴，戒也。”

⑫ 例如，《左传·宣公十二年》：“箴之曰：‘民生在勤，勤则不匮。’”杜预注：“箴，诫也。”

⑬ 例如，《国语·晋语八》：“厚戒箴国以待之。”韦昭注：“箴，犹敕也，待备也。”

⑭ 例如，《慧琳音义》卷八十“箴规”注引贾注《国语》云：“箴，教也。”

⑮ 例如，《慧琳音义》卷八六“九箴”注引孔注《尚书》云：“箴，诲言也。”

⑯ 例如，《国语·鲁语下》：“故铭其括曰：肃慎氏之贡矢。”韦昭注：“刻曰铭。”

⑰ 例如，《文选·张衡〈东京赋〉》：“铭勋彝器。”薛综注：“铭，勒也。”

⑱ 例如，《文选·江淹〈杂体诗三十首〉》：“徘徊泣松铭。”刘良注：“铭，碑也。”

⑲ 例如，《礼记·檀弓下》：“铭，明旌也。”

铭文的意义也彼此相通，甚至可以作同义词使用。“诫训”“戒训”“箴训”“铭训”都属于旨在规诫、警示、激励他人或自己的训勉性行为及文体。训、诫、戒、箴、铭的具体形式多种多样，人们往往将其刻于金石器物，以为“诫铭”“戒铭”“箴铭”，与校训密切相关的有“学训”“学戒”“学箴”“学铭”等等。

通过上述考察，可以得出这样的判断，即汉语“训”与英语“motto”是近义词，二者词义有同有异，具有通约性。二者的词义之同在于都可以用于指称各种主体设定的训诫箴铭。二者的差异在于英语“motto”特指文字简明的题词、题句、题序，而汉语“训”字泛指各种形式的训词，涵盖题词、题句、题序之外的其他训词。这就意味着凡是汉语称之为“训”（含“训”的同义词）的文字简明的题字、题词、题句、题序、题署，都大体符合英语“motto”词义。

顾名思义，“校训”即学校之训词。这样理解符合汉语习惯，也更契合形形色色的校训现象。但是，为了与西语“校训”大体保持一致性，亦可将汉语“校训”的外延限定为学校的箴铭类训词。这就是说，学、训、箴、铭构成校训形式的四大要素。学，即学校；训，即训育；箴，即箴言；铭，即铭座。学校是校训的设定主体；训育是校训的主要功能；箴言是校训的文体类型；铭座是校训的重要用途。一般说来，凡是同时具备这四大要素者均可称之为校训或校训现象。

三、中国古代没有“校训”一词的根由

在古汉语体系中，称“某训”的现象很常见，甚至可以说有某种训育主体及客体就必定有“某训”，可是却偏偏没有“校训”的提法。导致这种历史现象的原因其实很简单，即在中国古代社会，几乎没有以“校”为一所具体的学校命名的现象，“校训”一词也就很难产生了。

在古代文献中，有关兴建学校的记载很常见，“学校”也是一个常见词汇，而“学校”这个词通常只用作教育机构的统称，很难找到将一所具体的教育机构命名为“某某学校”“某某校”的现象。古代中国偏爱用“学”统称或命名具体的学校。国家及地方政府办的学校通常根据其政治地位及所在地分别命名为“国学”“国子学”“太学”“京都学”“某某都督府学”“某某州学”“某某府学”“某某县学”，还有“宗学”“宗学馆”“弘文馆”“崇文馆”之类的宗室子弟学校及显贵子弟学校，一些专门化的官学则称“律学”“书学”“四门学”，等等。私人办的学校，如家塾、塾馆、义学、书院等，往往依据学校所在地名或兴办者姓氏，命名为“某某家塾”“某某塾馆”“某某义塾”“某某义

学”“某某书院”，如“絜斋家塾”“吕氏家塾”“金庭塾馆”“龙渊义塾”“邵氏义塾”“东阳义学”“范氏义学”“岳麓书院”“湛氏书院”，等。实际上，这个语言习惯至今依然保留着，如通常以“某某小学”“某某中学”“某某学院”“某某大学”命名各级普通教育学校，只有一些专业学校称“某某学校”。

以“学”命名学校的现象至迟可以追溯到商朝。殷墟甲骨卜辞有“学”字和“大学”一词。西周时期的“国学”和战国时期的“稷下学宫”都是较早的例证。以“塾”命名学校的现象也很早便产生了。《礼记·学记》：“古之教者，家有塾，党有庠，术有序，国有学。”郑玄注：“古者仕焉而已者，归教于闾里，朝夕坐于门，门侧之堂谓之塾。”[①]战国、秦汉以来，称“学”的学校可谓司空见惯，称“塾”的学校堪称比比皆是。国家学校称“国学”，官办学校称“官学”，各级地方学校称“州学”“府学”“县学”“乡学”“党学”“里学”等，各类塾馆称“蒙学”，就连书院亦可称“学”“学馆”，如有人称白鹿洞书院为“白鹿洞学馆”。各类学校的教师则称“学师”。例如，《汉隶分韵》卷一《天下碑录》记载一则名曰《学师宋恩等题名》的汉代地方学校碑刻。据《三国志·魏志·武帝纪》记载，建安七年春正月，曹操下令为绝后将士立嗣，“授土田，官给耕牛，置学师以教之，为存者立庙，使祀其先人”[②]。“学师”亦可称“学校师”，如据《明史·文苑传》记载，“洪武初，有司延（王行）为学校师”[③]。

在中国古代，与学校及学校教育相关的现象通常称“学某”。学校的别称有“学斅”“学宫”“学堂”“学馆”“学屋”“学庐”“学院”“学苑”“学园”等。私塾别称“学塾”“学房”，太学别称“学省”[④]，国子监别称“学曹”[⑤]，乡校别称“乡学”“校学”。在学校读书的学生称“学士”“学子”“学儿”“学童”。主持学政或参与教育者可称“学官”“学使”“学台”“学正”“学政”“学宪”“学差”“学主”“学长”“学谕”。“学庭”“学舍”“学田”“有学”“入学”“学中”“学制”“学规”等词汇中的“学”字都是指称学校。中国古代的国家最高教育行政机构均以“学”为称，如西周的“国学”、战国的“稷下学宫”、

---

① 《礼记正义》卷三六《学记》。

② 《三国志·魏志》卷一《武帝纪》。

③ 《明史》卷二八五《文苑传·王行传》。

④ 例如，《文选·沈约〈直学省愁卧〉诗》李善题注：“学省，国学也。”又如，《旧唐书》卷一四九《归崇敬传》：“《礼记·王制》曰：天子学曰辟雍……故前代文士，亦呼云璧池，亦曰璧沼，亦谓之学省。”

⑤ 例如，唐朝张籍《酬浙东元尚书见寄绫素》：“越地缯纱纹样新，远封来寄学曹人。”《全唐诗》卷三八五《张籍》。

汉魏的"太学"、南北朝以来的"国子监（学）"和清朝末年的"学部"。

"校"也是古代学校称谓之一。据说，夏朝国学称"校"。"校"大多是指古代乡里公共教育场所。《公羊传·宣公十五年》："什一行而颂声作。"何休注："一里八十户，八家共一巷，中里为校室……十月事讫，父老教于校室。八岁者学小学，十五岁者学大学，其有秀者移于乡学。"据《左传·襄公三十一年》记载，春秋时期的郑国有"乡校"，即乡之学校，亦即"乡学"。据《汉书·平帝纪》记载："（元始三年）立学官。郡国曰学，县、道、邑、侯国曰校。"这一类汉代学校又称"校序""校官"，如《北齐书·邢邵传》："列校序于乡党，敦诗书于郡国。"《汉书·循吏传·任延传》："又造立校官，自掾史子孙，皆令诣学受业。"但是，各类学校可以统称为"学""学校"，却不能统称为"校"。即使称为"校"的也往往被称为"学""校学""乡学"。例如，《法言·孝至》："辟雍以本之，校学以教之，礼乐以容之，舆服以表之。"因此，在古代文献中，很少用"校某"指称与学校相关的现象。除"校舍"（即"学舍"）等个别词汇外，绝大多数"校某"，包括"校长""校人""校士""校队"之"校"都不是指"学校的"，这些角色也与学校无关。与学校相关的"校某"词汇的大量涌现是一种现代汉语现象。

正是由于上述原因，在中国古代的语言习惯中，"学"既可以泛指各种类型的学校，也可以特指某一所具体的学校，与学校相关的事物通常用"学某""学校某"的提法，不用"校某"的提法。因此，在古汉语中，有"学训""学戒""学箴""学铭""学规""学约"等词汇，没有"校训""校戒""校箴""校铭""校规""校约"等词汇。学校设定的各种类型的训诲教育之词通常称之为"学训"（或"学训"的同义词及近义词）。这就是说，即使存在学校设定校训的现象，古代中国人也不会称之为"校训"。

依据上述历史现象可以推定：如果当初没有套用日语"校訓"二字，而是由中国人直接翻译英语"Motto"，很可能不会采用"校训"的提法，而是选择汉语固有且常用的"学训"或"学训"的同义词及近义词，诸如"学戒""学箴""学铭""学约""学规"等等。其中用"学训"转译"Motto"更适合标示其教育目的和训育功能，用"学箴"转译"Motto"更适合标示其箴言文体和箴铭形式。"训"与"箴"可以作为同义词使用，所以两种译法各有千秋。如果当初将"Motto"译为"学训"或"学箴"，不仅不会引发中国古代是否有名副其实的"校训"的争论，而且可以将研究思路导向比较中国与西方两大文明的"学训""学箴"的异同，进而形成更契合历史事实的"校训"定义。

人类设定"名"的根本目的是为了准确地指称"实"和全面地认识"实"。

一旦发现既定的“名”不能准确地指称“实”和全面地认识“实”，就必须重新厘定“名”或重新设定“名”，使之契合“实”。在既定之“名”尚未重新厘定或重新设定之时，求实求真的治学者不应削足适履，让“实”迁就既定之“名”，而应超越既定之“名”，坚持实事求是。如果遵循这个原则考察中国古代教育史料，就会发现一些学校设定的言简意赅的“学训”“学戒”“学箴”“学铭”“学则”“学规”“学约”与现代校训的形式和功能大体相似，有的甚至完全符合西语“校训”（“Motto”）词义。在“家训”“蒙训”“师训”“塾训”“学训”等一批教育训词中，许多箴铭训词的特有属性与现代校训或完全相同，或大同小异。这一类的历史现象都堪称颇具中国特色的校训或校训现象。

四、古汉语“学训”一词的内涵与外延

“学”字的本义是教育与受教育。“学”是“學”的简化字。“學”即“斆（斅）”。《说文解字·教部》：“斆，觉悟也。从教，从冂。冂，尚蒙也。臼声。胡觉切。學，篆文斆，省。”《广韵·觉韵》：“学，胡觉切。《说文》与斅同，觉悟也。”“學”是“斆（斅）”的省略写法，而“斆”是“教”的异体字。《说文解字·教部》：“教，上所施，下所效也。从攴，从孝。凡教之属皆从教。”在甲骨文、金文中，“教”字的完整字形由“爻”“子”“攴”构成，乃持物教“子”的象形，旨在表达施教于“子”与“子”受教于施教者。《礼记·学记》：“‘学学半’，其此之谓乎！”孔颖达疏：“‘《兑命》曰：学学半’者，上‘学’为教，音斆；下‘学’者，谓习也，谓学习也。言教人乃是益己学之半也。”[①]这就是说，“教”“斆”“學”都兼有施教与受教、教育与学习双重意义。“学”字有教[②]、斆[③]、效[④]、觉[⑤]、师[⑥]、习[⑦]等义项。《广雅·释诂四》：“训、诲、讽、诰、撰、校、効、学，教也。”因此，“学”可以用作“训”“诲”“诫”“箴”的同义词或近义词。

“学”即教育与学习，故与教学相关的事物皆可称“学某”。如求学治学

① 《礼记正义》卷三六《学记》。
② 《玉篇·子部》：“学，受教也。”
③ 《玉篇·子部》：“学，斆也。”
④ 《广雅·释诂三》：“教、学，效也。”
⑤ 《广雅·释诂四》：“学，觉也。”
⑥ 例如，《墨子·法仪》：“当皆法其学奚若”。孙诒让《墨子闲诂》：“学，谓师也。”
⑦ 例如，《礼记·学记》：“如切如磋者，道学也。”孔颖达疏：“初习谓之学。”

者称“学人”“学者”“学民”等；依据学习的内容称“学文”“学仕”“学仙”“学佛”等；治学的造诣称“学殖”“学力”“学养”“学海”等；学术的流派称“学派”“学流”“学脉”“学名”等；教育机构称“学校”“学府”“学宫”“学堂”等；教育机构的生员称“学生”“学士”“学子”“学童”等；管理教育机构的称“学官”“学政”“学主”“学长”等；受教育者的规矩称“学则”“学规”“学约”“学法”等；从事教育者称“学师”等。

教与学之地曰“学”，故学校称“学”。“学”既是教师施教之地，又是学生受教之地，故可称“学斅”[①]。“学斅”与“学校”读音相同，均为“学”之别称，故“学”自古便是学校的通名。甲骨卜辞的“大学”可能是指殷商的国学或官学。令鼎铭文有“朕小学”，即周康王开办的贵胄小学。《学记》：“古之教者，家有塾，党有庠，术有序，国有学。”《孟子·滕文公上》：“设为庠、序、学、校以教之。”塾、庠、序、校、学均为学校称谓。中国古代的学校称谓还有很多。但是，各类学校均可以称为“学”。在文献中，将“国学”“太学”等各类学校简称为“学”的例证不胜枚举。

顾名思义，所谓“学训”，即学校、学官、学师的训育及训词。“学训”一词涵盖各种形式的学校、学官、学师的教诲训导之词。蔡清《易经蒙引》申说《复卦》：“初九，不远复，无祇悔，元吉。《象》曰：‘不远’之复，以修身也。”他将“修身”说成“古今学训大略”[②]。这里所说的“学训”是指古今学者及学师公认的重要训词。据《明儒学案》卷二二《江右相传学案七·臬长胡庐山先生直》记载：“先生初不甚喜良知，亦不尽信阳明先生之学训。”[③]这里所说的“学训”是指王守仁在私人教学过程中提出的学术思想及训育之词，属于学师之训词，亦可称之为“师训”。章潢《图书编》卷十记载一则《学于古训》，其文曰：“学训不明，则邪说兴，诐行作，而国家之政治日益颓，坏学之所系亦甚巨矣。”[④]这里的“学训”是指学校及其教师的训育之词。

无论学校的学训，还是学官、学师的学训，其内容极其广泛，涉及教育的方方面面。学训的功能多种多样，且大多属于师长的教学内容。学训的形式也多种多样，有口头的，有书面的，有的还题写或铭刻于器物；书面学训有长篇著述，有短篇诗文，有警句箴言。由于“学训”一词不仅泛指学校、

① 例如，据《南齐书》卷三《武帝纪》记载，南朝齐武帝下诏兴学，称：“《春秋国语》云：“‘生民之有学斅，犹树木之有枝叶。’果行育德，咸必由兹。”

② 蔡清：《易经蒙引》卷四上《上经·复卦》。

③ 黄宗羲：《明儒学案》卷二二《江右相传学案七·臬长胡庐山先生直》。

④ 章潢：《图书编》卷十《学于古训》。

学官、学师、学者的训词，而且内容极其丰富，形式也多种多样，因而不能简单地判定为“学训”与“校训”是同义词。但是，学训中的一些箴铭类训词，其功能与形式都与现代校训大体相同或颇为相似，可以判定为校训或校训现象。

始见于明朝文献的“学训”一词是各种形式的兴学训士现象的产物。国家或个人兴学训士的现象可以追溯到先秦。自先秦两汉以来，国家兴学、地方办学、儒者训导、诸生在学逐步演化为完整的学校体系。由于办学主体形形色色，学训往往是帝训、师训、蒙训、塾训的一种表述方式。换言之，帝训、师训、蒙训、塾训往往以学训的形式存在。其中，塾训就是乡塾的学训。从实际用法看，“学训”一词包括官学学官和乡塾教师的训育之词。一些被称为“学箴”“学法”“学规”“学约”的学训也是学校设定的座右铭。这就意味着在词义上古代兴学训士的“学训”与现代学校设定的“校训”颇为相似。甚至可以说，学校及乡塾的某些类型的“学训”就是“校训”。

在中国古代，揭示教育宗旨及学生规范的学训可谓名称不一、类型众多。许多学训以学箴、学法、学规、学约的形式存在。收入《四库全书》的古代文献保存了许多设立、撰写、手书、题赠学箴、学法、学规、学约的故事。《管子·弟子职》是现知最早的命名为“学则”的学训。一些简明的学箴、学法、学规、学约堪称校训。典型例证有朱熹为岳麓书院手书的“忠孝廉节”、朱熹为白鹿洞书院设定的《白鹿洞学规》和明太祖为各类学校颁布的《禁例十二条》。有的学者辑录了中国部分古代书院“院训”8例，涉及湖南长沙的岳麓书院、江西九江的白鹿洞书院、江苏无锡的东林书院、江苏南京的尊经书院、湖北长阳的长阳书院、江西南昌的有教书院、四川彭水的鹿山书院、贵州安顺的永宁维风书院。[①]这些“院训”都属于箴言类文体，多则91字，少则4字，或题匾，或立石，其形式与现代校训相同。

将学训镌刻于石碑、题写于匾额也是一种历史悠久的传统。东汉李尤所作《太学铭》和《辟雍铭》是现知最早的学铭。在文献中，有关国学树立学规石碑的记载比较常见。例如，宋理宗曾御书朱熹《白鹿洞学规》（亦称《白鹿洞书院揭示》《白鹿洞书院教条》）颁赐国子监。国子祭酒臣张磻撰写跋文称颂宋理宗“明于作君作师之道”并“谨请勒之翠珉，期与多士服膺请事，以钦承圣天子尊德乐道垂世立教之意”[②]。显而易见，“勒之翠珉”并立于国

① 参见韩延明、徐愫芬：《大学校训论析》，人民教育出版社2013年版，第338页。

② 潜说友：《咸淳临安志》卷十一。

学的箴言类学规堪称古代校训的典型事例。《白鹿洞学规》还曾被元、明、清的许多地方官学和民间私学用作校训。

大量事实表明，中国自古便有教育类的训育及训词，一些箴言类的帝训、家训、师训、蒙训、塾训、学训颇似现代校训。在设定主体、具体形式和教育功能上，言简意赅的箴言类塾训、学训与现代校训并无二致。这就是说，帝训、家训、蒙训、师训、塾训、学训等教育类训词是现代校训的渊源、雏形、原型，而那些颇似现代校训的塾训、学训堪称中国校训的鼻祖。据此可以判定：中国自古便有校训现象，只是没有使用“校”字命名而已。

一般说来，校训现象在世界各国的古代社会普遍存在，并非西方所独有。世界各地的古代校训现象只是具体形式有所不同而已。潘懋元先生指出：校训可以“不拘一格”，“各行其是”。“优秀校训，无论其制定、作用、形式，都是不拘一格的。”[①]因此，合理的“校训”定义不应拘泥于西语“Motto”的词义，而应涵盖世界各国的古今校训。识别某种训词是否属于校训，也不应拘泥“校”字和“训”字，而应依据这种训词的属性是否契合“校训”定义而定。由于箴铭类的学训、塾训是中国固有的校训现象，因此它们也是校训研究的重要对象。

五、应当系统深入地开展中国古代学训研究

在现有中国教育史研究成果中，迄今尚未见到专题且系统地研究中国古代学训的著述。现代中国校训研究也大有进一步开拓的空间。因此，系统深入地开展中国古代学训研究不仅可以填补学术空白，而且可以从特定角度回答一系列学术问题。笔者目前想到的主要有以下几个点。

一是全面考察中国古代学训的各种具体形式，可以进一步拓宽现代中国校训研究的视野和思路。

受西方校训传统的影响，现代中国校训大多相当简短且比较笼统，很难承载丰富的含义，无法全面体现一所学校的教育理念、精神风貌和文化传统。然而，中国古代学训往往不止一条，有的还兼有帝训、圣训、家训、师训的属性，而各种教育训词的内容丰富多彩，形式也多种多样。因此，如果引入学训研究的视角，校训研究就可以超越相对狭隘的视野，将各种与校训相匹配的重要学训纳入研究对象。例如，南开大学以“允公允能，日新月异”校

① 摘自潘懋元为《大学校训论析》一书所作的《序》，韩延明、徐懔芬：《大学校训论析》，人民教育出版社 2013 年版，第 2—3 页。

训为核心，逐渐形成了一个影响深远的学训组合，包括倡导锐意进取及智勇真纯的校歌学训（歌训），倡导胸怀博大及圆行方的校徽学训（图训），倡导尚节操及正直人格的校色学训，倡导“大中之道”的校园学训（图训），倡导自律修身的容止格言学训（礼训、诗训、学箴），倡导创办中国特色大学的“土货化”学训（师训），倡导“南开南开，越难越开”的学训（师训、学箴），倡导“我是爱南开的”周总理纪念碑学训（铭训），倡导“刚毅坚卓”精神的西南联大纪念碑学训（学铭、铭训），倡导莫忘国耻理念的校钟学训（学铭、铭训），等等。唯有综合考察这个学训组合，才能全面揭示南开大学的教育理念、精神风貌和文化传统。

二是全面考察中国特色校训的生成和演化过程，可以深入了解现代中国校训的历史传统，并以确凿的事实证明中国校训也属于“早发内生”。

例如，在研究过程中，笔者发现一个重要的历史现象：就像人类胚胎的发育过程浓缩了从单细胞动物、脊索动物、脊椎动物到现代人类的漫长演化历程一样，南开大学由家教、家塾、私学到现代大学的形成过程，恰好是数千年中国学校教育演化历程的缩影；南开校训的形成过程，恰好是数千年中国校训从家训、师训、塾训、学训到现代大学校训演化历程的缩影。这一发现有助于全面认识南开校训与中华优秀传统的关系，探寻其思想文化之根源。南开校训显然是内生早发的中国校训实现现代转型的产物。

三是系统研究中国古代学训，有助于全面比较中西学校文化及校训现象的异同，深刻体认两种学校文化的文明互鉴及中国学校教育理念现代化的历程。

现代中国的学校教育、大学理念及大学校训是文明互鉴、中西合璧的产物。其中，学校特意设定一条命名为“校训”的训词并将其作为重要学校符号之一的做法是学习西方的产物。许多早期中国大学经历了一个由旧式办学模式，到全盘照搬西方办学模式，再到积极探索中国特色大学之路的历史过程。因此，许多中国大学的校训所承载的教育理念堪称中西合璧。例如，南开校训的思想渊源可以追溯到清朝学部拟定、光绪皇帝宣谕的“帝训”，即“忠君、尊孔、尚公、尚武、尚实”。其中，“忠君、尊孔”显然来自汉唐以来帝制国学一贯秉持的教育理念，在中国古代帝训、学训、塾训中亦属常见，而“尚公、尚武、尚实”则深受西方现代教育理念的影响。“南开校父”严修以学部侍郎身份负责拟定了这个全国通用的学训。由此可以推定：这个学训曾是严氏家教的家训（父训、父师训）和严氏家塾的学训（塾训、师训）。在南开大学的创办过程中，也经历了从全盘照搬西方到“土货化”的过程。这就决定了倡导“公·能·新”的南开校训兼采古今中外教育理念的优长，其主要表现是：弘扬以德为本的中华优秀传统，同时矫正传统道德教育的弊端，以公德教育为本；采纳西方现代大学注重全面发展和社会实践能力培养的教育理念，创造性地将“允能”与“允公”并列；在中国社会大变革的背景下，继承与时俱进的中华优秀传统，弘扬追求变革和勇于创新的时代精神。“公·能·新”校训显然与中华优秀传统和社会主义核心价值观相契合。①

四是中国古代学训研究可以为考察中国传统教育理念提供重要的研究视角和素材来源，甚至可以说是研究中国古代教育史的切入点之一。

中国古代学训的外延相当宽泛，可以囊括一切学校及其教师的治学思想、教育理念、教育内容及教材教法乃至学校的规章制度。这就意味着学训研究可以触及中国古代教育史的所有重大现象。其中，形形色色的箴铭类学训及相关的帝训、圣训、家训、师训、蒙训是教育理念的重要载体，这些训词多有精华，也不乏糟粕。因此，从学训研究入手，可以写出一部别具一格且相当精彩的中国古代教育思想史。

第二节　西方校训文化的引入与现代中国大学校训的产生

现代中国大学及大学校训是文明互鉴、中西合璧的产物。中国学校教育的现代转型及现代校训的产生主要是向西方先进文化学习的结果。现代中国学校的一批学校符号，包括毕业典礼、校歌、校旗、校色、校训等，都是舶来品。在中国学校教育向现代转型的过程中，中国固有的“学训”与西方舶来的“Motto”共同造就了现代中国校训。换言之，现代中国的校训是中国学校文化传统与西方学校文化传统交汇融合的产物。本节侧重从这个角度考察“允公允能，日新月异”校训提出的历史背景和时代背景。

一、欧美的校训传统

用戒律、箴铭、格言教育晚辈是一种通行的教育方法，在启蒙教育中这

① 具体分析参见张鸿：《“公·能·新”：南开大学校训的要义与精髓》，南开大学党委宣传部、南开大学校史研究室编：《南开“公能”校训与社会主义核心价值观》，南开大学出版社2014年版，第84—101页。

种教育方法更为常见。撰写旨在警示、劝勉的戒律、箴铭、格言，用于铭记、题词、碑刻，悬挂或树立于公共场所，这也是一种世界性的文化现象。在世界各地的古代文明中，都有这一类的现象。一旦将这种做法运用于学校，便会产生校训或校训现象。因此，世界各地的学校都会有某种形式的校训或校训现象。这就是说，与中国学校的学训（校训）一样，西方学校的校训也可谓源远流长。

与中国的情况一样，由于早期文献的缺略，西方最早的校训产生于何时已经无从考据。但是，从现存史料看，中世纪欧洲的一些西方大学曾经设立校训，以张扬其办学理念。例如，11 世纪诞生于意大利的博洛尼亚大学被许多学者视为欧洲第一所大学。1222 年，许多教授和学生脱离博洛尼亚大学而另行组建帕多瓦大学，并设定拉丁文校训“Unieva Universis Patavina Liberts”。这个校训的中文意译是：“为全体帕多瓦人民及世界的自由而奋斗。”许多欧美著名大学也设立校训以标示办学宗旨，如 12 世纪创办的巴黎大学校训“法兰克精神最活跃的发源地”，12 世纪创办的剑桥大学校训“剑桥——求知学习的理想之地”，17 世纪创办的哈佛大学校训“以柏拉图为友，以亚里士多德为友，更要以真理为友”，等等。经过长期的演化、传承，遂形成了具有欧美特色的校训传统。

欧美大学校训的主要特征可以归纳为三：一是在设定方式上，学校选定一个座右铭并称之为学校的“Motto”（“校训”），用为校训的座右铭大多是一个句子；二是在具体形式上，许多大学校训用拉丁文表述并题写于学校内醒目之处，有的还镌刻于校徽或官方图章之上；三是在校训内容上，往往具有鲜明的时代性，19 世纪以前的欧美大学校训深受《圣经》及宗教文化的影响，如牛津大学校训“主照亮（启发）我”或“上帝是我的光明”、耶鲁大学校训“真理和光明”、哥伦比亚大学校训“在上帝的神灵中我们寻求知识”，而 19 世纪以后的欧美大学校训大多倡导学术自由、追求真知、为社会服务等现代教育理念，如 19 世纪诞生的德国洪堡大学校训“哲学家不仅要解释世界，更重要的是改造世界”，19 世纪创办的美国麻省理工学院校训“既学会动脑，也学会动手”、斯坦福大学校训“让自由之风劲吹”、芝加哥大学校训“增长知识，丰富生活”、伊利诺依大学校训“学习、劳动”，等等。

一般说来，世界各地的现代学校都是学习西方的产物，因而都深受欧美现代学校文化的影响。实际上，目前各种现代学校通行的毕业典礼、校歌、校旗、校徽、校色、校训都是学习西方的产物。其中，毕业典礼的仪式和服饰是典型的西方模式。在设定方式、具体形式和校训内容上，世界各地的大学校训也往往类似于欧美大学校训，如印度孟买大学校训“学习的成果是性格和正义行为”和德里大学校训“执着于真理”。其中，学校选定一个座右铭并称之为学校的“校训”的设定方式为绝大多数大学校训所遵循。

为什么设置校训、校歌、校旗、校徽、校色等一套校标会构成独具特色的西方学校传统？这与中世纪欧洲的宗教、政治、社会特征及相应的文化传统有直接的关系。欧洲中世纪属于封建社会，等级森严的封建制度势必导致每一个国家都在政治上处于分裂状态。依据封建制度，每一个领主都拥有自己的领地。在领地内，封建主拥有司法权、行政权，因而每一个封建领地都是相对独立的政治实体。正是这个原因，每一个封建领地及领主家族都有自己独特的领地标志，包括徽章、旗帜。

二、“Motto”一词的移译与“校训”一词的产生

从来源看，现代汉语的“校训”是一个外来语。西语“Motto”一词本身并无“校”之义，日语之所以翻译成“校訓”，是特指学校设定的“Motto”。西语的“Motto”先是被日本人翻译为“校訓”，然后被中国人借用过来，读音仍依汉语，遂使“校训”成一个现代汉语词汇。现代汉语的“校训”一词通常指学校设定的一个命名为“校训”的座右铭。这个新的汉语词汇大约在19世纪末逐渐流行开来。

在古代汉语体系中，除“校舍”（即“学舍”）、“校学”（即“学校”）等个别词汇外，“校长”“校队”“校旗”“校刊”“校铭”“校士”“校人”之“校”都不是指“学校的”。其中，“校长”是指古代士卒一队之长或汉代守卫皇陵的官名，“校队”是指古代军队的编制单位，“校旗”是指将帅挥旗操演的军阵，“校刊”是指订正后雕版印刷，“校铭”是指考释铭文，“校人”是马官之长或管理池沼的小吏，“校士”是指考评士子。因此，用于指称学校事物的“校某”词汇大多属于现代汉语现象。

在向西方学习的过程中，日本人习惯用“學校”一词命名各种新型学校，诸如“××學校”“××小學校”“××中學校”。与此相应，日语创造了许多“校×”词汇用于指称与学校相关的事物，诸如“校名”“校務”“校長”“校主”“校僕”“校友”“校則”“校内”“校地”“校庭”“校風”“校葬”，等等。“校訓”一词便是其中之一。

在中国向西方学习的过程中，日本是一个重要媒介和桥梁，有大量的中国学生到日本留学，许多中文翻译的西方著作及事物借助日文译本及译法，因而近代以来逐渐形成的现代汉语体系深受现代日语词语的影响。中国人或

移译日语，或创造新词，逐渐弃用古代汉语体系中的“学某”词汇而改用“校某”词汇，于是“学长”改称“校长”，“学门”改称“校门”，“学园”改称“校园”，“学舍”改称“校舍”，“学友”改称“校友”，“学规”改称“校规”，“学训”改称“校训”，“学风”改称“校风”，等等。这就产生大量现代汉语常用的“校某”词汇，诸如校长、校员、校医、校役、校工、校务、校规、校址、校园、校历、校风、校训、校旗、校徽、校队、校会、校刊、校花、校友，等等。古代汉语的“校长”“校队”“校旗”“校刊”“校铭”等词汇也被赋予新的词义而成为现代汉语的常用词汇。

在考察中西方校训现象的异同和中国现代大学校训的产生及其特点的时候，必须充分注意到上述词语现象的变革，否则很容易导出简单化的判断，诸如许多学者将“校训”简单化地视为西方文明的产物，甚至依据西方校训的特征定义“校训”这个学术概念。

三、外国人创办的教会大学的校训

中国现代学校是学习西方的产物。在中国大地设立的第一批现代类型的学校是教会学校。这些教会学校直接把西方学校制度及办学模式移植到中国来，堪称全盘西化的学校。随着教会学校的建立，西方特色的校歌、校旗、校色、校训也移植到中国。

从现存文献记载看，中国大地最早产生的大学校训出自教会大学。随着一批教会学校升格为大学，也相应出现了西方特色的大学校训（“Motto”）。例如，1901 年创办的东吴大学将校训“Unto a Full Grown Man”（“法古今完人”）悬挂于学校大门。1905 年，上海圣约瑟书院正式更名为上海圣约翰大学，校长卜舫济确定以“Light & Truth”（“光与真理”）为校训。许多教会大学也设置自己的校训，如金陵女子大学以“Abundant Life”（“厚生”）为校训，华南女子大学以“Save for Service”（“受当施”）为校训。

五四运动以来，反基督教、收回教育权、教育独立的主张深入人心。中国政府要求教会学校必须注册立案并写明中文校训。1931 年，圣约翰大学校长卜舫济认为《论语》“学而不思则罔，思而不学则殆”一句旨在讲学习方法，含义中性，无宗教、政治色彩，有利于理解基督教义，遂将其定为该校的中文校训。1919 年成立的燕京大学以“Freedom through Truth for Service”（“因真理　得自由　以服务”）为校训，并分别用中文和英文书写在校门上方。1942 年，金陵大学校长陈裕光将校训设定为“真、诚、勤、仁”，不久又改为“诚真、勤、仁”。这些教会大学校训的形式与内容被不同程度地中国化，属于中西合璧的现代中国大学校训。

四、中西合璧的现代中国大学校训

在中国大地，众多学校设定名曰“校训”的学校符号是近代以来才出现的现象。由于设定一个“校训”作为学校符号的通行做法来自西方学校文化，而所设定的“校训”的表述方式深受中国历史传统和汉语习惯的影响，这就决定了现代中国大学校训普遍具有中西合璧的特征。

受西方学校文化影响，中国人创办的新式学校也出现设定中文“校训”或西文“Motto”的现象。1879 年，张焕纶等人创办正蒙书院，后改名为梅溪书院、梅溪小高等学堂，其校训为“和厚、肃静、勤奋、整洁”。到民国初年，中小学大多设有校训。一些大学也设有校训，例如，1906 年，李瑞清主持两江优级师范学堂，他设定的校训为“嚼得菜根，做得大事”。1910 年，唐文治就任南洋公学校长，他设定的校训为“勤、俭、敬、信”。1914 年，赵天麟就任北洋大学校长，他设定的校训拉丁文为“Motto：Quaerere Verum et Factum”，注明的中文是“实事求是”。1914 年，清华大学设定“自强不息，厚德载物”校训。此后，中国学校，包括小学、中学、大学，设置校训的现象越来越多，逐步发展到“几乎无校不有”[①]的程度。早期的中国校训大多深受历史传统的影响，校训内容以德育为主，校训形式采用符合汉语习惯的凝练表达方式。这就为舶来的校训注入中国汉语形式和传统文化内容。

1916 年，北洋政府教育部确定“诚”为全国师范院校的校训。各省各类学校大多制定了包含诚、俭或其近义词朴、勤、敬等的校训。一些大学各自设定校训，如 1917 年，私立武昌中华大学设定校训为“成德、达才、独立、进取”。1921 年，厦门大学创建，设定校训为“自强不息，止于至善”。1924 年，中山大学设定校训为“博学、审问、慎思、明辨、笃行”。1932 年，中央大学提出以“诚朴雄伟”为校训。1934 年，南开大学设定“允公允能，日新月异”为校训。

1938 年，蒋介石下令将“礼义廉耻”为全国统一校训。然而，许多学校依然使用原有校训，或者设定新校训。1938 年，西南联合大学制定“刚毅坚卓”校训，西北联合大学制定“公、诚、勤、朴”校训，浙江大学制定“求是”校训。

中国共产党领导在抗日根据地创办的大学都有各自的校训。1938 年，毛

---

① 侯鸿鉴：《校训统一法》，《教育杂志》第八卷第四号，1916 年 3 月 15 日，第 59 页。

泽东为中国抗日军政大学题写“团结、紧张、严肃、活泼”校训，抗日根据地的一批学校也采用这个校训。一些学校相继设定校训，如中国女子大学校训“紧张的学习，艰苦的生活，高尚的道德，互助的作风”，陕北公学校训“忠诚、团结、紧张、活泼”，鲁迅艺术学院校训“紧张、严肃、刻苦、虚心”，华北联合大学校训“团结、前进、刻苦、坚定”，华北大学校训“忠诚、团结、朴实、虚心”。

现代中国大学校训普遍具有中西合璧的特征，主要表现是：校训的设定方法效仿西方校训文化，即由学校明确设定一个名曰“校训”的座右铭，而校训的具体形式和内容颇具中国特色，即采用汉语传统语言句式，体现中国学校的办学理念，很多校训直接采自中国古代文献，其中大多偏重道德教育，属于道德修养类型。

现代中国学校的校训及校训现象依然深受传统学训的影响，主要表现是在校训之外还有一系列训育之词，从而形成一套相互匹配的学训体系。20 世纪 20 年代形成的一个“校训”定义，反映了当时学校的一些通行做法，即“校训：学校选定训练上所必要之若干德目，以一定之句语或文字，向学生（或学生之父兄及保护人）公表，定为该学校之训育标的，是之谓校训。与校训相类者，有级训、周训、训练纲目、训练细目、规约、学生心得等等。然此种种，在意义、适用范围、效果等方面，虽与校训有多少不同之处，然在其性质上观之，则无不相同。”[①]这个定义中所说的“若干德目”反映了中国大多数校训属于“德目”、偏重“德育”的现象。同时又反映了中国学校通常还有一批与校训相匹配的训育之词，许多训育之词的性质与校训相同。

一般说来，无论在形式上，还是在内容上，现代中国的大学校训既是舶来的，又是中国的。就校训字面表述而言，大多数校训依然深受古代教育理念的印象，绝大多数清末民初的校训采用“德目”，突出“德性”，强调“德育”。当时产生的许多大学校训取自儒家经典。但是，并非所有的大学校训都没有脱离窠臼，落入俗套。两江优级师范学堂校训“嚼得菜根，做得大事”、北洋大学校训“实事求是”、南开大学校训“允公允能，日新月异”、浙江大学校训“求是”、南通大学医科校训“祈通中西，以宏慈善”等都是将中华优秀传统与现代大学理念结合在一起的典型范例。在继承优秀传统、张扬现代理念方面，这些大学校训更值得称道。

---

① 唐钺、朱经农、高觉敷：《教育大辞书》，商务印书馆 1929 年版，第 858、860 页。

第三节　推出南开校训及其阐释的主观因素

南开校训堪称典型的文明互鉴的产物。其形成过程是一个探索性和创新性很强的思想过程；其核心理念贯穿从新式严氏家塾到南开大学的办学实践全过程；其表述形式有一个从家训塾训，到学箴学训，再到正式设定校训的演化历程。正是由于这个原因，南开校训的形成过程乃是中国校训从远古到现代演化历程的缩影，南开校训的表述文字乃是经过长期思考和选择而形成的独特命题，南开校训的核心理念乃是具有普遍意义的教育宗旨。从核心理念萌生，到表述形式确定，南开校训的形成经历了长达三四十年的探索过程。

从宏观的角度看，源远流长的中华优秀传统、波澜壮阔的社会改革思潮、兼容中西的现代教育理念共同构成推出南开校训及其阐释的重大历史背景。在这个大背景下，中华民族涌现出一大批具备“新·公·能”精神及素质的卓越人才。这一类卓越人才遍布各行各业，成为推动社会进步的骨干力量。如果不拘泥具体的表述形式，当时许多革命家、改革家及创业家的思想言论都属于弘扬“新·公·能”的范畴。在教育界，这样的人物也形成庞大的群体。但是，在产生于20世纪前期的中国现代大学校训中，唯有南开校训明确地采用了“新·公·能”三位一体的表述方式。显而易见，办学主体的主观因素起了决定性的作用。换言之，办学主体长期孜孜不倦的探索、思考、选择、提炼是推出南开校训及其阐释的主观因素。本节主要考察推出南开校训及其阐释的三大主观因素。

一、根除社会弊端的办学目的

改造传统、革新教育、痛矫时弊、培养新人，以推动社会进步，实现国家富强，始终是张伯苓办学的根本目的和教育宗旨，并深刻影响对历史传统的评估，对时弊成因的分析，对改革路径的探索，对具体措施的设定。对社会弊端及其成因的深刻理解和准确把握成为推出南开校训及校训阐释的重要主观因素。

“创办新教育，造就新人才”[①]，这是张伯苓校长教育救国的初衷。他明确提出必须改造传统、改造社会、改造国家、改造民族，其主要途径就是用

① 张伯苓：《四十年南开学校之回顾》，《南开四十周年纪念校庆特刊》，1944年10月。

教育的方式全面改造国民素质。他说：

> 至于本学校成立的动机，非常要紧，盼望南开学生都要晓得，因为这就是南开的生命，也就是南开学生的使命。
>
> 本校创办的动机，即本校的创办人严范孙先生与承办人的我，皆因受刺激而发奋办教育。我们所受的刺激，就是外侮，受了刺激后知道自己的弱点，才想用教育的方法解决这个困难，用教育改造国民，不但不使再受外侮，而且能适应时代的潮流而生存，这就是南开的生命。而南开学生的使命，也就是凡在本校读书的人，全应抱此目的改造国家。[①]

他一再指出；当初之所以创办严氏家塾，“目的是要救国。方法是以教育来改造中国。改造什么？改造他的道德，改造他的知识，改造他的体魄”[②]。他一再强调：“虽然欲强中国，责任谁归？曰端赖一班新少年。”[③]他一再表示：“昔人欲唤醒国民，今则应新造真国民，以造新国。其事诚难，但吾人应以难字作成习惯。西谚有云，“God helps those who help themselves”。所谓新造其国，应以何者为目的？现时世界各造其国，吾则以为国家、为人道，两相预备于将来之大同。如持此意往前，则爱国之心当倍于寻常矣！”[④]

发表于1944年10月17日的《四十年南开学校之回顾》一文全面陈述创校动机、办学目的、训练方针，理路清晰，表述完整，内容详细，文字精练。张伯苓校长旗帜鲜明地提出“南开学校系由国难而产生，故其办学目的，旨在痛矫时弊，育才救国。”时弊为何？在张校长看来，中华民族患有五种大病：愚、弱、贫、散、私。他说：

> 首曰“愚”。千余年来，国人深中八股文之余毒，民性保守，不求进步。又教育不普及，人民多愚昧无知，缺乏科学知识，充满迷信观念。次曰“弱”。重文轻武，鄙弃劳动。鸦片之毒流行，早婚之害未除，因之民族体魄衰弱，民族志气消沉。三曰“贫”。科学不兴，灾荒叠见，生产力弱，生计艰难。加以政治腐败，贪污流行，民生经济，濒于破产。四曰“散”。两千年来，国人蛰伏于专制淫威之下，不善组织，不能团结。因此个人主义畸形发展，团体观念极为薄弱。整个中华民族有如一盘散

---

①《大公报》（天津），1931年10月17日。

②《南大半月刊》第15期，1934年10月17日。

③《校风》第37期，1916年9月11日。

④《校风》第38期，1916年9月18日

沙，而不悟“聚者力强，散者力弱”“分则易折，合则难摧”之理。五曰“私”。此为中华民族之最大病根。国人自私心太重，公德心太弱。所见所谋，短小浅近，只顾眼前，忽视将来，知有个人，不知团体。其流弊所见遂至民族思想缺乏，国家观念薄弱，良可慨也。[①]

张伯苓校长深刻地认识到愚、弱、贫、散、私五病“实为我民族衰弱招侮之主因”。因此，创办南开学校“其消极目的，在矫正上述民族五病；其积极目的，为培养救国建国人才，以雪国耻，以图自强”。

张校长反对空喊口号而不做实际工作。为实现“痛矫时弊，育才救国”之目的，南开自创办起便重视对学生进行五项训练：

一曰，重视体育。张伯苓校长认为：“强国必先强种，强种必先强身。”中国传统教育不重视体育，造成“国民体魄衰弱，精神萎靡。工作效率低落，服务年龄短促”。因此，南开学校自成立以来，“即以重视体育，为国人倡，以期个个学生有坚强之体魄，及健全之精神”。在他看来，体育与德育、智育是相互促进的，“学校体育不仅在技术之专长，尤重在体德之兼进，体与育并重，庶不致发生流弊。故体育、道德及运动精神，尤三致意焉”。

二曰，提倡科学。张伯苓校长认为：“我国科学不发达，物质文明远不如人。故苓当办学之初，即竭力提倡科学。其目的在开启民智，破除迷信，借以引起国人对于科学研究之兴趣，促进物质文明之发达。”学校重视对学生进行民主意识的启蒙和科学精神的培养。张校长鼓励学生学习和跟踪世界科学发展的潮流，认为人才是国家创新的基础，要培养创新型人才，就必须进行教育方式的改革，开展创新式教育，开启和培养学生的创新思维能力。

三曰，团体组织。张伯苓校长认为：“国人团结力薄弱，精神涣散，原因在不能合作，与无组织能力。”因此，南开学校在校园文化活动上进行了许多创新，形成了良好机制，营造生动、活泼、自由、开放的育人环境。学校通过组织各种学术报告、科普讲座，知识比赛等，开阔学生视野，营造学术氛围，增强学生对未知世界探索的兴趣；开展制度化的社会实践活动，增强学生观察社会，了解社会，解决社会问题的能力；组织多种多样的学生社团，开展丰富多彩的集思想性、艺术性、趣味性、服务性于一体的文化体育活动，“使学生多有练习做事、参加活动之机会”，以培养学生的团结力、自治力与创新力。

四曰，道德训练。张伯苓校长认为：“教育为改造个人之工具。但教育范

---

①《南开四十周年纪念校庆特刊》，1944年10月。

围，绝不可限于书本教育，知识教育，而应特别注重于人格教育，道德教育。”学校德育教育以倡导公德、培育公德，强化社会责任为重点。将公德教育融入学校教育的各个方面。例如，张校长“每于星期三课后，召集全体训话，名为修身班。阐述行己处世之方及求学爱国之道，语多警惕，学生颇能服膺勿失”，不遗余力地对学生进行爱国乐群、一致为公的教育。

五曰，培养救国力量。“南开学校系受外侮刺激而产生，故教育目的，旨在雪耻图存；训练方法，重在读书救国。关于国际形势，世界大事及中国积弱之由，与夫所以救济之方，时对学生剀切训话，藉以灌输民族意识及增强国家观念。”张校长主张把爱国的精神与爱国的能力结合起来，“爱国可以出乎热情，救国必须依靠力量。学生在求学时期，必须充分准备救国能力，在服务时期，必须真切实行救国志愿。有爱国之心，兼有救国之力，然后始可实现救国之宏愿。”[①]为此，在学校的教育实践中，张伯苓既努力调动青年学生爱国热情、救国责任，也将培养学生的“现代能力”作为爱国主义教育的重要内容。

此五项基本训练，以“公·能·新”教育理念为指导原则。南开学校自创办以来，训练目标一贯，方法一致，根据教育理想制定训练方案，彻底实施，认真推行，“以治民族之大病，造建国之人才”。

二、谋求社会进步的教育目的

根除社会弊端的办学目的注定了谋求社会进步的教育目标。将教育的根本目的设定为维护既定秩序，还是为谋求社会进步，这是中国传统教育理念与中国现代教育理念的分水岭。在帝制国学及儒家学说制导下，中国古代教育以维护帝制为根本目的，以忠君尊孔为教育宗旨，以二帝三王为政治典范，以儒家经典为教育内容。这种教育具有浓厚的文化保守主义和历史复古主义色彩，其基本取向是维护既定秩序，亦即维护君主制度、宗法制度、等级制度及其核心价值观。扬弃中国古代教育、借鉴西方现代教育的中国现代教育明确将谋求社会进步、推动社会变革设定为教育的根本目的。没有这种新教育就没有新中国。

中国教育现代化进程起步于19世纪下半叶，是中国现代化进程的重要组成部分及最先取得显著成就的领域之一。中国古代社会的主要特征可以概括为君主政治、农耕经济、宗法社会、儒家文化及尊者专制核心价值观。中国

① 以上引文出自张伯苓：《四十年南开学校之回顾》，《南开四十周年纪念校庆特刊》，1944年10月。

现代社会的主要特征可以概括为日益发展的现代大工业生产和共和政治及平等、自由、民主、法治核心价值观。所谓教育现代化，即从与古代社会相匹配的古代教育，逐步向与现代社会相匹配的现代教育演变的过程。

必须指出的是：中国教育现代化的起步阶段可以用举步维艰来形容，而严修、张伯苓都是积极推动中国教育现代化的先驱者。在19世纪末和20世纪初，为数众多的办学者，特别是深受帝制国学和儒家学说影响的办学者，依然将希望寄托在弘扬传统教育及传统学术上。严修积极推动国家的教育体制改革却备受指责便是典型例证。辛亥革命以来，旧的政治制度土崩瓦解，旧的道德体系备受冲击，民族工商业迅速发展，新文化运动蓬勃展开，追求民主与科学蔚然成风。然而，中国教育界依然深受中国古代教育及传统文化的影响，许多办学者的教育理念带有浓厚的保守色彩，复古主义教育思潮及尊孔读经思潮依然相当强韧。到20世纪30年代，还产生了一种被学术界称作“现代新儒家”的学派。这就意味着当时为数众多的办学者尚未将教育目的定位于推动社会改革，谋求社会进步，并致力于改造传统和改造中国。注意到这个历史背景，才能深刻体察严修、张伯苓精神世界及能力素质的与众不同之处。

严修、张伯苓都是最早倡导并践履中国现代教育理念的著名代表人物。为社会谋进步，为国家谋富强，为人民谋利益，这是他们始终一贯的办学理念。“今教育之最要目的，在谋全社会的进步”[①]便是张伯苓校长张扬这种教育宗旨和教育理念的重要命题。这个命题是推出“新·公·能”三位一体的南开校训及其阐释的主观因素，也是全面评估“允公允能，日新月异”校训的思想价值的主要依据。

1919年2月12日，张伯苓校长在南开学校修身班演讲，他开宗明义地指出：“开学之始，曾以活动长进四字相勉。而今合起来论此四字，不过单就个人的长进而言。夫教育目的，不能仅在个人。当日多在造成个人为圣为贤，而今教育之最要目的，在谋全社会的进步。”他进一步论说道：“诸生当听过进化诸说。下等动物长为高等动物，高等动物进而为人。人再长又分为二项，一为心理的长进（Psychologically），一为社会的或合群的长进（Sociologically）。”在他看来，个人的进步与社会的进步是相辅相成、互相促进的，“个人强，可以助社会长，社会长，亦可以助个人强。是二者当相提并论，不容偏重”。而对于全人类而言，社会的进步更为根本，因为“人同人组合起来，其效用能

① 《校风》第117期，1919年3月18日。

力之大，自非一人可比”，“社会乃个人联合而成者，若社会不进，则居此间之个人亦绝难长进”。因此教育应该“不仅注重个人长进，并注重社会的长进（Social end）。不仅在心理的长进，而在多数人的齐进”。也就是说，“教育着重个人的长进，更须着重社会的进步”。

张伯苓校长认为，注重“以孝为本”“忠孝节义”的传统教育使“吾国多数人尚未脱家族观念，遇公共事则淡然视之。”他举了一个生动的例子：“予前去北京，于车中见有以免票私相售受者，何其不知公共心一至于是耶？彼以铁路为公家者，但能自己得利，则虽损坏公共利益，亦无所顾忌，而旁坐诸人，亦以此非自己之事，故不过问，亦不关心”，“若此情形，实为社会流毒（Social Evils）”。

“似此流毒，究竟责在谁人？”又有何方法将之“铲除净尽”。张伯苓校长认为除了“有强政府，有能力之总统，严厉之法律，有组织之路局”以外，培养“国民社会的自觉心”是治沉疴之猛药，能将此流毒积弊“自然消灭于无形”。

为了实现“长进社会自觉心”“谋全社会进步”的教育目的，必须改变道德评价标准。张伯苓校长说：“若不骂人、不偷、不怒、不谎、不得罪于人等事，先时多谓此为道德很高，然而此为消极的，于今不能谓此为道德。盖彼者不过无疵而已，于社会虽有若无。今因于社会进步上着想，吾等当另定道德标准。”即“凡人能于社会公共事业尽力愈大者，其道德愈高。否则，无道德可言。易言之，即凡于社会上有效劳之能力者（Social Efficiency），则有道德，否则，无道德”。这种思想是对传统道德观念的重大理论突破。

最后，张伯苓校长向学生提出了两点要求和希望。一是“用为量人量己之尺，相染成风，使社会上渐渐均用此尺，度己亦用此尺，量入则去，所谓社会自觉心，社会进步者不远矣”。二是知行合一，努力践行。“徒知此理，于社会毫无所用。先时教育多尚空谈，殊觉无用，若无实习，恐且有害。”“诸生欲按此尺而为道德高尚之人，幸勿仅求理论，更当于己身所在之社会，实在有所效用。于此先小作练习，至大社会时，自然游刃有余。所谓己身所在之社会，对诸生言，如班、如会、如校、如各种组织均是。”①

张伯苓校长阐释为谋求社会进步而办学的文章和演讲甚多，弘扬“新·公·能”精神、谋求社会进步始终是关键理据和主要内容。例如，在1919年2月14日的演说中，张伯苓校长又一次论及办学宗旨，他指出：“先

---

① 以上引文见《校风》第117期，1919年3月18日。

时尊君尊孔等，后来全个仿日本，均非其道。”由此可见，“教育宗旨不可仿造，当本其国情而定”。与发达国家相比较，中国人有四个明显的缺点：一是“世界文明国多活泼，吾人太死”；二是“世界文明国多进取，吾人好保守（按，此当提倡自动）”；三是“吾人多知自己及家族，而思想眼光多不知社会之必要[按，此当提倡使国人有社会的自觉心（Social Consciousness）]”；四是“国人好作消极的言论行动（当提倡积极精神）”。要改变这种状况，需要采用多种教育方法，“如使学生有机会在学生中及团体中做事，即练习社会自觉心；又如使学生自谋其前途事业，即练习自动心”。在谈到必须筹办大学的原因时，他表示：“先时教育为扬名声，显父母，而今日则迥乎异矣！教育为社会谋进步，为公共谋幸福；教育为终身事业（life work），予于此至死为止。”[①]这一类的演讲针对中国社会的现状，明确指出：教育的根本目的是推动社会进步，谋求公共幸福；教育既要着眼于个人的长进，更须着重社会的进步；促进社会进步和个人长进的根本途径就是培养一代新人；唯有培养一代新人，才能达到改造中国、改造社会，实现社会进步、国家富强的目的；公德教育重于私德教育，能力培养特别是创新能力培养重于知识灌输。因此，必须改革“造成个人为圣为贤”的传统教育，推行注重培养公德及能力的新式教育。张伯苓校长还谆谆教导学生：要做一个公德高尚的人，一个不尚空谈的人，一个对社会有用的人。“允公允能，日新月异”就是对这种教育宗旨及培养目标的概括。

三、与时俱进的办学实践

昭示南开精神的南开校训归根结底是总结南开办学实践的产物。在同一时期的著名教育家中，许多人与张伯苓一样，以谋求社会进步为办学目的，以根除社会弊端为教育宗旨。为什么唯有张伯苓能够创造“新·公·能”三位一体的校训？这与独特的办学路径及由此而不断强化的探索精神及创新思维密切相关。在中国著名大学中，南开大学的办学路径最为特殊也最为艰难。张伯苓校长曾经指出：

> 各校中有进取者焉，有保守者焉。吾校进取者也。即以各校各项竞争而论，吾校所得之结果如何？汝等之所共知也。此即进取之效力也。推而至于国家，亦何莫不然。故欲强中国，非打破保守，改持进取不可也。[②]

① 《校风》117期，1919年3月18日。
② 《校风》第39期，1916年9月25日。

为时不久，他再次指出：

> 今日盛会，所以纪念昔日创造之艰难，亦即庆贺十二年成立之非易。彼时与南开同时并立之中学，为数甚夥，今则寥若晨星。非因经济困难而停办，即因董理无人以致不久。由此以观，吾校之所以能卓立于津门者，要非全校师生互相扶持不为功。然此往事矣。今日何日，非十三年之开始日乎。发奋图强，磨砺不息，以期学校与国家熔为一炉，是故吾所厚望于诸生。[①]

正如张校长所指出的：“南开学校由私塾而中学而大学，由全盛而毁灭，而继兴，中间经过多少困难，经过多少挫折。”[②]独特而艰难的办学路径要求办学者必须志存高远，不畏艰难，敢想敢干，积极进取，自强不息，日新月异。“南开过去无时不在奋斗中，亦无时不在发展中”，“南开之事业无止境，南开之发展无穷期”[③]，日新月异，自强不息，是推动南开事业发展和南开办学成就取得的根本原因。这一点也体现在设定校训上。与张伯苓比较而言，当时知名学校办学者的创业历程都要容易许多。或许正是由于这个原因，他们对教育宗旨的思考的深刻程度逊色于张伯苓，甚至没有想到应当自创一个全面展示现代教育理念的校训。

显而易见，卓越的倡办者和独特的创办史造就了“允公允能，日新月异”校训。1948 年 10 月 17 日，在南开大学成立 29 周年校庆暨何廉任南开大学代校长就职典礼上，张伯苓首先致辞，他说道：

> 我今天觉得非常安慰，一个事业并不是属于私人的，如果举办事业的人离开了，或是死去了，而他的事业能有人切实维护，是极大的安慰。今天的安慰，就是我办学五十年所得到的快乐。
>
> 南开的历史指示了我们自身的道路。
>
> 我最近愈来愈觉得自己老了，在将来，请诸位要追念我们的创办人严范孙先生，他的伟大是一般人不能理解的。四十年前，有人说我教育救国的论调太高，今天证明我的看法并不错误。在将来，要请诸位不要忘掉我的“公”“能”理论。[④]

---

①《校风》第 43 期，1916 年 10 月 25 日。

② 张伯苓：《四十年南开学校之回顾》，《南开四十周年纪念校庆特刊》，1944 年 10 月。

③ 张伯苓：《四十年南开学校之回顾》，《南开四十周年纪念校庆特刊》，1944 年 10 月。

④《大公报》（天津），1948 年 10 月 18 日。

办学目的之明确，办学路径之艰难，办学成效之巨大，办学思想之深刻，注定了校训理念及表述经历了一个漫长的探索、思考、选择、提炼的过程。正是由于这个原因，南开校训表达了从实践中获得的真知，揭示了经过实践检验的真理，堪称典型的创新性思想命题。张伯苓校长的“公”“能”理论具有鲜明的思想个性和宝贵的理论价值。

第四节 南开校训的理念提炼和表述选择的过程

校训是内容与形式的统一。校训内容是指被设定为“校训”的学箴所承载的意义，特别是核心理念。校训形式包括表述形式、制度形式和礼仪形式，即学校选择某一特定学箴（表述形式），特意命名为“校训”（制度形式），用作学校符号（礼仪形式）。校训表述形式的形成过程是选择过程与命名过程的统一。将某一选定的标示教育理念的箴言命名为校训，便意味着校训的正式设定。依据约定俗成，唯有兼备表述形式、制度形式和礼仪形式的学箴才是公认的校训。校训的内容与形式都有一个或长或短的形成过程。一些校训的教育理念和表述形式甚至经历了长期的提炼和选择过程，南开校训便属于这一类。本节主要考察南开校训的理念提炼和表述选择的具体过程。

一、“尚公、尚武、尚实”的严修家训

严修是南开校父。在严修家训中，已经包含“公”字，蕴含“能”字，体现“新”字，具有“新·公·能”三位一体的特征。因此，南开校训核心理念及表述形式的历史起点都可以追溯到严修家训。

一些研究者指出：严修提出的“尚公、尚武、尚实”教育宗旨“实际上就是针对德、体、智三育提出的，即要求在德育中重视公，在体育中重视武，在智育中重视实”。由此可见，“南开办学理念有着深深的严修印记。……南开‘允公允能’校训虽是严修逝世后才提出的，但与他的教育思想是一脉相承的。”[①]这个学术判断是完全正确的。

“尚公、尚武、尚实”是矫正帝制国学弊端的产物。明清以来，帝制国学及其制导下教育体系的弊端日益凸显，主要表现是：以孔孟四书为尊，以儒

---

① 陈鑫：《从“尚公、尚武、尚实”到“允公允能”——严修对教育宗旨的探索及其对南开校训的影响》，南开大学党委宣传部、南开大学校史研究室编：《南开“公能”校训与社会主义核心价值观》，南开大学出版社 2014 年版，第 21 页。

典经义为重，以忠孝私德为先，以选拔文臣为主，以八股制文为准。这种教育体系培养出来的人都属于文科生范畴，且都是自幼诵读四书五经、擅长做八股文章、讲究忠君尊孔、维护帝制礼教、具有浓厚复古取向的文科生。这就必然导致社会精英群体素质的平庸化，并最终导致中华民族创新能力日趋弱化。在那个时代，议论国政者大多明确指出：国家之衰落，社会之衰颓，王朝之衰弱，政治之衰败，其根本原因在于人才难得。历史进程也告诉我们：中国之所以被西方超越，国学的重大弊端乃是主要原因。近代以来，革除国学弊端成为当务之急。在戊戌变法中，试图挽救危亡的光绪皇帝明令废除科举制，裁撤国子监及各省学政使，设置学部及京师大学堂，兴办各省学堂及各类新式学校。这标志着将帝制与儒学联袂一体的帝制国学先于帝制而寿终正寝。中国现代化进程最先在教育领域取得重大突破，这个历史事实也足以表明帝制国学及儒学教育早就成为社会进步的绊脚石。

“尚公、尚武、尚实”的表述形式首见于严修参与制定的清朝教育宗旨。1905 年，清朝政府设立主管国家教育行政的学部，任命严修为学部侍郎。学部成立之初，日常事务实际上由时任右侍郎的严修主持。他做的第一件大事就是制定国家的教育宗旨。经过争论、折中、奏报、钦定，1906 年 3 月，由光绪皇帝以颁发上谕的形式宣示天下的教育宗旨为“忠君、尊孔、尚公、尚武、尚实”。忠君和尊孔乃是帝制国学及儒学教育一贯秉持的教育理念，为帝制皇权及孔学礼教所不可或缺，在中国古代学训中亦属常见。尚公、尚武、尚实则旨在革除帝制国学的弊端、适应国家的人才需求并深受西方现代教育理念的影响。尽管留下了“忠君、尊孔”这个长长的尾巴，这个教育宗旨的颁行依然对推动教育改革有积极作用，在中国教育史上具有里程碑意义。它标志着国家教育行政现代化进程的正式启动。

在为学部拟定教育宗旨的奏折中，严修明确指出：“中国民质之所最缺而亟宜箴砭以图振起者有三：曰尚公，曰尚武，曰尚实……中国之大病曰私，曰弱，曰虚，必因其病之所在而拔其根株，作其新机，则非尚公、尚武、尚实不可也。”尚公，即注意灌输“爱国合义之理”；尚武，即注重培养尚武精神和强健体魄；尚实，即注重讲授“下益民生，上裨国计”的学问。由此可见，“尚公、尚武、尚实”旨在校正传统教育的缺陷及偏颇，其矛头所指就是帝制国学及儒者之学的重大弊端。奏折指出：道德教育以“尚公”最为紧要，必须培育“爱国合义”精神，“务使人人皆能视人犹己，爱国如家”。在国家积弱、列强环伺的背景下，学校教育必须“尚武”，各种课程包括国文、历史、地理、音乐、体操等“必寓军国民主义”，使学生“发育其身体、严整其纪律、造成完全之人格”，以期“人尽知兵义”。“尚实”的针对性更强。奏折借鉴培根的实验主义思想，将格致、图画、手工列为重点课程，“以期发达实科学派”，就连修身、国文、算术等科目也要“勖之以实行，课之以实用”，还强调在教学中注重实物标本和实地研究。奏折尤为强调培养实业人才的重要性，称：“方今环球各国，实利竞尚，尤以求实业为要政，必人人有可农可工可商之才，斯下益民生，上裨国计，此尤富强之要图，而教育中最有实益者也。”[①]

严格地说，上述五项教育宗旨乃清朝学部拟定、光绪皇帝钦定，其性质属于帝训（君师之训）的范畴。就地位及功能而言，这个皇帝钦定的学训相当于国家制定的全国统一校训。严修以学部侍郎身份负责拟定了这个学训，而他所强调的正是针对时弊的“曰尚公，曰尚武，曰尚实”这三项。就教育理念而言，“尚公”亦即“允公”；“尚武”和“尚实”都有强调“允能”的意味；针对时弊、改革教育的“曰尚公，曰尚武，曰尚实”具有鲜明的与时俱进的取向。由此可见，严修倡导的“尚公、尚武、尚实”教育思想具备了“新·公·能”三大要素，与南开校训的核心理念相契合。

严修既是朝廷的学官，又是家庭的父辈。无论履行学官职责，还是进行家庭教育，他必然秉持自己倡导的教育理念，期望子侄晚辈具备“尚公、尚武、尚实”的素质，造就完美的人格。由此可以推定：“尚公、尚武、尚实”曾是严修教育晚辈的家训（父训）。其中，具有学训属性的家训又称“父师训”。

二、“新·公·能”三位一体的新式严氏家塾学训

南开学校滥觞于新式严氏家塾。新式严氏家塾的创办者是严修和张伯苓。他们创办新式家塾的目的是教育救国，具体方式是将教授新学的家塾私学逐步发展为新式的公益性学校。因此，自滥觞之日起，南开学校便具有求新、为公、尚能的特征。

新式严氏家塾教育宗旨的设定者是严修和张伯苓，而严修居于主导地位，张伯苓发挥重要作用。这也就决定了“尚公、尚武、尚实”也是严氏家塾的首要学训，甚至堪称南开学校的创校学训，其实际地位、属性和功能大体相当于校训。就核心理念而言，“尚公、尚武、尚实”与“允公允能”属于近义词乃至同义词。1938 年 9 月 20 日，南开学校校友总会执行委员会致函张伯苓校长，其中的一段文字如下：

> 窃考母校创立历史，我校父严范孙先生与我校长鉴于甲午之役，中

---

① 以上所引奏折内容见朱寿朋编：《光绪朝东华录》第五册，中华书局 1958 年版，第 26—31 页。

国失败者，由于教育不振之故。是以四十年来，我南开校友，靡不具有报仇雪耻之决心，一秉我校长"公"与"能"之校训，效忠国家，勠力复兴民族运动。因此我母校首遭敌人之摧毁。虽然，敌人能毁我有形之南开躯壳，而终不能毁我无形的南开教育所养成万千青年之抗敌精神。自抗战以来，我校长奔走万里，培植复兴民族根苗之苦心，早为社会人士所敬仰，及我万千校友所钦服。今为培育我南开继起之新生命，永续我南开历史的生命，使我南开精神生命与宇宙相终始，敢乞我校长将南渝正名为南开。一以纪念我校父严范孙先生创立南开之精神，一以承续我校长四十年来培植复兴民族根苗之新生命。①

这封信函明确指出"校父严范孙先生创立南开之精神"。这个评述是符合历史事实的。严修和张伯苓是当之无愧的南开精神创造者。虽然在严氏家塾时期尚未提出"允公允能，日新月异"校训，而这种办学理念已经形成。

值得注意的是：严修、张伯苓的办学理念尤为强调教育改革的必要性及其重大现实意义。张伯苓校长曾有一篇专门评说严修人格特征的演讲，这篇演讲可以为考察严氏家塾及南开学校创办初期的办学理念提供重要的实证材料。1919年4月30日下午，为筹办南开大学赴南京募捐并调查教育的严修、张伯苓参观暨南学校，张伯苓应该校校长赵正平之邀，代表严修作了演讲，他说：

严先生在前清的时候，是个翰林，在那个时代，就算得很高的学位了，差不多同外国的Doctor一样。先生曾做过贵州的学政，察看彼时的情形，知道八股文章，不能够应用的，所以首先提倡改革八股。他的意思，以为那个时候所需要的是一种人材，所造就的是另一种人材。所以不能适用，也就不能不谋改革。……先生善于观察，并且"善变"，又不激烈，所以可说是我们的先觉先知的。……严先生因为知道旧的不适用了，所以就要"变"。诸君是少年，更当该"变"了。……古人所说的"有志者事竟成"真是不错的。我再总一句说，我们处在这二十世纪上的难题目，是什么呢？就是要"与世界合式"。②

接着，他阐明了"变"的方法，"世界上的潮流，是变动不居的，所以我们的'变'，也是不能固定的"。因此，"我们的'变'，第一必须是'科学的'

---

①《南开校友总会执行委员会致张伯苓函（1938年9月20日）》，南开大学档案馆藏。

②《张伯苓先生讲演词》，《中国与南洋》第六期、第七期，1919年8月。着重号原文如此。

（Scientific），不是新的全好，必须想一想对不对。第二必须要‘诚实的’（Sincere），假使有一件事情是应该变的，就老老实实的去做，抱定宗旨，一贯到底。”[①]这篇演讲的核心理念就是改革，即“变”与“善变”，而变革的方向是契合世界潮流，符合中国实际，改造一切不适应现实需要的旧东西。就教育而言，改革的目的是造就适应中国现代社会需要的人才。

1934 年 9 月 17 日，在南开大学秋季始业式上，张伯苓校长发表演讲，再一次详细介绍严修的思想和南开的办学理念，他说：

> 天津有个有名的学者严范孙先生，他读的是旧书，是中国书，但是他的见解确不限于中国的旧学。他把时局看得极清楚。他以为中国非改弦更张不可。他作贵州学政的时候，所考的是八股，而所教的是新学。现在在本校贵州学生的父或祖，就许是严先生的门生。严先生倡改科举，改取士的方法，触了彼时朝廷——西太后——之怒，便不作官，回到天津来。戊戌年，个人万幸，遇到严先生。自己本来是学海军的，甲午之后，在海军里实习，彼时年纪二十三四岁，就看中国上下交争利，地大物博，人民众多，而不会利用。彼时自己的国家观念很强。眼看列强要瓜分中国，于是立志要救中国，也可以说自不量力。本着匹夫有责之意，要救国，救法是教育。救国须改造中国，改造中国，先改造人，这是总方针。方法与组织，可以随时变更，方针是不变的。中国人的道德坏、智识陋、身体弱，以这样的民族，处这样的时局，如何能存在？这样的民族，受人欺凌是应当的。再想，自己是这族人中之一个，于是离开海军，想从教育入手。真万幸，遇到严先生，让我去教家塾。严先生之清与明，给我极大的教训。严先生作事勇，而又不慌不忙。有人说，旁人读书读到手上来了，能写能作，或是读到嘴上来了，能背能说。而严先生读书，真能见诸实行。我们称赞人，往往说某某是今之古人，严先生可以说是今之圣人。他那道德之高，而不露痕迹，未尝以为自是好人，总把自己当学生。可惜身体弱——也难怪，书房的环境，身体如何能好——七十岁便故去了。死前也有几年步履不灵，然而心之热，是真热，对国家对教育都热心。我们学校真幸会由严先生发起，我个人真万幸，在严先生指导之下作事。
>
> 发起是如此发起，目的是要救国。方法是以教育来改造中国。改造

① 《张伯苓先生讲演词》，《中国与南洋》第六期、第七期，1919 年 8 月。

什么？改造他的道德，改造他的知识，改造他的体魄。如此作法，已有三十年。这三十年，时时继续努力，除非有战事，是不停学的。……[①]

1935年6月23日，在秀山堂举行的第13届毕业典礼上，张伯苓校长发表讲话，他说：

南开创办人严范孙先生因鉴于国人之病在“私”字，力倡教育救国，彼之国家观念，我人今日尚未能追及。严氏指给我人之方向，即是教育须为国为公。[②]

上述三篇演讲旨在介绍严修的思想，而这种思想也是张伯苓的思想。据此可以判定：严氏家塾的办学模式及其首要学训的核心理念具有“新·公·能”三位一体的特征。换言之，南开学校的创校学训具有“新·公·能”三位一体的特征。

三、“三育并进而不偏废”的南开学校教育宗旨

帝制时期的学校教育片面夸大德育的作用，以培养忠臣孝子为教育目的，以灌输纲常礼教为主要教育内容，甚至将智育纳入德育范畴，使知识传授从属于德育，形成了一些学者所说的“主德求善”的教育传统。现代新式学校大量兴办以来，又出现了偏重智育的倾向。正确的教育宗旨应当是德智体三育并重，学生素质全面发展。南开学校很早就明确了“三育并进而不偏废”的教育宗旨，这一点又集中体现为重视体育。在那个时代，这是难能可贵的。

对“三育并进而不偏废”的教育宗旨张伯苓校长有许多论述，兹举一个代表性的讲话。1914年4月29日，张伯苓在修身班上发表一篇演说：

近日屡感触于社会之恶习，益觉中国前途之可惧。夫中国当此千钧一发之秋，所恃者果何？在恃教育青年耳。教育一事非独使学生读书习字而已，尤要在造成完全人格，三育并进而不偏废。故凡为教育家者，皆希望世界改良，人类进步；抱不足之心，求美满之效。我国当教育青年之任者，诚能实行若此，则中国或可补救于万一。[③]

在今天，学校教育必须使学生德智体全面发展乃是一种尽人皆知的常识，

---

① 《南大半月刊》第15期，1934年10月17日。
② 《大公报》（天津），1935年6月24日。
③ 《敬业》第1期，1914年10月。

而在清末民初却并非如此。1916 年 7 月 29 日直隶中学会议结束。在闭会词中，张伯苓校长指出："惟鄙人对于本会稍有遗憾者，则教育当德智体三者并重，此次议案关于智育者多，关于体育者少，而于德育尤略焉！此鄙人所为疑虑也。"①由此可见，当时的教育界已经出现偏重智育、忽略德育、轻视体育的倾向。

最能体现南开学校贯彻德智体三育并举教育宗旨的是切实有效的爱国利群教育和卓有成效的体育成果。其中，重视体育又是南开学校的特色之一。在严氏家塾开办之时，倡导"尚武"的严修和张伯苓就重视体育教育。设立中学堂以来，重视体育就是南开学校的办学特色之一，学生的竞技体育成绩之好闻名全国。

张伯苓校长一再指出：德育、智育、体育相辅相成，体育是学生全面发展所不可或缺的。1916 年 8 月 23 日，张伯苓校长在修身班发表演讲，讲解学校各项政策。他说："体育一科现时急宜注意。体育发达非啻身体之强健已也，且与各事均有连带之关系。读书佳者宜有健全身体；道德高者宜有健全身体。"②

在现存文献中，张伯苓校长论及体育的篇章可谓不胜枚举，内容不仅涉及学校教育，而且涉及国民教育。例如，1916 年 5 月 10 日，他在修身班上讲道：

> 德智体三育之中，我中国人所最缺者为体育。欧美之道德多高尚，公德与私德并重。我国人素重私德，而于公德则多疏忽，近则于公德亦渐知讲求矣。欧美人之知识发达，学术皆按科学之理得来。我国人固望尘莫及，然其学术发达之年代尚不为久，我国人竭力追之，犹可及也。至体魄，则勿论欧美，与日本人较，已相差远矣。③

再如，1935 年 11 月 26 日，张伯苓在杭州中央航空学校发表演讲，强调要革除自私和自满的旧观念。在他看来，"运动会的意义，不但是可以振作青年的精神，同时也可以医治中国人两种根本的毛病"④。这就是说，体育具有革除自私和自满的功能。换言之，体育有助于提高国民的进取精神和公德意识及能力素质。

---

① 龚克主编：《张伯苓全集》第 1 卷，南开大学出版社 2015 年版，第 39 页。
②《校风》第 36 期，1916 年 9 月 4 日。
③《校风》第 30 期，1916 年 5 月 15 日。
④ 龚克主编：《张伯苓全集》第 2 卷，南开大学出版社 2015 年版，第 264 页。

德智体三育并重之所以成为南开学校始终一贯的教育宗旨，是由于学校主办者及教师群体对教育规律有正确的认识，并敢于和善于以实际行动矫正中国传统教育的痼疾和当时教育界的时弊。德智体全面发展是南开校训的题中之义。

四、陶铸南开精神的“月异日新”校歌

从严氏家塾塾训，到南开学校学训，教育宗旨的核心理念始终具有“新·公·能”三位一体的特征。在阐释这一教育理念时，张伯苓校长常常使用“日新”一词及“日新月异”的同义词并注重培养公与能的素质。例如，张伯苓在1915年南开学校始业式致辞：“且生等宜自思，应发奋自励以日新乎，抑随流逐波以自弃乎？孜孜矻矻以进三育乎，抑泄泄沓沓以消光阴乎？”[①]再如，1916年7月26日，在直隶中学教育会议上，张伯苓报告的主旨是中学训育问题。他说：“余居恒尝谓教育之力可以改造世界，何者？盖人为血气之伦，有生长、老死、腐旧者，逐渐淘汰。而少小者，可心教化之，以求合吾辈之标准。由此，前祧后续，日新又异。而教育之效果于焉表现。”[②]这就是说，培养公与能素质的根本目的是改造世界，改造中国，以实现国家与民族的“前祧后续，日新又异”。

“日新月异”一词正式见于重要的学校符号是在南开校歌的歌词中。一般说来，校歌通常产生于校训之后。许多学校的校歌将校训词语写入歌词。南开大学则与众不同，校训产生于校歌之后，设定校歌与设定校训相隔达16年之久，而其核心理念及思想要素一脉相承。1918年末，张伯苓采纳留日学生的建议而创制校歌。音乐课教师孙润生套用西方圣诞之歌《Oh Christmas Tree》的曲谱，填上校歌的歌词。歌词全文如下：

> 渤海之滨，白河之津，巍巍我南开精神。汲汲骎骎，月异日新，发煌我前途无垠。美哉大仁，智勇真纯，以铸以陶，文质彬彬。渤海之滨，白河之津，巍巍我南开精神。

校歌歌词指出：南开学校及南开精神产生于黄河故道、九河下梢、百川汇海、人杰地灵的天津市。“汲汲”，形容水流湍急；“骎骎”，形容骏马奔腾。“汲汲骎骎，月异日新”，即与时俱进、自强不息、勇于求变，善于创新，学

① 中共中央文献研究室第二编研部、天津南开中学编译：《周恩来南开中学论说文集》，人民出版社2014年版，第43页。

② 龚克主编：《张伯苓全集》第1卷，南开大学出版社2015年版，第37页。

校的事业发展及人才培养质量日新月异，前程不可限量，犹如大河川流，势不可挡，恰似骏马驰骋，一往无前。“月异日新”亦即“日新月异”。之所以采用“月异日新”的写法，是为了使歌词符合韵律。“美哉大仁，智勇真纯，以铸以陶，文质彬彬”则是表明南开学校旨在培养德、智、体素质全面的卓越人才。南开校歌歌词将“日新”精神及与之相匹配的人才素质称颂为“巍巍我南开精神”，乃是南开校训核心理念的早期表述形式。

校歌不仅是学校的重要符号，而且是学校的重要学训，其主要特征及功能与校训大致相同。“于聚会之时，千人合唱，以期神会而铸就南开真精神”。在正式设定校训之前，南开校歌的功能和作用大体相当于校训，并在学校教育中发挥了重要的作用。为了与约定俗成的“校训”定义相区别，可以将校歌称作“学训”或“校训现象”。

五、借鉴西方教育的“尚实、尚理想”

不是泛泛地讲究培养德与才，而是尤为注重培养公与能，这是南开教育宗旨的独到之处。注重培养公与能的教育理念的基本因素并非是到现代社会才产生的，全面解读、正确理解德与才便可引申出公与能。但是，在欧亚大陆文明核心区域，以传统农耕经济为主的古代社会通行的社会法则及核心价值观是尊卑有别、贵贱有等、尊者专制、贱者服从，以社会化大生产为主的现代社会通行的社会法则及核心价值观是自由、平等、民主、法治。因此，古今教育理念变迁的显著特征是德育从以私德教育为主转变为以公德教育为主，智育从以知识教育为主转变为以能力培养为主。由于西方社会最早启动现代化进程，因此尤为注重培养公与能的南开教育理念深受西方现代教育理念的影响。

张伯苓校长办学理念的特色之一就是以“允能”表述教育宗旨，将“允能”写入南开校训，并采取各项切实可行的措施加强能力培养。在南开校训表述方式的形成过程中，“新”和“公”很早便明确写入学校的教育宗旨，而将“能”字写入教育宗旨则是较晚的现象。从思想先导看，“允能”最初主要借助“尚实”来表述，见于严修学训并曾长期居于南开教育宗旨的重要地位。张伯苓曾经说道：

> 严范孙先生，是中国一个有学问的人。但是他所以能为人佩服，是因为他能够务实。他念书是把书念在身上，不是念在嘴上或手上的。我们学校能从他的家里建起，就是能务实。世界所以能进步，也是因为能

务实。所谓科学方法者，也就是能务实，不尚空谈的。学校离开他家以后，进步依然如旧，是因为借着严先生的精神，所以才有今日。[①]

张伯苓校长在阐释教育理念时常常提到这个“实”字。例如，1915年4月12日刊行的《南开星期报》第40期发表《本校校长修身演说节录》，其中几个要点为“中国今日因事做事者鲜矣”；“学理要乎实事，要乎实事乃学理所产出。世所以重学理者，重实事也”；“有能力者多做”；“世间最不可破者，真实是也。名皆随实以行”[②]等。这几个要点从不同角度阐释了“尚实”。

“尚实”的关键是培养能力。1916年7月26日，张伯苓校长论说学校训育，亦即学生管理，他指出：“吾人须知教育学生最要者，为增长其能力，俾使将来出任国家社会之繁剧，匪特束缚之驰骤之，勿使为非而已也。”[③]在《改造中国须去旧材料用新方法》一文中，张伯苓校长提出必须注重培养自动精神，使学生有“世界变化之能力”。他说：当此改革时代，正值醒狮之时，幸也何如？且我南开学生，有知之机会，有作之机会，有听之机会，故应练习自动，勿只信教员，勿尽依学长。其造就之人才，须世界变化之能力，乃为真正之教育。[④]在他看来，注重培养改造世界能力的教育才是“真正之教育”。

在办学实践中，“尚实”理念有一个探索、充实和提炼的过程。1919年张伯苓校长提出了以“尚实”为首的教育措施便是一个里程碑。1919年1月25日，在教育厅河北高工礼堂召集的演说会上，张伯苓校长向各校职教员发表演讲，谈到与严修、范源廉考察美国学校教育和讨论各国教育优劣的心得，提出借鉴美国教育思想的六项措施：

> 今后教育当（一）尚实（勿虚）。（二）尚理想（勿妄）。（三）按科学法教之做事，即凡作一事，当先研究，后计划，然后执行，最后则批评之，以见短长。（四）当利用物质，利用科学。去岁大水物质害人，而人不能于事前制之，学科学当学其用法，如观察、试验、公式等，而其原理之价值甚有限。（五）当学组织。先时专制时代，“二人偶语弃市”，而如今人批评毫无实验，发不负责任的苛言，不知事理的难易，又是过当。（六）当学社会科学，即打破旧家族制度，而成国家。旧家族可以谓之一堆一块分不清楚，不成民国，今当将此制度打散了，使成个人，然

① 《南开双周·南开学校廿五周年纪念庆祝纪实》，1929年10月。

② 《南开星期报》第40期，1915年4月12日。

③ 龚克主编：《张伯苓全集》第1卷，南开大学出版社2015年版，第37页。

④ 《校风》第63期，1917年5月2日。

后再合起来使成社会，使成国家。

若按如此进行起来，个人的进化，团体的进化，必当蒸蒸日上，民国的盛治，可以说后会有期。要想造新民国，不可仿造，当想造，创造。中国当年即非仿造，更当看活了，凡事都要问问是如么？

如是，则将来中国强，即于世界有关，因将来世界要缩小，中国要涨大。[①]

上述六项措施不仅符合“新·公·能”理念，而且将培养创新精神和创新能力视为改造国家制度、推动社会进步、实现国家富强的关键措施。

张伯苓校长积极施贯彻强化能力培养的教育理念。在《南开学校的教育宗旨和方法》一文中，张伯苓校长强调使学生“理解”自动精神的极端重要性，并将其规定为学校管理规则，要求规定学校的教育及管理“惟在引导学生之自动力而已。”他说：

所谓“理解”者，即一切事不使学生专仗先生去推。当认清理解，自己去行。意在造出一班自动的人来。果能按理解去自动，即完全给以“自由”。近来自由几为社会的诟病，然而予不但不以为病，且欲多讲育，怕者无理解的自由，若有理解，何故不给人自由呢？[②]

在培养能力方面，南开学校做的最突出的一点便是“本校于课程外，组织各种学会团体，以为学生练习做事之资助”。[③]这样的教育和训练造就了周恩来等一批卓越人才。

六、标示南开精神的“自强不息”和“一致为公”

张伯苓校长认为“有精神者与无精神者竞争，则无精神者必败”[④]。他尤为强调团体的精神、国家的精神、国民的精神，并常常论及南开学校及师生群体的精神特点。在现存文献中，最早使用“南开精神”一词的张伯苓校长学训见于1916年。“南开精神”“南开之精神”的提法逐渐演化为师生们的一个常用词汇。在产生于20世纪初期的校长学训中，有两则准确表达了“允公允能，日新月异”的核心理念。

①《校风》第116期，1919年3月11日。
②《校风》第119期，1919年3月31日。
③《校风》第36期，1916年9月4日。
④《南开星期报》第40期，1915年4月12日。

一曰“日新月异，自强不息”。在1916年9月20日的一次演讲中，张伯苓校长指出：“故欲强中国，非打破保守，改持进取不可也。”他将南开学校定性为“进取者也”，称“自强不息”及“有毅力，有信心”的“进取精神”为“南开之精神”，认为“以此精神置之学校既发达，置之国家亦必能富强也”①。在1929年2月的一次访谈中，出现了“日新月异，自强不息”②的提法，并成为南开学训体系的重要构成之一。

二曰“一致为公，始终不渝”。在1917年8月18日的一次演讲中，张伯苓校长以“一致为公，始终不渝”论说“南开精神”。他说：“余尝曰：诸事可变，南开精神不可变，一致为公，始终不渝。”又说：“余敢断言，将来做事，能以南开精神成功者，即‘为公’二字。”③1921年5月19日，张伯苓校长对南开学校舒城同乡会发表演讲，他说：“我要使你们组织这个小团体的原因，并不是使你们只在学校里做一个好学生，也叫你到社会里做优秀的分子。不是徒让你个人做一个好国民，也要使你帮助旁人都有社会分子的资格。”“我敢说是我们南开的特点，也可以说是南开的教育方法。”④

张校长特别注重学校精神的营造与弘扬，一再强调“我不过多地看重物质，我更看重精神，赋予学校生命的精神”。⑤他对南开精神多有阐释，其中昭示南开精神、体现南开特点的“日新月异，自强不息”和“一致为公，始终不渝”堪称南开校训的先导。

七、教育应当“使个人皆得充分的发展他的本能”

南开大学的成立，推动了南开校训理念提炼和表述选择的过程。自南开大学成立以来，张伯苓校长对办大学的目的和方法有了更为深入、具体的思考。张伯苓校长认为南开师生的公共目的是“使个人皆得充分的发展他的本能”。实现这个目的必须有具体的方法，“而方法又必须随时改新，始能有不断的进步”。⑥在1923年9月17日的演讲中，他将办大学的目的概括为“信学以致大”，他说：

---

①《校风》第39期，1916年9月25日。

② 弗兰克·B.楞次：《张伯苓之人格魅力》，龚克主编：《张伯苓全集》第2卷，南开大学出版社2015年版，第2页。

③《校风》第74期，1917年10月15日。

④《南开周刊》第9期，1921年5月24日。

⑤ 弗兰克·B.楞次：《张伯苓之人格魅力》，龚克主编：《张伯苓全集》第2卷，南开大学出版社2015年版，第2页。

⑥《南开周刊》第56期，1923年3月10日。

> 办大学之目的，在信学以致大，学以易愚，学以救国，救世界，学能求真理又能改善人格。故欲达到此目的，须自大学时代做起。一学者终身从事于学理之研究，然作学者须先具以下五种善行：（一）立志；（二）敦品；（三）勤勉；（四）虚心；（五）诚意。[①]

张伯苓校长始终如一地强调办学还有一个更大的目的，即“就是要造就新人才，去改造旧中国，创造新中国”，并期望教职员工“因为吾人抱同一之目的，无论吾人所任者为各课之职务，或各科之功课，随时随地宜往同一方向走”。[②]他指出：“欲改革国家，必先改革个人。”南开办学成功的原因一是“信”，即“认定某一事业，始终以之，不半途放弃”；二是“永变”，即“方法不变，虽宗旨甚佳，亦不免于守旧，且有碍于进步。吾人宗旨固始终保持，不肯放弃；而进行方法则时时改变，务使其收利益多”；三是“专”，即“抱定某一目的，竭毕生之精神，振刚毅之魄力，猛勇赴之”[③]。在1925年11月25日的演讲中，他将大学的教育目的概括为“研究学问和练习做事”，他说：

> 南开大学教育目的，简单地说，是在研究学问和练习做事。做事本就是应用学理，将平日所得来的公律、原则、经验应用出来到实事上去。
>
> 研究学问，固然要紧；而熏陶人格，尤其是根本。[④]

在1924年9月11日的演讲中，张伯苓校长强调培养学生创造精神的重要性，他说：

> 中国最需要之人才系建设者乎？抑破坏者乎？以吾现在中国现状，一部分需破坏，一部需建设。于是本校训练之方针，乃专注意此两种人才所必具之基本性质。约言之可得三种：其一曰，志大而正；其二曰，具胜困难与试诱之毅力；其三，为永远进取之精神。此外尚有一种特质，曰创造的精神，其重要尤巨。然此种特质只能于少数特才者见之，殊不能如其三者之希望于每人也。日后得暇，当一详论之。[⑤]

在1924年10月17日的演讲中，张伯苓校长强调必须使学生具备改造社会的能力。他说：

---

①《南开周刊》第68期，1923年9月21日。

②《南开周刊》第69期，1923年9月30日。

③《南开周刊》第109期，1924年12月22日。

④《南大周刊》第24期，1925年12月7日。

⑤《南开周刊》第98期，1924年9月29日。

本校之创立，亦即期以教育人材为目的，期引全国人民皆能觉悟。学校正如一小试验场，场内之人皆有信心具改造社会之能力，将来入社会改造国家，必有成效。故本校二十年来应社会之环境而进行，方法有时而变，目的始终不更。今日之所庆祝，非在于现时之状况，乃在将来办学目的之能实现也。①

在大学教育中，张伯苓校长尤为重视培养学生认识社会的能力，强调调查社会现象的重要性。他指出：“吾国学生最大之缺点，即平日除获得书本上知识外，鲜谙社会真正情状。故一旦出校执业，常觉与社会隔阂，诸事束手。”因此，他采取措施，组建社会视察新组织，“以调查或视察天津各界问题为其总纲目”，旨在“一、培养学生实际上之观察力”；“二、明了各界之真正情状”；“三、使各问题有正当之解决”②。发展本能和提升能力成为南开大学尤为重视的教育宗旨之一。

八、“我们中国现在实有训练团结的必要”

张伯苓认为中国的积弱积贫，不是个人能力不足，而在于中国人的自私心太重，不上团结。1927年10月17日，他发表《今后南开的新使命》一文，文中写道：

我以前终以为中国之积弱，是只在我们个人没有能力，所以一切不能与外人并驾齐驱，并且想以我们四百兆之众，苟有一天能与外人一人敌一人，则中国之强就可翘足而待。故一向对于教育方式，都按此目标向前进行。迨至近来，因经多方观察，觉中国至深之病，实不在个人之没有能力，而在个人之缺乏合作精神。……现在列强之所以能致富致强，实在是靠他们人民团结的能力。

反观我们中国，人各为己，缺乏合作精神，“向公家添煤添油的人太少，揩油的人太多”，“人民虽众，只是一盘散沙”。这样的民族“凭什么力量能与外人抵抗？我们要以个个人的分的力量，与人家全人民团结的力量去折冲争御，这岂不是以卵击石，终归失败吗？”③

---

①《南开周刊》第101期，1924年10月27日。

②赵漠野：《南开学校社会视察新组织》，《南中周刊》南开学校二十二周年纪念号，1926年10月20日。

③《南中周刊》第31期，1927年10月17日。

基于上述认识，张伯苓认为“我们中国现在实有训练团结的必要”，“我们现在一方是要使人民有组织的能力，合作的精神，负责任肯牺牲，没有名利之思，不作意气之事，什么事都以国家为前提，如此人材，将来组织政府，才能使政途清明，政治稳固。”他指出“这正是我们现在训练的目标，也正是我们南开的新使命”。①

南开学校通过课堂教学、社会实践、社团活动、文化建设等各种途径，让学生“练习团结，练习合作”②。张伯苓校长认为体育是培养团结力的重要途径“因为体育方面有两个很好的训练：一个是合作（Team-Work），一个是公平（Fair-Play）。譬如足球比赛，胜负决不能只靠前锋的进攻或门将的守卫，必须赖全体队员的共同努力。这种共同的努力便是合作。再如田径赛，自以守规则者为上乘，偷巧的比赛者一定不为人所尊敬，这一点便是公平。如果全国青年都能努力发挥这种合作与公平精神，并且能 Transfer（触类旁通）到一切行为上，所谓团结自不成为问题”③。张校长还经常用“折筷子”和“拉绳子”等形象的例子说明“分则易折，合则难摧”的道理，不遗余力地对学生进行团结合作精神的教育和培养。这种旨在矫正时弊，培养学生“现代能力”的教育显然属于“新·公·能”教育范畴。

九、南开大学之志愿在“认识中国”“服务中国”

张伯苓校长于 1927 年、1928 年多次谈到南开大学发展方案，均以学校的自新革新，调整办学方针为主题。他在《南开之已往与南开之将来》一文中指出“洋货化”的教育“既不合学生之需要，又不合中国之国情；即偶尔相合，亦不过无源之水，一吸即涸，小贩经商，行买行卖，中国将长此拾人之余矣。故南开大学之志愿，在谋学术之独立，在整理事实，以为建设之根据，在用科学方法，以解决中国之问题；简言之，在‘认识中国’，在‘服务中国’”④。

1928 年春，张伯苓主持制定《南开大学发展方案》，确立“土货化”办学宗旨，致力于建设契合中国国情、适应中国需要的中国学术和教育的现代化。以解决中国问题为南开大学的教育目标，这种理念必然要求强化“新·公·能”三位一体。

---

①《南中周刊》第 31 期，1927 年 10 月 17 日。

②《南开双周》第 4 卷第 2、3 期合刊，1929 年 10 月。

③《南开高中学生》第 1 卷第 4、5 期，1934 年 1 月 5 日。

④ 龚克主编《张伯苓全集》第 1 卷，南开大学出版社 2015 年版，第 277 页。

十、“造成真正之领袖人才”

自南开大学创办以来，张伯苓校长反复强调大学的教育目标与中学有所不同，必须将培养创新人才和领袖人才置于优先地位，以期为国家、为民族做出更大的贡献。他还满怀信心地预测：“焉知他日南开校中无人能为新中国之大伟人耶！”①

随着内外局势的演变，他越来越感到培养领袖人才的重大意义。1930年4月18日，张伯苓校长向南开大学全体同学发表演讲，他说：

> 国中大局，日来又将有剧变之势，殊为可虑。近尝觉中国今日之病在缺乏真正领袖，在量太多而质太坏，在一般之散、之弱、之贫、之愚。欲求此病，舍教育外无他术。故今后教育之目标当注重在：（一）造成量大、眼光远之青年；（二）造成真正之领袖人才；（三）养成勇敢、果断、有定力、有魄力之国民。②

强调造就名副其实的领袖之才及培养大量创新人才的教育目的，必然推动对这一类人才的精神风貌及素质特征的思考，而这一类人才素质的显著特征就是具备“日新”精神及“公能”素质。

十一、“公能”教育宗旨的确定

正是在致力于推动契合中国国情、适应中国需要的中国学术和教育的现代化大背景下，在造就领袖之才及培养大量创新人才的主观诉求的推动下，张伯苓校长日益体会到“公能”素质教育的重要性。他指出：“现在中国最需要的，也就是一个字‘公’”，必须通过切实有效的教育手段“来造成中国所缺乏的公字来”③。“推其富强贫弱之因，实因为欧美人对于‘做’上颇下功夫，而我国则不加注意”，必须通过切实有效的教育手段“总在‘做’上用功，在学校中即行练习‘做’。”④这就是说，必须强化创新精神、公德意识和实践能力的培养，以改造中国人的方式改造中国。他说：

> 吾日夜所努力所希望者，欲二三十年内之世界史中，有一章曰《新

---

①《大公报》（天津），1929年2月20日。

②《南大周刊》第83期，1930年4月22日。

③《同泽半月刊》第1卷第10期，1928年4月。

④《益世报》（天津），1929年9月25日。

中国之觉悟与崛起》，而此新中国之觉悟与崛起之工作，吾南开同人亦有一部分也，余愿足矣。[①]

在20世纪二三十年代，张伯苓校长阐释“新·公·能”的演讲甚多，留下许多精彩的话语，如论道德教育，称“今之教育应使学生对公共或社会有觉悟心，有责任心”，“寻常讲德育，多偏重私德一面，究不如在公德一面着想”[②]。论南开校风，称“愿南开学生以本校之精神为精神，以应付世界之变迁”[③]。论南开师生的公共目的，称“使个人皆得充分的发展他的本能”，“有目的的而无具体的方法，则此目的必等诸空言，而方法又必须随时改新，始能有不断的进步”[④]。论教职员工的职责，称“目的维何？就是要造就新人才，去改造旧中国，创造新中国”[⑤]。论为人做事，称“凡人做事，须具活泼之脑筋，自出新见解，不固守前人之规律，抄袭他人之方法，始有新进步，好成功。不然，故步自封，人生光阴易过，能有何作为？虽然，仅有新见解，而不继之以实行，亦属无用”。[⑥]论南开的训练方针，称“创造的精神，其重要尤巨”[⑦]。论南开的教育，称“学校正如一小试验场，场内之人皆有信心具改造社会之能力，将来入社会改造国家，必有成效”[⑧]。论教育与改造中国，称“故欲改革国家，必先改革个人。如何改革个人？唯一方法，厥为教育”[⑨]。论南开大学的作用，称“我希望南开大学能造出一班有组织能力之人，以发达中国的实业，而谋国家的富强”[⑩]。论务实的重要性，称“世界所以能进步，亦是因为能务实。所谓科学方法者，亦就是能务实，不尚空谈的”[⑪]。贯彻这种理念的学校教育显然可以概括为“公能”素质教育。

大约在1933年前后，南开学校开始明确地用“公”“能”二字表达教育宗旨。1934年1月24日，张伯苓校长在中华基督教青年会第十二届全国代表大会作报告，内容涉及一年前南开学校调整教育宗旨一事。他说：

---

①《南开双周》第5期，1929年11月9日。

② 龚克主编：《张伯苓全集》第1卷，南开大学出版社2015年版，第120页。

③《校风》第131期，1919年11月27日。

④《南开周刊》第56期，1923年3月10日。

⑤《南开周刊》第69期，1923年9月30日。

⑥《南开周刊》第87期，1924年3月22日。

⑦《南开周刊》第98期，1924年9月29日。

⑧《南开周刊》第101期，1924年10月27日。

⑨《南开周刊》第109期，1924年12月22日。

⑩《南大周刊》第24期，1925年12月7日。

⑪《南开双周·南开学校廿五周年纪念庆祝纪实》，1929年10月。

> 我在一年前，已经把南开中学的教育宗旨改订一下。诸君知道，各国的教育学说很不一致，都是随环境的需要而改变的。一国有一国的需要，一时代又有一时代的需要，现在我国最大的需要，是要把“私”字去了。所以我们新定的教育宗旨是两个字，一曰“公”，一曰“能”。现在青年会也把这个题目抓住了，我实在非常高兴。青年会向来是以“能”字著称的，现在又提出一个合作的口号，来作努力的目标。如果国人能够渐渐的觉悟起来，力除自私自利的积习，偌大的一个民族是没有可以恐惧的。①

由此可见，南开学校明确地使用“能”字来概括教育宗旨大约始于1933年前后。至此，南开校训的“新”“公”“能”三大要义及其表述方式均已初步形成。

从现存史料看，1934年以前，南开学校没有正式设定过具有“校训”名分的学校训词。张伯苓校长的上述讲话的可靠性毋庸置疑。从这篇演讲的内容看，1934年1月的“一年前”，亦即1932年末至1933年初的某个时间节点，南开学校将教育宗旨修订为“一曰‘公’，一曰‘能’”。张伯苓校长认为倡导“公”和“能”乃是当务之急和时代的需要，他称之为“教育宗旨”，而不是“南开校训”，也没有使用“允公允能”的提法。据此可以推定：张伯苓校长发表演讲之时，南开学校尚未设定校训，可能就连“允公允能”的提法也尚未形成。否则在这个张扬本校新理念的特定场合，张伯苓校长理应表述为“我们新确定的校训为‘公能’（或‘允公允能’）”。据此可以判定：20世纪30年代以来，将“公”与“能”联袂一体的教育理念日益清晰。1933年左右，南开学校正式明确以“公能”为教育宗旨，当时尚未明确“允公允能”或“允公允能，日新月异”的表述方式。因此，南开校训正式设定的时间不会早于1934年。换言之，1934年以前，南开学校没有被赋予“校训”名分的学训学箴。

但是，在教育宗旨进一步明确的情况下，一旦学校打算正式设定校训，其表述方式势必包含“新”“公”“能”这三个字。其中，“日新月异”既是早就写入校歌的学训，又是不可或缺的学训。关键在于如何表述“公”和“能”？最容易想到的方案是套用“尚公尚实”表述为“尚公尚能”，与“日新月异”构成四言八字句式。在这个问题上，人们通常都会积极探索更理想的表述方式，甚至会提出多种选择方案。最终的选择是化《诗经·鲁颂》中“允文允

---

① 龚克主编：《张伯苓全集》第2卷，南开大学出版社2015年版，第178页。

武”为“允公允能”，创造了句式古朴文雅、含义更为丰满的“允公允能”。根据“能”与“异”二字的发声特点，将“日新月异”置于“允公允能”之后念起来也更顺嘴。南开校训及其表述方式正式设定于1934年。于是南开校训完成了理念提炼和表述选择的漫长过程。

第五节 南开校训表述方式的正式设定

南开校训是教育革新的思潮与实践相结合的过程，因而其形成过程的特点可以概括为：核心理念始终如一，办学宗旨颇具特色，学训阐释与时俱进，具体表述不断提炼。这就意味着无论思想性极强的南开校训使用哪些词语，都必然具有“新·公·能”三位一体的含义。

一、表述南开精神的南开校训

1934年10月17日，在南开学校创办30周年的校庆纪念会上，张伯苓校长正式宣布设定南开校训。

南开校训表述方式的设定同时意味着南开精神表述方式的设定。南开校友晏昇东曾撰写的《我爱南开 更爱南开精神》一文。据他回忆，张伯苓校长曾明确将南开校训与南开精神相提并论，这段回忆文字是：

> 在一次周会上他（张伯苓校长）讲南开精神——“允公允能，日新月异”时说：“允公，是大公，而不是小公，小公只不过是本位主义而已，算不得什么公了。只有允公才能高瞻远瞩，正己矫人，发扬集体的爱国思想，消灭自私的本位主义。”“允能，就是要做到最能。能建设现代化国家，要有现代化的科学才能。而南开学校的教育目的，就在于培养具有现代化才能的学生，不仅要求具备现代化的理论才能，而且要具有实际工作的能力。”他又说：“日新月异，就是每个人不但要能接受新事物，而且还要能成为新事物的创始者；不但要能赶上新时代，而且还要能走在时代的前列。”①

由此可见，在张伯苓校长看来，“允公允能，日新月异”这两句话八个字

① 晏昇东：《我爱南开 更爱南开精神》，南开大学校长办公室编：《张伯苓纪念文集》，南开大学出版社1986年版，第133页。

既可以用于表述南开校训，又可以用于表述南开精神。

由于关于30周年的校庆纪念会的记载语焉不详，只说设定了校训，没有提到校训的表述方式，再加上一些回忆文章要么提法简略，要么记忆不准确，导致一些南开校史研究者对南开校训是否曾经修订产生争论。研究者的学术推断可以分为两类：第一类是南开校训自设定伊始便是“允公允能，日新月异”，从来不曾修订；第二类是南开校训曾经修订，由“允公允能”增补为“允公允能，日新月异”，或者由“公”和“能”厘定为“允公允能”，再由“允公允能”厘定为“允公允能，日新月异”。有的研究者甚至推定南开校训于1944年才增添了“日新月异”。

笔者依据史实考据和学术规范，全面审视现存的相关史料，得出的结论是：南开校训仅仅设定过一次。设定之后，便再也没有发生变动。这就意味着自1934年设定伊始，南开校训便是“允公允能，日新月异”。

主要的实证依据是：产生于20世纪30年代至40年代的南开校史史料的保存状况相当好。从现存南开校史史料看，明文记载设定校训事项的唯有1934年这一条，而从此以后，没有任何历史记载表明南开学校曾经重新修订校训。由此可见，1934年以前南开学校不曾设定校训，1934年以后南开学校不曾修订校训，可谓一定而不改。

还有许多史料和相关研究可以证明南开校训一定而不改。据记载，张伯苓校长1934年曾题写“允公允能，日新月异”校训[①]。设定校训不久，南开校园便出现“允公允能，日新月异”的标语。这是校训的常见用法。1939年，重庆南开中学大操场落成，看台侧坡有锦绣苋栽成的校训“日新月异，允公允能”八个大字。[②]张伯苓校长1941年曾使用南开校训的全称“允公允能，日新月异”[③]。1942年4月，重庆南开中学高中女同学章葆娟在操场附近见到张伯苓。张校长问她学习情况，然后指着操场石台阶草坪上“日新月异”四个大字问是什么意义。女同学回答：“是上进的意思。”张校长说：“这四个字是说每个人要接受新事物，而且能成为新事物的创始者，不但赶上新时代，而且还要走在时代的前列，这是南开精神……”[④]1998年，被称为“台湾半导体之父”的张忠谋说道：

① 宋璞主编：《张伯苓在重庆》，重庆出版社2004年版，第237页。

② 梁吉生撰著：《张伯苓年谱长编》（下卷），人民教育出版社2009年版，第50页。

③ 梁吉生撰著：《张伯苓年谱长编》（下卷），人民教育出版社2009年版，第104页。

④ 梁吉生撰著：《张伯苓年谱长编》（下卷），人民教育出版社2009年版，第110页。

南开教育正是我思想渐渐成型的几年，对我影响深远。两年前，我为主持的几家公司写经营理念，以之为同仁共勉。花了好几天的功夫，写成10条经营理念，自以为是数十年来思考和经验的结晶，看到“允公允能，日新月异”8个字，猛悟到我的10条经营理念，其实不出这8个字。南开对我的影响竟深若如此。[①]

张忠谋于1941年进入重庆南开中学读书，是知晓南开校训的老校友。依据上述史料可以推定：从1934年设定伊始，南开校训就是“允公允能，日新月异”。

1934年设定校训以来，张伯苓校长常用“日新月异”教导学生。例如，1935年4月28日，在南开校友总会执委及校友代表会上，张伯苓校长发表演讲，他说：“我盼望南开的校友都能随时求学，‘日新月异’。古时的事理简单，如果读了书经，就可博通历史，学了易经，就算研究哲学。今世则不然，中外历史浩如烟海。”[②]1937年2月22日，南开中学男生部举行始业式，张伯苓校长训话要点为：“吾人在去年以前在逆风中犹且挣扎前进，现在船遇顺风，吾人应本月异日新的精神，以发挥无垠的前途。”[③]1941年12月8日，张伯苓在津南村寓所举行座谈会，号召南开人“要让‘允公允能，日新月异’的校训到处发扬光大”[④]。在同一时期的张伯苓校长讲话中，既有只言“公能”的，也有只言及“日新月异”的，还有言及二者的。1944年6月24日，在南开同人聚餐会上，张伯苓校长纵论国际大势与南开前途，他主张“战后南开训练青年之目标，应仍根据‘公能’校训”，表示“我们更要本着‘日新月异’的精神，踏着‘自强不息’的大道，再接再厉，向前迈进。”[⑤]由于学校及师长勉励学生常常要论说德（公）与才（能），张伯苓校长尤为强调“公”之德和“能”之才，“公”又是南开校训的字头，因而简称“公能”、强调“公能”、题写“公能”的情况较多，相关史料也较多。例如，1937年3月8日，张伯苓校长应邀在金陵大学“总理纪念周”发表题为《国运转机中之应有的努力》的演讲，称：“敝校的校训便是‘公’字、‘能’字。”[⑥]1939年3月25日，张伯苓发表题为《南开校友与中国前途》讲演，他说：“南开的校训

① 张忠谋：《张忠谋自传》，生活·读书·新知三联书店2001年版，第41页。

② 梁吉生撰著：《张伯苓年谱长编》（中卷），人民教育出版社2009年版，第368页。

③《南开校友》第2卷第6期，1937年2月。

④ 梁吉生撰著：《张伯苓年谱长编》（下卷），人民教育出版社2009年版，第104页。

⑤ 1944年6月24日，张伯苓在南开同人聚餐会的演讲词，重庆南开中学档案馆藏。

⑥ 龚克主编：《张伯苓全集》第3卷，南开大学出版社2015年版，第14页。

是‘公’‘能’两个字。”“愿南开校友，本着南开‘公’‘能’校训往前去。”[①] 1939年4月2日，时子周、查良钊、喻传鉴、段茂澜、章辑五、李景清、勾适生、杜协民等64位校友到津南村为张伯苓祝寿。64人站成双圈听张伯苓讲话，他说：

> 我老吗？我并不老，日本帝国主义这一战，叫我在年龄上倒退二十年。……不要忘记我们的校训是“公”，是“能”。用我们的知识能力，来为国家民族服务。[②]

1939年6月，张伯苓校长视察蜀光中学，在一次讲话中，他说：“南开训练目标，第一是‘公’，第二是‘能’。”[③]1942年8月26日，张伯苓接受《新华日报》记者专访，他说：“我办教育是本着‘公能’二字为目标（这是南开校训），这二字非常简单，含义也明确。”[④]这一类的例证不胜枚举。在简称校训时，南开人往往连“允公允能”也不说，而说“一秉我校长‘公’与‘能’之校训”和“本我校长昭示校友惟公惟能之校训”[⑤]。受南开人常用的说法影响，就连非南开人也往往简称南开校训为“公能”校训，甚至不提“允公允能”。直到今天我们依然沿袭这个习惯，通常使用“公能”校训及“公能”素质的提法。由此可见，不能单凭简称“公能”校训及强调“公能”素质的现象甚多，而否定“允公允能，日新月异”才是南开校训完整准确的表述方式。更不能单凭这一类现象断言南开校训曾经修订增补。

现存张伯苓校长一些题词也可以证明不能单凭强调“公能”或“允公允能”而判定南开校训曾经修订。现存落款张伯苓的“公能”题词有四个版本，即题写于1943届重庆南开中学学生田心源日记本的“允公允能”墨迹；《重庆南开中学1945级纪念册》上刊出的“允公允能”墨迹；《张伯苓教育思想研究》2009年第1期（总第5期）刊出的为1946级毕业纪念题写的“允公允能”墨迹；《蜀光中学校史》刊出的张伯苓题写的“公能”二字。[⑥]这些题词表明：无论1944年前，还是1944年后，张伯苓校长题词都是省略了“日

① 《南开校友》第4卷第6期，1939年4月15日。

② 《南开校友》第4卷第6期，1939年4月15日。

③ 龚克主编：《张伯苓全集》第3卷，南开大学出版社2015年版，第78页。

④ 《张伯苓先生谈教育》，《新华日报》，1942年8月26日。

⑤ 《南开校友总会执行委员会致张伯苓函》（1938年9月20日），南开大学档案馆藏。

⑥ 参见李世锐：《南开校训题词的由来》，南开大学党委宣传部、南开大学校史研究室编：《南开“公能”校训与社会主义核心价值观》，南开大学出版社2014年版，第11—13页。

新月异”的“允公允能”，甚至简化为“公能”。换言之，即使 1944 年以后，张伯苓校长题词依然采用简化南开校训的方式。因此，不能依据这些现象推定南开校训于 1944 年增添了“日新月异”。如果 1944 年南开校训曾经修订，那么 1946 级毕业纪念理应题写为“允公允能，日新月异”，以播扬新的提法。

还有一个重要实证依据是：张伯苓校长从来没有提及曾经修订校训一事。校训乃是重大学校符号，校训内容堪称办学理念的高度概括，而张伯苓校长是设定校训的主要责任人和校训理念的重要阐释者。设定或修订校训属于重大学校事务，如果 1934 年以前曾设定过校训，1934 年以后曾修订过校训，张伯苓校长不可能只字不提，更不可能讳莫如深。从《张伯苓全集》收录的篇目看，自南开大学创办以来，张伯苓校长每个月至少有 1 篇讲话文稿公开发表或记录存档，包括历年在南开学校董事会例会上的报告、校庆致辞及涉及学校重大事务的讲话。现存张伯苓校长的公私信函亦可谓数量甚多。在史料保存的系统程度如此之高的情况下，遗漏张伯苓校长论说修订校训之事的情况几乎是不可能发生的。但是，在《张伯苓全集》中找不到可以证明南开校训曾经修订的史料。这是判定南开校训不曾修订的关键证据之一。

还有一个实证依据也很重要，即在现存南开校史史料中，找不到任何提及南开校训曾修订一事的原始文献及学校元老及南开老校友的回忆文章。校训对学校教学及全校师生员工都具有指导意义，往往以醒目的方式题写于师生容易见到的地方，还会经常被校长、教师、同学提及，很容易为师生校友所熟悉和记忆。在回忆学校历史及个人成长经历的时候，人们也往往提及校训。如果南开校训曾有所修订变更，了解这种情况的师生校友势必数量众多，不可能长期以来始终无人提及。然而，现存南开校史史料相当丰富，包括原始档案、校长讲话及文章、师生的各种文稿、老校友的回忆、校外各界人士的评论等，却没有发现可以证明南开校训曾经修订的史料。特别值得注意的是：所有南开元老都没有提及南开校训曾修订一事。就连喻传鉴的回忆文章亦不例外，在“民国二十三年五十九岁”项下，他甚至没有提及 1934 年校庆纪念日宣布校训一事。南开大学有为数众多的老教授，他们三四十年代在南开就读，后来又在南开大学长期任教，我们也没有听到过他们提及南开校训曾经修订一事。典型例证是申泮文的《南开校训注释》，发表于《南开周报》1994 年 11 月 11 日第 4 版。2014 年 4 月，他授权南开大学校史研究室在原稿基础上进行了修改补充，改名为《南开校训释义》，收入《南开“公能”校训与社会主义核心价值观》一书。在这两篇文章中，申泮文都没有提及南开校训曾经修订一事。这也是判定南开校训不曾修订的重要依据。

必须指出的是：张伯苓夫妇墓碑碑文表明南开校训始终是“允公允能，日新月异”。1962 年，著名书法家吴玉如为张伯苓夫妇书写墓碑碑文，文中记有：“作育人才，力崇实践，始终以允公允能，日新月异为校训”。吴玉如毕业于天津南开中学，与周恩来是同班同学，抗日战争前曾任教于南开大学文学院，了解那个时期南开大学的重要校务。参与竖立墓碑的是一批南开人，在如此庄严肃穆的事情上他们的记忆不会有任何差池。因此，这个碑文是判定南开校训一定而不变的重要证据之一。换言之，正如碑文所说的南开校训“始终”是“允公允能，日新月异”。

1988 年，由西南联大校友集资，在云南师范大学校园建立三校亭，《三校亭记》文曰：

> 思亭之神，与天地岁月同在。八年砥砺，虽无高楼大厦，然“茅屋大学，竟大师如云”；八千学子，几乏布衣蔬食，而“火腿板凳”，却人才辈出。何为使然也？思北大，拓“学术自由，兼容并包”之胸怀；思清华，树“自强不息，厚德载物”之品格；思南开，展“允公允能，日新月异”之境界。承前贤“刚毅坚卓”之精神，后学之人，当三思之！笃行之！

参与此事者多有西南联大老校友。这个碑文表明，在西南联大校友的记忆中，南开大学当时的校训是“允公允能，日新月异”。如果在 20 世纪 30 年代至 40 年代南开大学曾两次设定校训，或校训表述曾有所改动，必然有大量校内外的知情人，且多为社会各界知名人士，不可能不留下一些相关史料及回忆文章。然而，迄今尚未发现有关南开校训曾有所修订的史料或回忆。

上述一批重要依据构成了一个证据锁链，这个证据锁链可以相互印证，堪称是完整闭合的。依据这个证据锁链可以排除南开大学曾两次或两次以上设定校训的可能性，进而判定南开大学设定校训的行为只有 1934 年这一次，当时所设定的校训就是“允公允能，日新月异”。这就是说，采用历史学的研究方法，分析相关史料，考订历史事实，足以得出“唯一性”的结论，即南开学校设定校训及其表述形式的活动只举行过一次。自 1934 年南开校庆纪念日正式宣布设定“允公允能，日新月异”校训，南开校训的表述方式始终如一。

二、思想性极强的南开校训

校训是一种思想现象，或者校训设定主体借用他人话语以表达自己的思想及教育理念，或者校训设定主体自创话语以表达自己的思想及教育理念。选择名人名言的校训属于前者，自创话语表述的属于后者。无论属于何种情况，校训都一种思想现象，而那些自创命题的校训往往有较强的思想性，甚至具有探索性和创新性。

校训是思想的标榜和理念的张扬。绝大多数校训的教育理念和表述方式属于借用前人思想话语类型，表述形式或引据经典文献，或选择名人名言，或罗列传统德目，或来自他人题词，其所标榜的思想、张扬的理念通常也是由前人那里传承而来的。这些校训的设定属于这样的类型，即校训设定者精心选择一些励志类的名人名言或固有词语借以表述某种众所周知的体现学校教育一般法则的办学理念。由于教育理念是现成的，表述方式也是现成的，经过短时间的选择和商议便可敲定，因而这种类型的校训的形成过程相对简单，无须颇费时日。只有少数校训属于自创表述方式类型。在自创表述方式的类型中，南开校训又属于并不多见的一类。历史事实告诉我们：南开校训的形成过程与众不同，不仅颇费时日，而且多有创制。无论教育理念的设定，还是表述形式的设定，南开校训的形成都经历了漫长的思考、选择、创造、修订、提炼的过程。以张伯苓校长为核心的学校办学群体，在长达二三十年的办学实践中，不断探索，长期思考，逐步提炼，精心创制，才最终确定以“允公允能，日新月异”为南开校训，其内容和形式都具有毋庸置疑的创新性和独特性。南开校训具有改造传统与创新文化的取向和功能，将教育理论与教育实践高度统一于一体，兼备采用中国古典形式、弘扬中华优秀传统、契合现代教育理念、具有理论创新属性、展示学校个性特征的优长，这在现代中国大学校训中是绝无仅有的。

“允公允能，日新月异”校训最值得称道的特点就是具有极强的思想创新属性。在中国现代学校校训中，南开校训属于思想性极强的一种，其思想创新是在众多历史要素和主观因素的制导下形成的，乃是源远流长的优秀传统、波澜壮阔的改革思潮、兼容中西的教育理念、南开的办学实践、办学主体的主观选择共同作用的结果。甚至可以说，正是对“日新月异，自强不息”这一最具普遍意义的人类优秀传统的体认与践履，推出了独具慧眼、别具一格的南开校训，从将中华优秀传统、特定时代精神、现代大学理念、人才核心素质、南开办学经验及南开学校文化有机地结合为一体，提炼成一个词语凝练、要素完整、内涵丰富、意义深远的思想命题。在中国思想史上，南开校训“允公允能，日新月异”是一个最先明确将“日新”“贵公”“尚能”三大人类社会的优秀传统和普遍价值整合于一体的思想命题。这个内容与形式堪称完美的命题在思想史上有独特的理论贡献。

“允公允能，日新月异”校训之所以具有极强的思想创新属性，不仅在于校训的产生过程就是一个与时俱进的思想创新过程，而且在于校训的阐释过程也是一个与时俱进的思想创新过程。有关南开校训阐释的深刻思辨和思想创新及南开精神的真谛值得深入地研究和发掘。

第七章　张伯苓校长论“读《孝经》不如读公经”

南开校训“允公允能，日新月异”是中国思想史上一个具有原创性的重大命题，与之相匹配的“读《孝经》不如读公经”也是中国思想史上一个具有原创性的重大命题。这两个命题既是教育思想命题，又是政治思想命题，它们相辅相成，有破有立，破立并重，破旧立新，倡导摒弃以私德为核心的中国古代道德体系，构建以公德为核心的中国现代道德体系，堪称扬弃旧传统、创造新传统的思想典范。对这两个命题的论证奠定了张伯苓校长在中国思想史上的重要地位。在这个意义上，张伯苓校长堪称一位教育思想家和政治思想家。

中华民族最优秀最宝贵的历史传统就是每个世代都有众多优秀子孙善于以求实的态度和正确的方式继承、扬弃、改造、创新本民族的传统，以更新文明和创新文化的方式保持中华民族生存与发展的能力。在五千年文明史上，中华民族自我主导了三个具有社会形态变革意义的伟大历史进程：一是从中国国家初创到西周王朝建立的创建中国文明的伟大历史进程；二是从西周后期到隋唐时期的中国古代文明从逐步定型到走向鼎盛的历史进程；三是从明清以来中国古代文明衰亡到中国现代文明逐步形成的中华民族重新崛起的伟大历史进程。这三个决定中华民族前途和命运的伟大历史进程，与其说是承续传统的产物，不如说是改造传统的产物。没有这三次历史传统的重大改造和民族文化的重大创新就不会有中华民族辉煌的历史及美好的前程。南开校训“允公允能，日新月异”命题的提出及张伯苓校长对南开精神及南开校训的阐释堪称在中国现代化进程中以求实的态度和正确的方式继承、扬弃、改造、创新传统的典型例证之一。本章侧重从张伯苓校长论“读《孝经》不如读公经”的角度，考察这个典型例证，揭示南开校训理念的思想价值及现代意义，并据以评说张伯苓校长在中国思想史上的重要贡献。

第一节　张伯苓校长的五个全局性判断

在同时代的大学校训中，南开校训“允公允能，日新月异”的特色可以概括为：继承和发展中华民族的“新·公·能”优秀传统，将倡导社会变革及培养创新精神、强调爱国利群及培养公德意识、注重服务社会及培养实践能力有机地结合为一体，这个校训本身就是一个与时俱进、破旧立新、契合时代的思想命题。张伯苓校长在各种场合反复介绍和阐释南开精神及体现南开精神的南开校训，他对倡导“允公允能，日新月异”的必要性及现实意义有成系列的精彩论证及重要判断，提出了一批以为了社会进步和国家富强而培养“至新·大公·最能”理想人格为核心的相互关联的组合命题。这些阐释校训的组合命题构成一个完整的思想体系，具有剔除传统文化基因缺陷、铲除民族文化劣根性和改造社会群体精神品格的鲜明取向和积极作用，堪称对中国历史传统及传统文化创造性转化和创新性发展的成功范例。即使在今天，张伯苓校长的这些思想依然具有现实意义。

南开校训正式设定不久，张伯苓校长由水路去四川，途经湖北宜昌市，因换乘轮船之故，逗留三日。应校友宜昌鄂西女子中学校长安梦华之请，他参观了该校女生修筑竣工的长达300米的女中路及各校学生建造的已粗具规模的校路校林。1935年12月4日，应各方之请，张伯苓校长向各校学生作了题为《吾人应有之认识与努力》的演讲。该演讲的主要内容被安梦华笔录下来。

在1935年宜昌演讲中，张伯苓校长提出了三个全局性的判断：一是“自私”是中华民族一种最大的劣根性；二是中国人最需要的就是一个“公”字；三是读“孝经”不如读“公经”。

张伯苓校长先讲了一下对宜昌的观感，肯定城市卫生状况的改变及由此而反映出来的精神面貌的改变。他说：

> 我最高兴的就是看见军人和学生的精神特别振作，制服都很整齐，面色都是健康的样子，我高兴极了！我特别的注意到这一点，因为国家前途的光明从这里就可以看出来。

他又说：

> 受过教育的学生和军人是社会的中坚份子，他们会进步，也肯进步。

他们能找到好的办法，他们能想出新的办法，这不是越改越好了嘛！我认为一般人染了恶习不容易改，也不容易向新的方向求进步。只有受过教育的学生和军人，才是最有希望的人。

张伯苓校长还介绍了此前参观杭州航空学校和民生公司所看到的新气象，表达了“盼望中国富强起来”的心愿及对青年学生的殷切期待，将国家的希望寄托于一大批接受新式教育的青年才俊。

在演讲中，张伯苓校长讲了自己立志教育救国的原因，表达了继续办好教育的决心。他说：

我今年整整的六十岁了。我在前三十年左右的时候，对于国家的前途，也是和现在一部分青年人同样的抱悲观。前三十年和现在比较起来，实在是大大的不同了。当时我觉得军政商各界都是腐败不堪，一切都是坏的。我痛恨极了，我悲观极了！我细细的看一看，政界的人贪赃卖法，贿赂公行，真是无法无天，黑暗极了！军界的人仗势欺人，扰民害民，可以说是无恶不作。社会上大多数的人也都是垂头丧气，醉生梦死的样子，简直是暗无天日，一点生气也没有。我真悲观极了！

……我是个学海军的人，我从北洋水师学堂毕了业以后，亲眼看见个个海军都是萎靡不振，都自暴自弃，没有国家观念，只知道发财升官，整天价在娼寮赌场里面过生活，真是令人痛心！我因为看不过这种腐败样子才决志办教育。

张伯苓校长与学生们有一段问答互动，被笔录者记载下来：

我现在要先问你们，女中的学生不要回答，因为昨天我问过了。

你们是那一国的人？

答：“我们是中国人。”

世界上还有那几国？

某生回答：“英、法、日、俄、美几个强国，还有其他的弱国。”

是的，世界上有很多的国家。那一国的人最多？

答：“中国。”

世界上那一国的领土最大？

答：“中国。”

那么，中国是一个强国还是一个弱国？（多数学生不禁的哈哈一笑）这有什么可笑的，真可怜！

答：“弱国。”

中国人口又多，领土又大，为甚么是一个弱国？

答：“因为许多人都是自私自利，不能团结，好像一盘散沙。”

是的，是的！我现在不问旁人，我问一问你们自己自私不自私？你们个人拍拍良心：你自己自私不自私？

“自私”实在是中国民族一种最大的劣根性。这种“劣根性”若是不从根本上铲除了，中国人非当亡国奴不可！

张伯苓校长及各校师生有一个共识，即中国人口众多，幅员辽阔，却是一个任人欺凌的弱国，甚至面临亡国的危险。造成这种现象的根本原因是许多人自私自利，不能团结一心，甚至为了私利而争斗不已，国家与民族犹如一盘散沙。张伯苓校长明确地将造成这种现象的原因归咎于传统文化的劣根性，并将自私自利、济私忘公视为中华民族一种最大的劣根性。对此，他提出了五个全局性的判断，这五个全局性的判断都是重要的思想命题。

第一个判断是“‘自私’，实在是中国民族一种最大的劣根性”。这个判断涉及对中华民族文化传统的全局性评估，也涉及对当时中国现实状况的全局性评估。就实质而言，这属于民族文化及国民性评估的范畴。在张伯苓校长看来，中国传统文化中的劣根性是造成当时道德状况恶劣的重要原因，而道德状况恶劣又是造成国家贫弱衰败的根本原因。在中国传统文化的各种劣根性中，自私自利是最大的一种。这种最大的劣根性的负面作用也最大。这就意味着张伯苓校长将许多人自私自利的原因明确地归咎于中国传统文化的劣根性。这个判断直接触及中华民族当时所面临的文化困境。

在宜昌演讲中，张伯苓校长勉励学生认识自己，认识国情，反思并根除民族文化的劣根性，多做一些有益于国家和社会的事情，为使中国富强而共同努力。他指出根除自私自利劣根性的主要对策就是倡导先公后私，将“公”置于道德体系的第一位。他说：

我看我们中国人最需要的就是一个“公”字。我们都应当读“公经”。因为中国人没有团体观念，没有国家观念，就是没有认识清楚这一个“公”字。所以凡是一个公共机关的职员都会千方百计的刮油，公家越闹越穷，私人反倒肥起来了。这种行为正是亡国奴。国家还能不灭亡吗？若是不打算救亡那就不用说了，若是肯救亡的话，那么，第一件最要紧的事情，就是先养成大家“为公”的精神，使全国的风气，都由“私”转到“公”，先公而后私。比方一个大公司，大家都喜欢买它的股票，这个公司一定要发财了。一个国家的人民都除掉自私自利的心，一致的为国努力，这个国家一定要富强起来的。

张伯苓校长希望学生们要对中华民族的纠错能力有信心，相信中华民族有能力解决所面对的文化困境。他主张学生们先从自己做起，从反省反思做起，深刻地意识到树立公德意识的必要性和重要性。他说：

> 现在我们不恨我们的敌人，我们应当自己恨自己。你们或者说中国人觉悟的并不算快，但是时候到了，自然就会有办法的。提到“公”，你先问一问你自己是不是“公”。提到“自私”，你先问一问你自己是不是“自私”。

他又说：

> 我拉拉杂杂的说了“半天”，总结起来，中国人第一个劣根性是“敷衍”，现在应当深深的认识我们自己，积极的向前面求进步。第一件事情必须先有“为公”的精神；第二件事情就是努力死干。你们应当知道智识能力是越用越增加。在北方有一句话，“能者多劳”，我看不如说是“劳者多能”。因为越是多受劳苦的人，越能有机会增加他的能力。

张伯苓校长认为倡导为公精神乃强国之本，救国不是难事，“大家都齐心团结，努力向前硬干，这就是出路”。他希望学生们切忌死读书，要积极参与公益事业，从一点一滴的工作做起，将爱国之志、利群之心、为公之德落实于具体行动。他号召同学们：

> 你们这个时候应当站在国家的立场上抓住大体，要知道这些公共的事情就是爱国。你们的家长也许说，在学校里不念书，管这些闲事，不是白白耽误功课吗？这种看法是大大的错误了。假若人人都能为公共的事情热心去干，那就好极了。你们正在年青力强的时候，应当善用你们的天才能力为国努力，你们不愿当亡国奴的人，就应当誓死团结，高高兴兴的努力前进。

第二个判断是“我们中国人最需要的就是一个‘公’字”。这也是一个全局性的判断。这个判断主要属于对策性判断，提出了根除自私自利劣根性的必由之路，即以先公后私、公而忘私，取代先私后公、私而忘公。从文化建设的角度看，这个对策的实质是倡导改造和创新文化传统，缔造与新中国相匹配的新的文化体系及道德体系。

如何克服自私的劣根性，改变道德状况，进而改良国家政治，推动社会进步？张伯苓校长的态度十分鲜明，他认为沿袭帝制王权的老办法是无法解决问题的，解决现实中的道德问题不能再走宣扬纲常礼教及忠孝节义的老路。他说：

> 在古时候，“先王以孝治天下”，所以有“国泰民安”的景象。因此有人提倡读《孝经》，利用“忠”“孝”的观念去维系人民，去改良国政。我看我们中国人最需要的就是一个“公”字。我们都应当读“公经”。[①]

在张伯苓校长看来，寄希望于统治者“以孝治天下”，用传统的“忠孝”观念解决现代中国的道德问题，这是行不通的。与其倡导人们读《孝经》，不如倡导人们读“公经”。当务之急是树立国家观念和团体观念，使中华民族的大多数人养成为公的习惯，自觉地做到先公后私，彻底转变全国的风气。由此可见，张伯苓校长强调的是：与其恢复和提倡与传统社会相匹配的陈旧的道德规范体系，不如创建和推行与现代社会相匹配的新型的道德规范体系。

上述两个全局性判断必然推出第三个全局性判断，即“中国必须舍旧维新”[②]。张伯苓校长一再指出：“欲挽而救之，尚有术乎？曰非变不可也。故今日欲救中国，即在为中国换衣，如弃之可惜，留之不宜，顾忌徘徊，则靡有收效之时矣。”[③]“世界上的潮流，是变动不居的，所以我们的‘变’，也是不能固定的。”[④]这就论证了改造传统、创新文化的必然性和必要性，将舍旧维新视为振兴中华的必由之路。

张伯苓校长是教育家，他必然依据上述三个全局判断得出第四个全局性判断，即“改造中国须去旧材料，用新方法，其希望即今之学生是也”[⑤]。具体做法就是通过创办新式学校，贯彻现代教育理念，培养全面发展的人，以改造群体素质，根除文化缺陷，进而改造中国，振兴中华。

基于上述判断，张伯苓校长提出了第五个全局性判断，即“读《孝经》

---

① 以上引文出自张伯苓：《吾人应有之认识与努力》，《南开校友》第1卷第8期、第9期，1936年6月15日。

② 1917年7月1日，陈独秀来校讲演《近代西洋教育》，张伯苓致欢迎词，龚克主编：《张伯苓全集》第1卷，南开大学出版社2015年版，第81页。

③《校风》第69期，1917年6月15日。

④ 1919年4月30日，张伯苓在暨南学校演讲，龚克主编：《张伯苓全集》第1卷，南开大学出版社2015年版，第118页。

⑤《校风》第63期，1917年5月2日。

不如读公经”。这个全局性的判断明确提出了一个改造和创新中国道德体系的顶层设计，即摒弃以私德（孝）为核心的道德体系，建立以公德（公）为核心的道德体系。

应当指出的是：教育救国的志向及为社会进步和国家富强培育新型人才的办学目的是促使张伯苓校长得出上述判断的主要思想动因。张伯苓校长上述几个全局性判断也并非1934年才提出的，其主要论点论据的提出可以追溯到南开学校倡办初期，并在办学实践中逐渐形成系统论述。南开校训设定以后，张伯苓校长经常依据这些全局性判断论说南开精神，阐释南开校训，相继提出一批具体的判断，进一步指出南开校训所倡导的“公”乃是“大公”，不是“小公”，“允公允能，日新月异”旨在造就“至新·大公·最能”的理想人格。因此，张伯苓校长的校训阐释体系是一个由一批重要判断及具体判断构成的命题组合。

张伯苓校长提出上述命题组合有明确的针对性，即改造中华民族劣根性及造成这种劣根性的社会因素和文化因素，其实质是改造中国传统文化劣根性，特别是传统道德文化的劣根性。下面以张伯苓校长的演讲、谈话和文章为主要史料，以上述命题组合为主要线索，综合考察张伯苓校长阐释“允公允能，日新月异”校训的基本思路和重要理据，揭示张伯苓校长的教育思想体系的顶层设计。

第二节　自私是中华民族最大的劣根性

张伯苓校长提出“读《孝经》不如读公经”命题的主要依据是“‘自私’，实在是中国民族一种最大的劣根性”。这就意味着“允公允能，日新月异”校训不仅涉及如何培养学生的现代理念的大问题，而且涉及如何改造民族文化劣根性的大问题。没有高度历史感和现实感的人是不可能提出这样的命题和这样的校训的。

一、中国传统文化存在劣根性

中国传统文化存在劣根性，这是一个毋庸置疑的事实判断。自步入文明时代以来，中国就是一个实行君主制度、宗法制度、等级制度的国度，主流文化以君父尊长专制为核心价值观。汉代以来，帝制与儒学是社会政治体系基础框架，属于典型的专制主义社会。宋元以来，借助帝制皇权的倡导、宣扬、灌输，孔孟之道、三纲五常、心性之学占据了绝对支配地位，严重抑制了中华民族自强自新的能力，导致上层社会保守、自私、平庸、腐败，整个社会的道德状况越来越糟糕。近代以来，中华民族不仅面临亡国灭种的政治困境，而且面临技不如人的文化困境。落后就会挨打，文化困境是导致政治困境的主要原因。面临文化与政治双重困境，如何评估舶来的西方文化与固有的中国文化在挽救危亡、重振中华过程中的作用成为人们争论的焦点之一，旧学与新学之争、中学与西学之争引人注目，还往往伴随着激烈的政治冲突，乃至深刻影响国家政治。如何克服中国传统文化的劣根性成为备受关注的时代性的重大政治课题。

张伯苓校长之所以选择走教育救国的道路，其初衷就是要铲除中国传统文化的劣根性，解决中华民族面临的文化困境。因此，他对于中国传统文化的劣根性有全面的分析和深刻的认识。他说：

> 余犹忆先父在时，尝语余曰："人须勤洗面，勤剃头，囚首丧面，不免见弃于人，而当困苦忧郁之际，愈当如此。"斯言虽小，可以喻大。吾人现在正当困厄之时，允宜勤洗数千年之积垢，勤剃诸障碍之魔鬼，振起精神，奋勉勇进，切勿因一时之不得意，遂神丧气阻，不能复振。……
>
> 故吾人今日之机会，即在造新国，责任亦在造新国。或曰："此事甚难。"诚哉其难之！有易者为奴隶，作主人则难耳。何以故？奴隶随人驱使，主人则指示人也。余尝对归国之留美学生有言："诸君不必羡彼国总统罗斯福，愿更羡其创始之大伟人华盛顿。盖守成易，创始难也。[1]

在他看来，国家的强弱取决于国民的强弱，而国民的强弱取决于文化的强弱。他说：

> 西方之富强，因其人强。回视吾国之情形为何如乎？其最要者，体弱、道德弱、思想弱。体弱则作事效率小，道德弱则遇事无勇往直前之精神，再加以思想薄弱，于"穷"之环境中，无团体合作之精神，国弱民困者，良有以也。……一言以蔽之，中国之贫乱原因，在首领人才之缺乏。[2]

张伯苓校长一再指出：中华民族是有能力、有智慧的，当务之急是唤醒

---

① 张伯苓：《述张伯苓先生演说词》，《学生杂志》第4卷第3号，1917年。

② 1929年9月26日，张伯苓在南开校友于福禄林饭店为其举行的欢迎会上的讲话，龚克主编：《张伯苓全集》第2卷，第28—29页。

国人，振奋精神，克服弊端，创新文化，培养一代新人，建设一个新的中国。

二、中国社会存在众多常见的积习流弊

作为爱国者和教育家，张伯苓校长对中国社会常见的积习流弊深恶痛绝，对这些积习流弊的成因及危害也有深刻的认识，并将革除这些积习流弊视为振兴中华民族的必由之路。他经常提到的积习流弊有以下几种。

一是国民大多因循守旧。张伯苓校长认为思想保守是国人之大弊，他说：

……昔苏格拉底有言曰：Know Themselves（认识自己或自知）。中人之病，即患在不自知。诸生知夫睡狮乎？其齿非不利也，爪非不尖也，力非不猛也，徒以睡故而失去知觉，麋鹿欺之。故欲有为，必先恢复知觉，而恢复知觉即在 Awakening“醒”之一字也。此字也昔曾言之而不知之，今则能谓真知矣。盖此字非阅历、思想不能知也。

余今日题为 *The new hopes of old China and the new responsibility of old Nan-kai School*，“旧中国之新希望与旧南开之新责任”。夫世界各国各尽厥责，如德倡潜艇政策而美抗之，尽其责也。而中国如何？睡狮知觉之无有，中国何责之能尽？虽然，中国人岂真不能尽责而有为耶？则固知莫理逊之言，无人敢谓中人不足有为者，与某君之谓中国地利可数世享之而无穷，不我欺也。推原其故，睡狮所短者，精神也；而中国所短者，亦精神也。精神何以短？以性好保守也。譬之以弈，能取能弃，欲取姑与，方能致胜。耶稣基督曰：如求生命必先弃生命。譬之种粮，必先撒种于地，待之半年，方能刈获。若数事者，岂保守之人所能为哉！此中人之所短者也。何谓旧中国新希望；中国所少者，岂官吏乎？岂一班人民乎？亦皆非也。所短者，即为五十年或百年后造福利之人。何谓旧南开新责任？即为余与诸生从兹立志唤醒一己，唤醒国人，醒后负责任为世界发明新理论，新学说，使世界得平安，为人类造幸福。此为余春假中所得者，亦为所望于诸生者，而又赴美后所欲以之演说者也。①

张伯苓校长认为因循守旧是导致中国衰落的主要原因。他说：

考中国昔日腐败之原因，约言之，有二端：一因旧军阀之跋扈；一因社会中脑筋陈腐之份子过多，从不做一分一毫革新之想，是以国家则

---

①《校风》第61期，1917年4月18日。

日渐衰弱，社会则日渐退化矣。[①]

他还进一步指出：民国以来，因循守旧依然是民族振兴、国家进步的重大障碍。他说：

……（美人洛司）遂著此 Changing Chinese 及 Social Control。以上二书所云，均谓中国形势虽变，而实未尝变也，其原因则在"复古"与"保守"。

自西力东渐，外界压迫之始变，此语为大隈[②]所言。且压力之来，其变与否，论者之调亦异。盖时进派则以为未变，而守旧者观之，则以为变之已多。而变之为善、为恶，若以吾人之傲心观之，则可云向善，数千年之闭关自守无何所事，而谓彼欧洲文明之进化，则酿成今日之大战争，果何所益。以我保守之习气，数千年只出一班定远，实于今世不符。彼欧洲之大战，实已将本国难题解决。而反观吾国，则为农者只求足食，为士者则步方眉扬，庞然自大，一入政界，匪不自私自利。至嗷嗷贫民，遂亦流为盗贼。此等闭守之法，乌能与世界潮流相抵抗哉？[③]

在张伯苓校长看来，"西人努力创造，日人努力仿造，中国则故步自封，逸优称快，即仿造且谈不到，遑论创造"[④]。因循守旧是导致中国落后于西方社会、跟不上时代潮流的重要精神因素。

二是许多人的国家观念薄弱。张伯苓校长指出："夫吾国之所以不强，即由国人对国家思想薄弱。此人人所知者也。"[⑤]1916 年 9 月 13 日，张伯苓校长在修身班发表演讲，他指出：人民普遍国家观念薄弱是一大流弊。他说：

国者，人民组织而成。我国对于国家观念可分三时期。一、列国时期。分天下为齐、楚、燕、赵等国，彼时有大同主义，然不过亚洲一隅之大同主义。二、由始皇至今，为帝国大皇帝时代。谁为皇帝则谁是从，视国家为个人私产，无真正观念。三、则现时共和时代。日人云：中国人之爱国心仅五分钟。若自知有国以来以至于今，已为不少。西洋各国以文豪之鼓吹，教育家之提倡，诸种方面始克造成人民之爱国观念。反

① 《张伯苓在旧金山谈新中国》，《大公报》，1929 年 2 月 20 日。

② 大隈重信（1838—1922），日本著名政治家、教育家，创办早稻田大学，并曾两次出任日本首相。

③ 《校风》第 61 期，1917 年 4 月 18 日。

④ 《记张伯苓氏之妙语》，《申报》，1930 年 1 月 5 日。

⑤ 张伯苓：《述张伯苓先生演说词》，《学生杂志》第 4 卷第 3 号，1917 年。

观中国，国家对于人民爱国心之提倡则何如者？昔中国受外族之征服，蒙古来而中国同化之，满洲来而中国又同化之，然昔以野蛮征服文明则可，今则以文明征服野蛮，亡国且亡其种矣！日人之亡韩也，弃其语言、文字，涸其知识，亡国亡种之现象也。中国现象如此，任其随流而去，自思能安乎？[①]

张伯苓校长认为造成人民普遍国家观念薄弱的一个重要原因是以家族为本位的社会结构导致家族主义盛行，“吾国多数人尚未脱家族观念，遇公共事则淡然视之”[②]。“吾人多知自己及家族，而思想眼光多不知社会之必要。”[③]这种现象严重影响中华民族的创新能力和公德观念，必须通过教育予以解决。他说：

中国教育之两大需要：一为发达学生之自创心，一为强学生之遵从纪律心。前者因中国数千年来，社会上以家族为本位，权枢系乎家长，家人以服从为先务，故中人捐弃其自创心，是习深入人心，由来已久。至第二需求，因皇帝时代，人民完纳租税后，即为良民，他无所求，纳税已毕，便可任意逍遥，纪律因之而弛，而中人渐习惰逸矣。中国教育今之最大问题，即为解决如何可以此两种似相抗触之性质，灌入此未来之时代中。[④]

三是中国人大多不团结。张伯苓校长指出：中国人不团结，好内斗，这是导致中国贫弱的重要原因。他说：

“团结”二字，亦为救弱之要素。我国地非不大，民非不众，然不免不强邻所鱼肉者，无团体故也。苟能万众一心，一致对外，肝脑涂地，在所不避，必至外交胜利而后已，则外人焉有不望而生畏哉。然后向各国抗议，废除不平等条约，实易如反掌矣。今中国四万万亿国〈民〉具四万万颗心，知有己而不知有国，国已自侮，宜人之侮之也。有人告余

① 1916年7月29日，张伯苓在直隶中学会议闭会词，天津市档案馆藏。

②《校风》第117期，1919年3月18日。

③《校风》117期，1919年3月18日。

③《译张伯苓校长在美演说纪》，段茂澜翻译自1918年3月20日The Peking leader（《北京导报》），刊载于《南开思潮》第2期，1918年6月。

④《译张伯苓校长在美演说纪》，段茂澜翻译自1918年3月20日The Peking leader（《北京导报》），刊载于《南开思潮》第2期，1918年6月。

曰，今有英美人民七人开一会议，其议决之案，皆共同导行之。十个日本人开会，中有一人最具势力，一切言论，皆为操纵，他人几无置喙之余地，然九人亦能遵言履行。至于中国，十人开会，虽有议决权，然一至散会，即人各一心，互相谤诽，事业因之难成。此中国人无团结心之一证，盖亦致弱之由也。……中国社会，领袖过多，大有狐裘龙茸，一国三公之慨。意见即异，不能立出条例，使人民公守之。[①]

在张伯苓校长看来，中国人不仅要增强进取精神、强健自己的体魄，还要克服一盘散沙的状态，形成“众人的强”。他说：

再就是众人的强。许多人能联合才有力量，能联合才能致胜，才有势力。中国人既是弱，但是能联合还好，可是还是四分五裂，自私自利，合作的精神丝毫没有。这是中国人的大病，治这种病必须在学校做起，我们要练习团结，练习合作。我们南开的师生要彻底的、努力的做下去，锻炼我们的身体强壮起来，一代不行，可以往下传，终有强健之时。还要联合，我们的团体要坚固，以便增加我们的力量。[②]

四是社会重私德而轻公德。张伯苓校长认为“我国人素重私德，而于公德则多疏忽”[③]，这属于重大文化缺陷。他说：

日人办事最为灵敏，组织便利，遇事争先；俄人身体长大，动作粗笨；朝鲜愤郁不平，卧薪尝胆；吾中国人既日俄之不如，而其松懈懒惰之状，即较之韩人亦略有差。思想非不密也，脑筋非不灵也，惟遇事推诿，不善组织。私事尚肯为力，一遇公事，则非营私即舞弊，惟尔诈我虞，故冰消瓦解，此中国最可危险之事也。[④]

张伯苓校长的相关论述甚多，这也是他将“允公”设定为校训的主要原因。

五是国民普遍精神萎靡不振。1916年9月20日，张伯苓校长原定出席南开《校风》社社员会，因故未能到会，委托与会者说明其演说大旨，即“天不能亡我，惟我自亡”，造成国家危殆的根本原因在于国民精神萎靡不振。

---

① 张萱三：《张伯苓先生回国》，转引自龚克主编：《张伯苓全集》第2卷，南开大学出版社2015年版，第15页。

②《南开双周》第4卷第2、3期合刊，1929年10月。

③《校风》第30、31期，1916年5月15日、22日。

④《校风》第48期，1916年11月29日。

他说：

> 时至今日，吾国大局殆已不可救药，毋庸讳言。然而天不能亡我，惟我自亡。前途苟有分寸余地，即吾人犹有可为之机。诸君当知，中国近来之巨患不在有形之物质问题，乃在无形之精神问题。精神聚，虽亡，非真亡；精神涣，不亡，亦必抵于亡。吾国人心颓靡久矣，甚至麻木不仁，毫无生气。屡经政变，徒杀人耳，而乱乃益甚，是故欲图转机，物质上之运用已穷，不得不深入一步，直接从根本上着想，以振已死之人心。振人心之利器有二：曰演说，曰报纸。二者各有所长，惟报纸为能致远而经久。吾所望于诸君者无他，须藉此练习，备将来苦口婆心，正言劝世，以振起国民新精神，以重续国家新运命耳。①

张伯苓校长指出：导致国民普遍精神萎靡不振的主要原因是许多过时的规矩束缚了人们的精神世界，大多数人循规蹈矩，随波逐流，庸庸碌碌，无所作为。振作国民精神的重要途径之一便是抛弃过时的规矩，跟上时代的步伐。他说：

> 我们的祖国迫切需要进取的精神，为了祖国的未来，我们的青年需要振奋和激励。……我们需要尽快改变过时的、使人昏昏欲睡的循规蹈矩。要让过去的涓涓细流变成湍急流淌的江河。中国一定要改变。我们不能总是停滞不前。山川平原是固定的，一成不变的。中国必须要和整个世界联系在一起。要赶上现代化国家，否则就会被别人踩在脚下，任人宰割。中国的未来要依靠我们的青年人，你必须变革，你必须发展，你必须成熟。要想有所改变首先要从自身做起，不要因为自己的落后而责怪他人。我们要放下架子，扪心自问，才能不断取得进步。这样中国才能早日屹立于世界民族之林。②

六是许多社会精英缺乏担当精神。张伯苓校长时常感叹许多社会精英缺乏担当精神。他说：

> 我国旧习多重洁己自好，而于益世牖民之道多视为分外，殊不知今

---

①《校风》第39期，1916年9月25日。

② 多尔蒂（W. V. Doherty）采访，李嵘翻译：《张伯苓先生访谈录》，转引自龚克主编：《张伯苓全集》第1卷，南开大学出版社2015年版，第59—60页。

日中国之落他人后，不在为恶之人多，而在为善之人少。[①]

1916年9月13日，张伯苓校长在修身班发表演讲，论说形势与爱国，鼓励学生“立志救国，当以摩西为榜样，无畏难”。他指出：社会精英群体多有“无思想之徒”和“愚陋腐败”者，“中国人乏爱国心”，不改变这种状况就难以振兴国家。他说：

前此由津至京，车中即有打麻雀牌者，此次赴鲁，又见有大辫子兵数人在饭车中打西洋牌。及至各处，苟其人有二三能出良心做事者，犹可稍慰。乃旅行所及，观其人非在沉酣之中，即无思想之徒，再则愚陋腐败，如此社会，其有望兴之日乎？中国指望现之在官者，至好不过维持现状；为绅者智浅识陋，不可期望；办学者虽不能一笔抹杀，然不足其格者，实繁有徒。其次者则随波逐流，此犹可置之；再求留学界中，则余见某博士新由某国留学回国，在某处做事，以为必能牺牲一己为国尽力，乃其行为既不能振拔流俗，又不能独善其身，而嫖赌恶习无所不为。各方面皆如此，救国尚期诸谁？

有鉴于此，张伯苓校长告诫学生：“欲免为亡国之奴，请先克服自己。自私也，苟安也，声色货利也，尽除去之，用牺牲之法。”[②]

七是玩弄权术之风盛行。1916年6月28日，张伯苓校长在毕业典礼上发表讲话，他指出：中国的陋习时弊之一是“权术遍大地，而中原人格堕”，而“不诚之弊极足以灭种亡国”。他谆谆告诫学生做事应以“诚”字为标准，说：

我所望于诸君牢记而守之终身焉者无它，“诚”之一字而已。……就现在时局而言，袁前总统办事富于魄力，因应机警，即外人亦啧啧称道，然而一败涂地。其终也，纵极相亲相善之僚友亦皆不能相信，不诚焉耳。以袁一世之雄，不诚且不能善其后，况不如袁者。此吾少年最宜猛省者也。黎今总统才略不如袁，而即位旬日，全国有统一之势，恃诚焉耳！一以诚成，一以不诚败，而事实昭然，皆诸君所共闻共见，当不以所言为太迂远。盖权术可以欺一时一世，而不能欺世界至万世。不诚者，未有能久而不败也。用权而偶济，用诚岂不所济更大更远！中国近来最大

① 1916年7月29日，张伯苓在直隶中学会议闭会词，天津市档案馆藏。

②《校风》第38期，1916年9月18日。

患，即事事好用手段，用手段为行权术也。权术遍大地，而中原人格堕。一种人而无人格与无此种人同，然则不诚之弊极足以灭种亡国。如此言富强岂非缘木求鱼之道乎？可不戒哉！是故诚之一字，为一切道德事业之本源，吾人前途进取应一以是为标准。事出于诚，即无不诚；偶败，亦必有恢复之一日。聪明人每好取巧，取巧而得巧，则处处思取巧，终至弄巧成拙，聪明反被聪明误，事后悔恨已无及矣！望诸君明征学理，细味不诚无物之言。近按时人详察一成一败之故，既深知之，即力行之。然则此后与诸君天涯海角，貌则离矣；意气相投，神则合也。言尽于此，奋尔鹏程。①

八是人们多崇尚空谈。张伯苓校长指出：“中国人非不多，地非不广，所患者在无多真实做事之人。”②“余以为中国人多说话，少做事，此后应少说空话，多做实事。”③与世界强国相比较，“中国的短处，就是穷、弱、懒、笨”，其成因之一是旧教育不能全面发展人的能力且崇尚空谈。他说：

为什么中国这样穷？就是因为当日教育不能发展的原因。做事情不能空谈而已，应当注重实作。不只教育，无论什么事全应当实作。看看外国将土地收拾得那样好，看我们中国人一堆一堆，衣食住全不能维持，那么为什么人家能作我们不能作呢？能改不能改呢？能改！④

张伯苓校长一再指出：华夏先民原本是极富创新精神的，可惜这种传统未能延续下来。1929年9月25日，张伯苓校长畅谈出国观感，他说：

此次游洋，感觉世上民族，上焉者可以创作，中焉者可以仿作，下焉者则不作，中国民族，现在可谓“不作”。其实我族祖先，以创作名，而子孙如此不肖，可认为民族已有一种病态。……故解决中国此种“不作”之病态，必须由教育入手。盖中国民族性，本能创作，如发展其天赋，由小学作起，使活泼小孩，充分发展其“做”的本能，则民族病态可除。⑤

---

①《校风》第36期，1916年9月4日。

②《校闻·本星期一同学之大游行》，《南开周刊》第58期，1923年3月25日。

③ 邹韬奋：《张伯苓氏之沉痛演说》，中国韬奋基金会韬奋著作编辑部编：《韬奋全集》(3)，上海人民出版社1995年版，第139页。

④《大公报》(天津)，1929年9月25日。

⑤ 龚克主编：《张伯苓全集》第2卷，南开大学出版社2015年版，第25—26页。

张伯苓校长认为上述中国社会常见的积习流弊都是群体性的，甚至是民族性的。这些积习流弊之所以流传已久，影响广泛，是因为中国传统社会及传统文化存在弊端，生活在这种社会环境和文化氛围中的人们很容易染上这种积习流弊，从而形成群体性乃至民族性的劣根性。因此，它们都属于中国传统文化劣根性亦即中华民族劣根性范畴。

三、中国人缺乏团结力和前进力

张伯苓校长认为各种积习流弊导致中华民族缺乏团结力和前进力，要振兴国家，挽救危亡，即必须克服这两种关系重大的劣根性。他说：

> 国际的风云如此的恶劣，中国的前途又何等的危险，这是谁都不能否认的事实，除醉生梦死之徒外，我想谁都想自救，而且谁都要自救！
>
> 要自救，就应该先知道自己病根之所在，而后才能谋自救的方策，我以为中国人最大的劣根性，有以下的两种：
>
> （一）没有团结力——太自私。
>
> ……
>
> 不团结的原因就是太自私，中国衰弱的致命伤，是中国人太自私，只顾一己的利禄、名誉，毫没有社会观念，更没有国家观念，根本谈不到什么爱国或救国，一般无廉耻的人，都是被这自私心所驱使，弄得中国不能团结，一盘散沙。
>
> 但是中国的人民正染着这个恶习，这是最可深惜的恶习，如果国人对此恶习不除，则一切救亡图存的打算，都是白费！
>
> （二）没有前进力——不彻底。
>
> 世界是动的，不是静的，是前进的，不是后退的，这是千古不灭的定例，所以生存在二十世纪的国家，应该进一再进，长一再长，不断地迎着时代的轮子往前跑，不进则退，退则被人家淘汰，但是我国人习惯，遇事不肯迎头赶上去，一切的都做得不彻底，有一小小的结果，就以为是登峰造极，自鸣得意，就不想再长进……①

1935 年 11 月 3 日，张伯苓校长应邀在金陵女子文理学院举行成立二十周年纪念会上发表演讲。他针对大学教育，再次论及中国人的最大缺点，即

---

① 张伯苓：《中国人所缺乏的两种力》，龚克主编：《张伯苓全集》第 2 卷，南开大学出版社 2015 年版，第 249 页。

自私和敷衍。他说：

> 现在我国所处环境怨谁？怨自己！中国人缺点很多，我只提出两个大缺点：
>
> （一）自私。因为自私，贪小利，忘大事，有自私只知道自己，晓得有利益家族观念的人就少，对于社会国家的观念更薄弱，因此不能合作，不能团结，作救国救民的事业。
>
> （二）敷衍。抱着得过且过，苟且偷安的心理，那还了得！当充其量咬着牙往前干，进步再进步，没有止境的。①

1935年11月26日，张伯苓校长在杭州中央航空学校发表演讲，将自私和自满视为旧观念所造成的最大的劣根性。他说：

> 中国人有两个基本的毛病，这两种毛病如果没有医好，可以致中国于死亡！
>
> 第一个病，是只有私的观念，没有公的观念。换句话说，就是中国人的私心太重，只有个人、家族的观念，而没有团体和民族的观念。中国人口有四万万五千万之多，世界任何国家都不能并比的。如果这些人民大家能够团结起来，世界上还有比中国再大的国家吗？现在中国国力衰弱得可怜，以致招致外侮侵凌，我们反躬自省，就是因为过去大家太自私自利，没有国有和团体的观念，所以人数虽多，但力量就结不起来，如何能谈得上建设？更如何能抗御外侮？
>
> 第二个病，就是做事容易自足自满，不求进步，不求彻底。譬如做一件事，中国人往往只做二三分，最多只做到四五分就心满意足，没有精益求精，进步益求进步的精神。现在的世界，一切都是直线前进的，绝对不是绕圈式的，而中国人就不知道这种哲理，所以无论是做事或求学，只是因循、敷衍，将就从事，不肯努力彻底的学仿，有时虽能学到一点皮毛，就自以为是难能可贵，就不再求进步了。我以为自私和自满这是我们中国人两个基本的病根，至于穷、愚、弱等等病态，都是跟这两个病根而来的。②

上述言论表明，张伯苓校长认为没有团结力和没有前进力、自私和自满

---

① 龚克主编：《张伯苓全集》第2卷，南开大学出版社2015年版，第256页。

② 龚克主编：《张伯苓全集》第2卷，南开大学出版社2015年版，第264页。

乃是中华民族的缺点、病根、劣根性，它们是造成中国贫、穷、愚、病、弱的文化根源和思想根源，不克服这两大缺点、病根、劣根性，中华民族就没有出路，甚至会走向灭亡。

四、“万恶私为首”

张伯苓校长认为在中国社会常见的积习流弊中，在中华民族的两大病根中，自私是通弊和恶首，是各种劣根性的总根源。1930 年 6 月 19 日，张伯苓校长在天津基督教青年会联青社发表演讲，分析日本何以强，中国何以弱，他指出：

> 盖国人最大毛病在于自私，缺乏合作性。所以，个人天资体格，均不弱于日本，至于体团工作，则凡事不如日本。吾人应彻底觉悟，改变自己心理，灭除遗传劣性。①

九一八事变爆发第三天，张伯苓校长召集全校师生训话，他坚信“中国之前途较日本有为，吾不应畏日人”。然而，“所可危者，上下大小，无不自私，武人政客，眼光如豆，知识阶级，骛于虚玄。”令人忧心的“国家之弱，民族之懦，内政之腐，人民之庸”②乃是自私这个劣根性导致的。1933 年 10 月，他在上海澄衷中学发表演讲，指出：

> 夫日人之体格、智慧、国土、物产以及其他种种皆不若我国，而独强于我国，何也？！则吾人不能运用之也。所以不能者，因国人“自私”之通弊致之故也。……甚望我亲爱之青年，能多加“大公”之训练！③

1934 年 1 月 5 日，张伯苓校长与南开同仁论及中国“外不竞的主因”，他说：

> 那末，这对外不竞的主因是甚么？就是不能团结！
>
> 《诗经》上说，“兄弟阋于墙，外御其侮。”平时虽小有意气之争，一旦外侮临头，总可以嫌消忿释，同心抵御。因为不如此，便为敌人所乘而不能以自存，此在稍有常识的人都该知道罢！然而痛心的很，我们竟不御侮，只阋墙。日本人在国联会议上公然讥笑我们说，“中国是一个无

① 《益世报》（天津），1930 年 6 月 20 日。

② 《南大周刊》第 114 期，1931 年 10 月 6 日。

③ 龚克主编：《张伯苓全集》第 2 卷，南开大学出版社 2015 年版，第 164—165 页。

组织的国家”。现放着许多实例，可以给他拿去作强有利的证据，我们有什么方法可以辩驳！有人说：“中国人的不能团结，是几千年专制政治改造成的。”例如，秦始皇治下的人民偶语者弃市，谁还敢提倡组织、高谈合作！又有人说：“中国人家族观念过深，所以大家不肯为国家为民族团结起来，谋公共的幸福。”我以为这都不是不能团结的主因。不能团结的主因，只是一个恶魔为祟——就是“私”。

……因为私可以使人穷、使人乱、使人愚、使人弱。私能破坏一切。它能使你忘了民族，忘了国家；它能使你灭掉良心，摒弃人格；它能使你甘心为恶而可以悍然不顾一切；它能使你只知有个人不知有团体。所以敌人的炸弹尽自在上海轰炸个土平，长城的抗敌志士尽管叠尸喋血，而逍遥租界和距离战区稍远的人们依然隔岸观火，一般不经意。比及战事刚住手，内争便立刻起来，致使爱我者痛心，而仇我者快意。野心强敌之敢于肆然无忌地既陷东北三省，复占我热河，侵及华北，西窥朔宁，外寇之日深，又何尝不是早看透了我们只顾自私，不能团结么！

中国人之聪明、体力并不见得不如外人，唯其“私”之一念，牢不可拔，所以演成这种局面。可是私之所以养成至此牢不可拔之地步的究属何故？分析起来，约有数端：

甲、个人心理养成的私。

一、由于公私之辨不明。有一般人对于公私在道德上之评价，原亦明了，也知道人在社会里应当公而忘私，不过对公私的概念认识不清，明明是损及公众的事，他却视为故常而不经意。譬如在公共集会场所任意妨害别人观听，以及随便动用公物以利私人，都是对于公私的概念认识不清的结果。推究起来，都是只知有己，不知有人的心理所演成。

二、视损公利己之以为小节。更有一等人，原也知道公私之辨，也知道私为不道德，但终以为系属小节，无伤大体，以为小有出入，又有何妨。殊不知大恶乃由许多小过积累而成。起初对于小过不加检点，久之习惯养成，便公然作恶而不以为非了。

三、公私之辨虽明，但与行为不发生影响。其次是对于公私的概念虽说认识得清楚，但不过认识而已，对于行为上并不发生影响，所以尽管嘴里说得很响，但一考究他的行为，依然充满私字，这又是一个原因。

四、只顾自己不管团体。还有一种最坏的心理就是固执成见，不顾公议。有人说：“十个英美人开会，虽然会场上意见纷歧，会后大家必一致去推行所通过的议案。十个日本人开会，会场上有一强有力者发言，结果大家按他所说的通过了，十个人一齐努力推行。十个中国人开会，会场上有许多的争执，会后各行其是。”这很可说明我们中国人的固执成见和不顾公议的心理，差不多成了民族性。

乙、于社会风气不良养成的私。

五、缺乏社会制裁。以上所说仅是个人心理上所造成的私。假使社会上有相当的制裁，也可使私消灭于无形。不过秩序紊乱的社会失去了这种制裁的力量，善良分子充其量不过抱着独善其身的主见，作一个“自了汉”。其下焉者又皆随波逐流的下去，所以别一个人的行为如何损及公众。只要与我无干，便可拿“休管他人瓦上霜”的态度对待他。个人营私利己的行为既不见得有旁人来干涉，又怎不大胆妄为，公然无忌呢！

六、过去社会无团结的成绩。社会道德之养成，在消极方面需要有一种有力的制裁，在积极方面尤需有一种善良的成绩作为榜样。但事实上真叫我们惭愧得很，打开我们民族的历史，试检查一检查，真找不出一件团结的事实来，所有的只是个人修养，个人找出路，全是个人独善其身的事实。那末生长在现在环境之下的人们，又那能会有团结的精神！

有以上各种原因，结果遂养成一般人只知为个人找出路的普遍心理，而整个的民族遂如散沙一般不能团结。

但我要问，不管整个的民族团结，专找个人的出路，果真找得着出路么？那我可以断然地说：绝对的不能！①

在张伯苓校长看来，“中华民族的危机已到了最后的地步，无论从任何立场来看，唯一的救亡策只有团结”。“我们要挽救民族之危亡，只有团结；要团结，只有先去私。”②1934 年 4 月 30 日，张伯苓校长在天津基督教青年会基本会员退休会上发表演讲，他再次指出：“中国近年来的失败，不外三点——一，因自私而不能有组织；二，大家族观念太重；三，太穷。——欲改以上的毛病，非大家努力起来不可。”③

正是基于上述认识，张伯苓校长将自私视为万恶之首，尤为强调“公”的道德和“能”的力量，他说：

我们要把旧有道德如“孝顺父母”的观念，扩充到爱国家的思想，从前“万恶淫为首”的说法应改为“万恶私为首”。能将“私”字改为公

---

①《南开高中学生》第 1 卷第 4、5 期，1934 年 1 月 5 日。

②《南开高中学生》第 1 卷第 4、5 期，1934 年 1 月 5 日。

③ 龚克主编：《张伯苓全集》第 2 卷，南开大学出版社 2015 年版，第 187 页。

字，才是最好道德。达尔文进化论，主优胜劣败。我们的种族，并不是比别的种族恶劣，他国人民也不比我们的人优秀，不过他国人民是有好的政治教育，经过良好团体训练，把一切的私心都能除去，把为国为民，无偏无私的公心养成，所以才有今日之科学昌明，文物进步，国家强盛的结果。返观我国人民，多是自私自利，终日营营，都为自己打算。我们要改造中国，第一要把人民最普遍化的“私心”打破，养成“天下为公”的最好道德；第二要养成我们的“能”。有了“公”的道德，“能”的力量，再进一步训练他们合作的能力。[①]

张伯苓校长对中华民族的优秀资质及自新能力和纠错能力充满信心，他坚信通过改造文化体系、道德体系、价值体系和全民族的精神素质，最终可以达到改造国家、振兴民族的目的。

第三节　必须改造中国传统道德体系

如何革除中华民族的劣根性？张伯苓校长明确指出：必须培养具备公德意识的社会群体，通过新陈代谢改变中华民族的整体素质。要做到这一点，光靠老祖宗的东西是不行的。中国的道德教育必须从推崇《孝经》，灌输忠孝观念，培养顺从专制的忠臣孝子，转变为倡导公经，培养服务社会的创新人才。在他看来，君主专制是造成民族劣根性的根本原因；宗法观念及其道德体系不适应现代社会的需要；效仿“先王以孝治天下”无法消除道德乱象；孔学礼教没有民主平等理念。因此，必须改造中国的文化模式及道德体系，使之与中国现代社会相匹配。

一、君主专制是造成民族劣根性的根本原因

张伯苓校长一再指出：君主专制是造成中华民族劣根性的根本成因。他说：

中人则数千年来处专制淫威之下，时时防制，惟恐民智发达，又常自居为天朝，视他邦为夷狄，虽有一二入主中华者，然亦渐被同化，以故人民毫无进取之心，久而养成懒惰之性。人多谓中国人民不自由，吾

① 龚克主编：《张伯苓全集》第2卷，南开大学出版社2015年版，第197—198页。

谓中国人太自由，此吾比较数国人民之感触也。①

数千年的专制政治必然造成广大群众既愚昧无知，又自居天朝，既敬畏君父，又自由散漫，既勤勉劳作，又因循守旧，导致积习流弊众多，积重难返。张伯苓校长还一再指出：君主专制利用礼教孔学推行教育教化，严重束缚了人民的心智，导致“服从、恒久、勤勉，则中国人民固有之被动德（Passive virtues）”，而当今需要的却是“独立进步之原动德（Active virtues）”，这是古今教育的重大区别。张伯苓校长还从教育内容及方法的角度分析中华民族劣根性的成因。他说：

> 后帝王者出，不传贤而传子，以教育为虚具，而离所谓至德之世矣。立考场，以绳民思，而绊人民之叛己者。当时人民亦视之为忠义王家，谋身进取之道。今则已矣。而彼帝王者，亦利用孔教，以尊彼威权。
>
> 百年前，帝王者使考试如是之严，若有一人犯规者即罪之。虽至予入学校之时，此习犹未改，中国青年必作八股文，缮于方格纸上，若一字过格者罪之。此文今已除去。是则昔时中国女子脑筋之受束缚，亦如学子。以如此教育，而能兴国者，未之有也。②

在张伯苓校长看来，帝制产生以前，中国教育重视传授实用知识以服务于社会生活。先秦诸子关注现实问题的，“思想奇特，颇有所现”。但是，帝制形成之后，情况发生重大变化。他说：

> 到后来就是因为君主专制，所以愈闹愈糟，列国时诸子思想奇特，颇有所现，因之后来君主愈发设法限制，甚至杀害。君主这种组织在世界上实在是很奇怪，大臣以孔子之道劝君使之爱民，君主以孔子之道教民，而使之不反。先时文人尚可随便说话，入后则君主制人方法日益进化，则限制人之思想乃愈严，直到清时八股，可谓极矣。……近世发明之最大者即归纳法，由万事万理以证明一理。先此多用演绎法，由一理演至万事万理。现在世界各国长进法，比之如生植物，非便畅遂其天然，使之茂盛，更加火生热，使所生长胜天然者百倍。而吾国则蹙其苗，害其穗，并天然者亦不畅遂，奈何？③

---

①《校风》第48期，1916年11月29日。

②《南开思潮》第3期，1918年12月。

③《校风》第116期，1919年3月11日。

张伯苓校长一再指出：自私是中华民族劣根性之首，“而此‘自私’之所自养成，则中国数千年来专制政体养成之。惟知重私利，轻社会、国家，中国遂造成今日贫穷之状态，受弱于己者之凌侮矣！”①

二、宗法观念不适应现代社会的需要

张伯苓校长指出：中国传统道德体系的社会基础是家族制度及一家一户的小生产。在现代中国，经济制度发生巨变，家族制度难以为继，与家族制度相匹配的传统道德体系也随之发生动摇。因此，道德乱象的根源是宗法观念不适应现代社会的需要。他说：

> 余以为今日中国社会道德之堕落，完全由于经济制度之变化。在欧美各国之工业中心，因机器发达，男女既有同等之工作力。因之，即一夫一妻之小家庭亦有逐渐破裂之势。年来欧美此种工业文明传至中国，中国之经济制度突然变化，家族制度亦因之而动摇。夫家族制度为中国一切道德之发源点，源既动摇，其枝末自因之而不能稳固矣。因此而引起一最重要问题，即科学对于中国究竟有利与否是也。然此问题在此时殊不能为否定之解决。盖我辈虽能承认科学为有害，然吾辈果能拒绝之乎？故此际亦惟尽力与他国争衡而已。欲与他国争衡，最紧要之方法，亦惟归诸教育。至于教育是否一合宜之方法，固亦是一问题，然在今日，仍似一最善之途径，吾辈亦惟有努力而已。②

中国古代社会制度的一般特征可以概括为实行君父专制的传统农耕文明。从学术术语的内涵看，“君主专制”亦即君主专制制度，属于政治制度范畴；“家族制度”亦即宗法制度，属于社会制度范畴；一家一户的小生产亦即传统农耕经济，属于经济制度范畴；“忠义”及“孔教”亦即宗法观念，属于与君主专制制度、宗法家族制度和传统农耕经济相匹配的文化体系及道德体系范畴。在张伯苓校长看来，当时中国社会的道德乱象乃是社会制度变迁的产物。社会制度的变迁，特别是现代工业文明取代传统农耕文明，彻底动摇了君主专制制度和宗法家族制度的根基，这也就彻底动摇了中国传统道德体系的社会基础。历史的大趋势注定中国无法固守传统的政治制度、社会制度、经济制度及与之相匹配的文化体系及道德体系。这就意味着依靠宗法性极强

---

① 1933年10月，张伯苓在上海澄衷中学所做演讲，龚克主编：《张伯苓全集》第2卷，南开大学出版社2015年版，第164—165页。

②《南开周刊》第85期，1924年3月8日。

的中国传统道德体系是无法解决社会制度变迁过程中所出现的道德问题的。为了自立于世界民族之林，中国必须引进先进的政治制度、社会制度、经济制度及科学文化，大力改造传统道德体系，构建与新制度相匹配的道德体系，并通过教育的手段向国民灌输新的道德体系。

三、"以孝治天下"无法消除道德乱象

如何克服自私的劣根性，改变道德状况，进而改良国政，推动社会进步？近代以来，这是备受人们关注的大问题。人们提出的具体方案可以分为两大类型。

第一大类强调学习西方文明、引进先进文化、发展新的文化、摆脱文化困境的重要性。洋务运动初期，严复《论事变之亟》：学西方科学要学其"命脉"，"其命脉云何？苟扼要而谈，不外学术则黜伪崇真，于刑政则屈私以为公而已"。[①]庚子新政时期，严修明确指出："中国之大病曰私，曰弱，曰虚，必因其病之所在而拔其根株，作其新机，则非尚公、尚武、尚实不可也。"[②]辛亥革命时期，邹容《革命军》论《教育之目的》，其一曰"养成相亲相爱，爱群敬已，尽瘁义务之公德。"新文化运动中，陈独秀指出："中国人简直是一盘散沙……人人怀着狭隘的个人主义，完全没有公共心"[③]，"青年之精神界欲求此除旧布新之大革命，第一当明人生归宿问题。……内图个性之发展，外图贡献于其群"[④]。

第二大类强调倡导孔学、恢复读经、重振礼教、回归传统的重要性。在晚清，这一类人物可谓遍布朝野。到民国时期，这一类人物不仅大有人在，而且形成思潮。

在这个问题上，张伯苓校长旗帜鲜明，态度坚决，即沿袭孔学礼教和"以孝治天下"的老办法是无法解决问题的。他明确指出：自私的劣根性恰恰是传统文化的弊端造成的。他说："吾国古时，皆以孝治天下，其说甚正。盖孝为人之本，失其孝则道衰矣。然细推之，往往失于偏重家庭之观念，少世界之眼光。"[⑤]张伯苓校长的这个见解是正确的。

---

① 严复：《论事变之亟》，《严复集》第1册，中华书局1986年版，第2页。

② 朱寿朋编：《光绪朝东华录》第五册，中华书局1958年版，第26—31页。

③ 陈独秀：《卑之无甚高论》（1921年7月1日），《陈独秀文集》第2卷，人民出版社2013年版，第172页。

④ 陈独秀：《新青年》（1916年9月1日），《陈独秀文集》第1卷，人民出版社2013年版，第143页。

⑤《校风》第44期，1916年11月1日。

中国古代主流文化及道德教育体系的主要弊端就是以效忠个人的私德为轴心，倡导偏重私德的忠孝节义，就连爱国爱民也往往以忠于君父来体现。从历史过程看，“先王以孝治天下”，用维护君主制度、宗法制度、等级制度的“孝”与“忠”教化广大臣民，导致宗法观念深刻影响人们的精神世界，在考虑问题的时候，人们往往把君父的利益、家族的利益置于第一位，乃至私恩重于公义、君父重于社会、家国重于天下的现象比比皆是。现代中国的道德问题正是统治者“以孝治天下”造成的，因而寄希望于用传统的忠孝观念解决现代中国的道德问题，这是行不通的。

有鉴于此，张伯苓校长指出：

> 在古时候，“先王以孝治天下”，所以有“国泰民安”的景象。因此有人提倡读《孝经》，利用“忠”“孝”的观念去维系人民，去改良国政。我看我们中国人最需要的就是一个“公”字。我们都应当读“公经”。[1]

他认为与其倡导人们读“孝经”，不如倡导人们读“公经”。当务之急是树立国家观念和团体观念，使中华民族的大多数人养成为公利群的习惯，自觉地做到先公后私，彻底转变全国的风气。由此可见，张伯苓校长强调的是：与其恢复和提倡与古代社会相匹配的陈旧的道德规范体系，不如创建和推行与现代社会相匹配的新型的道德规范体系。

四、孔学礼教没有民主平等理念

张伯苓校长不仅主张改造中国传统道德体系，而且主张改造中国传统文化体系，“为了中国的民主而奋斗”。其主要理据就是孔学礼教中没有民主理念。他说：

> 我的一些同胞也许不赞同我的说法，他们会说在儒家的学说中也能找到某些民主的成份。但有些事实是不能忽略的。孔夫子说过人人生而平等吗？没有，但是他认为政府应该“民享”，在某种上程度应该部分“民有”，但不是全部。而且，他也没有说政府应该“民治”。也许孔夫子知道操作政治机器的难度，所以决定不教给我们如何操作它。孔夫子的民

① 张伯苓：《吾人应有之认识与努力》，《南开校友》第一卷第8期、第9期，1936年6月15日。

主观念并不完整，也不像基督教义中的民主观念那么强大。[①]

据实而言，张伯苓校长的这个判断基本符合实际情况，还颇有一点对孔子手下留情的意味。在儒家经典中虽然也有“民主”一词，而其含义与“民主思想”之“民主”截然相反，特指“为民做主”。在五经四书的“子曰”体系中，不仅找不到“民治”理念，反而可以找到大量的论证君主专制的理论命题，如《尚书》的“惟辟作福，惟辟作威，惟辟玉食。臣无有作福作威玉食”；《诗经》的“溥天之下，莫非王土。率土之滨，莫非王臣”；《论语》的“礼乐征伐自天子出”和“民可使由之，不可使知之”；《中庸》孔子曰的“贵为天子，富有四海之内”和“非天子，不议礼，不制度，不考文”；《孟子》引孔子曰的“天无二日，民无二王”；《礼记》引孔子曰的“天无二日，土无二王，家无二主，尊无二上”；《孝经》引子曰的“父子之道，天性也，君臣之义也”，等等。就连许多现代学者所说的“儒家民本思想”，包括天人合一、天民相通、立君为民、汤武革命、天下为公、民惟邦本、民贵君轻等，也始终是中国古代统治思想，堪称中华帝制的政治原理，与民主思想有天壤之别。[②]汉唐以来，“孔子尊君”乃是朝廷之定见、儒者之定论和世人之定评。由此可见，孔子没有“民主观念”，只有“君主观念”。除少数无君论者外，这也是中国古代著名政治思想家的通病。

一般说来，中国古代社会以君父专制为基本法则，其道德体系以私德为中心，公德处于从属于私德的地位，而中国现代社会倡导民主与法治，其道德体系以公德为中心，私德处于从属于公德的地位。中国现代化进程的重要历史任务之一就是在缔造现代制度的同时，缔造与之相匹配的现代道德体系。因此，张伯苓校长倡导读“公经”是符合时代潮流的正确做法。在清末民初，他能够清晰明确地提出这种思想是难能可贵的。即使在今天，也依然有重大的现实意义。

五、许多传统观念不利于造就新型人才

张伯苓校长还指出：许多影响深远的传统观念不利于造就创新人才。例如，重士轻工观念导致尚空谈、不务实。他说：

中国旧观念士农工商四类，士为最高。数千年来就是重士轻工之观

① 张伯苓：《为了中国的民主而奋斗》，龚克主编：《张伯苓全集》第1卷，南开大学出版社2015年版，第94页。

② 参见张分田：《民本思想与中国古代统治思想》上、下册，南开大学出版社2009年版。

念，致养成一般空谈而不做事之腐败阶级，高倡精神文明，而不知改良社会，提高生活程度。[①]

又如，传统教育观念不重视实践能力和创新思维的培养。他说：“中国教育最大之缺点，为只知用脑而不知用手，故为纸上谈兵。现在中国所需要的人材，是须有手脑齐全者。”[②]张伯苓校长还曾一再指出：

推其富强贫弱之因，实因为欧美人对于“做”上颇下功夫，而我国则不加注意。盖做事须有力量，力量可分身体之力量，及精神之力量二种，身体的即是个人身体之强健，可以承受辛苦；精神的，即是做事之天赋。从前我国教育，甚为呆板，将幼童束缚威吓，幼童之本能，不能发展，及其成人，亦呆滞而不活泼，对于“做”之精神，斫丧殆尽，所以现在之教育，要改造中国人，新的国民，则须由小孩教起。……按女子现在职业之范围，以在教育界上之为合适，故我希望，女中学生亦可练习去作发展幼童天赋之工作，由小学实行新法教育，由小学而中学，由中学而大学，由大学而至社会，总在“做”上用功，在学校中即行练习“做”。[③]

实际上，张伯苓校长关于中华民族各种劣根性及中国社会常见积习流弊的分析批判，都旨在证明许多传统观念不利于造就新型人才，要培养一代新人，就必须彻底转变教育观念，而培养一代新人的目的之一就是改造旧传统、旧文化、旧道德、旧观念。

六、“中国必须舍旧维新”

正是基于上述一系列判断，张伯苓校长是明确提出“中国必须舍旧维新”[④]。他以菲律宾、日本、中国为例，强调“欲挽而救之，尚有术乎？曰非变不可也。”他说：

兹以三国比较观之，即可得我之病源何在。菲律宾者，小西洋也。三百年前，尚无文字，西班牙至其地，彼得其文明。十八年前，美得其

---

① 张伯苓：《中国之现状》，《益世报》，1929年12月9日。

②《南开双周》第4卷第5期，1929年11月9日。

③ 1929年9月23日，张伯苓的讲演，龚克主编：《张伯苓全集》第2卷，南开大学出版社2015年版，第23—24页。

④《校风》第69期，1917年6月15日。

地于西班牙，以其新法行于该地，而文化大进。日本之文明，则由中国借来，当其欢迎运动员时，有弹中国音乐者，而彼乃不知为得自中国。音乐如此，文字如此，他事尚多如此者也。而彼又兼采泰西之长，故至今日而文明如是也。至若中国之文明，则与他国绝不相侔，纯为自己所造。若菲律宾者，譬裸身野人也，而他人之衣彼即着之，故亦锦烂可观矣！日人则他人有衣而彼借之，故亦华丽可睹也。中人则自己之衣而不合时，且不合体，言之可慨也！欲挽而救之，尚有术乎？曰非变不可也。故今日欲救中国，即在为中国换衣，如弃之可惜，留之不宜，顾忌徘徊，则靡有收效之时矣。再，日人虽学西人，而各事皆由自办，西人谓其为爱国心太大，而余谓不然。昔中人不准西人通商，不可而租界生，其意以为，尔为尔，我为我，固不相扰，即他人法之善者，亦不肯学。日人则不然，彼见他人之善者，起而学之，而由己独办。故中人欲维持权利，而进步文明，只各事由己经营足矣。①

在张伯苓校长看来，改造中国传统道德体系的主要途径是将道德体系的重心从偏重私德转化为注重公德，从家族主义及忠君孝父拓展为爱国主义及服务社会。他说：

余深信今日中国最要者为联合，欲联合则必须有一公共之绳索以束缚之。是绳索不能以种族为之，以中国种族复杂；不能以宗教为之，以中国宗教繁多；亦不能以社会为之，以中国社会上利益与责任多所分歧。窃意较合宜之束缚物，即为爱国心，是即为中国若干年成立要素之虔敬孝心所可以自然变成者。古时一切道德皆归宿于孝字，故曰战阵无勇，非孝也。近日吾侪必须广家族主义而至于国，则此虔敬孝心，即可成为国之忠心矣。而有此爱国心，吾国之人无论南北东西，亦即可谓有一公共之绳索束之矣。吾校即教授以联合国民之能力，更进者，欲使中国青年不仅为中国之良民，且为世界之健全分子。以今日之国界甚狭，吾等应思教育青年，当以万国大同为志也。

余信中国新教育最要之目的，即为训练青年人以社会服务心。先是社会上以家庭为单位，故个人服役之动作，恒不出家庭之范围。今者是种情形已过，余等应教青年人，不仅服役其家庭或与其相关系者，且应服役其国。故余常鼓励学生多为社会服务。例如，吾校学生曾为贫寒儿

①《校风》第69期，1917年6月15日。

童设两义塾，并曾调查社会上情形，以告本地行政者，近则水灾赈济，彼等亦多所臂助。①

必须指出的是：张伯苓校长并没有全盘否定中国传统道德体系的历史价值及现实意义。在教育学生时，他常常引据中外道德名言。例如，他引据《周易》和《圣经》的名言，倡导与时俱进、自强不息的进取精神，强调“故必改持进取，方可致强。余之救国药如此。”他说：

> 然则进取一说与古圣微言相吻合乎？则盍视乎《易》？《易》曰：“天行健，君子以自强不息。”彼之所谓天行健者，乃指昼夜相承，春秋代继，无时或已，长此不息而言也。吾人读此，则进取精神自然得矣！《圣经》亦云：人应时时警醒。中圣西圣其揆一也。②

但是，针对一些人夸大中国的精神优势，贬低西方的物质进步，张伯苓校长则反对故步自封，强调向先进文化学习的必要性。他说：

> 这次出国到欧洲是第二次，到美国是第三次，这二十年内每十年去一次，他们的进步很快，尤其是最近的十年。我此次游历各处所得的最深刻的印象，是随处使我觉得在这个世界上要求生存的一定要奋斗，不去奋斗就不能生存，要生存就要努力奋斗。回到中国来看看，觉得我们中国最大的病是穷，有人说他们在物质上诚然进步，精神上如何？其实精神和物质是不能强分的。孔子有个高足颜回，孔子因为他能“一箪食，一瓢饮，人不堪其忧，回也不改其乐”，便赞他“贤哉，回也”；但我们只要听他说“人不堪其忧”，可见即在当时孔子的门弟子中能像颜回那样的已经只有他一人，那里能望以一人难能可贵的事情责之于一般人？在一般人，物质穷乏得厉害，安望享得到什么精神上的快乐？所以我们必先有物质上的快乐，而后才能有精神上的快乐，必先有物质上的进步，而后才能有精神上的进步，精神和物质是不能强分的。……我们中国最苦的最大的病症是穷和弱，若要富要强，要学美国的猛进，英国的彻底，德国的坚毅，那末一切的事情都可以不成问题了。③

---

①《南开思潮》第2期，1918年6月。

②《校风》第39期，1916年9月25日。

③ 邹韬奋编：《深刻的印象》，《邹韬奋全集》第2册，上海人民出版社1995年版，第766—767页。文中着重号为原文所加。

张伯苓校长的观点显然比那些贬低西方现代文明、抬高中国传统文化的观点要高明得多。他还从挽救民族危亡、改革道德教育的角度提出了舍旧维新的具体措施。他说：

> 所以我们要挽救民族之危亡，只有团结；要团结，只有先去私；去私之过在个人方面：
>
> （一）对于公私的概念先须有明确的认识，以严公私之辨。
>
> （二）知识与行为要发生影响，既已明白公私之辨，便要身体力行，丝毫不能通融假借。
>
> （三）遇事应为团体设想，要处处替事业的前途打算，不可存心专为自己。希特拉说：“凡事须把全体利益放在个人利益之前。”这是看清个人与社会关系的结论，不是独裁的宣传口号。
>
> 在社会方面：
>
> （四）要养成社会的制裁。须知个人之不道德，会影响到团体。你是团体的一分子，团体的利害与个人自然息息相通，遇到别人因私而危及团体的行为，便须以维护自己福利的态度来制裁它。①

在张伯苓校长看来，“倘人人都能照这样做去，在个人养成善良的分子，在团体自具有善良的组织，我想一定会把不能团结的病根拔去”。“青年们大概都没有染上社会的恶习，我们现在使青年们彻底了解此中的意义，等到这一般新分子走入社会时，前一代受毒私最深的旧分子已经死亡，这样新陈代谢，就可以拔去中华民族的病根”。通过培养和造就一批具有为公精神的优秀人才，扭转社会风气，从而彻底铲除自私的民族劣根性。在办学施教的过程中，张伯苓校长还提出并践行过许多行之有效的措施。因此，南开堪称中国教育现代化的楷模之一。

第四节　造就新人以造就新国

与自私是中华民族最大的劣根性的判断相匹配，张伯苓校长指出“中国人最需要的就是一个‘公’字。我们都应当读‘公经’”②，进而“为了中国

---

①《南开高中学生》第1卷第4、5期，1934年1月5日。

② 张伯苓：《吾人应有之认识与努力》，《南开校友》第一卷第8期、第9期，1936年6月15日。

的民主而奋斗”[①]。由此可见，“允公允能，日新月异”校训不仅提出改造民族文化劣根性的大问题，而且指出了改造民族文化劣根性的关键之所在，即倡导爱国爱民，推行公德教育，培育先公后私、公而忘私的优秀品德，拔除民族文化的劣根性，养成具有为公意识的社会群体，以造就新人的方式造就新国。

一、“南开大学即造此领袖之所”

1945 年 6 月 20 日，张伯苓校长与《学生杂志》主编的谈话，回忆自己决心投身于创办新式教育的初心，总结几十年办教育的宗旨。他说：

> 我起初是一员水师——海军——那时中国的海军居世界第四位，是聘英国人来帮我们训练的。刚刚甲午那年我从水师学堂毕业出来，中日之战就爆发了，我国海陆军俱大败，北洋水师几乎全军覆没。甲午战败之后国势日衰，遂启外人觊觎之心，旅顺、大连、胶州湾、广州湾，相继被列强租借以去，英国也在是年强租我威海卫（中日战时为日本所占）。我带了通济轮代表中国去接收威海卫，第一天先把日本国旗降下，乃升国旗，那时候还是满清的龙旗，隔一天又把国旗降下，换上英旗。当时亲眼看见这种情景，真是触目惊心，饱受刺激。我就想，中国是一个大国，地大物博人众，日本是一个小国，英国也是一个小小的岛国，为什么中国（大国）的地方从日本（小国）手里拿回来，又要交给英国（小国）呢？想来想去，最后才豁然发现中国虽说地大物博人众，而国势衰弱，受人侵略，原因是在无“人”——能真正为国牺牲奋斗的人。所以要挽救中国，非造就新人才不可，欲造就新人才，非举办新教育不可，于是我就立定了“教育救国”的志愿，那时我正是二十三岁的时候。

谈话中，张伯苓校长对中国的前途充满信心，认为唯有摒弃专制政体，兴办新式教育，治愈民族大病，培育新型人才，中华民族才能重新崛起。他说：

> 中国将来行也得行，不行也得行，非行不可！我们中国人的聪明才力决不在外人之下，我们中国的“先天”亦特别充足，但是由于数千年来专制政体的影响，使我们国人习于高压愚民政策之下，教育不能普及，人民多昏昧无知，亦因国人久蛰于专制淫威之下，严禁集会结社，故不

① 张伯苓：《为了中国的民主而奋斗》，龚克主编：《张伯苓全集》第 1 卷，南开大学出版社 2015 年版，第 92 页。

善组织，不能团结，遂致个人私心太重，自私自利，不讲公德，只知个人，不知团体，整个民族有如一盘散沙。此乃我民族衰弱招致外侮之主因。因此当南开成立之初，即揭櫫“公”“能”二义作为校训，惟“公”故能化“私”，惟“能”故能去“愚”，以治民族之大病，而作育建国之人材也。[①]

张伯苓校长认为“欲改革国家，必先改革个人”[②]，具体做法是采取切实可行的教育措施，“改造他的道德，改造他的知识，改造他的体魄”[③]。在世代交替的过程中，深受传统文化劣根性毒害的群体性的“旧分子”退出历史舞台和接受过现代理念训练的群体性的“新分子走入社会”，“这样新陈代谢，就可以拔去中华民族的病根”[④]。

张伯苓校长认为要通过时代更替、新陈代谢达到改造旧中国、创造新中国的目的，就必须大量培养新人，使之构成庞大的群体，遍及领袖、青年和国民。在他看来，中国并非没有领袖，而“中国今日之病在缺乏真正领袖，在量太多而质太坏，在一般之散、之弱、之贫、之愚”。因此，必须通过教育造就精神及能力素质优良的国民群体、目光远大的青年群体和一批“真正之领袖人才”[⑤]。为此，张伯苓校长决心将学校办成改造社会的试验场。他说：

欧洲自十八世纪后人民有大觉悟，于是有种种之发明，物质文明日益进步。现中国亦承受此种潮流而改革未已，本校之创立，亦即期以教育人材为目的，期引全国人民皆能觉悟。学校正如一小试验场，场内之人皆有信心具改造社会之能力，将来入社会改造国家，必有成效。[⑥]

要实现改造旧中国、创造新中国的目标，其关键是“培养有干才之领袖，以养成一强有力公正无私之政府”[⑦]。张伯苓校长一再强调培养领袖之才的重要性。正是基于上述认识，张伯苓校长立志教育救国，他说：“我认定救国在教育，说到共和国，尤以领袖人才为急务，故我梦想中，均以解决世界大

---

① 王学哲、潘大雄：《南开学校张校长伯苓访问记》，龚克主编：《张伯苓全集》第 3 卷，南开大学出版社 2015 年版，第 171 页。

②《南开周刊》第 109 期，1924 年 12 月 22 日。

③《南大半月刊》第 15 期，1934 年 10 月 17 日。

④《南开高中学生》第 1 卷第 4、5 期，1934 年 1 月 5 日。

⑤《南大周刊》第 83 期，1930 年 4 月 22 日。

⑥《南开周刊》第101期，1924年10月27日。

⑦《校风》第 48 期，1916 年 11 月 29 日。

难题，要在教育。而教育尤赖大众有团结之精神，努力奋斗。”①

张伯苓校长认为要培养当时中国所需要的人才，必须建立相应的教育制度。中国的教育既要培养全面发展、具有主动精神和创新精神的人，又要培养领袖人才及服从纪律的群体。因此，他主张针对国情，兼采世界强国教育的优长，建立最适宜中国的教育制度。他说：

> 余上次寰游世界，考察与中国需要最宜之教育制度，结果获得两种需要者：一则英、法、美之制度；一则日、德之制度。前者专为计划各人之发达，后者性近专制，为造成领袖及训练服从者之用（是即服从纪律）。敝校南开多半以是二者为圭臬。②

张伯苓校长着眼于教育层次的功能性分工，将南开大学的主要功能定位于培养领袖人才。他说：

> 约翰·杜威（John Dewey）于其《民治与教育》（*Democracy and Education*）一书中，前四章论应付此种外力之法最精微。谓当一新环境之袭入，须先自定方策，即有一种“动机”，以应付外来环境之逼迫，以与之较胜负，继续不已以至终身，始克得胜。今吾华民族所最缺乏者，即此种有“动机”而能引领全族出此迷津之领袖。南开大学即造此领袖之所，望今日在座诸男男女女一秉此心，自强不息。③

张伯苓校长所说的领袖人才是指具有卓越素质和组织能力的优秀人才，包括参与治国理政的领袖及社会各个领域和各行各业的领袖。他说：“现代科学昌明，工、商、农界都有新的发明和新的组织。我希望南开大学能造出一班有组织能力之人，以发达中国的实业，而谋国家的富强。”④有一次，他与南开校友论及这个问题，他说：

> 还有一点，我要告诉你的，咱们国家是最缺乏小领袖，所以许多的事都弄不好，你们现在应该练习做小领袖，无形中领导着别人走向善的方面去。现在我们正是走向民主、建设新中国的时候，更需要各方面的

---

①《南开周刊》第18期，1921年11月1日。

②《译张伯苓校长在美演说纪》，段茂澜翻译自1918年3月20日The Peking leader（《北京导报》），刊载于《南开思潮》第2期，1918年6月。

③《南开周刊》第41期，1922年9月28日。

④《南大周刊》第24期，1925年12月7日。

小领袖，无论在科学、政治……任何方面。①

将南开大学办成为国家培养各个领域、各行各业的领袖人才的场所，这既是张伯苓校长的志向，也是南开大学的教育宗旨。在张伯苓校长领导下，南开大学推行了一系列行之有效的措施，为中国培养了大量的优秀人才。张伯苓校长曾经自豪地说：“好多南开的毕业生，现在都在各界很有成就，而这些人在校时都是社会活动的积极分子。”②这是符合历史事实的。张伯苓校长还曾满怀信心地预测：“焉知他日南开校中无人能为新中国之大伟人耶！”③历史已经证明：他的这个预测是准确的。周恩来，这位新中国的大伟人，中华五千年文明史上的大伟人，就曾在南开接受过系统的培养领袖人才的教育。

二、“创造的精神，其重要尤巨”

张伯苓校长认为，中国必须革新社会、创新文化，挽救危亡、振兴中华的关键是要培养新人，“要造就新人才，去改造旧中国，创造新中国”④。1923年11月1日，他在修身班的演说中，指出：

> 亡中国之道有何？统观之，不外两种。其一为因外力之侵略而灭亡，其二为自己不振而自杀。
>
> ……推测中国最近之乱源，厥在人才缺乏。固有数以人才名者，然以其非真人才，故不能赖以处置各事，故中国之将来希望，纯在人才之多寡。而本校办理之初衷，即以造就人才为目的。⑤

中国应当培养什么样的人才？在张校长看来，中国最需要的人才是敢于破旧、勇于创新的人才。1924年9月3日，在秋季南开学校中学部始业式上，张伯苓校长阐释学校的教育方针，强调培养勇于且善于破旧立新的人才的重要性，他说：

> 今日愿为诸生告者，即本校之教育方针是也。吾尝思中国在今日混

---

① 光霞：《一位教育界权威的训示：·苦闷的青年应当怎样——拜见离国前的张伯苓校长》，龚克主编：《张伯苓全集》第3卷，南开大学出版社2015年版，第188—189页。

② 王世泽：《追忆张伯苓校长的一次接见》，龚克主编：《张伯苓全集》第3卷，南开大学出版社2015年版，第112页。

③《张伯苓在旧金山谈新中国》，《大公报》（天津），1929年2月20日。

④《南开周刊》第69期，1923年9月30日。

⑤《南开周刊》第74期，1923年11月2日。

乱状况之下，果当需何种人才？建设者乎，抑破坏者乎？按常理言之，似专属前者。然细思之，中国今日需破坏之处，尚甚多也。以言当年之革命诸公，其所破坏者固多，然平心论之，则知彼辈之破坏多属无经验的，或竟谓之为盲目的破坏亦无不可，盖其能彻底者实寥寥无几也。故中国今日所最需要者，乃彻底的破坏人才，非冒失的破坏人才。甚愿全体师生皆向此目标渐近也。①

张校长所说的“彻底的破坏人才”显然是指具有彻底的革新精神和很强的创新能力的优秀人才。

1937年9月初，张伯苓赴长沙筹备国立长沙临时大学。9月6日，他到长沙明德学校参观，并发表讲话。他指出：培养创新精神比达到升学的目的更重要。他说：

还有一桩最重要的事，就是要学得“创造的精神”。中国人向来缺乏这种精神，所以中国会贫穷至此，会被人欺侮至此。我们因为看清了，唯有教育才可以治这个民族的大病，才是改造国民复兴中国唯一有效的药。……中国非地不大，物不博，所以贫弱者，完全是因为国民缺乏精神，缺乏创造的精神。所谓“创造”者，就是不用现成的意思，现成的事做起来没有劲，现成的事做起来觉得太老实了。

他谆谆告诫学生，说：

凡人有了志气，还要有热心，有了热心，还要有办法。志气要坚定如山，而办法要活泼如水。古人说：“仁者乐山，智者乐水”，我们现在要求仁智兼全的人才，就是要造成许多有志气有办法的人，决不敷衍，决不贪顽，决不因循苟且，件件事站在公的立场去做。一个人有了坚定的志向，有了活泼的办法，是无往而不利的，随便做什么事，都可以成功。我从前到欧西到日本的时候，看了人家的实业，确实比我国振兴，交通确实比我们便利，政治确实比我们昌明，就很觉得希奇，为什么人家这样好，而我们这样坏？想到这些，就时时刻刻踮起脚，延起颈，想往上爬。为什么人家比我们强，因为人家有创造的精神，有冒险的精神，有百折不回的精神，一般的国民都有志气有办法。现在我们中国的国民，也有些改变了：从前一班军人，多半是怕死，因循敷衍，保存实力，完

①《南开周刊》第98期，1924年9月29日。

全站在自私的立场上做事，稍为困难的事，就不愿干了。你们看这次前线抗战的将士，多么英勇！多么壮烈！[①]

张伯苓校长经常告诫学生，切忌因循守旧，“不总期待从你们的祖先那里继承什么东西”[②]。他一再强调中国需要彻底的改革，而“改革国家，必先改革个人”[③]，因而“创造的精神，其重要尤巨”[④]，优秀人才必须具备创新精神。他还一再表达自己的殷切期待，即“我希望南开大学能造出一班有组织能力之人，以发达中国的实业，而谋国家的富强。”[⑤]正是由于这个原因，他用“日新月异”设定校训，并将其视为南开精神的灵魂。

三、“以‘公能’为训练方针”

教育以立德树人为本，这是一个众所周知的常识。张伯苓校长的过人之处在于他强调以公德树人。1939 年 10 月 9 日，在教师节教职员聚餐会上，张伯苓校长发表谈话，他强调“公”是最高的道德。他说：

> 南开功课固然要好，同时体育、道德等等也都要好。团体训练中“公”字最要紧。例如班会中推举出来的代表能够讲“公”，则出校以后在乡镇社会服务也一定要讲“公”。“公”是最高的道德，“公”字的涵义甚多，诸位对于这个“公”字务须特别注意。我曾经看见几个学生课后打扫教室，我便对他们说，做这件事不仅是“小子当洒扫应对进退”的私德，而是讲公德。一个学生对教师敬礼，这亦不仅是讲“入则孝出则悌”的私德，而且是讲公德。[⑥]

在许多讲话中，张伯苓校长都强调公德重于私德，学校教育必须以公德教育为先。他指出：“寻常讲德育，多偏重私德一面，究不如在公德一面着想。”在他看来，“今之教育应使学生对公共或社会有觉悟心，有责任心。”他不但强调“公”，而且注重“能”，主张学校教育“尤须首由‘公’‘能’两字

---

① 龚克主编：《张伯苓全集》第 3 卷，南开大学出版社 2015 年版，第 29—30 页。

② 弗兰克·B. 楞次：《张伯苓之人格魅力》，龚克主编：《张伯苓全集》第 2 卷，南开大学出版社 2015 年版，第 2 页。

③《南开周刊》第 109 期，1924 年 12 月 22 日。

④《南开周刊》第 98 期，1924 年 9 月 29 日。

⑤《南大周刊》第 24 期，1925 年 12 月 7 日。

⑥ 龚克主编：《张伯苓全集》第 3 卷，南开大学出版社 2015 年版，第 86 页。

做起”[1]。

张伯苓校长不但强调公德教育的重要性，而且强调能力教育的重要性。在何懋勋撰写的《张伯苓先生》一文中，保存了张伯苓校长1937年11月中旬在长沙临时大学所在地长沙圣经学校的一次演讲的内容。在这次演讲中，张伯苓校长强调“公”和“能”修养的重要性。他说：

> 我们必须要具备两件修养功夫：第一是“公”，第二是“能”。无论在学校、社会、国家，以至世界里，不公绝对不行，如果个个人都为私，那前途便只有黑暗！中国几千年来就是讲究“私”的人太多了，所以才弄得那样糟。还有，既做到“公”，自然也连带着做到“平”，无论做哪一件事，不平终归是不行的。目前的世界正在慢慢改进着，当然有一天总走到“公”的路上去。其次说到“能”。说“能”并不是希望要有多么大的技术的意思，我所说“能”是要“能”干，肯吃苦。一生肯吃苦，有什么不可以成就？[2]

同样内容的讲话还有很多被保留下来。例如，1939年3月25日，张伯苓在昆明南开校友分会欢迎会上发表演讲，展望中国的前途，他再次强调培养“公能”素质的重要性。他说：

> 南开的校训是“公”“能”两个字。“能”的意思，就是对于身体的锻炼与智识的培植。“公”的意思，就是为公众，摒除自私自利。中国人向来犯这两种病，近来全国人士对南开已渐渐认识了。[3]

在张伯苓校长看来，“公者，使人人处事无私，勇于负责；能者，系发掘每人能力，使渠有所表现”[4]。只要坚持培育“公能”素质，人民都能用知识能力为国家民族服务，中国的前途就是光明的。

1949年，在告别重庆南开师生时张伯苓校长发表演讲，他指出：“公能”教育与新民主主义教育相契合。他说：

> 南开教育，特重“公”“能”。惟“公”故能牺牲小我，完成大我。惟“能”方克事无不举，举无不成。今新民主主义教育，目的乃“为人

① 1919年4月，张伯苓在直隶小学会议巡行讲习会上讲演，龚克主编：《张伯苓全集》第1卷，第119页。

② 何懋勋：《张伯苓先生》，龚克主编：《张伯苓全集》第3卷，南开大学出版社2015年版，第39页。

③《南开校友》第4卷第6期，1939年4月15日。

④ 张伯苓1948年7月6日与新闻记者的谈话，龚克主编：《张伯苓全集》第3卷，南开大学出版社2015年版，第256页。

民服务”，而欲为人民服务，自必须要有服务之本领，则“公”“能”训练，与新教育之主旨，亦相符合。现当社会组织、教育制度全面改造之时，希望将此“公”“能”二字，加以新的诠释，并求彻底实施，藉以提高学生之政治水准及文化程度，此其二。①

1950 年 2 月，在回顾自己一生的办学经验时，张伯苓校长说：“积半个世纪办学之经验，我更加相信，在学生中提倡‘公能’是没有错的。”②

四、“做大事”的意义

张伯苓校长历来倡导学生在学期间就要志存高远，锻炼能力。1942 年春，重庆南开中学排演曹禺话剧《北京人》，张伯苓校长观看演出后，邀请剧中学生演员王世泽到津南村寓所谈话。王世泽转述的谈话大意是：

> 我历来不主张读死书，主张在读书的同时要学生参加各种课外活动，锻炼身体，培养情操，学习组织工作能力。
>
> 演话剧是一种很好的活动，剧作者对于社会上各种现象进行了深刻地观察与分析，经过提炼，用少数角色把这些社会现象重现出来。演话剧不仅是玩玩而已，而且要学习剧作者观察与分析社会现象的方法，培养自己观察及分析的能力，培养自己善于处人处事的能力和做组织工作的能力。好多南开的毕业生，现在都在各界很有成就，而这些人在校时都是社会活动的积极分子，有许多人是演话剧的积极分子。由于他们在学校时有了一定的锻炼，离开校门后就比较容易了解社会，适应社会，就能比较快的做出成绩。我年纪大了，对学校的事情不能过问太多，但我每年都要挑一两位在某些方面表现不错的学生到家里来坐坐，谈谈，希望你继续好好学习，好好从事各种活动。③

在办学生涯中，张伯苓校长重视对学生能力的训练，采取的具体措施并不限于排演话剧这一项。他之所以注意能力的培养和训练，就是期待学生们能够为民族、为社会、为国家做大事。对做大事的意义，张伯苓校长曾经反复讲过，典型例证之一便是 1936 年他在江苏省立上海中学的演讲。在演讲中，

---

① 龚克主编：《张伯苓全集》第 3 卷，南开大学出版社 2015 年版，第 271—272 页。

② 梁吉生撰著：《张伯苓年谱长编》（下卷），人民教育出版社 2009 年版，第 373 页。

③ 王世泽：《追忆张伯苓校长的一次接见》，龚克主编：《张伯苓全集》第 3 卷，南开大学出版社 2015 年版，第 112—113 页。

张伯苓校长谆谆教导学生们要立志做大事，他说：

诸位刚才读宣誓词上说：“遵奉总理立志做大事之遗训。”对于这个问题，我有一点意见。我先要问什么是大事？固然青年时候，有的还不能看出他适宜于做什么工作？但无论如何，必须做大事是对的。大字作什么讲？往往有人说“大”字指救世界的大事。这太空洞了。想得太大，而做不到，那是没有意义的。救国的工作很多，一个人不能每样工作都去做，有人想学航空，或海陆军，有人想研究农村复兴的问题，有人想从事教育事业，救国方法虽然不同，目标是一样的。“做大事”的意义，我以为就是说：“你有多大力量，做多大的事，尽你能力，做你能做的事。”

张伯苓校长接着讲了做大事的方法。一是不能等不能靠，“做大事不是等事情来做，是要你去找事情做”。二是要有能做大事的本领，“你们预备了吗？做大事做你能做的大事。你先要把身体锻炼得很强健，在年青时候，最应该培养卫生习惯，与运动兴味，因为身体不好是将来做大事的障碍”。三是确定志向，持之以恒，“凡成功事情最重要的一个因素是‘时间’，一时做不了，终身去做，一辈子去做”，“做事情不免遇到困难，但是不要灰心，三十年五十年后一定有成绩”。①这篇演讲通俗易懂，言简意赅，充分体现了张伯苓校长的教育理念的重要特点。

在张伯苓校长看来，凡做大事者，必能务实。因此，他经常教导学生要实事求是，不尚空谈。1929年10月17日，在南开建校二十五周年纪念会上，张伯苓校长发表讲演，殷切期待学生们都以校父严修为典范，成为一个具有务实精神的能做实事、做大事的人。

五、养成“至新·大公·最能”的理想人格

培养综合素质，养成理想的人格，这是张伯苓校长反复强调的教育理念。这一点既体现在一点一滴、循序渐进地培养综合素质的日常教育中，也体现在对“至新·大公·最能”的理想人格的界定上。

张伯苓校长1947年3月22日对南开师生的一段讲话可以充分体现注重培养综合素质的教育理念。他说：

从今天起，我是训练你们，把你们个个都训练成风吹不倒、雨淋不透、钢铁一般的孩子！

---

① 龚克主编：《张伯苓全集》第2卷，南开大学出版社2015年版，第310—311页。

记住，要做这样的人：第一身体要结实，好能站得稳。第二眼光要锐利，能够观察事物的丑恶。第三头脑要清晰，能够分辨真的是与非。第四意志要坚强，不为物诱，不被力迫。同时更应该有一个坚定的生活目标，它应该是有益于国家民族的。①

这个教育理念表明，在日常教育中，张伯苓校长更注重综合素质的培养，特别是健全人格的养成。

张伯苓校长对理想人格的界定就是“允公允能，日新月异”。在他看来，就理想人格而言，允公特指大公，即“允公，是大公，而不是什么小公，小公只不过是本位主义而已，算不得什么公了。惟其允公，才能高瞻远瞩，正己教人，发扬集体的爱国思想，消灭自私的本位主义。”允能特指最能，即“允能者，是要做到最能，要建设现代化国家，要有现代化的科学才能，而南开大学的教育目的，就在于培养具有现代化才能的学生，不仅要具备现代化的理论才能，而且具有实际工作能力”。日新月异特指至新，即“所谓日新月异，不但每个人要能接受新事物，而且要能成为新事物的创造者；不但要能赶上新时代，而且要走在时代的前列。”②这就是说，张伯苓校长心目中的理想人格可以概括为“至新·大公·最能”，在这个理想人格的结构中，至新、大公、最能缺一不可，而至新是这种理想人格的灵魂。要养成这样的理想人格，就必须持续不断地努力，因而张伯苓经常以“公能日新”校训激励广大师生，号召大家：“我们更要本着‘日新月异’的精神，踏着‘自强不息’的大道，再接再厉，向前迈进。”③

显而易见，“读《孝经》不如读公经”与“允公允能，日新月异”是两个相辅相成的思想命题，它们是一破一立的关系，前者主要立足于破旧，后者主要立足于立新。“读《孝经》不如读公经”命题明确指出：造成自私这种劣根性的主要原因是“先王以孝治天下”，利用“忠”“孝”观念维系人民，改良国政。由此而造成的群体性的自私自利是导致国家积弱、国难当头的重要文化原因，因而这种旧的道德传统必须破除。“允公允能，日新月异”命题明确指出：要想救亡图存、富民强国，必须创建新的道德传统，培养具备“至新·大公·最能”理想人格的一代新人，因而“第一件最要紧的事情，就是

---

① 孟高：《要做这样的人——忆校长的话》，李溥、蔡勇剑、刘柯麟编：《百年风华：南开中学校园文学百年巡视》（上），中国文史出版社2004年版，第411页。

② 中国人民政治协商会议天津市委员会文史资料工作委员会：《天津文史资料选辑》（第八辑），天津人民出版社1980年版，第97页。

③ 张伯苓在南开同人聚餐会的演讲词，方慕韩记述，重庆南开中学档案馆藏。

先养成大家‘为公’的精神，使全国的风气，都由‘私’转到‘公’，先公而后私”①。这样才能革除传统道德体系的弊端，矫正传统学校教育的偏弊，将公德置于私德之上，以爱国乐群的“公”取代效忠君父的“孝”，通过造就一大批崇尚“为公”精神的现代精英，改变中国的道德观念和社会风气，从根本上铲除民族的劣根性。在那个时代，唯有具备“日新月异”精神的人才有可能旗帜鲜明地提出这样的教育理念。

在中国古代，“孝”既是一个至关重要的道德范畴，又是一个至关重要的政治范畴，因而“读《孝经》不如读公经”既是一个教育思想命题，又是一个政治思想命题。通观一部中国思想史，我们可以发现一个重要的历史现象：贬低“以孝治天下”的思想家自古就有，以商鞅为代表的先秦改革家最为典型，可惜的是他们并没有彻底摒弃“以孝治天下”，依然用法制及法治的方式推行这一套做法。否定“以孝治天下”的思想家自古就有，以中国古代的无君论者最为典型，可惜的是他们没有提出切实可行的替代方案。在中国思想史上，第一个明确提出“读《孝经》不如读公经”命题的是张伯苓校长，这个命题主张摒弃以私德为核心的旧的道德体系，创建以公德为核心的新的道德体系，用新的道德体系取代旧的道德体系，其本身就兼具破旧和立新双重功能，而同样兼具破旧和立新双重功能“允公允能，日新月异”命题堪称破旧立新的思想成果。更为难能可贵的是：道德体系以公德为核心的主张不仅契合现代社会的实际需要，而且切实可行，符合人类社会发展的大趋势。由此可见，南开校训“允公允能，日新月异”的提出堪称在中国现代化进程中以求实的态度和正确的方式继承、扬弃、改造、创新传统的典型例证之一。

① 张伯苓：《吾人应有之认识与努力》，《南开校友》第一卷第8期、第9期，1936年6月15日。

第八章　昭示南开精神的南开大学学训体系

中国学校文化有源远流长的学训传统，留下了为数众多的内容积极、价值珍贵、脍炙人口的学训，积累了丰富的学训资源，涉及励志自强、涵养品德、砥砺节操、待人接物、求学问道、治学方法等方方面面。许多历史上的优秀学训直到今天依然在人才培养方面发挥着重要的作用，对中国的学校教育有广泛而深刻的影响。许多现代中国大学的校训就直接来自中国古代的著名学训。

学训，即学校及其学师的训育之词。依据汉语习惯，学训亦即校训，校训亦即学训。历史上各种设定及使用学训、校训的现象，可以统称为“学训现象”或“校训现象”。但是，为了与现代汉语“校训”一词的通常用法相区别，这里采用“学训”及“学训现象”的提法。这就是说，“学训”涵盖“校训”，“校训”是“学训”的一种。

学训体系是一所学校的各种学训的总称。在为数众多的学训中，居于核心地位的是校训及学校制定、提出、倡导的且长期使用的重要训育之词。那些在一所学校长期使用且有广泛影响的学训也都在学训体系中占据引人注目的地位。一些有学科特征、专业特色的学训也会在特定院系和研究机构长期发挥重要的训育作用。

在现代大学的学训体系中，校训居于核心地位，堪称主学训、第一学训、首要学训。校训是一所学校重要的学校符号之一，常常被刻于校训碑，立于校训石，写在校训墙，印在学校纪念品上等；在开学典礼、毕业典礼、校庆庆典上，学校领导及与会成员往往会宣讲、阐释、颂扬校训；校训甚至会对学校制度及学校规定的行为规范有深刻的影响。但是，校训不是唯一的学训。每一所学校特别是历史悠久的学校都会拥有为数众多的重要学训，从而形成以校训或若干重要学训为核心的学训体系。

在南开大学创办和发展过程中，逐渐形成了以“允公允能，日新月异”校训为核心的一整套类型齐全、功能完备、相互匹配、相辅相成的学训体系，可以根据其核心要素称作“南开大学‘新·公·能’学训体系”。这一套学训体系是继承、弘扬、发展中国固有的学训传统的产物，在指导办学和培育人才方面发挥着积极的作用。本章从南开大学“新·公·能”学训体系的主要构成及基本特征的角度，进一步认识南开校训与中华优秀传统的关系及其在学校文化中的地位和作用。

第一节 “新·公·能”学训体系的基础框架

一般说来，凡是学校师长的训育教导之词都属于学训范畴。其中，学校长期使用的重要训育教导之词构成是一所学校的学训体系的主体部分。自1898年新式严氏家塾建立至2019年南开大学迎来百年校庆，在长达120多年的办学历程中，积累了丰富的学训资源，其主体部分构成一个以南开校训为核心的结构完整、形式多样、内涵丰富、功能齐备、长期传承、影响深远的学训体系。

南开大学“新·公·能”学训体系的基础框架由一批具有校训属性及功能的学训和其他影响深远的重要学训构成，颇具南开特色的学训大多形成于中华人民共和国成立之前，主要分为以下几个类型的重要学训。

一、周恩来学训

在学训体系中，有一类是著名学长学训。一般说来，凡是一所学校著名毕业生提出的有重要价值的箴言都属于这所学校的著名学长学训。那些被学校明确纳入学训体系的著名学长学训是其学训体系的重要组成部分。周恩来学训便是典型例证。

南开大学学训体系基础框架的一些重要构件与南开学校毕业生、南开大学第一期学生周恩来密切相关，故可称作“周恩来校训”。周恩来是南开大学杰出校友。无论在中国历史上，还是在南开校史上，周恩来都占据特殊的地位，他的为人及一些名言对南开大学有很大的影响。

南开系列学校通用的南开校训“允公允能，日新月异”是南开大学“新·公·能”学训体系的核心，这是毋庸置疑的。然而，一个极其特殊的历史贡献和历史机遇，使一则著名学长学训有资格排在南开校训之前，这就是周恩来学训“我是爱南开的”。这则学训产生于“公能日新”校训正式设定之前。南开大学也确实将“我是爱南开的”置于极其重要的地位，使之成为重要的学校符号之一。周恩来崇高的历史地位及其强大的感召力使得他的名言“我是爱南开的”可以列为南开大学学训体系的第一位。这是南开大学学训体系与众不同之处。

在南开大学学训体系中，最重要的也最常用的周恩来学训是以下两个。

1.“敬业乐群”

这则学训的创造者是周恩来。提出时间是 1914 年。这一年，周恩来在南开学校创立“敬业乐群会”。于是“敬业乐群”成为标示南开光荣传统的重要学训。

倡导敬业、乐群、爱国是南开学校一贯坚持的教育宗旨之一。在校长、师长及著名校友的学训中，相关内容可以用司空见惯、俯拾即是来形容。例如，1905 年 6 月 10 日，张伯苓等人发布《敬告天津学界中同志诸君》，“兴举爱国合群之论说”[①]。他号召学生爱世界、爱国家、爱社会、爱学校。从历史过程看，敬业乐群会的成立既是南开学校教育宗旨及训练方针的产物，又是在特定历史条件下爱国学生积极行动的产物，亦即张扬公德意识、践履爱国主义的产物。

《南开大学津南新校区道路桥梁命名方案》将校园东区连接南北两座便桥的纵贯路命名为敬业南路—敬业北路，将校园西区连接南北两座便桥的纵贯路命名为乐群南路—乐群北路。“敬业乐群”在南开大学学训体系中的地位由此可见一斑。

2.“我是爱南开的”

这则学训出自 1919 年 5 月周恩来在天津写给留日南开同学的一封信。1917 年，周恩来从南开中学毕业后东渡日本留学。1919 年 3 月，得知南开学校即将创办大学部的消息后，他决定回国，约在 4 月底返回天津，积极投身于五四运动。

此时，严修、张伯苓等人正在为即将成立的南开大学四处募集经费。时任交通总长曹汝霖对此事表现出极大的热情，认筹 40 万公债票。因此，南开学校拟议将他列为校董。随着五四运动的爆发，聘请卖国贼为校董，在南开学生中引起强烈反响。时在天津的周恩来写信给留日南开同学，介绍学校情况，他在信中对南开学校聘请卖国贼为校董提出尖锐批评，并表示“我是爱南开的”，反对学校的错误做法乃是爱护学校的行为。后来，校方听取了以周恩来为代表的爱国学生的建议，未将曹汝霖等人列为南开校董，避免了一次重大决策失误，否则将会对学校声誉造成严重的负面影响。周恩来不愧为爱

① 《大公报》（天津），1905 年 6 月 10 日。

国爱校的光辉典范。

“我是爱南开的”成为南开精神和南开学训体系的重要组成部分。在南开大学八里台校区马蹄湖湖心岛上的周总理纪念碑正面和新老校区的两座周总理塑像基座上面，都镌刻着周恩来手书“我是爱南开的”六个大字。这句著名校友的肺腑之言，表达了广大南开人的共同心声，也成为学校进行爱国爱校教育最生动的内容和素材。

为什么“周恩来”可以成为南开系列学校共同拥有的重要学训和重要符号？原因很简单，周恩来是一位伟人。

1929 年 1 月 6 日，应斯坦福大学校长韦尔伯（Ray Lyman Wilbur）邀请，张伯苓校长在该校大礼堂发表讲演，听众达三千多人。张伯苓校长言及美国总统胡佛为斯坦福大学毕业生，他满怀信心地预测：“焉知他日南开校中无人能为新中国之大伟人耶！”[①]

实际上，一位伟人当时已经从南开走向社会，他就是周恩来。周恩来是南开最好的学生，这个赞语出自张伯苓校长之口，并获得人们的公认。1938 年 5 月 14 日，应中华大学校长陈时之邀，张伯苓校长在该校发表演讲，言及两校培养的杰出人才，他说：

> 我在北方，经常想到华中，想到华中，就想到“中华”。中华大学有恽代英，南开大学有周恩来，这都是杰出的人才，是我们两校的光荣！我们两校有许多共同点，正如陈校长所说，中华、南开是亲如姊妹。[②]

1945 年 9 月 10 日，张伯苓校长在重庆南开中学全校集会上谈及中共领导人毛泽东偕周恩来、王若飞前往重庆沙坪坝津南村看望他一事。张伯苓时任国民参政会副议长。张伯苓校长的兴奋之情溢于言表，他说：

> 毛泽东先生和周恩来最近到学校看过我了，我心里非常高兴。周恩来是我的好学生，他是我最好的一个学生。可惜过去却被我把他开除出学校去了。现在，我要宣布，你们在座的每一位同学听着，只要你们像周恩来这么有出息，今后即使我把你开除了，我也会再发给你一张毕业文凭的。[③]

---

① 《张伯苓在旧金山谈新中国》，《大公报》（天津），1929 年 2 月 20 日。

② 吴先铭：《陈时与中华大学的几个片断》，政协武汉市委员会文史资料研究会编：《武汉文史资料》1983 年第 3 辑，第 119 页。

③ 龚克主编：《张伯苓全集》第 3 卷，南开大学出版社 2015 年版，第 183 页。

1948年6月中旬，张伯苓在天津南门里寓所接见南开大学学生自治会理事成员，询问同学们对当时政局的看法和学习、生活中的困难与意见。张伯苓谈到了周恩来。他说：

南开出去的有很多我的好学生。周恩来是最好的一个，他念书好，为国为民不辞辛劳。他是共产党的大人物，可他总说是我的学生，口口声声叫我老校长，尊重我，听我的话。在重庆开参政会，会上意见不一样，常常是吵吵闹闹，我发表意见，有的参政员不同意，邓颖超就常反驳我，弄的我挺为难，她不是我南开的学生嘛！周恩来就不一样，他听我的发言，同意的就笑眯眯地点头说：校长讲的好。有的时候就笑笑不发言，尊重我，他是我的好学生嘛，你们别把我的话当耳边风。①

1948年11月14日，北平《新民报》记者子敏赴重庆沙坪坝张伯苓的寓所访问张伯苓，谈及周恩来。张伯苓说：

周恩来和邓颖超，他们两个都是我的好学生。几年前毛泽东到重庆，周恩来曾陪毛泽东来这津南村拜访我。

记者谈到：“香港方面传说中共宣称邓颖超将任南开大学校长。”张伯苓笑了笑，答道：“真如此，我倒不怕。”②

周恩来是南开学校为中华民族培养的旷世奇才。这位声播域外、誉满环球的伟人出自南开或许有一定的偶然性。然而，南开堪称一个弘扬“新 · 公 · 能”优秀传统的学校，一个遵循“新 · 公 · 能”办学方针的学校，一个坚持以“新 · 公 · 能”培养一代新人的学校，在这个学校的毕业生中，涌现出一位堪称践履“新 · 公 · 能”楷模的伟人，又是有其必然性的。

在南开读书期间，周恩来已经全面具备“新 · 公 · 能”素质。1913年素有“为中华之崛起而读书”之志的周恩来考入南开学校。在校期间，周恩来各科成绩优异，国文和数学成绩尤为突出。周恩来积极参加课外活动，表现出很强的社会活动能力和组织能力。1914年，与同学共同创办“敬业乐群会”，其目的：敬所业，乐群众，拯救中国于危亡。他还主持出版《敬业》和《校风》。在这些刊物上，周恩来经常撰写文章抨击反动政府的独裁、黑暗，批判孔孟之道，宣传进步思想，深受广大师生的欢迎。他对公益活动尽心尽

① 谭致：《努力学习，为国效劳——回忆张伯苓校长一九四八年春的一席话》，《南开校友通讯》（复刊19期），1996年，第326—327页。

② 《新民报》，1948年11月19日。

力，曾在给友人的信中说："课外事务则如猬集，东西南北，殆无时无地而不有责任系诸身。人视之以为愚，弟当之尚觉倍有乐趣存于中。"甘于默默做那些为公众服役的事情，从来不吝惜自己的时间和精力。1917年，周恩来毕业于南开学校，同年9月东渡日本求学，临行前，写下了那首抒发他青年时期救国抱负的著名诗篇：

大江歌罢掉头东，
邃密群科济世穷。
面壁十年图破壁，
难酬蹈海亦英雄。

旅日期间，周恩来在日记中下了这样一段话：

第一，想要想比现在还新的思想；第二，做要做现在最新的事情；第三，学要学离现在最近的学问。

思想要自由，做事要实在，学问要真切。

这段话集中体现了自强不息、日新月异的精神。

周恩来是20世纪最伟大的中国政治家。在五四运动中，周恩来是著名学运领袖之一。在第一次国内革命战争时期，周恩来担任黄埔军校政治部主任。1927年8月1日，作为中国共产党的主要领导成员，周恩来亲自指挥了南昌起义。自1927年5月，中共中央设立政治局，到1976年1月，周恩来始终是中央政治局委员，自中共中央设置中央政治局常委又始终是中央政治局常委。自中华人民共和国成立到1976年1月，周恩来始终担任国务院总理（政务院总理）。"文革"中，周恩来总理力荐邓小平复出。1974年，在四届人大上，周恩来总理粉碎了江青等人篡夺国家党、政、军大权的图谋。1975年，周恩来总理加紧落实党的干部政策，解放一批各级领导干部，为"文革"结束后，以邓小平同志为首的第二代领导核心的形成奠定了基础。1975年底，周恩来总理在病榻上对前来探视的廖承志说：我跟你邓大姐讲过，其实我是很幸运的。有那么多人支持我，帮助我工作。无论任何时期，我都不是孤军奋战。在革命的道路上，总让我感到温暖和力量。很多人也许会嫉妒我呢。快振作起来，等我身体恢复了，还要做许多事情呢……历史事实表明：周恩来是新中国的缔造者之一，为开创中国现代文明，为中华民族的伟大复兴，做出了卓越的贡献，他不仅获得全国人民的爱戴，还是誉满寰宇的世界性伟人，这样的经历和这样的成就奠定了周恩来的崇高历史地位。

周恩来是践履“新·公·能”的光辉典范。在中华民族重新崛起的伟大历史进程中，中国大地涌现出千千万万践履“新·公·能”的卓越人才，没有他们，就没有今天的新中国。在这些卓越人才中，最著名也最完美的楷模当数周恩来总理。即使在五千年的中华文明史上，他也是首屈一指的人格楷模，在践履“新·公·能”始终一贯和志、才、德、功兼备一体方面，其完美程度无人企及，因而周恩来总理堪称践履“新·公·能”的极致。

实际上，“周恩来”这个名字就是一则价值无比珍贵的南开学训。每当人们肃立在周恩来总理塑像或周总理纪念碑前，都会感觉到这位伟人的感召力。人们听到“周恩来总理的母校”都会肃然起敬，于是这个提法是南开大学一个重要的学校符号，也南开大学一张重要的名片。南开大学津南校区的南门主桥及连通道路命名为“翔宇”，而“翔宇”乃周恩来的字。天津市翔宇中学也是与南开有渊源关系的学校。

二、创校学训

创校学训，即一所学校创建初期的首要学训。许多学校自创办伊始便设定了校训，而校训都是首要学训。许多学校在创办初期没有设定校训，还有一些学校始终没有设定校训，而这些学校通常也会有一个首要学训。一般说来，凡是一所学校创校之时的首要学训都可以称之为这所学校的创校学训。

南开大学滥觞于严氏家塾，南开大学的校史以严氏家塾为起点，在一定意义上甚至可以说南开大学发轫于新式严氏家塾，因而新式严氏家塾的首要学训便是南开大学的创校学训，并在南开大学学训体系中占据重要的历史地位。

新式严氏家塾学训是“尚公、尚武、尚实”。这个学训的提出者是南开校父严修，提出时间是 1906 年初。1906 年 3 月，光绪皇帝以上谕的形式将其纳入帝制国家学训“忠君、尊孔、尚公、尚武、尚实”，相当于钦定的全国学校统一校训。身兼学官、学师、家长、家塾创办者多种社会身份的严修曾经将其用作教育晚辈的家训（父训、父师训）和教育学生的学训（学师训、师训、塾训）。在严氏家塾时期，这则学训堪称学校的首要学训，其地位与功能大体相当严氏家塾校训，可以称之为“严氏家塾学训”。

就“新·公·能”核心理念而言，严氏家塾学训是南开校训的先导。在当时的历史条件下，“尚公、尚武、尚实”体现了改革教育、倡导实学、育才救国的教育思想和人才培养理念，其中“公”字是南开校训表述形式的主要构成之一。上述历史因素决定了严氏家塾学训的核心理念在熔铸南开精神方面有重要的历史贡献，其内容和形式对南开大学学训体系也有深刻的影响。这则创校学训迄今依然具有现实意义，《南开大学津南新校区道路桥梁命名方案》以“尚公”“尚武”“尚实”命名学校道路便是典型例证之一。

三、具有校训属性及功能的学训

依据约定俗成，校训特指学校正式赋予“校训”名分的学训。校训堪称一所学校毋庸置疑的首要学训。实际上，凡是首要学训都具备校训的属性及功能，即使没有“校训”名分，首要学训的地位和作用也相当于校训。有鉴于此，笔者将在一定时期内居于首要地位的学训统称为“具有校训属性的学训”。在南开学校创办过程中，相继产生的具有校训属性的学训有以下四个。

1. 新式严氏私塾学训“尚公、尚武、尚实”

从地位、属性、功能看，这则创校学训实际上相当于南开学校倡办初期的校训。

2.《容止格言》

《容止格言》是一则由南开校父严修、南开创校校长张伯苓共同订立的著名学训。他们鉴于“民族精神颓废，个人习惯不良，欲力矫此弊”，订立《容止格言》，全文为：“面必净，发必理，衣必整，纽必结，头容正，肩容平，胸容宽，背容直；气象：勿傲，勿暴，勿怠；颜色：宜和，宜静，宜庄。”四十字《容止格言》由严修亲笔书写，镌刻于学校门侧的大镜子上，“俾学生出入，知所儆诫”，所以《容止格言》也称为南开镜箴。当年，美国洛克菲勒基金会代表来校参观，对它推崇备至，特意拍了照片，在美国的报纸上刊登。镜箴文化深深地影响了一代又一代的南开人。南开杰出校友周恩来一生自觉地按照《容止格言》规范自己的言行。他举手投足间流露出来的温文尔雅、从容镇定的气度无不为人折服。南开校友、国务院原总理温家宝曾回忆说：“南开中学楼里有一面大镜子，学生每次进去都要先照一下镜子，意思是‘面必净，发必理，衣必整’；‘肩容平，胸容宽，背容直’，这是要求学生站有站相，坐有坐相；‘勿傲，勿暴，勿怠’是对品德的要求；看起来是小事，要求却十分严格。”[①]《容止格言》是广大南开师生共同遵守的基本行为准则和道德规范，在南开校训产生之前发挥了重要的作用，直到今天仍有深远的影响。

3. 南开大学办学宗旨“知中国，服务中国”

“南开之演化，实吾国革新运动历史之缩影”。南开大学也有一个从照搬

---

① 李溥：《南开的“容止格言”》，《今晚报》2010年4月13日。

西方大学办学模式，到积极探索高等教育中国化的历史过程。1928年春，张伯苓校长主持制定《南开大学发展方案》，从此确立了办“土货化”的办学宗旨。《方案》指出：“吾人为新南开所抱定之志愿，不外‘知中国’‘服务中国’二语。吾人所谓土货的南开，即以中国历史、中国社会为学术背景，以解决中国问题为教育目标的大学。” 这就是说，“土货化”不是复古与排外，而是坚持西方先进文明与中国实际相结合，兴办“中国化”的教育，致力“本土化”的学术，以更好地认识中国，服务中国，“创造能立足于现代的国家”。

南开大学的“土货化”改革，从中国的实际出发，创造性地吸收西方大学的办学经验，在探索中走出了一条独具特色的办学道路。“知中国、服务中国”成为南开大学的办学宗旨、学术传统，被一代代南开人所秉持，成为南开大学学训体系的主要构成之一。

4. 西南联合大学校训“刚毅坚卓”

在抗日战争时期，南开大学经历了一个重要的发展阶段，即西南联合大学阶段。西南联合大学校训“刚毅坚卓”的提出者是这所大学主办者群体。提出时间是1938年5月。在西南联大时期，南开大学实际上采取两个校训并重的态度。“刚以坚卓”校训在激励西南联大师生方面发挥了重要的作用。西南联大结束以来，“刚毅坚卓”作为南开大学宝贵的精神遗产被传承下来，成为南开大学学训体系的主要构成之一。《南开大学津南新校区道路桥梁命名方案》便是典型例证之一。

5. 毛泽东题写的“团结、紧张、严肃、活泼”

应当指出的是：在20世纪五六十年代，“团结、紧张、严肃、活泼”曾长期居于南开大学的首要学训地位。这则学训的提出者是毛泽东。“团结、紧张、严肃、活泼”提出时间是1938年8月，原为毛泽东为延安抗日军政大学的题词并成为该校的校训。中华人民共和国成立以来，全国各级各类学校乃至许多政府机关、企事业单位、军队都将“团结、紧张、严肃、活泼”题写在引人注目的地方。南开大学亦不例外，在校园、机关、礼堂、教室都可以见到这则学训。由于不具有学校专属性，改革开放以来，全国各级各类学校普遍不再采用这则学训。但是，这两则学训在学校教育中曾发挥过积极的作用，对其历史作用应给予客观公正的评价。作为学校训词“团结、紧张、严肃、活泼”具有永恒的价值。

四、具有学校符号属性的学训

校名、校训、校歌、校徽都是一所学校重要的符号。这些学校符号所承载的学训或学训释义都属于具有学校符号属性的学训。除校训外，南开大学学训体系中还有三个具有学校符号属性的学训，即南开大学校歌、西南联合大学校歌、南开大学校徽。

1. 南开大学校歌

校歌歌词属于歌训范畴。南开大学校歌的创制者是以张伯苓校长为首的学校主办者群体。创作时间是 1918 年末。曲谱套用西方圣诞之歌《oh Christmas tree》。具体填词人是音乐课教师孙润生。歌词全文如下：

> 渤海之滨，白河之津，巍巍我南开精神。汲汲骎骎，月异日新，发煌我前途无垠。美哉大仁，智勇真纯，以铸以陶，文质彬彬。渤海之滨，白河之津，巍巍我南开精神。

这首校歌是南开大学的学校符号之一。歌词主题是张扬“日新月异”的南开精神，“日新”精神不仅是南开校训的精髓和灵魂，而且是中华民族优秀传统的核心要素。《南开大学津南新校区道路桥梁命名方案》所使用的“日新”“月异”及“仁”“智”“勇”“真”“纯”均来自南开大学校歌。

2. 西南联合大学校歌

1937 年 7 月 7 日，日寇蓄意发动卢沟桥事变。7 月 29 日、30 日，日寇连续两天用飞机、大炮对南开大学进行狂轰滥炸，随即对校园进行了军事占领。南开大学成为全民族抗战爆发以来第一所被日寇摧毁的中国高等学府。南开大学为抗战做出巨大牺牲，也成为全民族抗战的一大激励。南开被炸后，张伯苓接受《中央日报》记者采访，他说：“敌人此次轰炸南开，被毁者南开之物质，而南开之精神，将因此挫折而愈益奋励。”这番讲话极大地鼓舞了南开师生士气。

全面抗战爆发后，我国沿海地区的一批高校辗转内迁。其中，南开大学、北京大学、清华大学奉命到长沙组建临时大学，继而再迁昆明，成立西南联合大学。1938 年 4 月 2 日，国民政府国防最高会议决定长沙临时大学改称“国立西南联合大学”。5 月 4 日，学校开始上课。校训为“刚毅坚卓”；校徽为三色三角形；校歌是由罗庸作词，张清常谱曲的《满江红》。校庆日为 1937 年长沙临时大学正式开课的 11 月 1 日。中国的三所著名大学，长途迁徙，联合建校，精诚合作，共济时艰，在极端艰难困苦中，弦歌不辍，赓续中华民族的文化血脉。这不仅是中国教育史上的奇迹，也是世界教育史上的奇迹。

西南联合大学校歌的创制者是学校主办者群体。创作时间是 1938 年。歌词全文如下：

万里长征，辞却了五朝宫阙。暂驻足，衡山湘水，又成离别。绝徼移栽桢干质，九州遍洒黎元血。尽笳吹、弦诵在山城，情弥切。

千秋耻，终当雪，中兴业，须人杰。便一成三户，壮怀难折。多难殷忧新国运，动心忍性希前哲。待驱除仇寇复神京，还燕碣。

这首校歌是南开大学在特定历史时期的学校符号之一。歌词主题是张扬西南联大校训“刚毅坚卓”的抗战精神，而“刚毅坚卓”也是中华优秀传统。《南开大学津南新校区道路桥梁命名方案》所使用的“尚毅”来自西南联大校歌。

3. 南开大学校徽的学训释义

南开学校校徽的原始形态为单线阳文八角形。八角星形由两个正方形叠加、结合而成，八个角皆为直角，分别指向东、西、南、北、东南、东北、西南、西北八个方向。两个八角形内分别嵌有等线体的“南”“开”二字。南开学校校徽，一是体现“方方正正做人”之意，二是体现南开人“面向四面八方，胸怀博大，广纳新知，锐意进取”之精神。八角星形方圆互动，融合东西，体现了南开大学“智圆行方”的入世哲学、“追求卓越”的立世哲学和“允公允能”的济世哲学。

为纪念南开系列学校百年校庆，2004 年 10 月 17 日南开大学启用了新的校徽。南开大学校徽的核心图像仍然采用八角形，它既是南开大学校标的原始形态，也是其核心形态。校徽中的“南开”二字凝练厚重，而弧形排列的“NANKAI UNIVERSITY”简约明快，表征了南开大学是一所历史悠久、面向世界的东方学府，图标下部以“1919”具体说明南开大学的创建时间。

南开大学校徽的主体颜色是校色——青莲紫色，表征一种卓尔不群、特立独行的个性，寓意“出淤泥而不染，濯清涟而不妖”的君子品格。这与“允公允能，日新月异”校训的旨趣是完全一致的。

五、影响深远的张伯苓校长学训

校长是学校的主办者，也是学校重要学训的主要来源。自新式严氏家塾创办至中华人民共和国成立前，张伯苓始终是学校的创办者和主办者。因此，南开大学学训体系的主要构成均与张伯苓校长有直接或间接的关系。甚至可是说南开大学学训体系的基础框架是张伯苓校长奠定的。

一般说来，张伯苓校长的至理名言及其阐释都是南开大学学训体系的重要组成部分，如“三育并进而不偏废”“尚实、尚理想”“今教育之最要目的，在谋全社会的进步”“创造的精神，其重要尤巨”“我们都应当读‘公经’”等。

笔者认为有两条校长学训的价值最为珍贵：一是“日新月异，自强不息”，二是“南开，难开，越难越开”。这两条张伯苓校长学训昭示南开精神，体现南开特色，地位相当重要，影响极其深远。

1. “日新月异，自强不息”

“日新月异，自强不息”是一则重要的张伯苓校长学训。自南开学校创校之初，张伯苓校长就一而再，再而三地强调自强、创新、进取的重要性并将其视为南开精神的重要组成部分。在 1929 年 2 月的一次访谈中，张伯苓校长明确使用了“日新月异，自强不息”的提法。张校长特别注重学校精神的营造与弘扬，一再强调“我不过多地看重物质，我更看重精神，赋予学校生命的精神”①。他对南开精神多有阐释，其中昭示南开精神、体现南开特点的“日新月异，自强不息”和“一致为公，始终不渝”堪称南开校训的先导。这一类的校长学训成为南开学训体系的重要构成之一。

2. “南开，难开，越难越开”

“南开，难开，越难越开。”张伯苓校长经常用这句话鼓舞师生知难而进。在经费保障方面，私立南开大学既没有国立大学的“得天独厚”，也没有教会大学的“养尊处优”。经费支绌，年度亏损，始终是一大难题。但是，南开大学的创办者从不气馁，百折不挠。1929 年，张伯苓校长在纽约接受采访时说：“我们由家馆创办了我们的学校，一开始什么都没有。”“我们没有钱，没有地，没有房子，没有设备甚至没有家具。我们什么都没有，但是有精神。”他还说：“南开之‘南’，也许是困难之‘难’字，不过我总是乐观的，不怕困难。缺乏经费，决不能阻止南开之发展。”②正是靠着这越南越开、自强不息的精神，南开大学的事业发展日新月异，走出了颇具特色的办学道路，堪称中国现代大学史上的一个奇迹。越难越开的南开精神是南开校训的题中之义，也是南开学训体系的重要构成之一。

六、碑铭及校园建筑名称学训

在南开大学学训体系中，有一批重要学训来自校园内的道路名称、建筑名称、器铭碑文。它们在学校教育中也发挥着重要的作用。

1. 南开大学的一些道路名称具有学训的特征和功能。如南开大学八里台

---

① 弗兰克·B. 楞次：《张伯苓之人格魅力》，龚克主编：《张伯苓全集》第 2 卷，南开大学出版社 2015 年版，第 2 页。

② 周兆元：《怀念张伯苓校长》，《张伯苓先生百年诞辰纪念册》，台湾南开校友会 1975 年。

校区的“大中路”“敬业路”“乐群路”“五虎路”等。南开大学津南校区的路名则堪称南开大学学训体系的精要荟萃，详细内容见本章第二节。

2. 南开大学的一些建筑名称具有学训的特征和功能。如八里台校区“思源堂”、津南校区“思源桥”，有“饮水思源”之意。南开大学津南校区正门（南门）主桥及连桥道路命名为“翔宇路”及“翔宇桥”，取自杰出校友周恩来的字，意为鲲鹏展翅，翱翔天宇。

3. 南开大学校区的一些碑铭、器铭具有学训的特征和功能。如于 1979 年树立的周恩来总理纪念碑正面碑文“我是爱南开的”；1997 年 7 月，在南开大学被侵华日军炸毁 60 周年之际，学校重铸新校钟，由王达津教授撰写校钟铭文；1988 年 10 月，在马蹄湖西岸树立的西南联大纪念碑（2015 年移至津南校区），由黄钰生教授撰写铭文。2007 年 9 月 13 日，为纪念西南联大建校 70 周年，在校园大中路西侧尽头树立从云南昆明联大旧址复制西南联大纪念碑，正面镌刻由冯友兰先生撰写的铭文，碑阴镌刻着“国立西南联合大学抗战以来从军学生题名”。它们同样发挥着铭记历史，警示未来，弘扬精神，资教育人的重要作用。

第二节　“新 · 公 · 能”学训体系的运用与完善

南开大学学训体系是在长期办学实践中逐步积累而成的，其最大特点就是实践性和开放性。实践性的主要表现是不断地以各种形式加以运用，在办学与育人实践中发挥了积极的作用。开放性的主要表现是在运用及阐释中不断地丰富、发展而日臻完善。这里仅列举一个典型例证，即南开大学津南新校区道路桥梁命名。

一、南开大学津南新校区道路桥梁命名

2015 年 5 月 9 日，南开大学 2015 年第五次校长办公会议审议通过了《南开大学津南新校区道路桥梁命名方案》。随后这个命名方案在新校区建设过程中逐步实施。这一新校区道路桥梁命名方案既体现了南开大学学训体系的具体运用，又体现了南开大学学训体系的发展完善。

按照国家通行的命名规范，津南校区道路命名以东西向为“道”，南北向为“路”；尽可能保持道路名称的唯一性；不用人名命名道路桥梁；不产生谐音和歧义。

中心区域6条主干道以南开校训命名（“公能南道”—“公能北道”—“公能西路”—“公能东路”，“日新道”—“月异道”），充分展现南开人独有的校训文化和崇高的价值追求。

纵贯校园南北的4条次干道以南开传统命名（“敬业南路”—“敬业北路”，“乐群南路”—“乐群北路”）。“敬业”“乐群”源自《礼记·学记》（原文：“一年视离经辨志，三年视敬业乐群，五年视博习亲师，七年视论学取友，谓之小成。九年知类通达，强立而不反，谓之大成。”）1914年周恩来在南开学校曾创立“敬业乐群会”。此后，“敬业”“乐群”与“爱国”“创新”一起成为南开的光荣传统。

22条支路统一以校父严修所提“尚公、尚武、尚实”句式中的“尚”字开头，以“德”“智”“体”“美”四育为骨架，按“尚+价值观兼指位词”句式命名。严修提出的“尚公、尚武、尚实”，张伯苓提出的“尚实、尚理想”，是南开学校1934年正式颁定“允公允能”校训的重要思想基础，“尚”字也因此具有了浓郁的南开特色。以“尚” 字开头，与南开人崇尚追求的价值观，如“德”“智”“体”“勇”“真”“纯”“美”“仁”“毅”“诚”“信”“勤”“俭”等，组合在一起并形成系列，命名校园内众多的支路，既可体现南开办学深厚的历史文化底蕴，又可使广大师生在日常校园生活中经常性地感受到南开育人的理念和目标，从而潜移默化地引导师生的思想行为。

4座主桥及4条连桥道路根据所在区位的建筑物特点命名（南曰“翔宇”，北曰“健翮”，西曰“思源”，东曰“启新”）；翔宇桥：南校门内有南开杰出校友周恩来总理塑像，且塑像后的图书馆与东西两座办公楼构成了“一体两翼”的建筑格局，形似鲲鹏展翅、翱翔天宇，故以“翔宇”命名南门主桥。校内连通“翔宇桥”的道路，命名为“翔宇路”。健翮桥：寓意“健康”“矫健”。同时，北门主桥（路）的命名应与南门主桥（路）“翔宇”相对应，“翱翔天宇”需练就一双“矫健的翅膀”，故名“健翮”（晋人郭璞在《尔雅·释器》中注曰：“翮，鸟羽根也。”“健翮”借指矫健的飞禽，亦比喻有才能的人，如明代顾大典《青衫记·刘白谒元》有“喜交知万里扶摇，行看健翮登枢要”一语），寓意“百年南开奋健翮”。

思源桥（西门主桥）—启新桥（东门主桥）。思源桥：有“饮水思源”之意。启新桥的命名寓意“饮水思源”“从历史中走来”，东门主桥及连桥道路的命名则取“面向未来”“开启南开新的百年”之意，命名为“启新”。如此，西为“思源”，东为“启新”，两桥（道）遥相对应，寓意南开“从历史走向未来”。

4座便桥根据连接便桥的两组次干道命名（即“乐群南桥—乐群北桥”“敬业南桥—敬业北桥”）。上述两组便桥的桥名，取自连通桥梁的路名（即“乐群南路—乐群北路”“敬业南路—敬业北路”），便于师生识记，又进一步彰显了南开大学的优良传统。

二、津南新校区道路桥梁命名的显著特征

《南开大学津南新校区道路桥梁命名方案》有以下几个显著特点。

一是以“允公允能，日新月异”校训为南开大学学训体系的纲要。具体表现是：中心区域6条主干道全部以南开校训命名，将校训和校歌共用的“日新”与“月异”两条大道置于新校区的核心位置，贯穿中心区域的东西方向，以“公能”命名的四条大道环绕“日新月异”，从而使学校中心区域成为“日新”精神及“公能”素质的形象载体。

二是彰显南开传统。具体表现是：道路桥梁命名以选用南开传统学训为主，其中主要道路名称均来自校训及传统学训，如“尚美”“尚文”取自南开校歌中的“美哉大仁”“文质彬彬”；“尚毅”取自西南联大校训“刚毅坚卓”；“尚智”“尚勇”“尚真”“尚纯”“尚仁”取自南开校歌中的“美哉大仁，智勇真纯”；纵贯南北的次干道分别以体现南开爱国、创新光荣传统的“敬业”“乐群”命名，取自周恩来在南开学校创立的“敬业乐群会”；一些支路命名选用了传统资源，如“尚俊”“思源”。

三是发展完善。例如，“尚”字头的支路名称以“德”“智”“体”“美”四育为骨架，按“尚＋价值观兼指位词”句式命名，与南开人崇尚、追求的价值观组合在一起，表达南开的育人理念及对师生的品行要求，这就在充分借鉴传统资源的基础上，形成更为完整的价值观系列，既体现了南开办学“四育并进”的育人传统，又契合了当今办学育人的实际需要。

四是与区域功能相匹配。例如，以“尚文”“尚理”“尚锐”“尚实”分别命名文科学院组团、理科学院组团、新兴学科组团区域内道路，不仅体现了指位性强、易于识记的原则，而且体现了区域功能所倡导的教育理念。又如，西校门直通校史纪念区，故以“思源”命名西门主桥，有“饮水思源”之意。从“思源桥”通往校史纪念区的道路，相应命名为“思源道”。

五是与校园相匹配构成完美的意向。从天空俯瞰南开大学津南新校区的建筑及道路布局可以发现，以南门到北门为中轴线，由南开杰出校友周恩来总理塑像、一体两翼的图书馆和办公楼及主要干道构成的图形颇似凤鸟翱翔寰宇、鲲鹏扶摇万里，故南门主桥及连通道路命名为“翔宇”，北门主桥及连

通道路命名为“健翮”，并赋予壮志凌云、振翅高举、胸怀世界、造福人类的寓意，以激励青年俊彦的成长和学校事业的发展。

第三节 “新·公·能”学训体系的实践性

南开大学既有一以贯之的历史传承，也有守正出新的时代创造，生生不息的内驱动力就是“允公允能、日新月异”的南开精神及以南开校训为核心的“新·公·能”学训体系。南开人坚持以“公能”为育人之本，以“创新”为办学之魂，善于从发展传统中开掘时代新义，始终在教育变革中不忘南开初心，充分体现了“新·公·能”学训体系的实践性。

一、以“新·公·能”为宗旨的办学方向

进入新时代，党领导全国人民开启新的征程。全面建成小康社会和深化改革开放进入攻坚阶段，全面依法治国和全面从严治党，建设现代化治理体系，实施创新驱动战略、推进经济转型升级和供给侧改革等，都对教育、科技和人才提出新的更紧迫要求。统筹推进世界一流大学和一流学科建设计划的实施，标志着国家重点建设目标从“高水平”到“世界一流”的提升，国家“十三五”规划明确将“提高教学水平”和“提升创新能力”作为高等教育的两大中心任务，我国大学以质量提升为核心的发展竞争已经展开。南开大学不进则退、小进即退。如何在竞争激烈的国际高等教育发展格局中发扬传统、保持特色，创新发展，争创一流，需要深入思考与精心谋划。

新时期，南开人“公能日新”，主动探索建立全面服务国家战略和深度融入区域发展的新机制，扎实推进综合改革，加快建设一流大学，一步一个脚印把既定的战略决策、工作部署变为现实，以更加昂扬的斗志，推进学校全面发展，提升整体发展水平，不断开创学校各项工作新局面。

2014 年，南开大学制定并颁布《南开大学章程》，一方面立足学校改革发展实际之“本”，另一方面瞄准南开未来发展趋势之“新”，明确规定：“以杰出校友周恩来为楷模，作育英才，繁荣学术，强国兴邦，传承文明，努力建设世界一流大学。”“学校以立德树人为根本任务，坚持内涵发展、特色发展、与时俱进，提高人才培养质量，提升科学研究水平，增强服务社会能力，推进文化传承创新。”

2016 年，南开大学制定《“十三五”事业发展规划纲要》，提出：“十三

五”期间，学校实施以质量和特色为基点、着力提升核心竞争力的内涵式发展战略。学校改革与事业发展的总体目标是：以质量和特色为基点，全面提升核心竞争力，使优秀人才进一步汇聚，综合改革进一步深化，在教学、科研、服务、文化传承创新及国际交流等方面形成显著特色，在国家创新体系中扮演重要角色，大部分学科居于国内领先、若干学科接近或达到世界一流大学水平，在世界高等教育格局中占有一席之地。这个规划立足于“定思路、定方向、定目标”，突出质量特色，强调改革创新，聚焦内涵式发展，体现了新时代南开人发扬“允公允能，日新月异”校训精神，服务国家人民的责任感，面向世界前沿的前瞻性，争创世界一流的主动性和创造性。

2017 年，中国共产党南开大学第九次党员代表大会胜利召开，明确提出：到 2030 年，南开大学跻身世界一流大学，是我校确定的中长期奋斗目标。根据这一目标，到 2019 年建校 100 周年时，要将南开基本建成世界知名高水平大学，实现优秀人才进一步汇聚，学科布局进一步优化，特色优势进一步突出，综合实力进一步增强，治理能力进一步提高，围绕立德树人根本任务，在教学、科研、服务、文化传承创新及国际化办学等方面形成显著特色，在国家创新体系中扮演重要角色，大部分学科居于国内领先、若干学科接近或达到世界一流，走在中国高等教育第一方阵的前列，在世界高等教育格局中拥有广泛影响和良好声誉。南开大学第九次党员代表大会认真总结学校事业发展和党建工作取得的显著成绩和宝贵经验，确定了今后一个时期学校发展的奋斗目标、思路举措和重点工作，彰显了对“允公允能，日新月异”南开精神的传承赓续。

2017 年，也是建设“双一流”、苦干“十三五”的关键之年。这一年，学校制定并面向社会公开了《南开大学一流大学建设高校建设方案》，确定以质量和特色为基点、着力提升核心竞争力的内涵式发展战略。是年，学校入围全国 42 所“双一流”大学建设高校名单（A 类），世界史、数学、化学、统计学、材料科学与工程 5 个学科入选国家“双一流”建设学科名单。

2018 年，在南开大学即将步入新百年、加快推进“双一流”建设的关键时期，学校在高起点上系统谋划、统筹推动各项改革与事业发展，提出并实施具有全局性的发展战略“4211 卓越南开行动计划”。“4”是制定实施“文科振兴”“理科提升”“工科攀登”“生医发展”四大计划；“2”是构建教育教学和科学研究两大奖励体系；第一个“1”是在校内建设十大交叉科学中心；第二个“1”是在海外携手世界一流大学打造十大国际联合研究中心，旨在全面提升核心竞争力和办学影响力。“4211 卓越南开行动计划”的提出展现了南开人站在新百年起点上锐意进取、改革发展、追求卓越，建功立业的壮志情怀，是对“允公允能，日新月异”校训精神的发扬光大。

二、以“公能日新”为特色的人才培养

南开大学在近百年的办学历程中，秉承“允公允能、日新月异”的校训，弘扬“爱国、敬业、创新、乐群”的传统，培养了以周恩来、陈省身、曹禺、吴大猷、郭永怀、刘东生等为代表的一大批杰出人才，为民族振兴和国家富强做出了重要贡献。新时期，南开大学继承和发扬优秀办学理念，始终把培养“公能日新”人才作为根本任务，保持与时俱进的步伐推进教育教学改革。

（一）南开教育的返本开新——“公能”素质教育

全面实施素质教育是新形势下我国教育改革发展的战略主题。南开大学深度发掘中华优秀文化精神，深切把握南开教育传统，继承发扬“公能日新”特色，全面贯彻党和国家的新要求，不断凝练提出新的教育观、人才观、质量观，将“公能日新”素质教育作为办学基本战略和人才培养目标。

2012 年，南开大学制定发布了《南开大学素质教育实施纲要（2011—2015）》明确提出：“公能”素质教育的核心理念是“以德为先、能力为重、全面发展、勇于创新”。

“以德为先”，即有为公志向、奉公操守、大公襟怀，关心国家前途命运，勇担社会历史责任；恪守社会公德、职业道德、家庭美德，遵纪守法、明礼诚信、团结互助，不断提升道德品质和文化修养。

“能力为重”，即知识结构优化，实践能力突出，具备自主学习、独立思考、实践操作、适应社会、交流合作与组织领导等方面能力；能力理论联系实际，善于解决问题。

“全面发展”，即德智体美协调发展，身心健康，意志坚强，人格健全，知行合一；具备拼搏竞争、遵规守则、耐受输赢的体育精神；养成良好的审美能力与艺术素养，提高持续发展能力。

“勇于创新”，即学思结合，养成启发式、探究式、讨论式的学习能力和批判研究能力，善于实践、勇于探索，具备敢为人先、拔尖创新的品质和追求卓越、引领发展、推动进步的能力。

南开大学特色素质教育强调以“公能”为主线，促进知行合一，德、智、体、美的相互融合、协调发展。它具有多层次性和系统性，包括在人本层面，要求全面发展，人格丰富健全；在专业层面，要求优良的职业道德和专业素养，知识深厚，具有突出的创新和实践能力；在发展层面，要求公能兼备，

具有爱国爱群之公德、服务社会之能力。“这个纲要体现了新的时代性要求，契合了现代教育发展的规律性趋势，富于南开特色的创造性，特别是在继承南开传统教育理念的基础上，深化明确了一个新理念——‘公能’素质教育。”[①]“公能”素质教育就是允公允能、日新月异的素质教育。

《南开大学章程》，在总结梳理工作经验的基础上，开展制度设计，规范制度表述，明确规定“学校坚持育人为本，把促进学生健康成长作为一切工作的出发点和落脚点。”学生培养目标及内涵为：全面实施“公能”素质教育，以具备“爱国爱群之公德，服务社会之能力”为目标，培养胸怀宽底蕴深厚、勤勉务实，追求卓越的高素质创新人才。人才培养模式为：学校坚持全员育人、全过程育人、全方位育人，实施课堂教学、校园文化、社会实践“三位一体”的人才培养模式，建立学生“公能”素质发展支持体系和评价机制。《南开大学章程》以学校法规的形式，为实施南开特色素质教育提供制度保障。

中共南开大学九次党员代表大会明确提出：坚持立德树人，着力推动“公能”素质教育的持续深化与拓展，实现人才培养改革的新突破。为此，要促进德智体美融合并进，系统推动教学改革实践，注重引导学生自主成长，在实施人才培养改革的过程中，要切实发挥德育的基础性和先导性作用。九次党代会确立的人才培养改革方向与目标，对于深化“公能日新”教育，培养世界一流人才，具有重大而深远的意义。

学校不断探索学术创新拔尖人才培养规律，推进新时代的教育教学改革。2019 年，在充分调研的基础上，学校推出《南开大学一流本科教育质量提升行动计划（2019—2021 年）》，从 10 个方面实施“本科教育教学质量提升工程”，通过 40 条措施切实提高本科教育教学质量。为进一步深化研究生教育内涵式发展体制机制，学校出台《南开大学研究生奖助体系改革方案》，落实“博士研究生四年制培养方案”“研究生优化分流机制”等，打造提升研究生培养质量“系统工程”。

全面实施素质教育是教育改革发展的战略主题，是贯彻党的教育方针的时代要求，新时期的南开大学素质教育体现了人才培养改革的新特点与新要求，其核心是解决好培养什么人、怎样培养人的重大问题，重点是面向全体学生、促进学生全面发展，提高学生服务国家服务人民的社会责任感、用于探索的创新精神和善于解决问题的实践能力。南开特色素质教育是对南开育人传统、理念和文化的继承与发扬。

---

① 李向阳、孟庆龙：《“公能”素质教育的历史传统与时代新义》，《南开大学报》2012 年 10 月 25 日。

笔者常常想，为什么南开人在80年前提出的校训，能与当下国家教育改革发展的要求如此之契合呢？这绝不是巧合，其奥妙就在于"公能"校训体现了教育的本体性，它抓住了"立德树人"这一教育的根本任务，适应了人的发展与社会需求相一致这一教育的本质要求。

学校大力推动"三个转变"，即在办学观念上，从"学科为本"转变为"学生为本"；在教育内容上，从"传授知识"转变为"发展素质"；在培养模式上，从"以教为主"转变为"以学为主、教学相长"，以构建新时期南开特色的公能素质教育体系，努力走在全面深化教育综合改革的前列，这是南开人应有的文化自觉和历史担当。[①]

（二）南开大学素质教育的特色

一是以人为本的教育。教育本质就是一种培养人的活动。学生是教育的本体。以学生为本就是把学生作为教育活动的根本，一切教育活动都从学生实际出发，尊重学生的个性、特点，为学生提供平等的机会和资源，激发学生综合潜力。"公能日新"素质教育继承发扬南开教育传统，"充分肯定人的主体性和个体性，主张顺应人的禀赋，从满足学生的教育需要出发，遵循学生身心发展的规律，以学生个性充分而自由地发展和学生群体的全面发展为中心，尊重学生的自主权、选择权，充分调动自主学习的积极性、主动性"。[②]

为了贯彻"以人为本"的育人理念，学校在办学观念上，从"学科为本"转变为"学生为本"，即真正实现"一切以学生成长作为出发点和落脚点"。学科是集教学、科研、队伍、基地等于一体的育人综合平台，学科建设要为"育人"服务；在教育内容上，从侧重"传授知识"转变为重在"提升素质"，即要超越知识教育，实施德智体美全面发展的素质教育。知识是提升素质的必要内涵和重要载体，既要给学生传授系统的专业知识，更要注意培养学生的学习能力、实践能力和创新能力；在培养模式上，从"以教为主"到"以学为主、教学相长"的转变，努力形成学生自觉学习的生动局面。既要激发学生主动学习，也要积极发挥教师的引导作用，加强教学互动。

二是立德树人的教育。南开素质教育坚持育人为本、德育为先。德育与智育、体育、美育相互渗透，贯穿于教育教学全过程，共同构成并推动素质教育。南开德育强调公能兼备，科学精神和素养是立德的基础，也是对学生品行的要求。南开大学注重培养学生求是的精神、科学的态度和严谨的作风，

---

① 龚克：《心怀大公，走在时代前列》，《人民日报》2014年8月8日。

② 李向阳、孟庆龙：《"公能"素质教育的历史传统与时代新义》，《南开大学报》2012年10月25日。

加强恪守学习纪律和学术道德的教育，提高学生的生存能力、实践能力和创新能力。南开大学德育的另一大特色是提倡以公德为先，以爱国主义教育为主线，以培养社会责任感为重点，以思想道德和理想信念为基础，广泛开展爱国主义、集体主义、社会公德、遵纪守法、明礼诚信和团结互助教育，积极培育和践行社会主义核心价值观。在这种教育理念下，南开大学涌现出一大批乐群为公、甘于奉献的先进个人和集体，在各类志愿服务中也能看到南开人的身影。

三是全面发展的教育。实施“公能”素质教育的目标是促进学生全面发展，这与南开大学“允公允能，日新月异”的人才培养目标是相一致的。南开大学素质教育富有多层次性和系统性，其核心及落脚点在于全面发展。在人本层面，要求身心健康，人格丰富健全；在发展层面，要求具有爱国爱群之公德、服务社会之能力，以及与时俱进、勇于开拓的创新精神；在专业层面，培养厚基础、宽口径、综合素质高、专业能力深厚的创新人才。

学校在组织实施上多措并举，推进“公能”素质教育，着重强调德智体美相互融合、协调发展，包括围绕“公能”素质培养，强化“见实效”的德育与思想政治教育；强调“科学精神与人文素养并重”，实施课内外相结合的优秀传统文化和科学前沿教育；完善人才选拔培养模式，全面实施大类招生、培养和管理，配套推出“5+3+X”二次选拔机制①；完善“公能素质发展辅学支持体系”建设，与第一课堂共同支持学生综合素质的发展。以公选课、学生社团、校园文化等为载体，形成艺术理论和艺术实践多层面的美育教育体系；加强学生身体素质锻炼，强化“课内外一体化”的体育发展模式，加强以运动项目为主要形式的体育课程建设，支持学生体育社团发展等。

四是激励创新的教育。南开大学素质教育继承发扬“日新月异”精神，把创新人才看作实施素质教育的关键。南开大学坚持把实践作为培养创新能力的主要形式。早在建校初期，南开大学便开展有组织的社会实践活动，“这种活的教育，在当时的中国教育界，可以说是南开所独创的”。多年来，南开大学坚持强化实践能力和创新能力的培养，实施课堂教学、校园文化、社会实践“三位一体”的培养模式，探索以“讲一练二考三”为特点的教学组织与课程考试方式，强化“学习、实践、协作、创新”的能力训练，为学生搭建自主学习、个性发展平台，实施传授知识、培养能力、提高素质的协调发

① “5”是指“基础学科领军人才培养计划”，即数学、物理、化学、生物、经济学等5个“伯苓班”。“3”是指“多元复合型人才培养计划”推出的3个培养项目，即“经管法班”“PPE实验班”“通用＋非通用”试点班。“X”是指若干适应人才发展新需求的学院特色班和中外合作办学班。

展。从2002年起，学校搭建本科生创新科研“百项工程”，设立本科生创新科研基金，支持学生自主选题，自主组队，自主联系指导教师，意在激发学生创新意识；拓宽和深化实践训练环节，拓展校外社会实习实践渠道，组织社会调查和实践团队深入基层，引导学生“知中国，服务中国”；组织“名人讲座”“周末论坛”“研究生论坛”“科学与南开”等品牌学术活动，举办文化素质教育节、创新教育文化月等活动。创新与实践在南开大学蔚然成风。多年来，南开学子在国家和国际各类大赛中屡获大奖，有的成果在国际顶级学术期刊上发表，有的成果被政府和企业采用，有的成果被作为“两会”议案和提案，创新创业的典型人物不断涌出。

五是面向现代化的教育。习近平总书记在多次讲话中深刻阐述了教育事业对社会主义现代化的基础性作用和对实现中华民族伟大复兴的决定性意义。教育现代化是国家现代化不可或缺的条件。南开大学素质教育以面向现代化、面向世界、面向未来的开放心态，大力进行教育教学改革与探索，不断改革旧的教育观念、教育内容、教学模式、教育评价体系和教育管理机制，用先进的教育思想和科学技术武装广大师生。

为适应现代化的需要，学校不断推进综合教学改革，丰富、更新、优化课程体系和训练体系；加大投入，更新教育装备，加强学校信息化、数字化水平。与此同时，学校着眼国际化、全球化，实施人才培养的国际化战略。推动“南开学生海外学习”计划，加大实施校际交换、“后备师资培养计划”、暑期学校、海外访学等项目的力度，显著提高学生参加交换学习、海外访问和参加国际学术会议的数量和质量，增强教育的时代气息和全球视野。

三、以校训为引领的南开特色文化建设

“允公允能，日新月异”是南开文化的核心要义，是社会主义核心价值观的南开表达。南开大学坚持培育大学文化，营造育人氛围，着力提升文化传承创新和彰显南开特质的能力。弘扬南开“公能日新”品格，总结百年发展经验，传承中华优秀传统文化，吸纳世界文明优秀成果，让“允公允能，日新月异”的南开文化产生更大的师生校友凝聚力和社会与海外影响力。

南开大学以校训为载体，赋予社会主义核心价值观以南开的特色表达与解读。通过课堂教学、校园文化、社会实践“三位一体”的育人模式，通过研讨校训、学习校史、祭扫先烈、申报爱国主义教育基地等多种形式，让师生认识爱国为民的南开道路；通过评选“伯苓班”“周恩来班”“周恩来奖学金”，举行周恩来诞辰纪念活动，召开周恩来国际学术研讨会，编辑《周恩来

研究文集》等活动，大力弘扬以周恩来为代表的南开精神；通过常年坚持的扶贫助残、保护生态、服务社区、支援西部等志愿活动，在实践中培育以“公能日新”为核心的南开品格。南开校训不断引领师生深化“公”的领悟，强化“能”的实践，激发“新”的追求，把“公能”校训所表达的社会主义核心价值观新内涵、新追求，渗透到全员、全方位、全过程的教书育人实践中，使之在“爱国、敬业、创新、乐群”的浓郁校园文化氛围中，内化为南开人面向新时代的精神追求，外化为师生实现中国梦的自觉行动，成为培育和践行社会主义核心价值观的重要载体。

南开大学重视校史编研宣教工作，坚持把“以史鉴今，资教育人”作为根本任务，着眼学校改革发展大局，研究南开办学的发展道路，认识南开办学的规律特色，总结南开办学的历史经验，弘扬南开办学的优良传统，增强推动南开大学教育改革发展的能动性和创造力。学校召开“公能”校训与社会主义核心价值观研讨会、制定实施校史建设规划、编纂出版《张伯苓全集》《杨石先文选》《抗战烽火中的南开大学》《南开大学史话》《南开话剧史话》等一批校史丛书，深入挖掘自身历史文化的现实意义。南开大学广泛开展校史教育、理想信念教育和爱国主义教育活动。在新生入学、学生毕业、新党员宣誓、清明节、校庆日、南开被炸纪念日、西南联大建校纪念日、抗日战争胜利纪念日等重要时间节点，学校都会举行纪念先贤、缅怀先烈、勿忘校耻、铭记历史等主题教育活动，发扬南开传统，弘扬爱国精神。

南开大学坚持人文素养与科学精神相统一，思想引领与文化创新相统一，学校培养与学生主导相统一，努力在校园打造以“公能日新”为特色的南开文化。学校大力实施校园文化品牌战略，打造“南开文化周末”“周末影坛”读书节、心理文化节的精品项目；打造宿舍文化，建设“宿舍文化长廊”，营造立体化育人氛围，努力使宿舍成为学生成长的平台，每年都涌现出一批学习好、团结好、作风好的优秀宿舍；开展话剧展演、“五月的鲜花”合唱比赛、“校长杯”系列体育赛事、“荷花节”主题活动、“走下网络、走出宿舍、走向操场”体育健身活动等的十余项全校性群众品牌文化活动，以守正创新的校园文化塑造人格、滋养心灵、陶冶情操。

“允公允能，日新月异”校训是继承创新中华优秀文化传统的产物。南开大学始终注重从中华优秀传统文化中汲取力量，以丰富多彩的校园活动为载体，用传统文化滋养塑造学生的灵魂和人格。学校开展中华优秀传统文化进校园活动，中华优秀传统文化的教育、研究和传播进一步加强；将“中华诵”主题晚会、昆曲《牡丹亭》等高水平演出带入学校，让同学们近距离接受传统文化熏陶；打造“中国传统文化教室博物馆”，以中华饮食文化、中华武术、中华琴棋书画艺术和中华医药等主题布展，面向全校师生开放；邀请“泥人张”等非物质文化遗产传承人开展文化漫谈，进行泥塑、篆刻、剪纸、中国结、风筝等艺术的欣赏与指导；每年举办“中华传统节日文化庆典”，以清明、端午、中秋、重阳等传统节日为契机，通过祭扫先烈、手包粽子、制作月饼、登高赏菊等活动，将“爱国敬业”“诚信友善”“崇德上进”等传统美德教育融入其中，引导学生内化于心，外化于行。

结语：一个堪称完美的中国现代校训

校训是一种标榜办学理念、彰显学校个性的文化符号。好的校训可以成为一所学校的形象标识，而设定完美的校训却是一件相当困难的事情。完美的校训越是难以产生，人们就越是期待完美的校训。许多学校反复修改校训，就是这种心情与追求的具体表现。正是由于这个原因，如果一所学校设定了完美的校训，那是这所学校的一大幸事。

能否设定一个完美的校训主要取决于学校主办者的识见、取向、境界、水平。在这方面，南开人是很幸运的。令南开人骄傲的是：创办人及主办者群体的远见卓识，使我们共同拥有了一个完美的校训。

我们的“允公允能，日新月异”校训以首创性的表述方式和专属性的使用方式，将继承性与创新性、古典性与现代性、思想性与审美性、独特性与普遍性、规范性与理想性完美地结合在一起，其优长之处主要体现在以下几点。

一是采用中国古典形式。南开校训两句四言八字，句型古朴，文字典雅，意蕴凝练，含义丰满，具备中国古典式的形式之美，符合历史悠久的汉语审美习惯。形式完美是一个完美的校训所必须具备的要素。在这一点上，南开校训可以与众多中国校训相媲美。

二是弘扬中华优秀传统。南开校训选择中华优秀传统中最具普遍意义的三大核心要素，将与时俱进的创新精神、恪守公德的高尚品质和堪当大任的能力素质熔铸于一体，不仅没有沿袭旧典旧说的缺陷，没有宣扬等级观念的隐患，没有夸大道德作用的弊端，没有校训理念简单的瑕疵，而且具有扬弃旧传统、创造新传统的积极取向和实际功能，实现了优秀传统与现代理念的完美结合。在这一点上，南开校训比众多旨在弘扬中华优秀传统的校训更胜一筹。

三是契合现代教育理念。南开校训摒弃中国古代“大学之道”一味灌输伦理道德的偏弊，兼采古今中外教育理念的优长，将“主德求善”与“主知求真”熔铸为一体，使认识世界与改造世界有机地结合，以真、善、美统一为教育目标，以促进全面发展及养成综合素质为教育宗旨，把培养日新月异的创新精神、服务社会的公仆意识、改造世界的实践能力置于学校教育的首要地位，这种教育方针可以涵盖现代学校教育的基本要素。无论在字面上，还是在阐释上，南开校训都契合现代教育理念，且永远保持与时俱进的态势。在这一点上，南开校训具有独到的优越之处。

四是具有理论创新属性。张扬“新·公·能”的南开校训的三大要素都来自中华优秀传统。“日新”传统、“贵公”传统和“尚能”传统不仅源远流长，而且相互关联，而“允公允能，日新月异”是最先明确将三大优秀传统集合于一体的命题。这个命题的产生经历了长期思考和系统论证的过程。从中国思想史的角度看，以张伯苓校长为代表的南开学校创办人及主办者群体不仅创造了一个意义丰满的现代中国校训，而且创造了一个言简意赅的理论命题。在这一点上，南开校训堪称独一无二，绝无仅有。

五是展示学校个性特征。将张扬革新、强调公德、注重能力联袂一体，这是南开校训的个性。在南开校训产生的时代，明确将体现时代精神的“日新月异”写入校歌和校训的唯有南开学校，同时注重革新、公德及能力三大优秀素质的校训也唯有南开校训。这与当时绝大多数校训单纯采用道德概念形成鲜明的对比。校训的个性特征来自学校创办人及主办者群体的精神特性，进而塑造了学校的个性特征和精神特征。南开学校是救亡图存、师夷长技、自新复兴三大思潮的产物，具有鲜明的爱国主义、文明互鉴、创新文化的办学特征，旨在为振兴中华培养千千万万“新·公·能”三位一体的优秀人才。南开学校能够为国家和民族输送以周恩来总理为典型代表的一批卓越人物，为中华民族的伟大复兴做出重大贡献，乃势在必然。南开校训的独特性是毋庸置疑的。

六是价值具有普遍意义。南开校训既是中华优秀传统的南开表达，又是社会主义核心价值观的南开表达，它凝集中国古代传统中的精粹，适应中华民族开创新文明的时代需要，契合现代中国的核心价值观，具有超越行业领域、超越族群国度、超越历史时代的普遍意义和永恒价值，堪称继承和弘扬中国优秀传统文化的典范。这是足以令南开人引以为傲的。

南开校训兼备理论的创新性、理念的现代性、思想的深刻性、内涵的丰富性、价值的普遍性以及形式的古典性和表述的独特性，是一个堪称完美的中国现代校训。

后　记

这部学术专著特意为庆贺南开大学建校100周年而作，动笔于2009年春天，定稿于2019年春天。在写作过程中，得到许多领导、长辈、同学、同事的支持、指导和帮助，他们都是爱南开的南开人。

2009年春节期间，时任南开大学党委书记薛进文到我家做客。他与我父亲张分田教授是同年级、同专业、同宿舍的七七级大学同学，毕业后又都留校从事党政工作。在交谈中，他们都认为南开校训具有重大的历史价值和现实价值，很值得全面、深入地研究。薛书记希望我参加面向百年校庆的校史研究工作。我听从了父辈们的意见，向母校百年华诞献礼，是我努力撰写这本专著的初衷。

确定了未来十年的工作目标后，父亲主张我发挥自己的专业特长，将校史研究与中国思想史研究结合起来，从思想史研究视角深入挖掘南开校训和南开精神。在完成此书的过程中，父亲在选题、方法、视角、思路及观点提炼等方面给予了全面的指导。

2010年5月，我到高等教育研究所工作，在所长王处辉教授、沈亚平教授的指导下，我学习了教育学和行政学的知识，为研究生开设教育行政学课程，使我受益匪浅，这对提升校训研究水平大有助益。在高教所任教期间，我撰写了一些教育学方面的文章，其中关于中国古代私学传统及其与南开大学关系的研究成果是这本专著的重要章节之一。在完成本职工作的同时，我协助父亲先后完成一批国家级、省市级社科项目，参与导师刘泽华教授作为总主编的《中国政治思想通史》隋唐卷、秦汉卷的撰稿工作，并出版了《王充》《孔颖达》《太平经政治思想研究》等专著。对教育史、思想史、文化史的学习和研究为推进南开校训研究打下了良好的学术基础。

2013年9月，我调到校史研究室工作。同年，申请的天津市哲学社会科学规划项目“南开校训与中华优秀传统文化研究”获得立项。在完成项目的过程中，本书的整体构思、主要章节及书名的设定也大体形成。该项目结项鉴定等级为A（免鉴）。

在校史研究室工作期间，我得到了主管校领导刘景泉教授的悉心关怀和教导。他始终关心并支持本书的撰写工作。他指导完成的《南开大学简史（1919—2019）》，也为本书提供了重要的史料素材和研究思路。

校党委宣传部常务副部长李向阳，校史研究室原主任张健、主任肖光文对本书的撰写工作给予大力支持。我的同事徐悦、陈鑫老师提供了重要的研究资料。我的学友王贞、许哲娜、喻满意给与很大的帮助。南开大学出版社莫建来、李佳等老师对本书的编辑出版付出了很多心血。在此，谨向所有给予指导和提供帮助的领导、师友、同事表示感谢。

应当指出的是：这本学术专著的一些章节是某些“学科顶级刊物”的弃稿。例如，本书第四章第二节“春秋之前无私学”是一个重大学术误判，其主要内容来自一篇同名学术论文，这篇论文的核心论点颠覆了一个被学术界视为定论的说法，即“春秋以前无私学”。比这一节的篇幅更大、学术性更强的论文稿件曾先后向《教育研究》和《历史研究》投稿，也都曾有入选的希望，却都被退稿。我大幅压缩后在《江海学刊》发表，《新华文摘》论点摘编，论文的学术观点获得好评。

校史研究论文就更难发表。学术期刊普遍不重视校史研究，更不重视研究一个学校的校史文章。因此，关于南开校史的学术论文很难在核心期刊发表，在“学科顶级刊物”发表的可能性几乎为零。然而，依据现行规定，晋升正高职称需要一定的核心期刊论文数量，还必须有一篇发表在“学科顶级刊物”。所以，每当被期刊社退稿的时候，我的心绪往往会有些波动。

父亲总是勉励我，不要忘记为学校做一些贡献的初心，始终应把崇高的人生价值放在人生选择和自我评价的首位。在他看来，校训研究很容易变成颂词赞语的堆砌。唯有服膺“新·公·能”的人，才能深刻理解“允公允能，日新月异”的真谛和价值，知道它确实来之不易，难能可贵，并以实事求是、扎扎实实的研究成果，使学术观点符合历史事实，使颂词赞语赢得人们的信服，特别是赢得与南开没有渊源关系的人们的信服。我也是一直朝着这个方向努力的。

说句心里话，在南开校训“允公允能，日新月异”和周恩来学训“我是爱南开的”的感召下，作为家庭的第二代南开人，作为学士、硕士、博士学位都在南开大学取得并始终在此工作的南开人，能够以一部比较深入地研究南开校训和南开精神的学术专著，向自己的母校献礼，令我深切地感觉到这十年的努力是有很高的人生价值的。

张鸿

2019 年 7 月